Das *Institut für Theologie und Frieden* hat die Aufgabe, die ethischen Grundlagen menschlicher Friedensordnung zu erforschen und in den aktuellen friedenspolitischen Diskurs hineinzutragen. Mit den „Studien zur Friedensethik" wird eine friedensethische Vertiefung der außen- und sicherheitspolitischen Debatte angestrebt. Dabei geht es letztlich um die Frage: Durch welche Politik wird den heute von Gewalt, Armut und Unfreiheit bedrohten Menschen am besten geholfen und zugleich der Errichtung einer zukünftigen friedlichen internationalen Ordnung gedient, in der Sicherheit, Wahrung der Gerechtigkeit und Achtung der Menschenrechte für alle gewährleistet werden?

Studien zur Friedensethik
Studies on Peace Ethics

herausgegeben von
Prof. Dr. Heinz-Gerhard Justenhoven
PD Dr. Bernhard Koch

Band 70

Pavle Aničić

Soziopolitische Perspektiven von Vergebung und Entschuldigung

Eine theologische Untersuchung im Kontext
der „Transitional Justice"

Die Deutsche Nationalbibliothek verzeichnet diese Publikation in der Deutschen Nationalbibliografie; detaillierte bibliografische Daten sind im Internet über http://dnb.d-nb.de abrufbar.

ISBN 978-3-7560-0415-7 (Nomos Verlagsgesellschaft mbH & Co. KG, Baden-Baden, Print)
ISBN 978-3-7489-3666-4 (Nomos Verlagsgesellschaft mbH & Co. KG, Baden-Baden, ePDF)

ISBN 978-3-402-11740-8 (Aschendorff Verlag, Münster, Print)
ISBN 978-3-402-11741-5 (Aschendorff Verlag, Münster, ePDF)

Die Schriftenreihen ‚Beiträge zur Friedensethik‘ und ‚Theologie und Frieden‘ sind jeweils bis Band 44 beim Verlag W. Kohlhammer, Stuttgart, erschienen.

1. Auflage 2022

Inhalt

Vorwort

Die vorliegende Arbeit stellt die geringfügig überarbeitete Fassung meiner Dissertation dar, die ich im November 2017 an der Katholisch-Theologischen Fakultät der Westfälischen Wilhelms-Universität in Münster eingereicht habe.

Herzlich danken möchte ich all denen, deren Unterstützung und Begleitung ich während meines Promotionsstudiums erfahren habe. Mein erster Dank gilt meinem Doktorvater, Prof. Dr. Thomas Bremer, der mich auf meinem fachlichen Weg stets unterstützt und auf vielfältige Weise gefördert hat. Seine Denkanstöße und fachliche Betreuung haben mich nachdrücklich zur autonomen wissenschaftlichen Arbeit ermutigt. Weiterhin danke ich Prof. Dr. Dorothea Sattler für die sorgfältige Lektüre und die Erstellung des Zweitgutachtens. Prof. Dr. Assaad Elias Kattan vom Lehrstuhl für Orthodoxe Theologie habe ich wertvolle Anregungen und Hinweise zu verdanken. Ebenso danke ich Frau Dr. Stephanie van de Loo für ihre hilfreichen Rückmeldungen insbesondere zu Themen der Friedensforschung. Allen Mitgliedern des Kolloquiums der Abteilung II „Ökumenik, Ostkirchenkunde und Friedensforschung" des Ökumenischen Instituts gilt mein herzliches Dankeschön für fruchtbare Diskussionen und kritische Rückfragen.

Mein besonderer Dank gilt allen, die mein Manuskript aufmerksam gelesen und lektoriert haben: Boris Savić, Bertram Giele, Katharina Linnemann und Falk Griemert. Auch denen, die hier nicht namentlich erwähnt werden konnten, möchte ich für ihre Unterstützung und Hilfe sehr danken.

Die finanzielle Förderung während meines Promotionsstudiums und den großzügigen Druckkostenzuschuss habe ich dem Osteuropa-Hilfswerk Renovabis zu verdanken. Der Katholisch-Theologischen Fakultät der Universität Münster sei ebenfalls für die Vergabe des Promotionsabschlussstipendiums freundlich gedankt. Die Veröffentlichung meiner Promotionsarbeit wurde durch die Katholische Friedensstiftung finanziell unterstützt, wofür ich sehr dankbar bin.

Weiterhin gilt mein Dank Herrn Prof. Dr. Heinz-Gerhard Justenhoven vom Institut für Theologie und Frieden in Hamburg für die Aufnahme dieser Arbeit in die Reihe „Studien zur Friedensethik" und Herrn PD Dr. Bernhard Koch für die freundliche Begleitung der Veröffentlichung seitens des Instituts. Herrn Dr. Bernward Kröger vom Aschendorff Verlag danke ich für die umsichtige Begleitung bei der Erstellung der Druckvorlage.

Herzlich danken möchte ich meinem viel zu früh verstorbenen Vater Erzpriester-Stavrophor Žarko und meiner Mutter Milena sowie meinen Brüdern Slavko, Jovan und Savo, die alle Phasen meiner Ausbildung miterlebt haben. Schließlich danke ich meiner Frau Sandra und unseren Töchtern, Petra und Vasilija, für ihre liebevolle Begleitung, Unterstützung und Geduld. Sandra, zum Gedenken an Höhen und Tiefen, die wir zusammen auf diesem Weg erlebt haben, sei dieses Buch gewidmet.

Belgrad, im Juni 2021

Teil I – Einleitung

1 Zur Fragestellung

Forgiveness in a political context, then, is an act that joins moral truth, forbearance, empathy, and commitment to repair a fractured human relation. Such a combination calls for a collective turning from the past that neither ignores past evil nor excuses it, that neither overlooks justice nor reduces justice to revenge, that insists on the humanity of enemies even in their commission of dehumanizing deeds, and that values the justice that restores political community above the justice that destroys it.[1]

A political apology is an official apology given by a representative of a state, corporation, or other organized group to victims, or descendants of victims, for injustices committed by the group's officials or members.[2]

Vergebung und Entschuldigung sind Kategorien, die ursprünglich auf der Mikroebene, in deren Rahmen Einzelne als Hauptakteure handeln, etabliert sind. Diesen Akteuren lassen sich aufgrund eines Fehlverhaltens bestimmte Rollen – Opfer und Täter – zuweisen. Ausgehend von dieser Rollenzuweisung bildet sich ein ideales Muster von Vergebung und Entschuldigung: Ein Opfer vergibt einem Täter; ein Täter entschuldigt sich bei einem Opfer. Wie ist mit diesen ursprünglich individuellen Kategorien auf der Makroebene, auf der politische Entitäten und Kollektive als Hauptakteure anzusehen sind, zu operieren? Dies ist die Fragestellung der vorliegenden Arbeit. Der Kontext, in dessen Rahmen diese Fragestellung aus theologischer Sicht untersucht wird, ist das Forschungsfeld *transitional justice*.

Durch die weltweit wachsenden Demokratisierungsprozesse in den 1970er und 1980er Jahren sowie durch die Zunahme der Verbrechen gegen

---

1 Donald W. Shriver, *An Ethic for Enemies: Forgiveness in Politics* (New York u. a.: Oxford University Press, 1995), 9.
2 Janna Thompson, „Apology, Justice and Respect: A Critical Defense of Political Apology," in *The Age of Apology: Facing Up to the Past*, hrsg. v. Mark Gibney u. a. (Philadelphia: University of Pennsylvania Press, 2008), 31.

die Menschlichkeit nach dem Kalten Krieg wurden die Staaten und Gesellschaften stark herausgefordert, sich mit der gewalttätigen Vergangenheit auseinanderzusetzen. Wie aber ist mit der gewalttätigen Vergangenheit ein klarer Bruch zu vollziehen, so dass eine friedliche Zukunft aufgebaut werden kann, in der die verfeindeten Konfliktparteien zusammen oder nebeneinander leben können? Wie sind die Menschenrechtsverletzungen und Kriegsverbrechen nach den repressiven Regimen und Gewaltkonflikten aufzuarbeiten, ohne dadurch die Stabilität der neugegründeten demokratischen Regime in Gefahr zu bringen? Gilt die strafrechtliche Verfolgung der Täter durch Gerichtshöfe als die einzige, immer anwendbare und bestmögliche Art der Vergangenheitsaufarbeitung? Die Problemstellungen, die in diesen Fragen zum Ausdruck kommen, bilden das Forschungsinteresse der *transitional justice*. Anfang der 1990er Jahre trat *transitional justice* als neues Forschungsfeld in die akademische Debatte um Modelle der Vergangenheitsaufarbeitung und Friedenskonsolidierung in den Staaten und Gesellschaften nach Systemwechseln und Gewaltkonflikten ein.[3] Seitdem ist *transitional justice* immer noch von großem Interesse sowohl in der Wissenschaft als auch in der Praxis. Kaum einem anderen Forschungsfeld wurde mehr Aufmerksamkeit auf der internationalen Ebene (UN, Nichtregierungsorganisationen, Forschungszentren) zuteil. Seit ihrer Etablierung befindet sich *transitional justice* in einem ständigen Entwicklungsprozess, sie operiert mit einem breiten Bündel von Zielen, die sich sowohl auf die Mikro- als auch auf die Makroebene beziehen, und setzt in der Praxis vielfältige Instrumente ein, um diese Ziele zu erreichen.

2 Zum Forschungsstand

Vergebung und Entschuldigung kommen in der theologischen Literatur vornehmlich als individuelle Kategorien vor. Es gibt dennoch einige Versuche, diese Kategorien im soziopolitischen Rahmen einzusetzen, wobei

---

3   Dem schweizerischen Politikwissenschaftler Pierre Hazan zufolge wurde *transitional justice* zu einem der zentralen Merkmale der Nachkriegszeit des Kalten Krieges (vgl. Pierre Hazan, „Measuring the impact of punishment and forgiveness: A framework for evaluating transitional justice," *International Review of the Red Cross* 88, Nr. 861 [2006]: 21).

mit Staaten, Gesellschaften, Regierungen und Großgruppen als Subjekten von Vergebung und Entschuldigung operiert wird.

Der US-amerikanisch-presbyterianische Theologe Donald Shriver versteht Politik als einen Prozess, in dem unterschiedliche Akteure lernen, miteinander zu leben.[4] Sie ist nicht als ein Machtkampf zu betrachten. Als oberste Ziele von Politik etablieren sich Aufbau und Bewahrung politischer Vereinigung (engl. political association). In diesem Zusammenhang definiert Shriver die kollektive Form von Vergebung als wesentliches Mittel, mit dem ehemalige Konfliktparteien über die Feindschaft hinausgehen und politische Vereinigung untereinander aufbauen können.[5] Vergebung wirkt in der Politik als mehrdimensionales menschliches Handeln. Dieses Handeln umfasst die Erinnerung und moralische Verurteilung des Bösen, das Unterlassen von Rache, die Einfühlung in den Feind und das Anstreben einer erneuerten positiven Beziehung zum Feind.[6] Politische Vergebung erfordert die Teilnahme aller Konfliktparteien. Sie vollzieht sich als ein wechselseitiger Prozess, ohne eine bestimmte Reihenfolge der angeführten Elemente. Welche der Konfliktparteien einen Prozess der politischen Vergebung initiieren soll, ist nicht von Bedeutung. Politische Entschuldigung wird peripher thematisiert, und zwar als ein Instrument der Vergangenheitsaufarbeitung, mit dem politische Vergebung gefördert wird. Politische Entschuldigung passt ins Bild eines der Elemente politischer Vergebung, und zwar der moralischen Verurteilung des Bösen.

Der deutsch-lutherische Theologe Geiko Müller-Fahrenholz definiert Vergebung als wahrhafte Begegnung der Opfer- und der Täterseite mit der schweren Bürde ihrer gemeinsamen Vergangenheit.[7] Aus einem Unrecht ergibt sich die Bindung zwischen Opfer und Täter, die erst durch Vergebung aufgelöst werden kann. Vergebung wirkt als ein kathartischer Prozess. Der Täter stellt sich nämlich dem beschämenden Charakter der eigenen Handlung. Der Schmerz der Entblößung betrifft auch die Opferseite, indem sie sich durch Vergebung wieder der erlebten Erniedrigung und

---

4   Vgl. Donald W. Shriver, „Brücken über den Abgrund der Rache," *Der Überblick* 35 (1999): 7.

5   Vgl. Shriver, An Ethic for Enemies, 3.

6   Vgl. Donald W. Shriver, „Schuld und Versöhnung in den amerikanisch-deutschen Beziehungen von 1945 bis 1995," in *Schuld und Versöhnung in politischer Perspektive: Dietrich-Bonhoeffer-Vorlesungen in Berlin*, hrsg. v. Wolfgang Huber und Barbara Green, Internationales Bonhoeffer-Forum 10 (Gütersloh: Kaiser, Gütersloher Verl.-Haus, 1996), 25; Shriver, An Ethic for Enemies, 6–9.

7   Vgl. Geiko Müller-Fahrenholz, *The Art of Forgiveness: Theological Reflections on Healing and Reconciliation* (Geneva: World Council of Churches, 1997), 5.

Beschämung stellt. In der Vergebung begegnen sich nämlich ein Schmerz der Scham und ein Schmerz der Kränkung.[8] Im politischen Rahmen ist die sogenannte Ökonomie der kollektiven Erinnerungen von grundlegender Bedeutung für Vergebung. Darunter versteht Müller-Fahrenholz die Zusammenführung konfliktbeladener und konträrer Erinnerungen der Staatsbürger sowie, dass diesen Erinnerungen ein gemeinsamer Ausdruck verschafft wird.[9] Müller-Fahrenholz untersucht politische Entschuldigung im Rahmen einer breiteren Versöhnungsperspektive. Anerkennung der eigenen Schuld(-Geschichte), Erklärung, Erkennbarkeit der Reue und Wiedergutmachung sind seines Erachtens die Elemente einer politischen Entschuldigung.[10] Einen Vergebungs- und Versöhnungsprozess (nach dem folgenden Muster: Entschuldigung – Annahme der Entschuldigung/Vergebung – Bundesschluss – Lastenausgleich) initiiert die Täterseite durch eine politische Entschuldigung.

Der Begriff der politischen Vergebung (engl. political forgiveness) wird auch in außertheologischen Kreisen erörtert. Derartige Ansätze zur politischen Vergebung sind auch zu beachten, weil diese im interdisziplinären Paradigma von Konflikt- und Friedensforschung integriert sind. Die jüdische deutsch-US-amerikanische politische Theoretikerin Hannah Arendt sieht den religiösen Hintergrund von Vergebung nicht als problematisch an. Im politischen Kontext positioniert sie Vergebung als eine der korrektiven Strategien gegen die Unwiderruflichkeit und Unabsehbarkeit des menschlichen Handelns.[11] Politische Vergebung befreit von der Vergangenheit bzw. von den Folgen eines menschlichen Handelns. Im Zusammenhang mit einer anderen korrektiven Strategie bzw. mit dem Vermögen, Versprechen zu geben und zu halten, baut man eine sichere Zukunft auf. In Arendts Ansatz kommen Einzelne als Subjekte politischer Vergebung vor.

Der US-amerikanische Politikwissenschaftler Peter Digeser bietet eine handlungsorientierte Theorie politischer Vergebung. Im politischen Rahmen spiegelt sich Vergebung in konkreten Handlungen wider, mit denen die finanziellen und moralischen Schulden erlassen werden.[12] Diese

---

8   Vgl. Geiko Müller-Fahrenholz, *Vergebung macht frei: Vorschläge für eine Theologie der Versöhnung* (Frankfurt am Main: Lembeck, 1996), 35 f.

9   Vgl. ebd., 54 f.

10 Vgl. Geiko Müller-Fahrenholz, *Versöhnung statt Vergeltung: Wege aus dem Teufelskreis der Gewalt* (Neukirchen-Vluyn: Neukirchener Verl.-Haus, 2003), 173 f.

11 Vgl. Hannah Arendt, *Vita activa oder Vom tätigen Leben*, Neuausg., 3. Auflage (München u. a.: Piper, 1983), 231 f.

12 Vgl. Peter Digeser, *Political Forgiveness* (Ithaca, NY; London: Cornell University Press, 2001), 35.

Schulden müssen zunächst durch ausgleichende Gerechtigkeit festgestellt werden. Demzufolge ist politische Vergebung wesentlich auf ausgleichende Gerechtigkeit angewiesen. Politische Vergebung verfügt über Kapazitäten zur Versöhnung.

> [P]olitical forgiveness can evoke certain reconciliatory effects. On the one hand, it can be part of a process of reconciliation that involves the restoration of trust and civility. As part of the process, political forgiveness neither guarantees nor secures a resulting state of reconciliation in which civic friendship is created or restored. On the other hand, because of its illocutionary point, political forgiveness is part and parcel of a state of reconciliation.[13]

Im Ansatz Digesers ist politische Vergebung jedoch nicht auf die emotionale Erholung der Opfer ausgerichtet.[14]

Der US-amerikanische Politikwissenschaftler Mark Amstutz integriert in seine Vorstellungen von politischer Vergebung die emotionale Transformation der Opfer. Die soziale Ebene wird dennoch nicht vernachlässigt. Ein Akzent wird ebenfalls auf die Wiederherstellung der sozialen Beziehungen gesetzt.[15] In seinem Ansatz stützt sich Amstutz auf die Ansichten der kommunitaristischen politischen Philosophie, in denen der gemeinnützigen Wohlfahrt eine Priorität gegeben wird.[16] Ein Prozess der politischen Vergebung umfasst den Konsens über vergangenes Fehlverhalten, Reue und Bedauern der Täterseite (oft in Form politischer Entschuldigungen), Verzicht auf Rache, Empathie für den Anderen sowie Strafmilderung.[17] Die Reihenfolge dieser Elemente wird nicht präzisiert.

In der Literatur sind außer individueller (engl. individual forgiveness) und politischer Vergebung auch die Begriffe der Gruppenvergebung (engl. group forgiveness) und der juristischen Vergebung (engl. legal forgiveness) zu finden.[18] Diese Begriffe definiert der US-amerikanische Politikwissenschaftler John Inazu:

---

13 Ebd., 67.
14 Vgl. ebd., 21.
15 Vgl. Mark R. Amstutz, *The Healing of Nations: The Promise and Limits of Political Forgiveness* (Lanham, Maryland: Rowman & Littlefield, 2005), 77–79.
16 Vgl. ebd., 212 f.
17 Vgl. ebd., 157–159.
18 In der Literatur kommt selten auch der Begriff der öffentlichen Vergebung (engl. public forgiveness) vor. Darunter versteht man alle Akte von Vergebung (individuelle, juristische, politische, kollektive), die sich in der Öffentlichkeit vollziehen. Vgl. dazu z.B. Bas van Stokkom, Neelke Dorn und Paul van Tongeren, Hrsg., *Public Forgiveness in Post-Conflict Contexts*, Series on Transitional Justice 10 (Cambridge: Intersentia, 2012).

Gruppenvergebung

is offered by a group or its designated representative for a wrong that the group
has suffered. A group might be a formally designated entity like a corporation or a
state, or it might be a less structured aggregation of people with shared attributes
like race, gender, or ethnicity. Group forgiveness corresponds only to harm suffered by the group itself.[19]

Juristische Vergebung ist laut Inazu

a special case of group forgiveness that can only be extended by the state (the state
might also be capable of extending non-legal forms of group forgiveness). Legal
forgiveness is the state's *cancellation* of an outstanding debt that it is owed. It is
closely related to legal justice (which is the satisfaction of a debt owed to the state).
One of the most familiar forms of legal justice is criminal justice which, when it
is successfully enforced against a wrongdoer, satisfies the wrongdoer's "debt to
society" for his or her breach of its laws.[20]

Mit einer zunehmenden Praxis politischer Repräsentanten, sich im Namen
der politischen Entitäten, die sie legitim vertreten, zu entschuldigen, gewann der Begriff der politischen Entschuldigung Aufmerksamkeit primär
in der außertheologischen Literatur. Als Ausgangspunkt für die Erforschung soziopolitischer Perspektiven von Entschuldigung fungiert der
Ansatz des kanadischen Soziologen Nicholas Tavuchis. In seinem im Jahr
1991 erschienenen Buch „*Mea Culpa*: A Sociology of Apology and Reconciliation" wird der dyadische Diskurs bzw. der relationsbezogene Charakter
von Entschuldigung dargestellt. Als Grundkategorien dieses Diskurses gelten Täter („Offender") und Opfer („Offended").[21] Diese Kategorien lassen
sich den Einzelnen („one") und den Gruppen bzw. Kollektiven („many")
zuschreiben. Ausgehend davon erarbeitet Tavuchis eine Typologie von
Entschuldigungen (one – one; one – many; many – one; many – many).
Für die vorliegende Arbeit ist die letzte Kombination (many – many) von
größter Bedeutung. Gruppen können sich entschuldigen, und zwar durch
ihre legitimen Vertreter. Entschuldigungen werden auf der sozialen Ebene
dadurch geprägt, dass sie im Rahmen eines öffentlichen Diskurses geäu-

---

19 John D. Inazu, „No Future Without (Personal) Forgiveness: Reexamining the
   Role of Forgiveness in Transitional Justice," *Human Rights Review* 10, Nr. 3
   (2009): 310.
20 Ebd., 310 f. (Hervorhebung im Original).
21 Vgl. Nicholas Tavuchis, *Mea Culpa: A Sociology of Apology and Reconciliation*
   (Stanford, Calif.: Stanford University Press, 1991), 46.

ßert werden. Vor diesem Hintergrund soll sich eine Entschuldigung primär nach Bedürfnissen der Öffentlichkeit ausrichten.[22]

Die Typologie der deutschen Politikwissenschaftlerin Karina Strübbe bezieht sich konkret auf die politischen Entschuldigungen.[23] Als entscheidender Parameter politischer Entschuldigungen gilt der öffentliche Diskurs, in dessen Rahmen sie geäußert werden. Grob betrachtet, unterscheidet Strübbe individuell- und kollektiv-politische Entschuldigungen. Bei den ersteren entschuldigt sich ein Amtsträger für eigenes Fehlverhalten oder für die unangemessenen Handlungen eines Mitarbeiters. Zu den kollektiven gehören diejenigen Entschuldigungen, die ein politischer Repräsentant im Namen einer Gruppe legitim äußert. Strübbe unterscheidet auch die institutionellen Entschuldigungen. Im institutionellen Rahmen wird ein Sich-Entschuldigender als Träger einer Amtsfunktion erkannt.

Der deutsche Politikwissenschaftler Stefan Engert erarbeitete eine liberale Theorie politischer Entschuldigungen. In Anlehnung an die sprachwissenschaftlichen Untersuchungen unterscheidet er in seiner Typologie drei Entschuldigungssprechakte (*denial, excuse* und *apology*) und führt ihre Indikatoren an.[24] Eine vollkommene Entschuldigung integriert in sich die Anerkennung des Unrechts, die Anerkennung der Täterschaft, den Ausdruck der Reue, die Kompensation (Wiedergutmachung) sowie das Versprechen der Nicht-Wiederholung.[25] In Zusammenarbeit mit dem deutschen Politikwissenschaftler Christopher Daase und der deutschen Politikwissenschaftlerin Judith Renner aktualisierte Engert seine Typologie. Hierbei werden Bitte um Vergebung („asking for forgiveness") und aktive Sühne („active atonement") den anderen fünf Elementen einer vollkommenen Entschuldigung hinzugefügt.[26]

In fachspezifischer Literatur der *transitional justice* positioniert sich politische Entschuldigung als eines der Instrumente der Vergangenheits-

---

22 Vgl. ebd., 102.
23 Vgl. dazu Karina Strübbe, „Politische Entschuldigungen: Theoretische Annäherung und Vorschlag einer Typologie," in *Populismus, Terror und Wahlentscheidungen in Alten und Neuen Medien*, hrsg. v. Jonas Echterbruch u. a., Düsseldorfer Forum Politische Kommunikation 7 (Berlin: Frank & Timme, 2017), 75–94.
24 Vgl. Stefan Engert, „Die Staatenwelt nach Canossa: Eine liberale Theorie politischer Entschuldigungen," in *Transitional Justice 2.0*, hrsg. v. Stefan Engert u. a., Die Friedens-Warte Bd. 86, Nr. 1/2 (Berlin: BWV, 2011), 157 f.
25 Vgl. ebd., 159–161.
26 Vgl. Christopher Daase u. a., „Introduction: guilt, apology and reconciliation in International Relations," in *Apology and reconciliation in international relations: The importance of being sorry*, hrsg. v. Christopher Daase u. a. (London, New York: Routledge Taylor & Francis Group, 2016), 4.

aufarbeitung.[27] Ihrer Bedeutung ist sich auch das International Center for Transitional Justice bewusst:

> Official public apologies are an important element of a transitional justice policy. As a form of symbolic reparation, an apology is a formal, solemn and, in most cases, public acknowledgement that human rights violations were committed in the past, that they caused serious and often irreparable harm to victims, and that the state, group, or individual apologizing is accepting some or all of the responsibility for what happened. The decision to make an apology can and should be used to support a just and moral vision that enables victims and the public to have hope in the future.[28]

Eine politische Entschuldigung soll die Faktizität vergangener Vorfälle bestätigen.[29] Vor diesem Hintergrund soll sie sich auf andere Instrumente von Vergangenheitsaufarbeitung (z. B. Tribunale und Wahrheitskommissionen) stützen, weil diese sich unter anderem mit der faktischen Aufklärung einer gewalttätigen Vergangenheit auseinandersetzen. Dadurch agiert die politische Entschuldigung retrospektiv, sie ist aber auch auf die Zukunft einer Gesellschaft bzw. auf die Wiederherstellung gebrochener Beziehungen orientiert.

Was Vergebung, ihre Position und ihren Stellenwert im Rahmen von *transitional justice* angeht, kristallisierten sich bisher zwei Strömungen von Autoren heraus.[30] Die erste Strömung vernachlässigt Vergebung und

27 Vgl. dazu z. B. Hazan, Measuring the impact, 23.
28 International Center for Transitional Justice, „More Than Words: Apologies as a Form of Reparation," Dezember 2015, abrufbar unter https://www.ictj.org/sites/default/files/ICTJ-Report-Apologies-2015.pdf (Stand: 17.08.2021), 1.
29 Zum interdisziplinären Überblick über die politische Entschuldigung, ihre Bedeutung für die Konfliktfolgezeit sowie für *transitional justice* vgl. Elazar Barkan und Alexander Karn, Hrsg., *Taking Wrongs Seriously: Apologies and Reconciliation* (Stanford, Calif.: Stanford University Press, 2006). Engert erarbeitet seine liberale Theorie politischer Entschuldigungen mit Bezug auf *transitional justice*. Vgl. dazu Engert, Die Staatenwelt.
30 Zu den unterschiedlichen Paradigmen (liberales und religiöses) von *transitional justice* vgl. Daniel Philpott, „What Religion Brings to the Politics of Transitional Justice," *Journal of International Affairs* 61, Nr. 1 (2007): 93–110. Vergebung passt ins religiöse Paradigma. Diesem Paradigma zufolge soll *transitional justice* die Heilung der Opfer und die Versöhnung unter den Konfliktparteien anstreben. Das liberale Paradigma geht davon aus, dass die Täter bestraft werden sollen; zu den entgegengesetzten Positionen der Forscher zu *transitional justice*, was den Stellenwert von Vergebung angeht vgl. Bas van Stokkom u. a., „Public Forgiveness: Theoretical and Practical Perspectives," in *Public Forgiveness in Post-Conflict Contexts*, hrsg. v. Bas van Stokkom, Neelke Doorn und Paul van Tongeren, Series on Transitional Justice 10 (Cambridge: Intersentia, 2012), 5–9.

befürwortet primär die Durchsetzung der bestrafenden Gerechtigkeit. Diesem Standpunkt zufolge ist Vergebung nicht *a priori* als eine gute Praxis zu empfehlen. Sie soll nicht als eine unabdingbare Voraussetzung für die Versöhnung verfeindeter Konfliktparteien und für die Heilung der Opfer angenommen werden.[31] Vergebung wird in diesem Zusammenhang unzweideutig der Sphäre des tief Persönlichen zugeordnet. Gemäß der zweiten Strömung von Autoren können überlebende Opfer ihre Wiedergesundung durch Vergebung erreichen. Die innerliche emotionale Transformation der Opfer wird sogar als Voraussetzung nationaler Versöhnung betrachtet.[32] Inazu zufolge ist ein Staat im Rahmen von *transitional justice* dafür verantwortlich, aus den Akten individueller Vergebung ein gemeinsames Narrativ („shared narrative") aufzubauen. Durch dieses Narrativ werden die Akte individueller Vergebung in die politische Vergebung verwandelt.[33]

Was die Fragestellung dieser Arbeit in der aktuellen Literatur angeht, lässt sich eine dreistufige Forschungslücke bemerken. Erstens fehlt in der Literatur die profilierte bzw. eine einheitliche Verwendung des Begriffs der politischen Vergebung. Was politische Vergebung bedeutet, ist eine Frage mit vielen möglichen Antworten. Sie kann unterschiedliche Ebenen (individuelle, soziale) betreffen und kann sich nach verschiedenen Modellen von Vergebung (emotionales, juristisches) richten. Zweitens ist nach dem Zusammenhang politischer Entschuldigung und politischer Vergebung zu fragen. Lässt sich politische Entschuldigung im Rahmen von politischer Vergebung betrachten? Was erwartet der Sich-Entschuldigende von den Opfern, die durch eine politische Entschuldigung angesprochen werden? Ist von den Opfern die Vergebung zu erwarten? Drittens fehlt die theologische Untersuchung einer Korrelation von politischer Vergebung und politischer Entschuldigung mit *transitional justice*. Daran schließt sich die Frage nach den Einflüssen an, welche die soziale Ebene durch diese Korrelation erleben kann, wenn überhaupt.

---

31 Vgl. Rebecca Saunders, „Questionable Associations: The Role of Forgiveness in Transitional Justice," *The International Journal of Transitional Justice* 5, Nr. 1 (2011): 120.

32 Der anglikanische Erzbischof und Kommissionsvorsitzende der südafrikanischen Wahrheits- und Versöhnungskommission (1996–1998) Desmond Tutu betrachtet Vergebung, Anerkennung von Untaten und Reparationen als Kontinuum nationaler Aussöhnung. Vgl. dazu Desmond Tutu, *No Future Without Forgiveness* (New York: Doubleday, 1999), 273.

33 Vgl. Inazu, No Future, 322 f.

3 Konzeptionell-methodische Erläuterung

Die vorliegende Arbeit soll zunächst Vergebung und Entschuldigung im interpersonalen Rahmen begrifflich erläutern. Diese Erläuterung dient als Ausgangspunkt für die Diskussion über den Transfer ursprünglich individueller Kategorien in den soziopolitischen Rahmen. Die Klärung zwischenmenschlicher Vergebungs- und Entschuldigungspraxis gilt auch als ein Bezugspunkt für einen Vergleich oder eventuelle Abgrenzungen zwischen Verwendungen dieser beiden Kategorien im interpersonalen und soziopolitischen Rahmen.

Der theologische Gedanke zwischenmenschlicher Vergebung lehnt sich an die Sündenvergebung Gottes an und ist demzufolge stark soteriologisch geprägt.[34] Aus der Sündenvergebung Gottes ergibt sich die Wiederherstellung der Gemeinschaft mit den Menschen, die durch Sünde gestört wurde. Die Sündenvergebung Gottes, die sich als Akt der Liebe unbedingt vollzieht, wird zur Quelle und zum Vorbild zwischenmenschlicher Vergebung.[35] Die Mensch-zu-Mensch-Vergebung ist demzufolge von der Gott-zu-Mensch-Sündenvergebung nicht zu trennen. Durch zwischenmenschliche Vergebung tritt ein Opfer aus dem Schuldkreis aus, der aufgrund einer Fehlhandlung vonseiten eines Täters gebildet wurde. Um zwischenmenschliche Vergebung möglichst präzise theologisch zu erläutern, trete ich als orthodoxer Theologe ins Gespräch mit den katholisch- und evangelisch-theologischen Sichtweisen zu diesem Thema. In Betracht gezogen werden auch philosophische und psychologische Perspektiven. Diesen zufolge spiegelt sich die Vergebung vornehmlich in der kognitiven und emotionalen Transformation des Vergebenden wider.[36]

---

34 „Die Vergebung gehört Schrift und Tradition zufolge als Inbegriff der soteriologischen Dimension des Christusereignisses zum Zentrum christlichen Glaubens." (Eva-Maria Faber, Art. Vergebung, Vergebung der Sünden. II. Systematisch-theologisch, in *LThK* 10 [³2001]: Sp. 652).

35 Die zwischenmenschliche Vergebung richtet sich nach dem Modell der Unbedingtheit der Sündenvergebung Gottes. Vor diesem Hintergrund versteht man die zwischenmenschliche Vergebung als „ein Geben ohne Gegengabe" (Alois Müller, Art. Schuld und Bekehrung. III. Die Befreiung zur Hoffnung. Wege der Metanoia, in *Handbuch der christlichen Ethik*, Bd. 3, hrsg. v. Anselm Hertz und Günter Altner, aktualisierte Neuausg. [Basel u. a.: Herder u. a., 1993], 184).

36 „[F]orgiveness is a matter of a willed change of heart – the successful result of an active endeavor to replace bad thoughts with good, bitterness and anger with compassion and affection." (Joanna North, „Wrongdoing and Forgiveness," *Philosophy* 62, Nr. 242 [1987]: 506).

Aus linguistischer Sicht vollzieht sich Entschuldigung als ein Sprechakt.[37] Sich der eigenen Fehlhandlung bewusst, wendet sich der sich entschuldigende Täter an das Opfer, um mit ihm die Beziehungen wiederherzustellen. Entschuldigung wird in der theologischen Literatur peripher thematisiert, und zwar im Rahmen einer Versöhnungsperspektive.[38] Entschuldigung wird als ein mit der Reue des einzelnen Täters eng verbundenes Phänomen angesehen.[39] Was Vergebung und Entschuldigung im interpersonalen Rahmen angeht, drängt sich ein Fragenkatalog auf, der in der vorliegenden Arbeit zu beantworten ist: Wie vollzieht sich Vergebung? Ist zwischenmenschliche Vergebung unbedingt als eine Gabe des Opfers und als ein Mittel der Schuldbefreiung zu verstehen? Gibt es auch andere Formen von Vergebung, die in engem Zusammenhang mit der Umkehr der Täterseite stehen? Ist ein Opfer verpflichtet, einem bereuenden und einem sich entschuldigenden Täter zu vergeben? Kann ein Täter den Anstoß zur Vergebung der Opferseite durch seine Umkehr, konkret durch eine Entschuldigung, geben? Woraus ergibt sich eine Entschuldigung? Was soll eine Entschuldigung beinhalten?

Beim Etablieren des soziopolitischen Rahmens stützt sich die vorliegende Arbeit auf die Parameter, aufgrund derer politische Vergebung[40] und politische Entschuldigung[41], so die kanadische Philosophin Alice MacLachlan, von ihren nicht politischen Formen abzugrenzen sind. Als Parameter eines soziopolitischen Rahmens gelten Akteure, Charakter der Verhältnisse unter den betroffenen Akteuren sowie die Motive, von denen

---

37 Vgl. dazu Shoshana Blum-Kulka und Elite Olshtain, „Requests and Apologies: A Cross-Cultural Study of Speech Act Realization Patterns (CCSARP)," *Applied Linguistics* 5, Nr. 3 (1984): 196–213; Janet Holmes, „Sex Differences and Apologies: One Aspect of Communicative Competence," *Applied Linguistics* 10, Nr. 2 (1989): 194–213.

38 „When we apologise for hurts done to others, we expect that in the process of restoring the broken relationship the offended will eventually forgive us. Apology aims at forgiveness and reconciliation." (Zenon Szablowinski, „Apology with and Without a Request for Forgiveness," *The Heythrop Journal* 53, Nr. 5 [2012]: 731).

39 Vgl. dazu z. B. Stephanie van de Loo, *Versöhnungsarbeit: Kriterien, theologischer Rahmen, Praxisperspektiven*, Theologie und Frieden 38 (Stuttgart: Kohlhammer, 2009), 73–75.

40 Vgl. Alice MacLachlan, „The philosophical controversy over political forgiveness," in *Public Forgiveness in Post-Conflict Contexts*, hrsg. v. Bas van Stokkom, Neelke Doorn und Paul van Tongeren, Series on Transitional Justice 10 (Cambridge: Intersentia, 2012), 42.

41 Vgl. Alice MacLachlan, „Beyond the Ideal Political Apology," in *On the Uses and Abuses of Political Apologies*, hrsg. v. Mihaela Mihai und Mathias Thaler (London: Palgrave Macmillan, 2014), 16.

Vergebung und Entschuldigung in der politischen Realität geleitet werden. Erstens: Im Gegensatz zum interpersonalen Rahmen kommen im soziopolitischen Rahmen Kollektive als Akteure vor. Diese müssen als politische Entitäten anerkannt oder gegründet werden (Staaten, ethnische Gruppen und Minderheiten, politische Organisationen). Ein derartiges Kollektiv soll über eine klare soziale Struktur verfügen, um von einer zufällig angesammelten Menge von Individuen abgegrenzt zu werden. Durch ihre politischen Stellvertreter können Kollektive sprechen und angesprochen werden. Zweitens: Vergebung und Entschuldigung unter Kollektiven (aber auch unter Einzelpersonen) sind als politisch wahrzunehmen, wenn das Verhältnis zwischen den Akteuren politisch geprägt ist (z. B. wenn sie durch politisch motivierte Gewaltausübung verbunden sind). Drittens: Vergebung und Entschuldigung werden zum Teil eines „ongoing process of making the conditions for political society possible"[42]. Dieser Prozess zielt, so MacLachlan, auf den nachhaltigen Frieden, den Aufbau demokratischer Institutionen und die Verantwortungsübernahme für ein politisches Fehlverhalten ab.

Ob mit Vergebung und Entschuldigung im soziopolitischen Rahmen operiert werden kann, und wenn ja, wie, wird in der Arbeit aus theologischer Perspektive gefragt. Donald Shriver und Geiko Müller-Fahrenholz transferieren Vergebung, eine soteriologisch und anthropologisch geprägte Kategorie, in einen soziopolitischen Rahmen. Hierbei wird nach Möglichkeiten gefragt, wie Vergebung aus einem Gott-Mensch- und Mensch-Mensch-Verhältnis auf den soziopolitischen Rahmen zu übertragen ist. Wie ist die Entschuldigung eines politischen Repräsentanten in diesem Zusammenhang zu verstehen? Die beiden Theologen geben einen wichtigen Impuls für eine Annäherung an die soziopolitische Theologie von Vergebung und Entschuldigung, die in der Arbeit anzustreben ist.[43] Die da-

---

42 MacLachlan, The philosophical controversy, 42. An diesem Ort bezieht sich dieses Zitat auf politische Vergebung; MacLachlan, Beyond the Ideal, 16. An diesem Ort bezieht sich das gleiche Zitat auf politische Entschuldigung.

43 Im theologischen Diskurs ist Versöhnungstheologie präsenter als die Theologie der Vergebung. Im deutschsprachigen Raum gibt es moderne Theologen, deren Forschungsfokus auf der Versöhnungsthematik in interpersonalen und soziopolitischen Kontexten liegt. Ralf Wüstenberg z. B. versucht, ein theologisches Modell der politischen Dimension von Versöhnung zu entwickeln. Bemerkenswert ist seine theologische Analyse von Versöhnungsdiskursen in Südafrika und Ostdeutschland (Ralf K. Wüstenberg, *Die politische Dimension der Versöhnung: Eine theologische Studie zum Umgang mit Schuld nach den Systemumbrüchen in Südafrika und Deutschland*, Öffentliche Theologie 18 [Gütersloh: Kaiser, Gütersloher Verl.-Haus, 2004]). Stephanie van de Loo erforscht die Versöhnungsprozesse auf der

durch erzielten theologischen Ergebnisse treten weiterhin in Dialog mit den soziologischen, philosophischen und politikwissenschaftlichen Ansätzen zu Themen der politischen Vergebung und der politischen Entschuldigung. Dieser Dialog mit den nichttheologischen Perspektiven über Vergebung und Entschuldigung entspricht dem interdisziplinären Forschungsinteresse von Friedensforschung. An dieser Stelle drängt sich der zweite Fragenkatalog auf: Wie positioniert sich Vergebung in der Politik? Sind Kollektive als Vergebungsakteure anzusehen? Ist Vergebung in der Politik als Akt der Schuldbefreiung zu verstehen? Können die politischen Repräsentanten im Namen der Opfer vergeben? Gilt Vergebung als ein exklusives Recht von Opfern? Hängen politische Vergebung und politische Entschuldigung zusammen? Wie lässt sich die Praxis der politischen Entschuldigung begründen? Wie entschuldigen sich Kollektive und wie werden sie durch eine Entschuldigung angesprochen? Ergibt sich eine politische Entschuldigung aus der kollektiven Reue? Wie soll sich ein politischer Repräsentant entschuldigen und wer ist als Adressat dieser Entschuldigung anzusehen? Wenn Opfer durch eine politische Entschuldigung angesprochen werden, wird von ihnen Vergebung erwartet? Wenn Vergebung von ihrer Seite ausfällt, ist eine politische Entschuldigung als misslungen zu bewerten?

Die Arbeit soll die erzielten theoretischen Ergebnisse, was die soziopolitischen Perspektiven von Vergebung und Entschuldigung angeht, kontextualisieren. Ob diese mit *transitional justice* korrelieren können, soll in der Arbeit beantwortet werden. Diese Antwort erfordert zunächst die Darstellung des theoretischen Rahmens von *transitional justice*, ihrer Ziele und der Instrumente, mit denen diese Ziele in der Praxis zu erreichen sind.

---

individuellen und sozialen Ebene sowie die Versöhnungsarbeit bzw. die mögliche Rolle dritter Parteien in Versöhnungsprozessen (Loo, Versöhnungsarbeit). Solche versöhnungstheologischen Ansätze sind auch im US-amerikanischen Raum zu finden (z. B. bei Miroslav Volf und Robert Schreiter). Vergebung und Entschuldigung kommen zwar in diesen theologischen Ansätzen vor, werden aber primär aus der Versöhnungsperspektive betrachtet. Vergebung und Entschuldigung werden als Instrumente bzw. als Stufen auf dem Weg zur Versöhnung angesehen und werden nicht zum Hauptanliegen dieser Forschungen. Im Gegensatz dazu haben die theologischen Ansätze Shrivers und Müller-Fahrenholz' zum Ziel, die Bedeutung von Vergebung im soziopolitischen Rahmen zu erörtern. Hierbei wird der Entschuldigung eine wichtige Rolle zugeordnet.

4 Zur Gliederung

Die Arbeit besteht aus sechs Teilen. Nach dem Einleitungsteil (I) soll im II. Teil eine Erläuterung von wesentlichen Begriffen und Akteuren erfolgen, mit denen in der Arbeit operiert wird. Im Fokus dieses Teils steht die Darstellung von Vergebung und Entschuldigung im interpersonalen Rahmen. Im III. Teil werden zunächst die theologischen Ansätze von Donald Shriver und Geiko Müller-Fahrenholz thematisiert. Daraus soll sich eine Annäherung an die soziopolitische Theologie von Vergebung und Entschuldigung ergeben. Der IV. Teil legt einen Schwerpunkt auf die Darstellung der *transitional justice*, ihres theoretischen Rahmens, ihrer Ziele und Praxis sowie der Instrumente, mit denen die gesetzten Ziele angestrebt werden. Im Rahmen dieser Darstellung wird der Stellenwert von Vergebung in der *transitional justice* diskutiert. Im V. Teil wird versucht, Verwendungsperspektiven von Vergebung und Entschuldigung im soziopolitischen Kontext zu verdeutlichen sowie Grenzen einer solchen Verwendung festzustellen. Ein Akzent liegt hierbei auf den nichttheologischen Perspektiven aus der Theorie. Letztendlich soll in diesem Teil nach einer Korrelation soziopolitischer Perspektiven von Vergebung und Entschuldigung mit *transitional justice* gefragt werden. Im Schlussteil (VI) werden die Gedanken zusammengefasst.

Teil II – Vorbemerkungen

In diesem Teil werden die Begriffe, mit denen in der vorliegenden Arbeit vornehmlich operiert wird, erläutert und konkretisiert. Zunächst werden in Kapitel 1 der Transitionsbegriff und seine Bedeutung im politischen Zusammenhang aufgezeigt. An dieser Stelle lässt sich ebenfalls ein Einblick in die Transitionsforschung gewinnen, deren Aufkommen von grundlegender Bedeutung für die Etablierung des Forschungsfeldes *transitional justice* war. Im nachfolgenden Kapitel 2 werden die Akteure und Ebenen, deren Wirkungen für den Verlauf einer Transition maßgeblich sind, festgestellt und definiert. Die Erläuterung dieser Akteure ist als wichtiger Ausgangspunkt für die Diskussion über die soziopolitische Dimension von Vergebung und Entschuldigung (Teil III und Teil V) anzusehen, weil diese selbst als akteursbezogene Kategorien zu verstehen sind. Im Bewusstsein dessen, dass Friedensforschung den Schnittpunkt unterschiedlicher Disziplinen darstellt, werden Akteure aus interdisziplinärer Perspektive herangezogen. Kapitel 3 hat zum Ziel, Vergebung und Entschuldigung im interpersonalen Kontext, in dessen Rahmen sie sich ursprünglich etablierten, zu verdeutlichen. Dadurch wird angestrebt, die terminologische Klarheit dieser Begriffe auf der interpersonalen Ebene zu erreichen. Dies soll auch als Bezugspunkt für den Vergleich und die Abgrenzung von der terminologischen Verwendung dieser Kategorien im soziopolitischen Kontext dienen.

1 Transition

Der Terminus Transition[44] (lat. transire: hinübergehen) etablierte sich in der Politikwissenschaft als Bezeichnung für den Übergang von autoritären zu demokratischen Regimen.[45] Der Transitionsbegriff gewann an Bedeutung mit der sogenannten dritten Welle der Demokratisierung[46] bzw. mit den zahlreichen Regimewechseln[47], die in den 70er und 80er Jahren des

44 Unter anderem werden auch die Begriffe Systemwechsel, Regimewechsel und Transformation synonym verwendet.

45 Vgl. Dieter Nohlen, Art. Transitionsforschung, in *Lexikon der Politikwissenschaft: Theorien - Methoden - Begriffe*, Bd. 2, hrsg. v. Dieter Nohlen und Rainer-Olaf Schultze, 4., aktualisierte und erw. Auflage (München: Beck, 2010), 1108 f.; Wolfgang Merkel, *Systemtransformation: Eine Einführung in die Theorie und Empirie der Transformationsforschung*, 2., überarb. und erw. Auflage (Wiesbaden: VS, Verl. für Sozialwiss., 2010), 66.

46 In seinem theoretischen Ansatz vertritt der US-amerikanische Politikwissenschaftler Samuel Huntington die These von Demokratisierungswellen. Darunter versteht er die Gruppen von Transitionen aus den nichtdemokratischen Regimen, die innerhalb eines bestimmten Zeitrahmens erfolgten. Jeder Welle folgt die sogenannte Kontrawelle (*reverse wave*), unter der ein Zeitraum von demokratischen Niedergängen bzw. Reautokratisierungen verstanden wird. Die Wellen und Kontrawellen laufen nach dem „two-steps-forward, one-step-backward"-Prinzip ab. Die erste Welle umfasst den Zeitraum von 1828 bis 1926 und auf sie folgte die erste Kontrawelle von 1922 bis 1942. Von 1943 bis 1962 dauerte die zweite Demokratisierungswelle. Daran schloss sich die zweite Kontrawelle im Zeitraum von 1958 bis 1975 an. Die dritte Demokratisierungswelle begann im Jahr 1974 mit dem Diktatursturz in Portugal (vgl. dazu Samuel P. Huntington, *The Third Wave: Democratization in the Late Twentieth Century*, The Julian J. Rothbaum distinguished lecture series 4 [Norman u. a.: University of Oklahoma Press, 1991], 16–26; Samuel P. Huntington, „Democracy's Third Wave," *Journal of Democracy* 2, Nr. 2 [1991]: 12–34; Samuel P. Huntington, „How Countries Democratize," *Political Science Quarterly* 106, Nr. 4 [Winter 1991/1992]: 579–616).

47 Laut dem deutschen Politikwissenschaftler Wolfgang Merkel bezeichnen Regime „die formelle und informelle Organisation des politischen Herrschaftszentrums einerseits und dessen jeweils besonders ausgeformte Beziehungen zur Gesamtgesellschaft andererseits. Ein Regime definiert die Zugänge zur politischen Herrschaft ebenso wie die Machtbeziehungen zwischen den Herrschaftseliten und das Verhältnis der Herrschaftsträger zu den Herrschaftsunterworfenen." (Merkel, Systemtransformation, 63 f.). Der deutsche Politikwissenschaftler Hans-Joachim Lauth verwendet die Begriffe Herrschaftsform und Regime synonym. Wie Merkel unterscheidet auch Lauth drei Herrschaftsformen bzw. Regime, und zwar Demokratie, Autoritarismus und Totalitarismus (vgl. dazu Hans-Joachim Lauth, „Regimetypen: Totalitarismus – Autoritarismus – Demokratie," in *Vergleichende Regierungslehre: Eine Einführung*, hrsg. v. Hans-Joachim Lauth, 3., aktualisierte und erw. Auflage [Wiesbaden: VS Verlag, 2010], 91–112).

20. Jahrhunderts in Südeuropa, Lateinamerika, Ostasien und Osteuropa erfolgten.

Die Transition konzentriert sich auf den Wandel im politisch-institutionellen Bereich bzw. auf die Demokratisierung eines politischen Systems.[48] Die Begriffe Demokratisierung und Demokratie dürfen jedoch nicht verwechselt werden. Demokratisierung wird als Etablierungsprozess von Demokratie angesehen, in dem „die Beteiligungsrechte der Bürger an politischen Entscheidungen auf allen Ebenen des politischen Systems"[49] erweitert werden.

Die vorliegende Arbeit befasst sich nicht mit der vielschichtigen Entwicklungsgeschichte des Demokratiebegriffs, sondern mit seiner Verwendung innerhalb der Transitionsforschung. Um das Verhältnis zwischen Transition und Demokratie besser zu verdeutlichen, gehe ich von der These Robert Dahls, eines US-amerikanischen Politikwissenschaftlers, über Demokratie aus. Dahl zufolge sind freie Wahlen als prozedurales Minimum eines demokratischen Systems anzusehen.[50] Durch den politischen Wettbewerb in Form von freien und fairen Wahlen wird ein politisches Regime demokratisch und somit zugänglich für alle Bürger.[51] Mit dieser Behauptung stimmt auch der US-amerikanische Politikwissenschaftler Samuel Huntington überein. Freie Wahlen sind für Huntington *conditio sine qua non* einer Demokratie.[52]

Die Transition hat die Etablierung von Demokratienormen und -werten zum Ziel und ist auf die „Regelung des Zugangs zu politischer Herrschaft"[53]

---

48 Vgl. Nohlen, Transitionsforschung, 1108; Philipp Christoph Schmädeke, *Politische Regimewechsel: Grundlagen der Transitionsforschung*, UTB 3751 (Tübingen u. a.: Francke, 2012), 10.

49 Dieter Nohlen, Art. Demokratisierung, in *Lexikon der Politikwissenschaft: Theorien - Methoden - Begriffe*, Bd. 1, hrsg. v. Dieter Nohlen und Rainer-Olaf Schultze, 4., aktualisierte und erw. Auflage (München: Beck, 2010), 153.

50 Vgl. Robert A. Dahl, *Polyarchy: Participation and Opposition* (New Haven, London: Yale University Press, 1971), 3 f.; Robert A. Dahl, *Democracy and its critics* (New Haven, London: Yale University Press, 1989), 221 f., 233.

51 Um „responsive to the preferences of its citizens" zu werden, muss eine Regierung, so Dahl, den Bürgern die Ausübung der folgenden Rechte ermöglichen: „1. To formulate their preferences [,] 2. To signify their preferences to their fellow citizens and the government by individual and collective action [,] 3. To have their preferences weighted equally in the conduct of the government, that is, weighted with no discrimination because of the content or source of the preference" (Dahl, Polyarchy, 2).

52 Vgl. Huntington, The Third Wave, 9.

53 Schmädeke, Politische Regimewechsel, 16.

ausgerichtet. Die Existenz fairer und freier Wahlen ist, so der deutsche Politikwissenschaftler Philipp Christoph Schmädeke, das Hauptmerkmal, das in der Transitionsforschung Demokratien von Nicht-Demokratien unterscheidet.[54]

In der Transitionsforschung lassen sich vier Gruppen von Theorien unterscheiden: System-, Struktur-, Kultur- und Akteurstheorien.[55] Diese Theorien bieten nicht nur die Muster- bzw. Phasenmodelle von Transitionsprozessen, sondern sie hinterfragen auch die Ursachen oder die Strategien der beteiligten Akteure. Unter den Transitionsforschern gilt der Akteursansatz als dankbarstes Modell für die Erklärung komplexer Transitionsprozesse. Schmädeke schreibt den ökonomischen, kulturellen und gesellschaftlichen Faktoren eine sekundäre Rolle zu. Dabei erklärt er die Bevorzugung von Akteurstheorien folgendermaßen:

> Auch wenn man zumeist davon ausgehen kann, dass Transitionen grundsätzlich tiefgreifende und langfristige Ursachen zugrunde liegen, gestaltet sich der eigentliche *Transitionsprozess* zumeist plötzlich, ungeordnet und unsicher und damit letztlich unvorhersehbar. Beginn, Verlauf und Ausgang von Transitionen werden daher in den Augen der meisten Transitionsforscher von der im Transitionchaos [sic] einzig verbliebenden [sic] Konstante gestaltet: den handelnden Akteuren. [...] Denn es sind ihre Handlungen und ihre Interaktionen, ihre Allianzen und Entscheidungen[,] die dem neu entstehenden Regime letztlich seine Form, seine entscheidende Prägung verleihen.[56]

Am Beispiel von Demokratisierungsprozessen in Südeuropa und Lateinamerika aus den 1980er Jahren gestaltete das argentinisch-US-amerikanische Forscherpaar Guillermo O'Donnell und Philippe Schmitter die in der Transitionsforschungsliteratur oft zitierte und verwendete Akteurstheorie.[57] In ihrem Buch „Transitions from Authoritarian Rule: Tentative Conclusions about Uncertain Democracies" wurde Transition als Intervall

---

54   Vgl. ebd.
55   Vgl. dazu Merkel, Systemtransformation, 67–89. Merkel schreibt dabei über Transformations- und nicht über Transitionstheorien. Inhaltlich nutzt er diese Begriffe synonym.
56   Schmädeke, Politische Regimewechsel, 13 (Hervorhebung im Original).
57   Merkel ist der Meinung, dass diese Theorie Änderungen benötigt, damit sie auch auf die Transitionsprozesse außerhalb von Südeuropa und Lateinamerika anwendbar wäre (vgl. Wolfgang Merkel, „Transformation politischer Systeme," in *Politikwissenschaft: Ein Grundkurs*, hrsg. v. Herfried Münkler [Reinbek bei Hamburg: Rowohlt-Taschenbuch-Verlag, 2003], 222).

zwischen zwei verschiedenen politischen Regimen definiert.[58] Das Verlaufsmuster eines solchen Intervalls bleibt unvorhersehbar. O'Donnell und Schmitter unterscheiden aber vier potentielle Transitionswege aus einem autoritären Regime.[59] Erstens: Die Etablierung und die Konsolidierung der politischen Demokratie gilt *per se* als wünschenswertes Ziel jeder Transition.[60] Zweitens: Außer diesem erwünschten Transitionsweg kann es auch geschehen, dass der Regimewechsel zum Errichten einer neuen und sogar strengeren Form von Autoritarismus führt. Beim dritten Transitionsszenario findet eine gewaltsame Konfrontation statt.[61] Im vierten und letzten Fall hinterlässt eine Transition politische Konfusion. Diese Konfusion spiegelt sich im Unvermögen der neuen Regierung wider, politische Macht zu institutionalisieren. Ob die politische Demokratie als erwünschtes Ziel aus einer Transition entsteht, hängt, so O'Donnell und Schmitter, zumeist vom alten autoritären Regime ab.[62]

---

58 Vgl. Guillermo O'Donnell und Philippe C. Schmitter, *Transitions from Authoritarian Rule: Prospects for Democracy*, Bd. 4, *Tentative Conclusions about Uncertain Democracies*, 4., impr. (Baltimore u. a.: Johns Hopkins University Press, 1993), 6.

59 Vgl. ebd., 3.

60 Vgl. ebd.; der Terminus *demokratische Transition* kristallisierte sich in der Transitionsforschung als Bezeichnung für diejenigen Regimewechsel heraus, aus denen vor allem die neuen demokratischen Regime entstanden sind (vgl. Schmädeke, Politische Regimewechsel, 9).

61 O'Donnell und Schmitter heben hervor, dass es wünschenswert wäre, dieses gewaltsame Szenario zu vermeiden (vgl. O'Donnell und Schmitter, Tentative Conclusions, 11).

62 Vgl. ebd., 6. Mit dieser Annahme stimmen auch der deutsch-spanische Politikwissenschaftler Juan Linz und der US-amerikanische Politikwissenschaftler Alfred Stepan überein. Sie sind der Meinung, dass Transition stark durch die Merkmale vorheriger nichtdemokratischer Regime beeinflusst wird (vgl. Juan J. Linz und Alfred Stepan, *Problems of democratic transition and consolidation: Southern Europe, South America, and Post-Communist Europe* [Baltimore, London: Johns Hopkins University Press, 1996], 55). Huntington setzt voraus, dass der Typ einer Transition durch Engagement sowohl von der Herrschaftselite als auch von der Opposition bestimmt wird. Je nachdem, welcher dieser zwei Faktoren die bedeutendste Rolle in der Transition spielt, unterscheidet Huntington die drei Typen von Transition. Bei *transformation* etabliert die Herrschaftselite das demokratische System. *Replacement* steht für denjenigen Typ von Transition, bei dem die Opposition die führende Rolle spielt, wobei das alte autoritäre Regime gestürzt wird. *Transplacement* bezeichnet die Transitionen, in denen die Herrschaftselite und die Opposition den Demokratisierungsprozess zusammen in Kraft setzen (vgl. Huntington, The Third Wave, 110–163; Huntington, How Countries Democratize, 590–616).

Die Transition beginnt aus ihrer Sicht, nachdem den Einzelnen und Gruppen bestimmte rechtliche und politische Freiheiten gewährt werden.[63] Dadurch wird der sogenannte Prozess der Liberalisierung initiiert, mit dem sich das autoritäre Regime erst teilweise öffnet.[64] Im Liberalisierungsprozess ist das Recht auf freie und demokratische Wahlen jedoch noch nicht vorhanden.[65] Dieses Recht wird erst im Demokratisierungsprozess gewonnen, der, so O'Donnell und Schmitter, die Materialisierung des „Prinzips von Bürgerschaft" darstellt.[66] Diesem Prinzip zufolge sind alle Bürger in Bezug auf die Entscheidungsfindung gleichberechtigt. Für die Implementierung dieser Entscheidungen sind die politischen Vertreter den Bürgern gegenüber rechenschaftspflichtig. Die Bürger selbst sind rechtlich dazu verpflichtet, die getroffenen Entscheidungen zu befolgen. Liberalisierungs- und Demokratisierungsprozesse werden deutlich voneinander abgegrenzt, wobei sie einander nicht zwangsläufig folgen müssen. Nur eine komplette Liberalisierung mit gleichzeitig uneingeschränkter Demokratisierung führt letztendlich in die politische Demokratie.[67]

Der deutsche Politikwissenschaftler Wolfgang Merkel erkennt drei Phasen von Transition: Ende des autokratischen Regimes, Institutionalisierung der Demokratie und Konsolidierung der Demokratie.[68] Es gibt seines Erachtens jedoch keine klare Trennung zwischen diesen drei Phasen,

63 „On the level of individuals, these guarantees include the classical elements of the liberal tradition: habeas corpus, sanctity of private home and correspondence; the right to be defended in a fair trial according to preestablished laws; freedom of movement, speech, and petition; and so forth. On the level of groups, these rights cover such things as freedom from punishment for expressions of collective dissent from government policy, freedom from censorship of the means of communications, and freedom to associate voluntarily with other citizens." (O'Donnell und Schmitter, Tentative Conclusions, 7).

64 Linz bezeichnet das Nichtvorhandensein von Legitimität und Effektivität als die Hauptursache für den Umsturz der meisten Regime, darunter auch autoritärer. Den autoritären Regimen fehlen die Kapazitäten, die Anforderungen zu bestehen und die innen- und außenpolitischen Probleme der Gesellschaft zu lösen (vgl. Juan J. Linz, „Transitions to Democracy," *The Washington Quarterly* 13, Nr. 3 [1990]: 146–148).

65 Vgl. Huntington, The Third Wave, 9.

66 Vgl. O'Donnell und Schmitter, Tentative Conclusions, 7 f.

67 Liberalisierung ohne Demokratisierung führt in die liberalisierte Autokratie; Demokratisierung ohne Liberalisierung führt in die formalistische Demokratie; begrenzte Liberalisierung bei gleichzeitig begrenzter Demokratisierung führt in die limitierte politische Demokratie (vgl. ebd., 13 f.; Schmädeke, Politische Regimewechsel, 22).

68 Vgl. Merkel, Systemtransformation, 222–224.

weil sie sich in der Realität oft überlappen. Dem Ansatz O'Donnells und Schmitters zufolge beginnt Transition genau dann, wenn es zur Diskrepanz zwischen zwei Strömungen innerhalb des autoritären Regimes, zwischen den sogenannten Hardlinern und Softlinern, kommt.[69] Unter Hardlinern versteht man alle Regimestrukturen und einzelne Personen innerhalb der Herrschaftselite, die den politischen Veränderungen offen entgegenstehen. Die Bewahrung des alten autoritären Regimes ist ihr Hauptziel.[70] Auf der anderen Seite befürworten Softliner die politischen Veränderungen. Sie sind sich dessen bewusst, dass ein autoritäres Regime seine Legitimität nur durch politischen Wandel wiedergewinnen könnte. Softliner stellen den bedeutenden Faktor dar, durch den der Liberalisierungsprozess eines autoritären Regimes stark gefördert wird. Mit dem Einsetzen der Liberalisierung findet die Transition Gelegenheit, den Höhepunkt zu erreichen. Danach hängt es vor allem von der Herrschaftselite ab, welche Form die Transition weiter annimmt. Die Herrschaftselite schätzt ein, ob ihre Positionen durch Transition gefährdet sind. Durch diese Einschätzung kann die weitere Demokratisierung einer Gesellschaft unterbrochen oder gefördert werden. Die Institutionalisierung von Demokratie hängt allerdings auch von der Zivilgesellschaft[71] sowie dem gegenseitigen Verhältnis zwischen Opposition auf der einen und Armee, Polizei und Geheimdienst auf der anderen Seite ab. Das Ende einer Transition lässt sich mit der Durchführung von freien demokratischen Wahlen festlegen. Die Demokratie konsolidiert sich mit der Etablierung eines neuen Regelwerks, wobei ein autoritäres Regime seine Stärke und Funktion verliert. Merkel bemerkt, dass Akteurshandeln primär als Elitenhandeln verstanden wird.[72] Die Massen sind „meist nur eine abhängige soziale Kategorie, die je nach Problemlage, Regimeart, Machtkontext und Transformationsphase von den Eliten mobilisiert oder

---

69 Vgl. O'Donnell und Schmitter, Tentative Conclusions, 15–36.
70 Sogar im Fall des Transitionserfolgs sind Hardliner immer noch die potentielle Ursache von Umstürzen und Verschwörungen gegen die neuen demokratischen Regierungen (vgl. ebd., 16).
71 Es geht vor allem um Berufsgenossenschaften, politische Parteien, die wissenschaftliche Community, Menschenrechtsorganisationen, Kirchengemeinden, Familienangehörige der Opfer von staatlicher Verfolgung (oder ähnlichem) usw. (vgl. ebd., 51).
72 Vgl. Merkel, Systemtransformation, 219; zur Wirkung von Eliten und kollektiven Akteuren während der Transitionsprozesse vgl. Ellen Bos, „Die Rolle von Eliten und kollektiven Akteuren in Transitionsprozessen," in *Theorien, Ansätze und Konzepte der Transitionsforschung*, hrsg. v. Wolfgang Merkel, 2., rev. Auflage (Opladen: Leske + Budrich, 1996), 81–109.

demobilisiert werden [sic]"[73]. Die vorliegende Arbeit betrachtet die Transition als einen vielschichtigen Prozess des politisch-institutionellen und gesellschaftlichen Wandels, der aber nicht unbedingt die Etablierung von Demokratie gewährleistet.

2 Die betroffenen Ebenen und Akteure

Dem Akteursansatzprinzip der Transitionsforschung zufolge wird die Form des neuen Regimes durch die Handlungen der Akteure, ihre Wechselwirkungen und Entscheidungen maßgeblich geprägt. Eine Transition kann breite Schichten der Gesellschaft betreffen und dabei unterschiedliche Akteure einbeziehen. Um welche Akteure handelt es sich genau? Bei ihrer Beschreibung unterscheide ich verschiedene Ebenen, wobei jede aus einem Akteurspaar besteht. Die Akteure eines jeden Paares bilden des Öfteren Gegensätze zueinander, sind aber dennoch aufeinander ausgerichtet und interagieren eng miteinander. Die erste Ebene bzw. das erste Akteurspaar (2.1 Einzelner – Gruppe) soll die Prinzipien der Individualität und Sozialität verdeutlichen. Was sind die Merkmale von Einzelnen und Gruppen? In welchem Verhältnis stehen sie zueinander? Wie lassen sie sich genau definieren und begrifflich in der Arbeit anwenden? Die zweite Ebene ist eher auf die politischen Akteure ausgerichtet. Sie konzentriert sich auf die politischen Oberhäupter und Bürger eines Staates (2.2 Regierende – Regierte). Worin besteht das Verhältnis zwischen den politischen Repräsentanten und den selbständigen Wählern? In welchen Angelegenheiten werden die Wähler durch die politischen Repräsentanten vertreten? Die dritte Ebene betrifft die Opfer und Täter als Akteure (2.3 Opfer – Täter). Oft entstehen die neuen demokratischen Regime aus gewaltsamen autoritären Regimen. Der Übergang zu einer friedlichen Zukunft ist dann stark durch das den Opfern angetane Unrecht geprägt. Im Hinblick auf die moralischen Untaten befasse ich mich mit dem Opfer- und Täterbegriff. Wie lassen sich diese Begriffe auf der individuellen und sozialen Ebene anwenden? Sind Opfer- und Täterbegriff nur für die an den moralischen Untaten direkt Beteiligten reserviert?

Die Zuordnung der Akteure zu den einzelnen Ebenen ist allerdings nicht fest. In der Realität können sich die Ebenen überlappen, ein Einzel-

---

73 Merkel, Systemtransformation, 89.

ner kann z. B. als Opfer oder Täter betrachtet werden. Diese mehrfache Rollenzuweisung kommt innerhalb der Ebenen häufig vor, ist aber in einzelnen Fällen auch umstritten (Lassen sich z. B. Gruppen als Täter bzw. Opfer betrachten?). Die Darstellung dieser Ebenen und die terminologische Klarstellung in diesem Arbeitsteil dienen letztendlich dazu, die potentiellen Akteure in Vergebungs- und Entschuldigungsprozessen innerhalb des soziopolitischen Rahmens besser definieren zu können.

2.1 Einzelner – Gruppe

2.1.1 Person/Individuum: Begriffserläuterung

Im Kern der christlichen Anthropologie liegt die Idee, dass der Mensch zuallererst ein geschaffenes Wesen ist. Der Schöpfer, der selbst ohne Anfang und Ende ist, brachte alles, was existiert, darunter auch den Menschen, aus dem Nichts zum Sein hervor. „*Gott ist in seiner Göttlichkeit der ganz Andere, dessen Anderssein nicht zuletzt darin besteht, daß er – ohne etwas anderes vorauszusetzen als sich selbst – das andere seiner selbst, das Geschaffene, als frei gewollte und als in die (so) eigene Wirklichkeit freigesetzte Schöpfung hervorbringt.*"[74] Die ganze Schöpfung *ex nihilo* stellt einen freien Akt Gottes dar, aufgrund dessen die absolute ontologische Kluft zwischen Schöpfer und Schöpfung entsteht. Trotz dieser ontologischen Kluft erörtert die christliche Anthropologie die Frage, ob das nicht geschaffene Dasein Gottes das Vorbild für das geschaffene Dasein des Menschen sein kann.

Die biblische Schöpfungserzählung beschreibt mit folgenden Worten die Entscheidung Gottes, den Menschen zu schaffen: „Dann sprach Gott: Lasst uns Menschen machen als unser Abbild, uns ähnlich." (Gen 1,26) Bezüglich der Pluralverwendung an dieser Bibelstelle gibt es in der Theologie eine bestimmte Sichtweise, der zufolge dieser Plural (lasst uns; unser Abbild; uns ähnlich) darauf hinweist, dass der Mensch nicht als Abbild eines imaginären Gottes geschaffen wurde, sondern als Abbild der ewigen Gemeinschaft der Liebe zwischen Vater, Sohn und Heiligem Geist. Dieser biblische Kontext berechtigt dazu, so die deutsche Theologin Dorothea

---

74 Dorothea Sattler und Theodor Schneider, „Schöpfungslehre," in *Handbuch der Dogmatik*, Bd. 1, *Prolegomena, Gotteslehre, Schöpfungslehre, Christologie, Pneumatologie*, hrsg. v. Theodor Schneider, 4. Auflage (Düsseldorf: Patmos, 2009), 155 f. (Hervorhebung im Original).

Sattler und der deutsche Theologe Theodor Schneider, „*das Menschsein wesentlich als ein zu relationalem, bezüglichem Dasein befähigtes Sein zu verstehen*"[75]. Dementsprechend spiegelt sich die Gottebenbildlichkeit des Menschen in seiner Personalität und Sozialität wider.[76] Die Idee der Gottebenbildlichkeit wird heutzutage immer noch problematisiert und in theologischen Kreisen erörtert. So sah der deutsche Fundamentaltheologe und Dogmatiker Thomas Pröpper den Kern der Gottebenbildlichkeitsaussage nicht in der sozialen Verfasstheit des Menschen, sondern in seiner unverlierbaren Bestimmung zur Gemeinschaft mit Gott und in seiner Ansprechbarkeit für die Anrede Gottes.[77] Demzufolge wird der Mensch „zum *möglichen Partner Gottes* qualifiziert: zum *freien Gegenüber Gottes auf der Erde*"[78]. Eine solche Gottebenbildlichkeit wäre, so Pröpper, undenkbar ohne die Freiheit des Menschen.

Die komplexen theologischen Erörterungen in den ersten Jahrhunderten der Kirchengeschichte deuten an, von wie großer Bedeutung es für die Kirchenväter war, die Existenz Gottes möglichst genau zu bestimmen. Daher befassten sie sich detailliert mit Kategorien und sprachlichen Kennzeichnungen, die sich in der Sphäre göttlicher Existenz anwenden lassen.[79] Infolge dieser theologischen Auseinandersetzungen wurde der Glaube der Kirche an die Wesensgleichheit Gottes (gr. ὁμοούσιος) in drei Personen (gr. ὑπόστασις; lat. persona) definiert.

Warum ist die dogmatische Trinitätsformel *ein Wesen – drei Personen* (gr. μία οὐσία – τρεῖς ὑποστάσεις; lat. una substantia – tres personae) so wichtig für die christliche Anthropologie? Für den griechisch-orthodoxen Theologen Johannes Zizioulas beschreiben die Begriffe Wesen (gr. οὐσία; lat. substantia) und Person (gr. ὑπόστασις; lat. persona)[80] die Existenz Gottes unterschiedlich. Der Begriff Wesen bezieht sich auf das *Was* und der

---

75 Ebd., 223 (Hervorhebung im Original).

76 Vgl. ebd., 159.

77 Vgl. Thomas Pröpper, *Theologische Anthropologie*, Bd. 1 (Freiburg im Breisgau: Herder, 2011), 269.

78 Ebd., 179 (Hervorhebung im Original).

79 Vgl. dazu Jürgen Werbick, „Trinitätslehre," in *Handbuch der Dogmatik*, Bd. 2, *Gnadenlehre, Ekklesiologie, Mariologie, Sakramentenlehre, Eschatologie, Trinitätslehre*, hrsg. v. Theodor Schneider, 4. Auflage (Düsseldorf: Patmos, 2009), 491–500.

80 Zur Geschichte der Anwendung der Begriffe Wesen und Person in den ersten vier Jahrhunderten der Kirchengeschichte vgl. John D. Zizioulas, *Lectures in Christian dogmatics*, ed. by Douglas Knight (London, New York: T & T Clark, 2008), 47–64.

Begriff Person auf das *Wie* von Gottes Dasein.[81] Weil es ewig bzw. nicht geschaffen ist, ist das *Was* bzw. das Wesen Gottes im ontologischen Sinne für den geschaffenen Menschen eine für immer unerreichbare Kategorie. Der Gott des Christentums besteht aber nicht nur in seinem Wesen, sondern auch in einer unzerstörbaren Gemeinschaft der Liebe von Vater, Sohn und Heiligem Geist. Gerade das *Wie* von Gottes Dasein weist darauf hin, dass Gott als Gemeinschaft von drei Personen existiert. Vor diesem Hintergrund ist die Person im Rahmen der Existenz Gottes vor allem als ein relationsbezogener Begriff zu verstehen. Wenn ‚Vater' gesagt wird, wird damit automatisch an die Beziehung gedacht, die er mit dem Sohn und dem Heiligen Geist hat, und umgekehrt.[82] Es wäre im Sinne der christlichen Anthropologie undenkbar, dass sich eine der Trinitätspersonen als autarkes (engl. self-sufficient) Wesen verwirklicht. Das ontologische Prinzip der Existenz Gottes beruht, so Zizioulas, auf der Person des Vaters, nicht auf dem Wesen Gottes.[83] Folglich wird die Gemeinschaft der Trinitätspersonen, d. h. das *Wie* von Gottes Dasein, dem Menschen zum Vorbild. Der Mensch ist selbst dazu aufgerufen, nach dem Vorbild Gottes in Gemeinschaft mit anderen Personen zu leben. „[I]t is an 'I' that can exist only as long as it relates to a 'thou' which affirms its existence and its otherness. If we isolate the 'I' from the 'thou' we lose not only its otherness but also its very being; it simply cannot be without the other."[84]

Zizioulas hebt einige wichtige Einzelheiten in seinem anthropologischen Ansatz hervor.[85] Erstens, um überhaupt zu sein, muss der Mensch als Person existieren, die von jeglicher Bedingtheit oder jeglichem Ziel befreit ist. Zweitens kann eine Person nicht von anderen Personen isoliert werden. Selbst Gott lebt nicht in Isolation, sondern in Gemeinschaft. „It is the other and our relationship with him that gives us our identity, our other-

---

81   „We must distinguish between the level of nature or ousia and that of person or hypostasis in divine being. Both denote being, but the former refers to the what and the latter to the how of being." (John D. Zizioulas, *Communion and Otherness: Further Studies in Personhood and the Church*, ed. by Paul McPartlan [London, New York: T & T Clark, 2006], 129).

82   Vgl. ebd., 126.

83   „God's being, the holy Trinity, is caused not by divine substance but by *the Father*, that is, a particular being. The one God is the Father. Substance is something common to all three persons of the Trinity, but it is not ontologically primary until Augustine makes it so. The Cappadocians work out an ontology of divine being by employing the biblical rather than the Greek view of being." (Ebd., 106 [Hervorhebung im Original]).

84   Ebd., 9.

85   Vgl. ebd., 166–168.

ness, making us 'who we are', that is, persons; for by being an inseparable part of a relationship that matters ontologically we emerge as *unique* and *irreplaceable* entities."[86] Drittens ist und bleibt jede Person einmalig und nicht wiederholbar.[87]

Der spätantike Philosoph Boethius[88] definierte Person als *naturae rationabilis individua substantia* („einer verständigen Natur unteilbare Substanz").[89] Damit kam es zur Verwechslung von Person mit Individuum. Zizioulas vertritt die These, dass der Akzent in der säkularisierten Anthropologie mit Boethius' individualisierter Definition von Person auf Bewusstsein bzw. Selbstbewusstsein des Einzelnen gesetzt wurde, und nicht auf seine Beziehungen.[90] Daraus lässt sich die legitime Schlussfolgerung ziehen, dass sich der Einzelne als autarkes Wesen völlig verwirklichen kann. Dies widerspricht aber der oben beschriebenen christlich-anthropologischen Annahme, dass die Person wesentlich auf den Anderen bzw. auf die Gemeinschaft mit dem Anderen ausgerichtet ist.

> Throughout the entire history of Western thought the equation of person with the thinking, self-conscious individual has led to a culture in which the thinking individual has become the highest concept in anthropology. [...] [T]rue personhood arises not from one's individualistic isolation from others but from love and relationship with others, from communion. Only love, free love, unqualified by natural necessities, can generate personhood.[91]

Der „als das in und aus sich existierende, vernunftbegabte Einzelwesen"[92] verstandene Personbegriff lässt sich, so der deutsche Fundamentaltheologe

---

86 Ebd., 166 f. (Hervorhebung im Original).
87 „The person is something *unique* and *unrepeatable*. Nature and species are perpetuated and replaceable. Individuals taken as nature or species are never absolutely unique. They can be similar; they can be composed and decomposed; they can be combined with others in order to produce results or even new species; they can be used to serve purposes – sacred or not, this does not matter. On the contrary, persons can neither be reproduced nor perpetuated like species; they cannot be composed or decomposed, combined or used for any objective whatsoever – even the most sacred one." (Ebd., 167 [Hervorhebung im Original]).
88 Boethius wurde zwischen 480 und 485 geboren. Er starb zwischen 524 und 526.
89 Vgl. Anicius Manlius Severinus Boethius, *Die Theologischen Traktate: Lateinisch-deutsch*, übers., eingeleitet u. mit Anm. vers. von Michael Elsässer, Philosophische Bibliothek 397 (Hamburg: Meiner, 1988), 74–77.
90 Vgl. John D. Zizioulas, *The One and the Many: Studies on God, Man, the Church, and the World Today*, ed. by Gregory Edwards (Alhambra, Calif.: Sebastian Press, 2010), 20 f.
91 Zizioulas, Communion and Otherness, 168.
92 Werbick, Trinitätslehre, 500.

Jürgen Werbick, in der Trinitätslehre nicht verwenden. Die Person setzt nämlich die Gemeinschaft mit anderen Personen voraus. Auf der anderen Seite impliziert das Individuum, so Zizioulas, Einteilung und Abtrennung.[93] Individuum wird in der Soziologie als „das in seiner raumzeitlichen und qualitativen Besonderung einmalige Wesen"[94] verstanden. Daraus folgt, dass ein Individuum nicht mehr geteilt werden kann, ohne seine Identität zu verlieren. Ein menschliches Individuum, so der deutsche Soziologe Karl-Heinz Hillmann, ist „ein selbständiges, vernunft- und willenfähiges [sic] Wesen, das sich durch eine spezifische Gesamtheit strukturierter und gegenüber anderen Individuen abgrenzbarer Merkmale der Denk- und Verhaltensweise sowie der körperlichen, geistigen, kulturellen und sittlichen Eigenschaften auszeichnet"[95].

Nach Ansicht des deutschen Soziologen Albert Scherr ist das Individuum nicht als ein genuiner Gegenstand der Soziologie zu betrachten. „Die I.n [Individuen, P.A.] treten in der Perspektive der Wissenschaft vom Sozialen zunächst als normorientiert Handelnde, als Objekte gesellschaftlicher Zwänge, als Angehörige sozialer Gruppen, als Mitglieder von Organisationen usw. in den Blick."[96] In der Geschichte der Soziologie wurde das Individuum sehr oft der Gemeinschaft und Gesellschaft entgegengesetzt und untergeordnet betrachtet.[97] Demzufolge wurde das Individuum früher in der Soziologie nicht zum Gegenstand von Interesse. Die zeitgemäße Soziologie hingegen vertritt eine unterschiedliche anthropologische Ansicht, der

---

93 Vgl. Zizioulas, Communion and Otherness, 168 f.; John D. Zizioulas, *Being as Communion: Studies in Personhood and the Church* (Crestwood, NY: St. Vladimir's Seminary Press, 1985), 164 f.

94 Arno Bammé, Art. Individuum, in *Wörterbuch der Soziologie*, hrsg. v. Günter Endruweit, Gisela Trommsdorff und Nicole Burzan, 3., völlig überarb. Auflage (Konstanz: UVK-Verl.-Ges. u. a., 2014), 183.

95 Karl-Heinz Hillmann, Art. Individuum, in *Wörterbuch der Soziologie: Mit einer Zeittafel*, hrsg. v. Karl-Heinz Hillmann, 5., vollst. überarb. und erw. Auflage (Stuttgart: Kröner, 2007), 365.

96 Albert Scherr, Art. Individuum, in *Grundbegriffe der Soziologie*, hrsg. v. Bernhard Schäfers und Johannes Kopp, 9., grundlegend überarb. und aktualisierte Auflage (Wiesbaden: VS, Verl. für Sozialwiss., 2006), 107.

97 Vgl. dazu Hillmann, Individuum, 365; Frank Thieme, Art. Individuum und Gesellschaft, in *Soziologie-Lexikon*, hrsg. v. Gerd Reinhold und Siegfried Lamnek, 3., überarb. und erw. Auflage (München u. a.: Oldenbourg, 1997), 286. Die Gegenüberstellung von Individuum und Gemeinschaft bzw. Gesellschaft kommt in zwei soziologischen Konzepten, Individualismus und Kollektivismus, vor. Während Individualismus den Einzelnen bevorzugt, gilt die Gesellschaft im Kollektivismus als ursprüngliche Kategorie, aus der der Einzelne hervorgeht (vgl. Bammé, Individuum, 183).

zufolge sich ein Individuum erst im gesellschaftlichen Kontext entfaltet. Nur in diesem Kontext kann ein Individuum zu dem werden, „was es in der speziellen Ausprägung seines genetischen Potentials als soziales Wesen, als Persönlichkeit darstellt"[98]. Der Begriff Individuum wird in der vorliegenden Arbeit im Sinne dieser soziologischen Annahme verwendet, dass die Entwicklung eines Individuums unbedingt auf die Sozialität ausgerichtet ist (und nicht im Sinne der Definition von Boethius!). Wenn die Begriffe Person, Individuum oder Einzelner in der Arbeit vorkommen, dann werden darunter vor allem freie und wesentlich relationale Entitäten verstanden.

2.1.2 Gruppe: Begriffserläuterung

Die Fähigkeit des Menschen, *Ich* zu sagen, wird nicht bezweifelt. Der Mensch ist als Wesen jedoch auch auf das Leben mit anderen *Ichs* ausgerichtet und wird dadurch bedeutend bestimmt. Als soziales Wesen lebt und wirkt der Mensch innerhalb von unterschiedlichen Gruppen.[99] Die Gruppe allein stellt jedoch nicht das einzige soziale Gebilde dar,[100] im Vergleich zu den anderen sozialen Gebilden kommt die Gruppe aber in der Alltagssprache häufiger vor. Hillmann bemerkt, dass die alltägliche Verwendung des

---

98 Hillmann, Individuum, 365.
99 Im Jahr 1965 gestaltete der US-amerikanische Psychologe Bruce Tuckman ein Gruppenbildungsmodell. Diesem Modell zufolge gibt es vier Phasen von Gruppenbildung: *forming, storming, norming* und *performing*. In der ersten Phase (*forming*) werden die Regeln und Aufgaben der Gruppe etabliert. Die Gruppenmitglieder fühlen sich in dieser Phase von ihrem Anführer abhängig. In der zweiten Phase (*storming*) sind die ersten Kritiken und Konflikte mit dem Gruppenführer vorhanden. Die dritte Phase (*norming*) ist durch die Entstehung von Gruppennormen gekennzeichnet. Man erkennt die Kooperationszeichen unter den Gruppenmitgliedern. In der vierten Phase (*performing*) ist die Gruppe schon fähig, die Probleme zu lösen und die festgestellten Aufgaben zu erledigen (vgl. dazu Bruce W. Tuckman, „Developmental sequences in small groups," *Psychological Bulletin* 63 [1965]: 384–399).
100 Der deutsche Soziologe Bernhard Schäfers entwirft eine Typologie der sozialen Gebilde, damit man die Gruppe in die Vielzahl der Sozialgebilde besser einordnen kann. Dieser Typologie zufolge wird die Gruppe von den Phänomenen Menge und Masse; Institution und Organisation; Assoziation und Gesellschaft; Netzwerke und Figurationen abgegrenzt (vgl. Bernhard Schäfers, „Entwicklung der Gruppensoziologie und Eigenständigkeit der Gruppe als Sozialgebilde," in *Einführung in die Gruppensoziologie*, hrsg. v. Bernhard Schäfers, 3., korrig. Auflage, UTB 996 [Wiesbaden: Quelle und Meyer, 1999], 21–26).

Gruppenbegriffs jedoch unscharf ist.[101] Im Gegensatz dazu wird der Gruppenbegriff in der soziologischen Literatur deutlicher als ein „Ordnungs- und Klassifikationsbegriff [verwendet], der die Gemeinsamkeit einer Reihe von gleichen bzw. ähnlichen Elementen hervorhebt"[102].

Der deutsche Soziologe Bernhard Schäfers definiert die soziale Gruppe wie folgt:

> Eine soziale Gruppe umfaßt eine bestimmte Zahl von Mitgliedern (Gruppenmitglieder), die zur Erreichung eines gemeinsamen Ziels (Gruppenziel) über längere Zeit in einem relativ kontinuierlichen Kommunikations- und Interaktionsprozess stehen und ein Gefühl der Zusammengehörigkeit (Wir-Gefühl) entwickeln. Zur Erreichung des Gruppenziels und zur Stabilisierung der Gruppenidentität ist ein System gemeinsamer Normen und eine Verteilung der Aufgaben über ein gruppenspezifisches Rollendifferenzial erforderlich.[103]

Außer Zusammengehörigkeit, gemeinsamen Zielen, Normen, Aufgabenteilung und Rollendifferenzierung erkennt der deutsche Psychologe Manfred Sader noch zusätzliche Merkmale in der Gruppenpsychologie. Die Gruppenmitglieder „haben mehr Interaktionen untereinander als nach außen; identifizieren sich mit einer Bezugsperson oder einem gemeinsamen Sachverhalt oder einer Aufgabe; sind räumlich und/oder zeitlich von anderen Individuen der weiteren Umgebung abgehoben"[104]. Als weitere Gruppenkriterien erwähnt Sader auch den unmittelbaren Kontakt eines jeden Gruppenmitgliedes mit jedem anderen Mitglied der Gruppe (engl. face-to-face) und die Überschaubarkeit der Gruppe für jedes Mitglied.

Trotz der Vielzahl der Definitionen des Begriffes Gruppe[105] kristallisieren sich jedoch zwei unumstrittene Eigenschaften heraus.[106] Erstens sind

---

101 Vgl. Karl-Heinz Hillmann, Art. Gruppe, in *Wörterbuch der Soziologie: Mit einer Zeittafel*, hrsg. v. Karl-Heinz Hillmann, 5., vollst. überarb. und erw. Auflage (Stuttgart: Kröner, 2007), 318.

102 Schäfers, Entwicklung der Gruppensoziologie, 19.

103 Ebd., 20 f.

104 Manfred Sader, *Psychologie der Gruppe*, 4. Auflage (Weinheim, München: Juventa-Verlag, 1994), 39.

105 Vgl. Norbert Freytag, Art. Gruppe, in *Katholisches Soziallexikon*, hrsg. v. Alfred Klose u. a., 2., gänzlich überarb. und erw. Auflage (Innsbruck u. a.: Verl. Tyrolia u. a., 1980), 1063; Franz Stimmer, Art. Gruppe, in *Soziologie-Lexikon*, hrsg. v. Gerd Reinhold und Siegfried Lamnek, 3., überarb. und erw. Auflage (München u. a.: Oldenbourg, 1997), 241 f.; Alfred Bellebaum, *Soziologische Grundbegriffe: Eine Einführung für Soziale Berufe*, 13., aktualisierte Auflage (Stuttgart, Berlin, Köln: Kohlhammer, 2001), 27.

106 Vgl. Rolf Klima, Art. Gruppe, in *Lexikon zur Soziologie*, hrsg. v. Werner Fuchs-Heinritz, 4., grundlegend überarb. Auflage (Wiesbaden: VS, 2007), 253.

die Beziehungen innerhalb einer Gruppe regelmäßig und zeitlich lang andauernd. Zweitens muss in einer Gruppe eine integrierte soziale Struktur bestehen, damit sie von einer bloßen Menge von Individuen unterschieden werden kann.

2.1.2.1 Gruppenklassifikation

Mit den intensiven Forschungen (vor allem bezüglich Kleingruppen) etablieren sich die zahlreichen Einteilungen von Gruppen nach Dauer, Größe, Zweck und Organisationsform. Besonders wichtig für das Verständnis von Intergruppenprozessen ist die Einteilung in Eigen- (engl. in-group) und Fremdgruppen (engl. out-group). In Bezug auf die Eigengruppe hat der Einzelne ein Zugehörigkeitsgefühl. Er identifiziert sich damit und nicht mit der Fremdgruppe, die er als Gegenseite wahrnimmt. Die Mitglieder von Eigen- und Fremdgruppen betrachten die Welt durch die Perspektive *wir versus sie*. Deswegen kommt es sehr häufig zu Degradierungen und Diskriminierungen von Fremdgruppen, z.B. aufgrund von nationalen, rassischen oder religiösen Bezeichnungen.[107] Dieser Gruppeneinteilung kommt der Begriff Bezugsgruppe (engl. reference-group) sehr nahe, die für das Individuum Normativ- oder Vergleichsfunktionen hat.[108] Im ersten Fall kann das Individuum die Normen einer Gruppe als eigene annehmen, ohne ihr als Mitglied anzugehören. Im zweiten Fall vergleicht ein Individuum seinen eigenen Status mit dem Status der Vergleichsgruppenmitglieder. In beiden Fällen gilt die Bezugsgruppe nur als Orientierungsgruppe.

Man unterscheidet ebenfalls Primär-[109] und Sekundärgruppen. Eine Primärgruppe (z.B. die Familie, die Spielgruppe der Kinder, die Nachbarschaft) besteht aus Personen, die mit dem Individuum in den engsten Beziehungen („intimate face-to-face association"[110]) stehen. Die Primärgruppenmitglieder teilen die gemeinsamen Ziele und üben großen Einfluss auf

---

107 Vgl. Bellebaum, Soziologische Grundbegriffe, 28 f.; Freytag, Gruppe, 1064 f.

108 Vgl. Erika Spieß und Lutz von Rosenstiel, *Organisationspsychologie: Basiswissen, Konzepte und Anwendungsfelder* (München: Oldenbourg, 2010), 47.

109 Vgl. Bernhard Schäfers, „Primärgruppen," in *Einführung in die Gruppensoziologie*, hrsg. v. Bernhard Schäfers, 3., korrig. Auflage, UTB 996 (Wiesbaden: Quelle und Meyer, 1999), 97–112. Charles H. Cooley (1864–1929), US-amerikanischer Soziologe, gab die erste begriffliche Bestimmung von Primärgruppe (vgl. Charles H. Cooley, *The Two Major Works of Charles H. Cooley* [Glencoe, Ill.: Free Press, 1956], 23–57).

110 Cooley, The Two Major Works, 23.

das Individuum aus. Die Beziehungen zwischen den Mitgliedern einer Sekundärgruppe (z. B. politische Parteien, Vereine, Arbeitsgruppen) sind eher oberflächlich und zweckgebunden, wobei die Mitgliedschaft auf bestimmte Ziele ausgerichtet ist.[111]

Hinsichtlich der formalen Organisation unterscheidet man formale und informelle Gruppen. Die formalen Gruppen sind „von der Organisationsleitung nach technischen Erfordernissen und Zielsetzungen gebildet, um bestimmte, geplante und definierte Aufgaben auszuführen und Teilziele zu erreichen"[112]. Die formal organisierten Gruppen setzen für ihre Mitglieder bestimmte Rechte und Pflichten fest. Bei einem Verstoß gegen die vorgeschriebenen Regeln und Pflichten tragen die Gruppenmitglieder Konsequenzen in Form von bestimmten Sanktionen.[113] Die informellen Gruppen entstehen spontan aus individuellen Bedürfnissen und gemeinsamen Interessen von Organisationsmitgliedern (z. B. Verwandtschaft, Freundschaft, Freizeitinteresse).[114]

2.1.2.2 Prozesse der Gruppeninteraktion

Wie interagieren die Mitglieder einer Gruppe mit den Mitgliedern anderer Gruppen? Diesbezüglich ziehe ich die Theorie der sozialen Identität der britischen Sozialpsychologen Henri Tajfel und John Turner in Betracht, die sich unter anderem auch mit den Gruppeninteraktionen befasst. Das Hauptkriterium für die Gruppenmitgliedschaft besteht darin, dass die Mitglieder sowohl von sich selbst als auch von anderen als Gruppenmitglieder wahrgenommen werden.[115] Damit sich die Mitglieder einer Eigengruppe mit den Mitgliedern einer Fremdgruppe vergleichen können, muss das

---

111 Vgl. Rolf Klima, Art. Sekundärgruppe, in *Lexikon zur Soziologie*, hrsg. v. Werner Fuchs-Heinritz, 4., grundlegend überarb. Auflage (Wiesbaden: VS, 2007), 582.
112 Ansfried B. Weinert, *Organisations- und Personalpsychologie*, 5., vollst. überarb. Auflage (Weinheim u. a.: Beltz, Psychologie Verlags Union, 2004), 394.
113 Vgl. Spieß und Rosenstiel, Organisationspsychologie, 48.
114 Vgl. ebd.; Weinert, Organisations- und Personalpsychologie, 394 f.; Rolf Klima, Art. Gruppe. Informelle, in *Lexikon zur Soziologie*, hrsg. v. Werner Fuchs-Heinritz, 4., grundlegend überarb. Auflage (Wiesbaden: VS, 2007), 254.
115 Vgl. Henri Tajfel und John C. Turner, „The Social Identity Theory of Intergroup Behavior," in *Psychology of Intergroup Relations*, hrsg. v. Stephen Worchel, 2. Auflage (Chicago, Ill.: Nelson-Hall, 1986), 15.

Mitglied das Zugehörigkeitsgefühl zu einer Gruppe haben. Erst dann unterscheidet man klar die Eigengruppe von der Fremdgruppe.[116]

Tajfel und Turner stellen drei mentale Prozesse von Evaluierung und Einteilung in Eigengruppe und Fremdgruppe vor. Der erste ist die soziale Kategorisierung und umfasst ein Set von kognitiven Mitteln, mit deren Hilfe die soziale Umgebung klassifiziert und geordnet wird.[117] Soziale Kategorisierung versteht man demnach als Orientierungssystem, mit dem das Individuum seine Position in der Gesellschaft definiert.[118] Um seine soziale Umgebung besser zu verdeutlichen, verwendet der Einzelne soziale Kategorien wie z. B. schwarz, weiß, Christ, Atheist usw.[119] Der zweite Prozess ist die soziale Identität. Durch diesen mentalen Prozess wird die Zugehörigkeit zu einer durch die soziale Kategorisierung entstandenen Gruppe aufgebaut. „For our purposes we shall understand social identity as that part of an individual's self-concept which derives from his knowledge of his membership of a social group (or groups) together with the emotional significance attached to that membership."[120] Der letzte Prozess heißt der soziale Vergleich. Nachdem die Gruppen kategorisiert worden sind und die Einzelnen sich mit den Gruppen identifiziert haben, tendieren die Gruppenmitglieder dazu, die Gruppen zu vergleichen. Die Mitglieder einer Eigengruppe suchen, der Theorie zufolge, nach negativen Aspekten einer Fremdgruppe. Auf diese Weise wird die Ansicht über sich und die Eigengruppe verbessert. Folglich tendieren die Eigengruppenmitglieder auch dazu, ein Überlegenheitsgefühl über eine Fremdgruppe zu bewahren.[121] Aus diesem Prozess entstehen Rivalitäten zwischen den Gruppen.

Tajfel und Turner kommen zu den folgenden theoretischen Schlüssen: Der Einzelne tendiert dazu, die eigene soziale Identität zu erreichen bzw. zu bewahren; die positive soziale Identität beruht zum größten Teil auf dem Vergleich zwischen der Eigengruppe und relevanten Fremdgruppen; wenn der Einzelne mit der sozialen Identität nicht zufrieden ist, verlässt

---

116 Vgl. Henri Tajfel, „Social Identity and Intergroup Behaviour," *Social Science Information* 13, Nr. 2 (1974): 66.
117 Vgl. Tajfel und Turner, The Social Identity Theory, 16.
118 Vgl. Tajfel, Social Identity, 69.
119 Die Experimente weisen darauf hin, dass die triviale ad-hoc soziale Kategorisierung das Favorisieren von Eigengruppen und die Diskriminierung von Fremdgruppen befördert (vgl. Tajfel und Turner, The Social Identity Theory, 13 f.).
120 Tajfel, Social Identity, 69.
121 Vgl. Tajfel und Turner, The Social Identity Theory, 17.

er die Gruppe und tritt einer anderen Gruppe bei, oder er bemüht sich, die vorhandene Gruppe zu verbessern.[122]

2.1.2.3 Gruppenumfang

Die Soziologen einigen sich nicht auf eine bestimmte Zahl von Individuen, die eine Gruppe ausmachen können.[123] Während die Zwei[124] als die Mindestanzahl von Gruppenmitgliedern in der Literatur häufig vorkommt, ist die obere Grenze nicht einheitlich festgelegt. Die maximale Mitgliederzahl wird, so der deutsche Sozialpsychologe Erich Witte, dann erreicht, wenn „man die Mitglieder nicht mehr als Personen wahrnimmt und keinen individuellen Kontakt mehr herstellen kann"[125]. Demnach dürfte eine Gruppe nur wenige Mitglieder umfassen, vermutlich bis dreißig.

Der deutsche Soziologe Alfred Bellebaum unterscheidet Groß- und Kleingruppen. Im Unterschied zu Kleingruppenmitgliedern stehen Großgruppenmitglieder miteinander nicht in Wechselwirkung von Angesicht zu Angesicht.[126] Was jedoch bei Großgruppen deutlich auffällt, ist ein übergreifendes Wir-Gefühl von Gruppenmitgliedern.[127] Demzufolge können

---

122 Vgl. ebd., 16.

123 Sader unterscheidet dabei die Dyaden (2 Personen), Kleinstgruppen (etwa 2 – 6 Personen), Gruppen (3–etwa 30 Personen) und Großgruppen (zumeist über 25 Personen) (vgl. Sader, Psychologie der Gruppe, 39). Schäfers zufolge gibt es Dyaden (2 Personen), Kleingruppen (bis 25 Personen) und Großgruppen (von 25 bis 1000 Personen) (vgl. Schäfers, Entwicklung der Gruppensoziologie, 23).

124 Es gibt Meinungen, dass man die Paare bzw. Dyaden nicht als Gruppen darstellen kann, weil ihnen die Möglichkeit einer Koalitionsbildung fehlt (vgl. dazu Erich H. Witte, Art. Gruppe, in *Wörterbuch der Soziologie*, hrsg. v. Günter Endruweit, Gisela Trommsdorff und Nicole Burzan, 3., völlig überarb. Auflage [Konstanz: UVK-Verl.-Ges. u. a., 2014], 158).

125 Ebd.

126 „In größeren Gruppen [...] denkt und handelt man wie die anderen aufgrund abstrakt, das heißt unabhängig von einzelnen (nicht: allen) Mitgliedern geltender gemeinsamer Überzeugungen. In kleineren Gruppen [...] kennt man sich durchweg persönlich von Angesicht zu Angesicht (face-to-face-relations). [...] In größeren Gruppen bleibt man weitgehend getrennt trotz aller Verbundenheit, in kleineren Gruppen ist man tiefgreifend verbunden trotz allem Trennenden. In größeren Gruppen gibt es Zwischenglieder, besondere Instanzen etwa zur Vermittlung von Informationen, Meinungsbeeinflussung, Aufrechterhaltung des Wir-Gefühls, Konfliktregelung, Werbung und Propaganda nach draußen." (Bellebaum, Soziologische Grundbegriffe, 32).

127 Vgl. ebd., 31.

sich Großgruppen, so Bellebaum, aufgrund von Volkszugehörigkeit, Religion und Rasse formieren. Eine ähnliche These vertreten ebenfalls einige Sozialpsychologen, denen zufolge die Begriffe Gruppe und Sozialkategorie synonym verwendet werden können.[128] Unter Sozialkategorie versteht man eine „Menge von Personen, die durch ein oder mehrere gleiche, sozial relevante, insbesondere demographische Merkmale (z. B. Geschlecht, Alter, Beruf, Konfession) gekennzeichnet sind"[129]. Die deutschen Sozialpsychologen Stefan Stürmer und Birte Siem heben hervor, dass sich der Gruppenbegriff in der Sozialpsychologie sowohl auf Kleingruppen bezieht, in denen es einen unmittelbaren Kontakt unter den Mitgliedern gibt, als auch auf die Sozialkategorien, bei denen diese Möglichkeit nicht besteht.[130]

In dieser Arbeit wird der Begriff Gruppe als überindividuelle Entität verstanden. Für die Verwendung dieses Terminus in der weiteren Arbeit ist nicht das Prinzip der Quantität (= wie viele Einzelne eine Gruppe bilden) entscheidend, sondern das Prinzip der Kausalität (= warum nehmen sich die Einzelnen als Mitglieder einer Gruppe wahr). Dieses Kausalitätsprinzip ist im sogenannten Wir-Gefühl bzw. im Zusammengehörigkeitsgefühl der Gruppenmitglieder grundgelegt. Infolgedessen lässt sich ein breites Spektrum sozialer Gebilde unter dem Gruppenbegriff klassifizieren.

2.2 Regierende – Regierte

Im Jahr 1863, in der sogenannten *Gettysburg Address*, formulierte Abraham Lincoln, der US-amerikanische Präsident (1861–1865), eine der oft zitierten Definitionen von Demokratie. Er verstand Demokratie als „government of the people, by the people, and for the people"[131]. Diese berühmte Rede Lincolns aus der Zeit des US-amerikanischen Bürgerkrieges (1861–1865) liegt einhundertfünfzig Jahre zurück. Tatsächlich aber liegt die Herrschaft sowohl damals als auch heute nicht direkt in den Händen der Bürger, sondern bei ihren politischen Repräsentanten. In welchem Verhältnis steht dann in den modernen Demokratien der Regierte bzw. der Bürger,

---

128 Vgl. Stefan Stürmer und Birte Siem, *Sozialpsychologie der Gruppe* (München u. a.: Reinhardt, 2013), 12.

129 Otthein Rammstedt und Rolf Klima, Art. Sozialkategorie, in *Lexikon zur Soziologie*, hrsg. v. Werner Fuchs-Heinritz, 4., grundlegend überarb. Auflage (Wiesbaden: VS, 2007), 609.

130 Vgl. Stürmer und Siem, Sozialpsychologie der Gruppe, 12.

131 Garry Wills, *Lincoln at Gettysburg: The Words That Remade America* (New York u. a.: Simon & Schuster, 1992), 263.

als freier, gesellschaftlich und politisch vollberechtigter Einwohner eines Staates,[132] zu den Regierenden bzw. zu den politischen Repräsentanten, und umgekehrt?

Die modernen Demokratien bestehen größtenteils in der repräsentativen Form. Im Gegensatz zur direkten Demokratie, in der die Herrschaft unmittelbar durch die „Gesamtheit der abstimmungsberechtigten Bürger"[133] ausgeübt wird, wird sie in der repräsentativen Demokratie durch die von den Bürgern gewählten Repräsentanten ausgeübt. Die politischen Repräsentanten erlangen in einem Prozess der politischen Willensbildung ihre Mandate, um „in Sachfragen die Wähler bindende Entscheidungen zu treffen"[134]. In der Realität beinhalten die repräsentativen Demokratien oftmals Elemente der direkten Demokratie (Referendum, Volksbefragung etc.).

Das Verhältnis zwischen Regierenden und Regierten beruht in den repräsentativen Demokratien auf dem Prinzip der Repräsentation. Ernst Fraenkel, deutsch-US-amerikanischer Politikwissenschaftler, gab die folgende Definition der Repräsentation:

> Repräsentation ist die rechtlich autorisierte Ausübung von Herrschaftsfunktionen durch verfassungsmäßig bestellte, im Namen des Volkes, jedoch ohne dessen bindenden Auftrag handelnde Organe eines Staates oder sonstigen Trägers öffentlicher Gewalt, die ihre Autorität mittelbar oder unmittelbar vom Volk ableiten und mit dem Anspruch legitimieren, dem Gesamtinteresse des Volkes zu dienen und dergestalt dessen wahren Willen zu vollziehen.[135]

Gemäß dem Repräsentationsprinzip wird eine Personengesamtheit durch ein Mitglied, mehrere Mitglieder oder ein Gremium vertreten.[136] Es handelt sich dabei, so der italienische Politik-Philosoph Giuseppe Duso, nicht

132 Vgl. Manfred G. Schmidt, Art. Bürger, in *Wörterbuch zur Politik*, hrsg. v. Manfred G. Schmidt, 3., überarb. und aktualisierte Auflage (Stuttgart: Kröner, 2010), 140.

133 Manfred G. Schmidt, Art. Direkte Demokratie, in *Wörterbuch zur Politik*, hrsg. v. Manfred G. Schmidt, 3., überarb. und aktualisierte Auflage (Stuttgart: Kröner, 2010), 188.

134 Dieter Nohlen, Art. Repräsentative Demokratie, in *Lexikon der Politikwissenschaft: Theorien - Methoden - Begriffe*, Bd. 2, hrsg. v. Dieter Nohlen und Rainer-Olaf Schultze, 4., aktualisierte und erw. Auflage (München: Beck, 2010), 922.

135 Ernst Fraenkel, *Deutschland und die westlichen Demokratien*, herausgegeben und eingeleitet von Alexander von Brünneck, 9., erw. Auflage, UTB 3529: Politikwissenschaft (Baden-Baden: Nomos, 2011), 165.

136 Vgl. Manfred G. Schmidt, Art. Repräsentation, in *Wörterbuch zur Politik*, hrsg. v. Manfred G. Schmidt, 3., überarb. und aktualisierte Auflage (Stuttgart: Kröner, 2010), 688.

um die Repräsentation der Pluralität partikulärer Willen, sondern um die Repräsentation des kollektiven Subjekts bzw. der politischen Einheit.[137] Demzufolge bringen die politischen Repräsentanten, so Duso, den Willen eines kollektiven Subjekts bzw. einer politischen Einheit zum Ausdruck.[138] Eine oder mehrere Personen werden durch den Wahlvorgang, an dem die Bürger teilnehmen, ermächtigt, dem Willen eines kollektiven Subjekts bzw. einer politischen Einheit Form zu geben. Außer der Ermächtigung haben die Wahlen noch einen Effekt: Sie bestätigen die Legitimation der politischen Herrschaft der politischen Repräsentanten.

> Vor dem Hintergrund der Gleichheit der Menschen erfordert die Bildung der Autorität einen Prozess der Autorisierung (Ermächtigung), in dem alle zu Urhebern (*autores*) der Handlungen werden, die ein anderer, d. h. der Darsteller (*actor*, Repräsentant) ausführt. Dies ist der logische Kern der modernen Repräsentation, dies ist das Fundament der Legitimation der modernen politischen Form und zugleich der Ursprung der darin zu Tage tretenden Aporien.[139]

Duso folgert, dass man einen Unterschied zwischen „dem von den Repräsentanten gebildeten *öffentlichen* Willen und dem sogenannten *wahren* Volkswillen"[140] machen kann. Der Grund dafür liegt seines Erachtens in der Tatsache, dass sich der wahre Volkswille als ideelle Größe und nicht als empirische Realität identifizieren lässt.

Die Kritiker[141] des Repräsentationsprinzips meinen, dass die politischen Repräsentanten vor allem durch die politische Mehrheit gewählt werden.

---

137 „Die repräsentierende Instanz bringt also nicht die Pluralität partikulärer Willen der Stände zu Gehör, sondern den *einzigen* Willen der Nation: es geht also um die *Repräsentation der politischen Einheit*. Die politische Repräsentation wird damit zum (vermeintlich einzigen) Verfahren, das nicht nur den Willen des kollektiven Subjekts ausdrückt, sondern zugleich die Quelle der Legitimation der politischen Herrschaft enthält, welche in der Willensbekundung aller Bürger liegt, zu der sie bei der Wahl der Abgeordneten aufgerufen sind. In diesem Kontext gewinnt der Wahlvorgang eine neue Bedeutung: Als Willensausdruck der Staatsbürger verkörpert er den einzigen Akt, der das Repräsentationsorgan zu legitimieren vermag: ‚Ohne Wahl keine Repräsentation', sagt man während der französischen Revolution." (Giuseppe Duso, „Repräsentative Demokratie: Entstehung, Logik und Aporien ihrer Grundbegriffe," in *Herausforderungen der repräsentativen Demokratie*, hrsg. v. Karl Schmitt, Veröffentlichungen der DGfP 20 [Baden-Baden: Nomos, 2003], 16 [Hervorhebung im Original]).
138 Vgl. ebd., 16 f.
139 Ebd., 27 (Hervorhebung im Original).
140 Ebd., 20 (Hervorhebung im Original).
141 Zur Kritik am Repräsentationsprinzip vgl. Nadia Urbinati, „Representative democracy and its critics," in *The future of representative democracy*, hrsg. v. Sonia

Ihre politischen Entscheidungen betreffen auf der anderen Seite aber alle Wähler. Ein weiterer Kritikpunkt bezieht sich darauf, dass die politischen Repräsentanten in ihren alltäglichen Aktivitäten keine aktuellen Weisungen von ihren Wählern bekommen. Die Regierten sind daher passiv und physisch von dem Ort getrennt, an dem die politischen Entscheidungen getroffen werden. Die Bürger können den Repräsentanten und ihrer Politik durch demokratische Wahlen zwar ein Mandat geben, aber sie werden bis zu den nächsten Wahlen nicht mehr gefragt.

Fraenkel unterscheidet hypothetische und empirische Repräsentation. Er ist der Meinung, dass zwischen ihnen eine Divergenz entstehen kann. Im idealen Fall strebt ein repräsentatives Regierungssystem die Förderung des Gesamtinteresses des Volkes an.[142] In der Realität orientiert sich ein Regierungssystem aber nach den Ansichten der Mehrheit. „Aufgabe einer Repräsentativverfassung ist es somit, die Realisierung des Volkswillens optimal zu ermöglichen mit der Maßgabe, daß bei einer etwaigen Divergenz zwischen hypothetischem und empirischem Volkswillen dem hypothetischen Volkswillen der Vorzug gebührt."[143] Die vorliegende Arbeit geht davon aus, dass durch Repräsentation und Wahlen weder eine Übergabe der Einzelwillen der Bürger durchgeführt wird noch die Einzelwillen den politischen Repräsentanten zur Verfügung gestellt werden.

2.3 Opfer – Täter

Als Opfer (engl. victim, offended) wird eine Person gesehen, die aufgrund der durch einen Täter (engl. perpetrator, wrongdoer, offender) begangenen Untat (engl. wrongdoing) geschädigt wird.[144] Diese Zusammenfassung

---

Alonso, John Keane und Wolfgang Merkel (Cambridge, New York: Cambridge University Press, 2011), 23–49.

142 Vgl. Fraenkel, Deutschland und die westlichen Demokratien, 165.

143 Ebd.

144 In der Literatur lassen sich unterschiedliche Definitionen von Opfer, Täter und Untat finden: „[I] refer to someone who has been wronged as 'the victim' or less often (and only for stylistic reasons) as 'the wronged person' or words to that effect. The person who does the wrong I usually refer to as 'the wrongdoer'. The wrong that the wrongdoer does to the victim I call 'wrongdoing'. When I refer to 'wrongdoing' or use a similar word, I mean 'a *morally* wrong act or omission' in contrast to an act or omission that is wrong but not also morally wrong." (Anthony Bash, *Forgiveness and Christian Ethics*, New Studies in Christian Ethics 29 [Cambridge: Cambridge University Press, 2007], 1 [Hervorhebung im Original]); „Here is a simple definition: a victim is an innocent person harmed, through no

weist darauf hin, dass die Untat als die Hauptursache für das Vorhandensein der Opfer-Täter-Ebene zu betrachten ist. Die kanadische Philosophin Trudy Govier schreibt den Opfern das Prinzip der Passivität zu. Auf der anderen Seite spielt der Täter im Hinblick auf die Untat und das Verhältnis zum Opfer eine aktive Rolle.[145] Eine Person kann auch aufgrund z. B. einer Naturkatastrophe geschädigt bzw. verletzt und dadurch als Opfer bezeichnet werden. In solchen Fällen ist die Opferrolle nicht durch die Handlung der anderen moralisch verantwortlichen Täterseite gegeben.

Die Resolution 60/147 der Generalversammlung der Vereinten Nationen (Grundprinzipien und Leitlinien betreffend das Recht der Opfer von groben Verletzungen der internationalen Menschenrechtsnormen und schweren Verstößen gegen das humanitäre Völkerrecht auf Rechtsschutz und Wiedergutmachung) aus dem Jahr 2005 beinhaltet eine detaillierte Erklärung des Opferbegriffs.

> [V]ictims are persons who individually or collectively suffered harm, including physical or mental injury, emotional suffering, economic loss or substantial impairment of their fundamental rights, through acts or omissions that constitute gross violations of international human rights law, or serious violations of international humanitarian law. Where appropriate, and in accordance with domestic law, the term "victim" also includes the immediate family or dependants of the direct victim and persons who have suffered harm in intervening to assist victims in distress or to prevent victimization.[146]

Laut dieser UN-Resolution erleben Personen die Untaten verschiedener Art nicht nur individuell. Ihnen werden Untaten auch aufgrund der Zugehörigkeit zu einer konkreten (religiösen, ethnischen, politischen usw.) Gruppe angetan.[147] Die Resolution 60/147 unterscheidet ebenfalls die unmittelbare und mittelbare Betroffenheit der Opfer. Diejenigen, die die physischen

---

fault of his own, by an external force or the wrongful act of another." (Trudy Govier, *Victims and Victimhood* [Peterborough: Broadview Press, 2015], 19).

145 „Victim and perpetrator represent passivity and agency: the victim an innocent recipient, the perpetrator a guilty agent." (Ebd., 143).

146 UN General Assembly, „*Resolution 60/147: Basic Principles and Guidelines on the Right to a Remedy and Reparation for Victims of Gross Violations of International Human Rights Law and Serious Violations of International Humanitarian Law*," A/RES/60/147, 21. März 2006, abrufbar unter https://undocs.org/A/RES/60/147 (Stand: 17.08.2021), 5.

147 Diese Meinung vertritt auch der belgische Soziologe Luc Huyse: „In such cases, individuals are targeted because of their connection to an identifiable collectivity. Overall, the effect is always to victimize the society at large." (Luc Huyse, „Victims," in *Reconciliation After Violent Conflict: A Handbook*, hrsg. v. David Bloomfield u. a. [Stockholm: International IDEA, 2003], 54).

und psychischen Schäden unmittelbar erleben, werden als direkte Opfer angesehen. Als indirekte Opfer hingegen lassen sich diejenigen bezeichnen, die aufgrund des engen Verhältnisses zu den direkten Opfern (z. B. die Familienangehörigen) durch die Untat mittelbar betroffen werden.[148] Außer der individuellen/kollektiven und unmittelbaren/mittelbaren Opferbetroffenheit, die in der UN-Resolution explizit genannt werden, unterscheidet der belgische Soziologe Luc Huyse anhand der zeitlichen Dimension auch Opfer der ersten und der zweiten Generation („first- and second-generation victims"[149]). Den Opfern der ersten Generation wird die Untat während ihrer Lebenszeit angetan. Das von den Opfern der ersten Generation erlebte Trauma kann, so Huyse, jedoch an ihre Kinder und sogar ihre Enkelkinder weitervererbt werden. „The second generation, particularly, tends to absorb and retain pain and grief, consciously or unconsciously. They carry traces of the experience into adulthood, and this is a problematic heritage that can threaten the future of a society."[150]

Govier vollzieht noch eine weitere Einteilung der Opfer, und zwar in primäre, sekundäre und tertiäre Opfer.[151] Der geeignete Kontext für diese Einteilung wäre ein gewaltsamer politischer Konflikt. Als primäre Opfer lassen sich die direkten Opfer kennzeichnen, denen Unrecht unmittelbar angetan wurde. Zu den sekundären Opfern gehören die indirekten Opfer, vor allem die Familienangehörigen und die Freunde des primären Opfers. Wenn z. B. der Vater (primäres Opfer) ermordet wird, dann sind auch seine Frau und die Kinder (sekundäre Opfer) durch seinen Tod stark betroffen,

---

148 Die deutsche Theologin Karin Scheiber erörtert das Thema, wer vergeben kann. Wenn nur Opfer vergeben dürfen, dann stellt sich die Frage, ob es dabei nur um die Opfer geht, die von der Untat direkt betroffen sind. Scheiber vertritt diese These nicht und steht auf dem Standpunkt, dass es Opferbetroffenheit verschiedener Arten geben kann. „I differentiate between being concerned directly or indirectly, to a higher or lower degree, and personally or morally." (Karin Scheiber, „May God Forgive?," in *Forgiveness and Truth: Explorations in Contemporary Theology*, hrsg. v. Alistair I. McFadyen und Marcel Sarot [Edinburgh: T & T Clark, 2001], 174). Scheiber zufolge darf jedes Opfer unabhängig von der Art seiner Betroffenheit durch die Untat vergeben. Dies gilt auch für die indirekten Opfer. „Those who are concerned indirectly or to a lower degree may forgive as well but only what has been done to *them*." (Ebd. [Hervorhebung im Original]).

149 Huyse, Victims, 55.

150 Ebd.

151 Vgl. Trudy Govier, *Forgiveness and Revenge* (London: Routledge, 2002), 93 f.; Trudy Govier, *Taking Wrongs Seriously: Acknowledgment, Reconciliation, and the Politics of Sustainable Peace* (Amherst: Humanity Books, 2006), 30; Govier, Victims, 171 f.

indem sie durch den Verlust des Ehemannes und des Vaters emotional und ökonomisch geschädigt werden. Allerdings können auch die Mitglieder der umgebenden Gemeinschaft durch Tod oder Schädigung des primären Opfers betroffen sein. In diesem Fall werden sie als tertiäre Opfer bezeichnet. Wie diese Opfereinteilung in einem weiter gefassten politischen Kontext funktioniert, zeigt Govier an folgendem Beispiel:

> If the political, religious, and intellectual leaders of a group or nation are killed, there is a sense in which all its members are harmed as a result. When a community leader is killed, it is not only himself and his family who are affected, but also the broader community or group from which he emerged and within which he had exercised his leadership role. These people may be said to be tertiary victims.[152]

Govier zufolge sind die sekundären und tertiären Opfer zweifelsohne als Opfer zu betrachten. „Insofar as they experience loss, grief, pain, and suffering, they may also feel moral anger and resentment of the wrongdoer."[153]

In ähnlicher Weise kategorisiert Govier auch die Täter. Die primären Täter gelten als direkte Verursacher der schädlichen Aktionen in einem gewaltsamen Konflikt. „Two sorts of persons fall into this category: agents on the ground and those who directed them – that is to say, militant agents and leaders."[154] Die ersten, z. B. die Soldaten, befolgen die Strategien und Befehle ihrer Vorgesetzten, zu denen auch die politischen Anführer, Geldgeber oder Organisatoren gehören. Sie sind die Entscheidungsträger, d. h. sie gestalten die Konfliktstrategien, und als solche teilen sie auch die Verantwortung für die Untaten mit denjenigen, die die Untaten persönlich begehen. Zu den sekundären Tätern gehören die Helfer und Unterstützer der primären Täter. Die sekundären Täter müssen z. B. einen Terroranschlag nicht selbst verüben, aber sie können bei dessen Organisation Unterstützung leisten. Die sekundären Täter können z. B. die direkten Täter zum Ort des Terroranschlags fahren, den Sprengstoff besorgen oder die primären Täter nach dem Terroranschlag verstecken. Indem sie den primären Tätern beim Begehen der Untat helfen, tragen auch die sekundären Täter die Verantwortung für die Untaten.[155] Zu den tertiären Tätern gehören, so Govier, die Mitglieder der Gemeinschaft, die die politischen Ideen der primären Täter unterstützen und die Gewaltanwendung gutheißen. „Tertiary participants *share the intention* of the group engaged in violence and *make a*

---

152 Govier, Forgiveness, 93.
153 Ebd.
154 Govier, Taking Wrongs, 31.
155 Vgl. ebd.

causal contribution to its efforts; accordingly, they *bear some degree of moral responsibility for the acts committed* by P1s [primäre Täter, P.A.] and assisted by P2s [sekundäre Täter, P.A.].“[156]

Die Täter lassen sich, so Huyse, auch anhand der Art der Schuld unterscheiden.[157] Wo kriminelle Schuld (engl. criminal guilt) vorhanden ist, lässt sich von primären Tätern sprechen.[158] Diese können vor Gericht gebracht werden. Was die indirekten Täter betrifft, ist die Schuld in erster Linie politischer und/oder moralischer Art. „Their offence is caused (a) by the direct or indirect advantages they enjoyed as a result of the offences of others, (b) by inaction when witnessing violations of human rights, or (c) by unintentional harmful action.“[159]

Was die individuelle Ebene betrifft, lassen sich die Begriffe Opfer und Täter deutlich definieren und verwenden. Was ist aber mit den Akteuren auf der sozialen Ebene? Lässt sich von Opfer- und Tätergruppen sprechen? In der Definition des Begriffs Genozid im Artikel 6 des Statuts des Internationalen Strafgerichtshofs kommen unter anderem auch Gruppen als Opfer vor.

> For the purpose of this Statute, 'genocide' means any of the following acts committed with intent to destroy, in whole or in part, a national, ethnical, racial or religious group, as such: (a) Killing members of the group; (b) Causing serious bodily or mental harm to members of the group; (c) Deliberately inflicting on the group conditions of life calculated to bring about its physical destruction in whole or in part; (d) Imposing measures intended to prevent births within the group; (e) Forcibly transferring children of the group to another group.[160]

In der Menschheitsgeschichte lassen sich solche Beispiele der Gruppenopferrolle (engl. group victimhood) finden. Dabei wurde vielen Individuen aufgrund ihrer Zugehörigkeit zu einer Gruppe Unrecht angetan. Die sys-

---

156 Ebd., 32 (Hervorhebung P.A.).
157 Vgl. Luc Huyse, „Offenders,“ in *Reconciliation After Violent Conflict: A Handbook*, hrsg. v. David Bloomfield u.a. (Stockholm: International IDEA, 2003), 67–69.
158 Mehr zu den Arten von Schuld in Kapitel 4.6 des III. Teils der vorliegenden Arbeit.
159 Huyse, Offenders, 67; den indirekten Tätern ordnet Huyse die Zuschauer und Betrachter zu. Ihre Schuld ist dabei moralischer Art. „Bystanders and onlookers are another type of indirect offender. Complicity here is due to inaction when confronted with victims of violent conflict. They know what happens, or choose not to know, and remain silent. Their guilt is moral.“ (Ebd., 68).
160 International Criminal Court, *Rome Statute* (The Hague: ICC, 2011), abrufbar unter https://www.icc-cpi.int/nr/rdonlyres/ea9aeff7–5752–4f84-be94–0a655e-b30e16/0/rome_statute_english.pdf (Stand: 17.08.2021), 3.

tematische Ermordung von Juden im Holocaust gilt als ein erschütterndes Beispiel der Opferrolle einer Gruppe. Mit dem Begriff Tätergruppe wird im juristischen Kontext nicht operiert. Der Grund dafür ist möglicherweise der enge Zusammenhang der Täterschaft mit der kriminellen Schuld. Die gerichtliche Vergangenheitsaufarbeitung ist zwar täterfokussiert, aber die Gesetze erkennen nur Individuen als Täter, jedoch nicht Gruppen. Wenn man von Opfergruppen spricht, dann lassen sich logischerweise auch Tätergruppen voraussetzen. Die Tätergruppen sind als die Summe von primären, sekundären und tertiären Tätern zu verstehen. Somit wird die Verantwortung jedes Einzelnen innerhalb der Gruppe nicht gleich gemessen. In einer derart verstandenen Tätergruppe sind kriminelle, politische und moralische Schuld eng verwoben.

Die Grenze, die zwischen Opfern und Tätern verläuft, ist nicht immer klar. In Konflikten geschieht es oft, dass die abgrenzbaren Gruppen die Opfer- bzw. Täter-Rollen abwechselnd spielen.[161] Die ehemaligen Opfer können aus Rache für das erlebte Trauma den ursprünglichen Tätern Unrecht antun. Täter werden dadurch zu Opfern. Das Paradigma, demzufolge Opfer immer unschuldig und Täter zweifelsohne schuldig sein müssen, wäre dann nicht anwendbar. In diesem Zusammenhang lassen sich Individuen und Gruppen gleichzeitig als Täter und Opfer betrachten.[162]

---

161 Dem kroatisch-US-amerikanischen Theologen Miroslav Volf ist diese Überlappung der Opfer-Täter-Rollen in Konflikten auch bewusst: „[P]eople often find themselves sucked into a long history of wrongdoing in which yesterday's victims are today's perpetrators and today's perpetrators tomorrow's victims. Is there innocence within such a history? With the horns of small and large social groups locked, will not the 'innocent' be cast aside and proclaimed 'guilty' precisely because they seek to be 'innocent'? The fiercer the battle gets the more it is governed by the rule: 'Whoever is not fighting with you is struggling against you.' Can victims sustain innocence in a world of violence?" (Miroslav Volf, *Exclusion and Embrace: A Theological Exploration of Identity, Otherness, and Reconciliation* [Nashville: Abingdon Press, 1996], 80).

162 Govier übt Kritik am Paradigma der unschuldigen Opfer und schuldigen Täter. Sie findet diesen Ansatz zu vereinfacht: „In most contexts where reconciliation is sought, each party to the conflict will have its victims and its perpetrators. Reconciliation processes have to deal with persons harmed, commonly called victims. They also have to deal with those who have been agents of harm, commonly called perpetrators. There appears to be a fundamental dichotomy here, between victims and perpetrators. The terminology of 'victims' and 'perpetrators' has struck thoughtful observers as unsatisfactory in various ways – as potentially polarizing, oversimplifying, and counterproductive. There seems little alternative to using this dichotomous language. Yet clearly the roles of victim and perpetrator

Allerdings gibt es auch Opfer, deren Unschuld dennoch zweifelsfrei ist. Das definiert die US-amerikanische Philosophin Diana Tietjens Meyers als „pathetic victim paradigm".

> The pathetic victim paradigm requires claimants to have undergone severe, documentable, humanly inflicted harm that they are not responsible for incurring. The irreproachable innocence of pathetic victims is crucial. Otherwise they can be accused of provoking their own suffering, whether because it is a foreseeable consequence of their actions or because it is a penalty for their wrongdoing.[163]

Das „pathetic victim paradigm" impliziert meines Erachtens auch das Vorhandensein der zweifelsfrei schuldigen Täter.

In dieser Arbeit werden diese Paradigmata nicht unter Beweis gestellt. Ich lege den Fokus auf die Beziehungen zwischen Opfern und Tätern und auf die Wirkung, die eine Untat auf diese Beziehungen ausübt. Die Opfer- und Täterrollen werden dabei sowohl Einzelpersonen als auch Gruppen zugeschrieben.

3 Vergebung und Entschuldigung im interpersonalen Kontext

Vergebung und Entschuldigung etablierten sich ursprünglich als interpersonale Kategorien. Mit diesen wird aber auch in einem anderen soziopolitischen Kontext operiert. Bevor über einen Transfer dieser beiden Kategorien vom interpersonalen zum soziopolitischen Kontext diskutiert wird, werden zuerst die interpersonalen Aspekte von Vergebung und Entschuldigung näher erläutert. Als Übergang zu dem Hauptanliegen dieses Unterkapitels werden vorher die Begriffspaare ‚vergeben/Vergebung' und ‚sich entschuldigen/Entschuldigung' etymologisch analysiert und vom Begriffspaar ‚verzeihen/Verzeihung' semantisch abgegrenzt.

are not exclusive; some people are both victims and perpetrators." (Govier, Taking Wrongs, 27).

163 Diana Tietjens Meyers, „Two Victim Paradigms and the Problem of ‘Impure’ Victims," *Humanity* 2, Nr. 2 (2011): 258. Als Beispiel dieses Paradigmas erwähnt Meyers die Opfer des Holocaust: „Holocaust victims share several characteristics that are typical of pathetic victims: (1) they were innocent of any wrongdoing relevant to their treatment; (2) they were utterly helpless in the face of insuperable force; and (3) they were subjected to unspeakable suffering." (Ebd., 257).

3.1 Vergeben – verzeihen – sich entschuldigen: die semantische Abgrenzung

Die Verben ‚vergeben'[164] (gr. ἀφίημι; lat. ignoscere, perdonare, condonare; engl. to forgive; frz. pardonner) und ‚verzeihen' werden, besonders im Sinne von ‚condonare' (jmdm. etwas überlassen, erlassen, ungestraft lassen) und ‚ignoscere' (Nachsicht haben), von ihrer Bedeutung her gleich verwendet.[165] Zwischen diesen beiden Begriffen bestehen jedoch bemerkenswerte Unterschiede bezüglich ihrer Etymologie. Das Aufzeigen dieser etymologischen Unterschiede ist meines Erachtens wichtig, um die Begriffsbedeutung und die aktuelle Verwendung von ‚vergeben' und ‚verzeihen' besser zu verstehen.

In Grimms Deutschem Wörterbuch wurden ‚fortgeben' und ‚hinweggeben' als ursprüngliche Bedeutungen des Verbs ‚vergeben' genannt.[166] Etymologisch betrachtet entfaltete sich die christlich-theologische Verwendung von ‚vergeben' aus der späteren Bedeutung und Verwendung dieses Verbs (eine Sache aufgeben; etwas hingehen lassen, das ich strafend zu verfolgen berechtigt wäre).[167] Der deutsche Germanist Ingo Warnke erklärte, dass das Begriffspaar ‚vergeben/Vergebung' im Sinne von „Erlassen einer Schuld" ideengeschichtlich zunächst der „religiös-theologischen Funktionsdomäne" zuzuordnen sei und „im Bedeutungsumfang der christlichen *Remissio peccatorum*" (Vergebung der Sünden) verwendet wird.[168] Im christlich-theologischen Raum wird der Vergebungsbegriff in einen Zusammenhang mit dem soteriologischen Akt göttlicher Sündenvergebung gebracht, mit dem die Sünde als Ursache von Trennung zwischen Gott und Menschen überwunden wird. Die Vergebung betrifft jedoch nicht nur die Gott-Mensch-Ebene. Sie spielt auch eine wichtige Rolle im Leben

---

164 „Während das Verb *vergeben* unter Einschluss der in der Neuzeit historisch belegten Gebrauchsformen mindestens 11 Bedeutungen aufweist, sind für das Substantiv lediglich 3 Bedeutungen belegt." (Ingo H. Warnke, „‚vergeben | Vergebung – Analyse eines sprachlichen Konzepts," in *Sprachstil - Zugänge und Anwendungen: Ulla Fix zum 60. Geburtstag*, hrsg. v. Irmhild Barz, Gotthard Lerchner und Marianne Schröder, Sprache, Literatur und Geschichte 25 [Heidelberg: Winter, 2003], 331 [Hervorhebung im Original]).

165 Vgl. Carolin Bossmeyer und Tobias Trappe, Art. Verzeihen; Vergeben, in *Historisches Wörterbuch der Philosophie* 11 (2001): Sp. 1020.

166 Vgl. Jacob Grimm und Wilhelm Grimm, Art. vergeben, vb, in *Deutsches Wörterbuch*, Bd. 12, hrsg. v. der Deutschen Akademie der Wissenschaften zu Berlin (Leipzig: Hirzel, 1956), Sp. 381.

167 Vgl. ebd., Sp. 382 f.

168 Vgl. Warnke, vergeben | Vergebung, 332.

von Einzelnen und trägt wesentlich zur Förderung von zwischenmenschlichen Beziehungen bei. Vergebung bzw. ‚vergeben' positionierten sich als bedeutende Begriffe, so die deutsche Theologin Beate Weingardt, auch in offiziellen politischen Vorgängen.[169] Trotz dieser Tatsache ist es Weingardts Meinung zufolge aber auffallend, dass man den Vergebungsbegriff in der Umgangssprache selten benutzt.

In der Alltagssprache wird oftmals das Begriffspaar ‚verzeihen/Verzeihung' verwendet. Die vielschichtige semantische Entwicklung von ‚verzeihen' lehnt sich an der Bedeutung ‚verzichten' an. Der heutige Sprachgebrauch im Sinne von ‚vergeben', ‚entschuldigen' und ‚nachsehen' setzte sich aus der mittelalterlich-rechtssprachlichen Verwendung von ‚verzeihen' fest. Im Mittelalter bedeutete ‚verzeihen' eher „sich seines Rechts, seines Anspruchs verzichten"[170] und wurde meist vom Lehnsherrn her gesehen. Im 18. Jahrhundert kam es zum klaren Bedeutungsunterschied zwischen ‚vergeben' und ‚verzeihen'.[171] Seitdem ist ‚vergeben' von der Sinntiefe her gesehen primär geworden, besonders wegen seiner Gebundenheit an die christliche Erlösungs- und Gnadenlehre. Das Verb ‚verzeihen' wurzelt „im höfisch-rechtlichen Bereich und greift dann von den standesgebundenen menschlichen Beziehungen […] auf die religiöse Sphäre über"[172].

In Hinsicht auf die unterschiedliche Verwendung von ‚verzeihen' wurde die folgende Beobachtung in Grimms Wörterbuch angegeben: Wenn das Wort vom Verzeihenden kommt, bedeutet das Verb ‚verzeihen' „einen gegen die eigene Person gerichteten Angriff aus freiem Willen nachlassen bzw. vergeben", „gegen einen Irrtum, einen Fehler nachsichtig sein", „einem persönlichen Mangel, einer menschlichen Schwäche mit Verständnis begegnen, sie hinnehmen".[173] Wenn das Wort aber vom um Verzeihung Bittenden kommt, bedeutet es in dem Fall „sich entschuldigen wegen einer Handlung oder eines Haltens, das dem Angesprochenen anstößig, verdächtig, ungewohnt, unverständlich, überraschend erscheinen mag".[174] Auffällig ist, dass das Begriffspaar ‚verzeihen/Verzeihung' aufgrund seiner Bedeu-

---

169 Vgl. Beate M. Weingardt, „*… wie auch wir vergeben unseren Schuldigern": Der Prozess des Vergebens in Theorie und Empirie* (Stuttgart, Berlin, Köln: Kohlhammer, 2000), 11.

170 Jacob Grimm und Wilhelm Grimm, Art. verzeihen, vb, in *Deutsches Wörterbuch*, Bd. 12, hrsg. v. der Deutschen Akademie der Wissenchaften zu Berlin (Leipzig: Hirzel, 1956), Sp. 2525.

171 Vgl. ebd., Sp. 2527; Bossmeyer und Trappe, Verzeihen; Vergeben, Sp. 1020.

172 Grimm und Grimm, verzeihen, Sp. 2527.

173 Vgl. ebd., Sp. 2529–2531.

174 Ebd., Sp. 2534.

tung irgendwo zwischen ‚vergeben/Vergebung' und ‚(sich) entschuldigen/ Entschuldigung' angesetzt werden kann. D. h. die Beleidigung oder die Untat lassen sich verzeihen, im Sinne von ‚vergeben', aber durch Verzeihung kann auch die Entschuldigung zum Ausdruck gebracht werden, was in der Umgangssprache häufig vorkommt.

Das Verb ‚entschuldigen' ist von der Etymologie her mit dem Wort Schuld verwandt. Die ursprüngliche Bedeutung dieses Verbs war „von Schuld freisprechen".[175] In seiner reflexiven und für diese Arbeit wichtigeren Form bedeutet das Verb ‚sich entschuldigen': „jmdn. wegen eines falschen Verhaltens o. Ä. um Verständnis, Nachsicht, Verzeihung bitten"[176]. Demzufolge bezieht sich das Substantiv Entschuldigung auf die Ausdrucksformen, in denen man die beleidigte bzw. geschädigte Seite um Nachsicht und Verständnis für das eigene falsche Verhalten bittet.

Trotz der Tatsache, dass das Begriffspaar ‚verzeihen/Verzeihung' häufig in der deutschsprachigen Literatur vorkommt, nutze und befasse ich mich nachfolgend nur mit den Begriffspaaren ‚vergeben/Vergebung' und ‚sich entschuldigen/Entschuldigung'. Die weitere Verwendung von ‚verzeihen/Verzeihung' schließe ich wegen der semantischen Unklarheit und Überlappung mit den Begriffspaaren ‚vergeben/Vergebung' und ‚sich entschuldigen/Entschuldigung' aus.

3.2 Vergebung im interpersonalen Kontext: eine interdisziplinäre Begriffserläuterung

Vergebung ist ein bedeutender Begriff in der christlichen Lehre. Seit den 1970er Jahren wird Vergebung jedoch auch in nichtchristlichen/außertheologischen Kreisen vermehrt erforscht und diskutiert. Im Folgenden wird die interpersonale Vergebungspraxis interdisziplinär erläutert. Außer der theologischen werden auch einige in der modernen philosophischen und psychologischen Literatur vorhandene Perspektiven zu der Vergebungsthematik näher erläutert. Zum Schluss wird in einem Exkurs ein oft diskutiertes Vergebungsphänomen – Selbstvergebung – aufgezeigt.

175 Vgl. Jacob Grimm und Wilhelm Grimm, Art. entschuldigen, in *Deutsches Wörterbuch*, Bd. 3, hrsg. v. der Akademie der Wissenschaften der DDR (Leipzig: Hirzel, 1862), Sp. 611.

176 Werner Scholze-Stubenrecht (Red.), Art. Entschuldigen, in *Duden, das große Wörterbuch der deutschen Sprache*, Bd. 3, hrsg. v. Wissenschaftlichen Rat der Dudenredaktion (Mannheim u. a.: Dudenverl., 1999), 1048.

3.2.1 Vergebung als theologischer terminus technicus

3.2.1.1 Vergebung – der biblisch-theologische Ansatz

Vergebung kommt begrifflich im Alten Testament selten vor und bezieht sich primär auf das Gott-Mensch-Verhältnis. Sündenvergebung ist in der hebräischen Bibel als ein Akt Gottes zu verstehen. „Indem Sünde als Störung der Schöpfungs- und Sozialordnung aufgefasst wird, deren Urheber niemand anders ist als Gott, wird verständlich, warum nach Ausweis des Alten Testaments allein Gott Sünden vergeben kann."[177] Die Vergebung im zwischenmenschlichen Bereich spielt auf der anderen Seite eine untergeordnete Rolle in der hebräischen Bibel.

Im Alten Testament ist für Vergebung nicht nur ein Begriff vorhanden. Es handelt sich vielmehr um eine ganze Reihe von Begriffen, metaphorischen Wendungen und bildlichen Umschreibungen, wie z.B. Sünden fortwerfen, zudecken, wegwischen, waschen, reinigen usw.[178] Der wichtigste Terminus für Sündenvergebung in alttestamentlichen Schriften ist das hebräische Verb sālaḥ (hebr. חלַס: vergeben). Sālaḥ, das im Sinne von ‚vergeben' nur mit Gott in Zusammenhang gebracht wird,[179] begegnet 46 Mal in der hebräischen Bibel, und zwar in späten Schriften. Die Sündenvergebung wird zur Sache Gottes, weil die Sünde als Verstoß gegen Gottes Gesetz und Lebensordnung anzusehen ist.[180] Aus der Sündenvergebung Gottes ergibt sich die Wiederherstellung der Lebensgemeinschaft mit den Menschen, die durch Sünde gestört wurde.[181] Das hebräische Verb kippär (hebr. רפַכ: sühnen, bedecken) wird dagegen im Alten Testament häufiger

---

177 Dirk Ansorge, *Gerechtigkeit und Barmherzigkeit Gottes: Die Dramatik von Vergebung und Versöhnung in bibeltheologischer, theologiegeschichtlicher und philosophiegeschichtlicher Perspektive* (Freiburg im Breisgau: Herder, 2009), 107.

178 Vgl. Walter Radl, Art. Vergebung, Vergebung der Sünden. I. Biblisch-theologisch, in *LThK* 10 (³2001): Sp. 651; Adrian Schenker, Art. Vergebung der Sünden. I. Altes Testament, in *TRE* 34 (2002): 663; Chong-Hyon Sung, *Vergebung der Sünden: Jesu Praxis der Sündenvergebung nach den Synoptikern und ihre Voraussetzungen im Alten Testament und frühen Judentum* (Tübingen: Mohr, 1993), 46–52.

179 Vgl. Weingardt, „… wie auch wir vergeben unseren Schuldigern", 20–22; Karin Scheiber, *Vergebung: Eine systematisch-theologische Untersuchung*, Religion in Philosophy and Theology 21 (Tübingen: Mohr Siebeck, 2006), 17.

180 Vgl. Sung, Vergebung der Sünden, 182.

181 Vgl. Johannes Heidler, Art. Vergebung, in *Calwer Bibellexikon* 2 (⁶2003): 1408; Joseph Heuschen, Art. Sündenvergebung, in *Bibel-Lexikon*, hrsg. v. Herbert Haag, 2., neu bearb. u. verm. Auflage (Zürich u. a.: Benzinger, 1968), Sp. 1678.

verwendet (101 Mal). Es kommt meist in einem kultischen Kontext in der exilisch-nachexilischen Zeit vor. „Für die Priesterschrift ist der Sühnekult gar der einzige Sitz im Leben der göttlichen Vergebung. Grammatikalisches Subjekt ist bei *kippär* häufig ein Priester, das inhaltliche Subjekt ist aber (abgesehen von drei Ausnahmen: Gen 32,21; Spr 16,6.14) immer Gott."[182]

Dass Vergebung auf der zwischenmenschlichen Ebene eine untergeordnete Rolle spielt, lässt sich aus der Verwendungsart und -weise des hebräischen Verbs *nāśā'* (hebr. אשנ: [Schuld/Unrecht] wegtragen) ableiten. Es ist bemerkenswert, dass die Vergebung bei *nāśā'* immer als eine Bitte vorkommt, nie in Form eines Indikativs.[183] „Der Gedanke, daß nur Gott Schuld vergeben kann [...], steht im Hintergrund dieser offenkundigen Scheu, vom Vergeben als einem faktischen Tun des Menschen zu reden."[184] Vor diesem Hintergrund kann ein Mensch einem Mitmenschen letztendlich nicht wirklich vergeben, weil die Rolle des Vergebenden im alttestamentlichen Kontext Gott zugeschrieben wird.[185] Weingardt zufolge wäre es aber verfehlt zu behaupten, dass zwischenmenschliche Schuld und Vergebung kein Thema im Alten Testament wären. „Tatsächlich ist es unter anderen *Stichworten* zu finden, denn der Wunsch nach Vergebung oder Versöhnung wird in der Regel *indirekt* formuliert."[186] Anhand der Verwendung dieser drei Verben (*sālaḥ, kippär, nāśā'*) lässt sich aufzeigen, wie die hebräische Sprache die Sündenvergebung Gottes hochschätzt und sie von der Vergebungspraxis unter den Menschen deutlich unterscheidet.

---

182 Scheiber, Vergebung, 17; zur Verwendung des Verbs *kippär* vgl. auch Sung, Vergebung der Sünden, 20–31.

183 Als Beispiel erwähnt Weingardt die Geschichte zwischen Josef und seinen Brüdern nach dem Tod ihres Vaters Jakob. Die Brüder fürchteten sich vor Josefs Rache und baten ihn im Namen ihres Vaters um Vergebung: „Deshalb ließen sie Josef wissen: Dein Vater hat uns, bevor er starb, aufgetragen: So sagt zu Josef: Vergib doch deinen Brüdern ihre Untat und Sünde, denn Schlimmes haben sie dir angetan. Nun also vergib doch die Untat der Knechte des Gottes deines Vaters!" (Gen 50,16–17). Josef antwortete: „Fürchtet euch nicht! Stehe ich denn an Gottes Stelle?" (Gen 50,19) (vgl. Weingardt, „... wie auch wir vergeben unseren Schuldigern", 21).

184 Ebd.

185 „Es ist Gott *allein*, der vergibt! Das ist der feststehende Grundsatz sowohl im AT als auch im Judentum." (Sung, Vergebung der Sünden, 178 [Hervorhebung im Original]).

186 Weingardt, „... wie auch wir vergeben unseren Schuldigern", 22 (Hervorhebung im Original).

Im Alten Testament wird die Sündenvergebung als Tat der Barmherzig-keit, Liebe und Gnade Gottes wahrgenommen. Die Vergebung setzt auch voraus, jedoch nicht unbedingt, dass der Mensch „in personaler Weise auf dieses Handeln Gottes eingeht"[187]. Die Bekehrung und Reue des Sünders „werden zwar gefordert, sind aber keine notwendige Bedingung für den freien Willen Gottes, der wesentlich aus erbarmender Liebe sowie aus der Treue zu seinem Bund und seinen Verheißungen heraus Sünden vergibt"[188]. Die unverdiente Vergebung ist, so der schweizerische Alttestamentler Ad-rian Schenker, eines der wesentlichen Merkmale der Heiligkeit Gottes.[189]

Gott allein vergibt die Sünden dem Einzelnen, aber auch Israel und anderen Völkern und trägt auf diese Weise zur Erlösung der Menschen und ihrer Versöhnung mit Gott bei.[190] Diesbezüglich wurde Vergebung im Alten Testament durch Kult vermittelt.[191] In Form eines Kultes werden versehentliche und absichtliche, individuelle und kollektive Sünden getilgt. Der Einzelne bringt für seine Verfehlungen Sündopfer dar und für die Verfehlungen des Volkes wurde der Versöhnungstag[192] eingeführt. „Die *Sünde* Israels wird […] in erster Linie als Treuebruch, als Entehrung des Bundes-Gottes (= seines Namens) und als Verletzung der Rechtsordnung Gottes verstanden."[193]

Was die Vergebung in den neutestamentlichen Schriften betrifft, werden dafür die griechischen Begriffe benutzt, die den hebräischen Begriffen bedeutungsähnlich sind. Das Substantiv *aphesis* (gr. ἄφεσις[194]:

187 Heuschen, Sündenvergebung, Sp. 1678.
188 Bossmeyer und Trappe, Verzeihen; Vergeben, Sp. 1021.
189 Vgl. Schenker, Vergebung der Sünden, 664.
190 „It appears to be the case, then, that forgiveness in the Old Testament is primarily concerned with the means by which alienated humanity can have their sins dealt with and be reconciled to an all-holy Creator." (David Montgomery, *Forgiveness in the Old Testament*, Embodying Forgiveness Project 2 [Belfast: Centre for Contemporary Christianity in Ireland], abrufbar unter http://www.contemporary-christianity.net/resources/pdfs/Forgiveness_Paper_02.pdf [Stand: 17.08.2021], 8).
191 Vgl. Radl, Vergebung, 651.
192 Der Versöhnungstag wurde am 10. Tag des 7. Monats des jüdischen Kalenders gefeiert. An diesem Tag erwirkte der Hohepriester eine Versöhnung für seine und seines Volkes Sünden. Das war auch der einzige Tag, an dem der Hohepriester das Allerheiligste des Tempels betreten durfte (vgl. Fritz Rienecker u. a., Art. Versöhnungstag, in *Lexikon zur Bibel: Personen, Geschichte, Archäologie, Geografie und Theologie der Bibel*, hrsg. v. Fritz Rienecker u. a. [Witten: Brockhaus, 2013], 1215 f.).
193 Sung, Vergebung der Sünden, 177 (Hervorhebung im Original).
194 Das Substantiv ἄφεσις taucht im NT 17 Mal auf, davon sechs Mal in den synopti-schen Evangelien.

Freilassung, Befreiung, Vergebung) und das Verb *aphiämi* (gr. ἀφίημι[195]: fortlassen, verlassen, gewähren lassen, erlassen, vergeben) wurden aus dem Sklaverei- und Geldschuldkontext übernommen, nicht aus den religiösen Zusammenhängen.[196] Daraus ergibt sich, dass nach dieser Deutung das Verhältnis zwischen Gott und dem Menschen hinsichtlich der Sünde und Sündenvergebung (gr. ἄφεσις τῶν ἁμαρτιῶν) dem Verhältnis zwischen Verleiher und Schuldner ähnelt.

Die Vergebung wurde im Neuen Testament nicht nur sprachlich ausgedrückt, sondern diesbezüglich wurden auch bildhafte Wendungen und Handlungszusammenhänge verwendet. Durch diese Bilder lässt sich, so die deutsche Theologin Karin Scheiber, erkennen, was der Mensch in der Sündenvergebung Gottes genau erfährt. Die Sündenvergebung Gottes heilt und befreit den Menschen von Sünde.

> Entsprechend der neutestamentlichen Bilder für die Sünde als einem Zustand, in welchem sich der Mensch befindet, bedeutet Sündenvergebung einen *Wechsel des menschlichen Grundzustandes* – der Mensch ist nicht länger krank, sondern gesund, nicht mehr verloren, sondern gefunden, nicht mehr gefangen oder versklavt, sondern befreit, nicht mehr ausgestoßen, sondern eingeladen zum Festmahl, nicht mehr von schweren Schulden gedrückt, sondern entschuldet.[197]

In der synoptischen Tradition beziehen sich *aphesis* bzw. *aphiämi* sowohl auf die Gott-Mensch-Ebene als auch auf den zwischenmenschlichen Bereich.[198] Paulus verwendet in seinen Schriften aber das Verb *charizomai* (gr. χαρίζομαι[199]: jemandem gefällig sein, ihm etwas schenken, preisgeben).[200] Die etymologische Verbundenheit dieses Verbs mit dem Substantiv *charis* (gr. χάρις: Gnade) weist darauf hin, dass sich die Sündenvergebung aus der Gnade Gottes vollzieht.

Vergebung als freies Geschenk Gottes wurde im Neuen Testament eng mit Christus, seinem Opfertod und seiner Auferstehung verbunden. Die Sünden der Einzelnen und des Volkes Gottes werden nicht mehr durch einen Kult entmachtet und beseitigt, sondern durch den Tod Jesu am

---

195 Das Verb ἀφίημι kommt in den synoptischen Evangelien 42 Mal vor.
196 Vgl. Hubert Frankemölle, Art. Vergebung der Sünden. III. Neues Testament, in *TRE* 34 (2002): 676; Weingardt, „… wie auch wir vergeben unseren Schuldigern", 25 f.
197 Scheiber, Vergebung, 53 (Hervorhebung im Original).
198 Vgl. Weingardt, „… wie auch wir vergeben unseren Schuldigern", 26.
199 Das griechische Verb χαρίζομαι taucht in Paulus' Schriften 12 Mal auf.
200 Vgl. Fritz Rienecker u. a., Art. Vergeben, Vergebung. I. Sprachlicher Befund, in *Lexikon zur Bibel: Personen, Geschichte, Archäologie, Geografie und Theologie der Bibel*, hrsg. v. Fritz Rienecker u. a. (Witten: Brockhaus, 2013), 1208.

Kreuz. Der schweizerische Theologe Hans-Christoph Askani hebt hervor, dass nach christlichem Glauben „die Vergebung, als die Versöhnung zwischen Gott und Mensch, am Kreuz Jesu Christi ihr unbegründbares und unwiderrufliches Ereignis"[201] hat. Alles von Gott Trennende versinkt, so der deutsche Theologe Hans Kessler, mit der „Annahme Jesu und seines Gottes im Glauben"[202].

„Vergib uns unsere Schulden, wie auch wir vergeben unseren Schuldnern" (Mt 6,12)[203] – das Vater-unser-Gebet bringt die Bitte um Vergebung Gottes in Zusammenhang mit der Bereitschaft des Menschen, anderen Mitmenschen zu vergeben. Gott-zu-Mensch- und Mensch-zu-Menschen-Verhältnisse können im neutestamentlichen Vergebungsrahmen nicht ohne einander bestehen.[204] Ob Gott dem Menschen vergibt, hängt von seiner Beziehung mit anderen Mitmenschen ab. Dies ergibt sich aus der weiteren Erklärung des Vater-unser-Gebets: „Denn wenn ihr den Menschen ihre Verfehlungen vergebt, dann wird euer himmlischer Vater auch euch vergeben. Wenn ihr aber den Menschen nicht vergebt, dann wird euch euer Vater eure Verfehlungen auch nicht vergeben." (Mt 6,14 – 15)[205]

Die Christen sind aufgerufen, dem Beispiel Jesu Christi im eigenen Leben zu folgen und nach seinem Vorbild Vergebung untereinander zu praktizieren. Gott vergibt, damit die Menschen einander vergeben können. In diesem Zusammenhang ist Gott nicht als einziges Subjekt von Vergebung anzusehen. Was die Förderung von zwischenmenschlichen Beziehungen angeht, gewinnt Vergebung im Neuen Testament an Bedeutung. Sie trägt nicht nur zur Versöhnung zwischen Gott und Mensch bei, sondern auch zur Versöhnung innerhalb der Gemeinschaft, d. h. zwischen Menschen und Mitmenschen. Dadurch wird Vergebung zur Notwendigkeit im Alltagsleben der Christen.

Im Neuen Testament kommt die Hauptrolle bei der zwischenmenschlichen Vergebung dem Vergebenden zu. Vergebung vollzieht sich unab-

---

201 Hans-Christoph Askani, Art. Vergebung der Sünden IV Systematisch-theologisch, in *TRE* 34 (2002): 682.

202 Hans Kessler, „Christologie," in *Handbuch der Dogmatik*, Bd. 1, *Prolegomena, Gotteslehre, Schöpfungslehre, Christologie, Pneumatologie*, hrsg. v. Theodor Schneider, 4. Auflage (Düsseldorf: Patmos 2009), 404.

203 „καὶ ἄφες ἡμῖν τὰ ὀφειλήματα ἡμῶν, ὡς καὶ ἡμεῖς ἀφήκαμεν τοῖς ὀφειλέταις ἡμῶν".

204 Vgl. Weingardt, „… wie auch wir vergeben unseren Schuldigern", 42.

205 „Ἐὰν γὰρ ἀφῆτε τοῖς ἀνθρώποις τὰ παραπτώματα αὐτῶν, ἀφήσει καὶ ὑμῖν ὁ πατὴρ ὑμῶν ὁ οὐράνιος· ἐὰν δὲ μὴ ἀφῆτε τοῖς ἀνθρώποις, οὐδὲ ὁ πατὴρ ὑμῶν ἀφήσει τὰ παραπτώματα ὑμῶν."

hängig von der Haltung des Sünders bzw. des Täters. Die Abwesenheit von Reue oder Schuldeinsicht vonseiten des Täters kann, so Weingardt, die Vergebung nicht in Frage stellen, jedoch die Versöhnung zwischen dem Vergebenden und dem Sünder bzw. zwischen dem Opfer und dem Täter.[206]

3.2.1.2 Vergebung – der systematisch- und praktisch-theologische Ansatz

Wie aus dem Vorhergehenden ersichtlich ist, gehört das Syntagma „Vergebung der Sünden" zu den zentralen Botschaften der Bibel. Darin begründet sich seine wesentliche Rolle für den christlichen Glauben. Die Sünde wird als Störung im Gott-Mensch-Verhältnis gesehen, „die einerseits in einem den göttlichen Willen missachtenden menschlichen Tun ihre Ursache hat, aber mehr noch in der menschlichen Nichtanerkennung Gottes, in seiner Missachtung des göttlichen *Beziehungs*willens, in der Selbst-Verweigerung des Menschen Gott gegenüber"[207]. Die Sünde stört nicht nur die Gemeinschaft bzw. den Bund zwischen Gott und Mensch. Sie verkehrt, so Sattler und Schneider, die gesamte gottgewollte Schöpfungsordnung.[208] Dadurch werden die Verhältnisse Gott – Mensch, Mensch – Mensch und Mensch – nichtmenschliche Schöpfung dauerhaft geändert, jedoch nicht unwiderruflich.

Nach dem Sündenfall war der Mensch nicht im Stande, sich selbst von der Sündenmacht zu befreien. Die Initiative für die Erlösung des Menschen kam vom Schöpfer selbst.[209] Die Sündenvergebung bzw. die Sündenentmachtung vollzog sich durch Gottes Handeln in Christus bzw. durch seinen Tod am Kreuz. Gerade das Kreuz war der Ort, so Askani, an dem sich die Revolution der göttlich-menschlichen und menschlich-menschlichen Verhältnisse ereignete.[210] Durch den Kreuzestod gibt Jesus

---

206 Vgl. Weingardt, „… wie auch wir vergeben unseren Schuldigern", 44.
207 Scheiber, Vergebung, 110 (Hervorhebung im Original).
208 Vgl. Sattler und Schneider, Schöpfungslehre, 166 f.
209 „Forgiveness originates from God who loves us in spite of our sinfulness. *Forgiveness is love in action.*" (Carnegie Samuel Calian, „Christian faith as forgiveness," *Theology Today* 37, Nr. 4 [1981]: 440 [Hervorhebung P.A.]).
210 „An diesem ‚Ort' vollzog sich also eine Revolution der göttlich-menschlichen und der menschlich-menschlichen Verhältnisse, indem jenseits des Rechts und des Bestehens auf ihm eine andere Möglichkeit erschien. Diese andere Möglichkeit ist nicht einklagbar, sie kann weder in der Moral als Regel (oder ‚Gesetz', nicht einmal als Empfehlung) noch in der Ontologie als Realität aufgehen und gefunden werden. Sie ist beiden gegenüber zugleich weniger und mehr: so scheint sie auf als *Reich,* als Reich des Umsonst. In diesem Reich sind die Menschen

denjenigen, die sich auf ihn einlassen, so Kessler, „Anteil an seinem eigenen Gottesverhältnis"[211]. Dadurch wird Jesus zum Vermittler, der die Gemeinschaft zwischen Gott und Mensch wiederherstellt.

Die Vergebung der Sünden ist jedoch nicht als einmaliger und abgeschlossener Prozess anzusehen. Im Rahmen der Kirche findet sie immer noch statt. Dafür führt Scheiber zwei Argumente an.[212] Erstens, die Kirche besteht aus denjenigen, die an Sündenvergebung glauben. Zweitens, der Kirche wurde den Evangelien zufolge die Vollmacht zur Sündenvergebung übertragen, d. h. wenn die Kirche bzw. die Geistlichen der Kirche die Sünden vergeben, folgen sie dem Auftrag Christi.[213] Die kirchliche Sündenvergebung erfolgt dann als „sinnlich erfahrbare Gestalt der einen göttlichen Sündenvergebung"[214]. Es stellt sich jedoch die Frage, wie sich die Idee der Sündenvergebung auf die zwischenmenschlichen Beziehungen anwenden lässt.[215] Scheiber thematisiert die zwischenmenschliche Vergebung und

---

davon befreit, sich vor Gott rechtfertigen zu müssen, und *dazu* befreit, einander vergeben zu können." (Askani, Vergebung der Sünden, 682 [Hervorhebung im Original]).

211 Kessler, Christologie, 403.

212 Vgl. Scheiber, Vergebung, 98 f.

213 „Vergebung der *Sünden* findet zwischen Menschen nicht statt außer in dem besonderen Fall, in dem ein Mensch einem anderen (auf dessen Beichte hin) im Namen Gottes Vergebung zuspricht. Dabei ist die Kraft und Gültigkeit dieses Zuspruchs nicht von dem Status des zusprechenden Menschen, sondern allein von der göttlichen Zusage abhängig." (Askani, Vergebung der Sünden, 683 [Hervorhebung im Original]).

214 Scheiber, Vergebung, 101.

215 Diesbezüglich unterscheidet Askani die *Vergebung der Sünden* und *Vergebung der Übeltaten*. Während sich die erste auf das Gott-Mensch-Verhältnis bezieht, kommt die zweite im zwischenmenschlichen Kontext vor (vgl. Askani, Vergebung der Sünden, 678).

geht davon aus, dass sie primär auf moralische Schuld[216] ausgerichtet ist.[217] „Damit wir von moralischer Schuld sprechen, genügt es aber nicht, dass jemand Urheber einer Handlung ist, die moralisch falsch ist. Er muss für seine Handlung auch moralisch *verantwortlich* sein. Zur Verantwortung gehört, ‚daß jemand die Regeln kannte, die Wahl hatte und sich zu der Tat entschied‘."[218] Vor diesem Hintergrund lässt sich Vergebung, sowohl göttliche als auch zwischenmenschliche, als kommunikatives Beziehungsgeschehen definieren.[219] Dementsprechend hat Vergebung, so Scheiber, die Wiederherstellung der gestörten Beziehungen zum Ziel. Der Unterschied

---

216 „Es geht um *moralische* Schuld, d. h. um ein Fehlverhalten gemäß den Bewertungskriterien des Moralsystems – in (unscharfer) Abgrenzung gegen andere Bewertungssysteme wie etwa der Rechtssprechung. Ob ein Verhalten juristisch gesehen falsch ist, ist für die Vergebung irrelevant, sie bezieht sich auf ein Verhalten, das *moralisch* zu beanstanden ist. Dies ist nach dem hier vertretenen Moralverständnis dann der Fall, wenn in und mit diesem Verhalten eine moralisch verletzende Botschaft ausgedrückt wird, welche in einer Verweigerung der moralischen Achtung der anderen Person besteht." (Scheiber, Vergebung, 225 f. [Hervorhebung im Original]). Dem österreichischen Theologen Raimund Luschin zufolge gelten in der theologischen Ethik die sittliche Schuld und Sünde als identische Begriffe, die auf der Motivationsebene unterschieden werden können. Die Moraltheologie unterscheidet demnach Schuldigkeit (lat. debitum), Schuld (lat. culpa) und Sünde (lat. peccatum religiosum). Unter Schuldigkeit wird die Verantwortung eines Einzelnen in personal-verpflichtender Beziehung zu sich selbst, zur Mit- und Umwelt verstanden. Wenn der Einzelne freiwillig eigene Fähigkeiten zur sittlich-personalen Entfaltung hemmt, wird er von sich selbst, von der Mit- und Umwelt als schuldig angesehen. Von der personal-sittlichen Schuld wird die rechtliche Schuld unterschieden. Unter Sünde wird die existentielle Antwortverweigerung des Gläubigen auf den Anruf Gottes verstanden (vgl. Raimund M. Luschin, Art. Schuld, in *Neues Lexikon der christlichen Moral*, hrsg. v. Hans Rotter und Günter Virt, 3., völlig neu bearb. Auflage [Innsbruck u. a.: Tyrolia-Verl., 1990], 666–671).
217 Vgl. Scheiber, Vergebung, 114. Scheiber unterscheidet deutlich Schuld von Sünde. Der Begriff Schuld bezieht sich nur auf die Störung der zwischenmenschlichen Beziehungen. „Mit seinem moralisch verletzenden Handeln macht er sich gegenüber seinem Mitmenschen *schuldig;* gegenüber Gott ist sein Tun *Sünde,* genauer eine *Tatsünde,* welche Ausdruck der Ursünde, der verfehlten Gottesbeziehung ist." (Ebd., 47 [Hervorhebung im Original]). Die Schuld ist, so Scheiber, auch als Sünde zu betrachten. „Zwischenmenschliche Schuld besitzt immer auch die Dimension auf Gott hin und ist insofern auch als Sünde ansprechbar; der Begriff der Sünde erschöpft sich aber nicht darin. Es werden nicht nur die *Taten* des Menschen Sünde genannt (‚Tatsünden‘), sondern auch sein ‚Sein in der Sünde‘, sein Verharren in der Ablehnung Gottes und der Nichtanerkennung der göttlichen Würde (‚Ursünde‘)." (Ebd., 316 [Hervorhebung im Original]).
218 Ebd., 226 (Hervorhebung im Original).
219 Vgl. ebd., 281. Scheiber versteht Vergebung als „Wiederherstellung einer gestörten Beziehung in Reaktion auf die Reue des Urhebers der Störung" (ebd.).

zwischen diesen zwei Kontexten sei dabei mit dem Stichwort Symmetrie/ Asymmetrie zu erklären.[220] Die zwischenmenschlichen Beziehungen sind symmetrisch, weil die moralische Würde allen Personen gleichermaßen zukommt. Diese Symmetrie wird gestört, wenn „einer der beiden Beziehungspartner sich über den andern erhebt und ihm die ihm zukommende gleiche moralische Achtung verweigert"[221]. Auf der anderen Seite gilt die Beziehung zwischen Gott und Mensch als asymmetrisch, weil Gott und Mensch in Hinsicht auf Wert oder Würde nicht gleichgesetzt werden können. In diesem Kontext besteht die Verletzung „nicht in der Verweigerung der *gleichen* Achtung [...], sondern in der Verweigerung der Gott als Gott zukommenden Achtung, der Zurückweisung seines Beziehungsangebots, der intellektuellen und lebenspraktischen Nicht-Anerkennung dessen, was Gott für unser Leben bedeutet"[222].

Die Vergebung unter den Menschen findet nicht nur zugunsten einer Person statt. „Die Gemeinde ist Ort der Vergebung."[223] Diese anthropologische Auffassung der christlichen Theologie ergibt sich aus den Grundprinzipien des Daseins Gottes. Selbst der dreieinige Gott existiert, so der US-amerikanische Theologe Gregory Jones, nämlich als „self-giving (and hence self-receiving) communion"[224]. Infolgedessen will der dreieinige Gott auch die Gemeinschaft mit dem Menschen und mit der gesamten Schöpfung. Der Mensch ist für eine solche Gemeinschaft schon bestimmt, weil er als Abbild Gottes geschaffen wurde. Um die Gemeinschaft bzw. die Gemeinde mit den Mitmenschen im zeitlich-räumlichen Rahmen, in dem das Böse und die Sünde vorhanden sind, wiederherzustellen und zu bewahren, ist in der Praxis ein Vergebungsmodell nötig.[225] Die Christen nehmen sich die Sündenvergebung Gottes als Vorbild für die Vergebung des im zwischenmenschlichen Kontext angetanen Bösen. Der Mensch vergibt den

---

220 Vgl. ebd., 281 f.
221 Ebd., 290.
222 Ebd. (Hervorhebung im Original).
223 Herbert Leroy, *Zur Vergebung der Sünden: Die Botschaft der Evangelien*, Stuttgarter Bibelstudien 73 (Stuttgart: KBW-Verlag, 1974), 37.
224 Gregory L. Jones, *Embodying Forgiveness: A Theological Analysis* (Grand Rapids, Mich.: Eerdmans, 1995), 6.
225 Jones zufolge dient Vergebung zur Wiederherstellung des Gebrochenen. „Most fundamentally, then, forgiveness is not so much a word spoken, an action performed, or a feeling felt as it is an embodied way of life in an ever-deepening friendship with the Triune God and with others. As such a Christian account of forgiveness ought not simply or even primarily be focused on the absolution of guilt; rather, it ought to be focused on the reconciliation of brokenness, the restoration of communion – with God, with one another, and with the whole Creation." (Ebd., xii).

Mitmenschen die Verfehlungen, weil Gott selbst aus Liebe zum Menschen die Sünden vergab und noch immer vergibt.

Die zwischenmenschliche Vergebung wurde von alters her in der Kirche als relationsbezogene Praxis betrachtet, die zum Wohlsein einer Gemeinde beiträgt.[226]

> Der Begriff der „Vergebung" bezeichnet in der sozialen Praxis die emotionale und kognitive Bewältigung eines oder mehrerer Ereignisse, die einen Menschen in Schmerz und Wut (bei Abwehr der direkten Empfindungen auch in Traurigkeit) versetzt, gekränkt und beleidigt haben. Seine Reaktionen darauf sind Feindseligkeit, aggressive Impulse, Beziehungsabbruch und Rachegelüste oder deren emotionale Abwehr. Immer geht es um die geschehene Störung oder den Abbruch und die Wiederherstellung einer Beziehung.[227]

Durch eine Verfehlung wird der Schuldkreis gebildet, in dem Opfer und Täter gefangen werden. Vergebung wird als Befreiungsmittel verstanden, mit dem Opfer und Täter aus diesem Schuldkreis hinaustreten. Dank der Vergebung kann ihnen ein Neuanfang ermöglicht werden. Mit diesem Neuanfang endet sowohl die Identifikation des Täters mit der Tat als auch die Identifikation des Opfers mit der aus der Tat erwachsenen schmerzhaften Geschichte.[228] Damit eine Versöhnung zwischen Opfer und Täter geschehen kann, müssen beide Seiten, so der deutsche Theologe Dietrich Stollberg, die Wiederherstellung der Beziehung wollen.[229] Idealerweise sieht dieses Wollen so aus: Der Täter zeigt Reue für sein Tun, bekennt seine Schuld und bittet das Opfer um Vergebung, während das Opfer auf die mit der Tat verbundenen negativen Gefühle und Reaktionen verzichtet und letztendlich vergibt.[230] Die Wiederherstellung der Beziehung zwischen

---

226 In der orthodoxen liturgischen Tradition existiert immer noch die sogenannte Vergebungsvesper. Die Feier dieser Vesper geschieht am Abend des Sonntags der Tyrophagie. Es geht um den letzten Tag vor dem Anfang der Großen Fastenzeit. Dieser Tag wird auch Sonntag der Vergebung genannt. Nach der Vesper bitten alle, die in der Kirche anwesend sind (sowohl Kleriker als auch Laien), einander um Vergebung (vgl. Elizabeth A. Gassin, „Interpersonal forgiveness from an Eastern Orthodox Perspective," *Journal of Psychology and Theology* 29, Nr. 3 [2001]: 193).

227 Dietrich Stollberg, Art. Vergebung der Sünden. V. Praktisch-theologisch, in *TRE* 34 (2002): 686.

228 Vgl. Askani, Vergebung der Sünden, 683 f.

229 Vgl. Stollberg, Vergebung der Sünden, 688.

230 Indem das Opfer auf die negativen Gefühle und eine rachsüchtige Einstellung dem Täter gegenüber verzichtet, erlebt die geschädigte Seite die innere Umkehr bzw. *metanoia*. Daraus ergibt sich, dass Vergebung auch auf die Umkehr des Opfers angewiesen ist. Deswegen kann es auch geschehen, dass ein Opfer trotz der

Opfer und Täter setzt die Umkehr beider Seiten voraus. Die Konsequenzen dieser Entscheidung sind zahlreich und zweifellos positiv.

> Als Folgen der Vergebung treten Erleichterung, Zunahme der Selbstsicherheit auf beiden Seiten, Freisetzung von bisher in die Beziehungskrise investierter Energie, neue Perspektiven auf sich selbst und andere, neue Projekte und Aufgaben in Erscheinung. Der Umgang mit dem ehemaligen „Feind" wird wieder ungezwungener, das Verhältnis entspannt; es entstehen neues Vertrauen, Dankbarkeit und gegenseitige Achtung. Gleichzeitig nehmen Selbstvorwürfe ab, wächst realistische Vorsicht im Umgang mit anderen (Selbstkontrolle) und die Absicht, Kränkungen künftig zu vermeiden. Falls Schuldgefühle durch Somatisierung abgewehrt wurden, kann Genesung eintreten.[231]

Muss Vergebung aber nur als relationsbezogener Begriff betrachtet werden? Gilt die Umkehr des Täters als unabdingbare Voraussetzung für die Reaktion des Opfers in Form von Vergebung? Ist dies das einzig mögliche Muster, nach dem sich die Vergebung vollziehen kann? Im Alltagsleben gibt es eine Reihe von Situationen, in denen sich die Beziehung zwischen Opfer und Täter nicht wiederherstellen lässt. Nicht immer zeigen Täter Reue für ihre Untaten oder bitten die Opfer um Vergebung. Zudem kann es sein, dass der Täter ums Leben kommt. Und letztendlich gibt es Fälle, in denen es vor der Untat überhaupt keine Beziehung zwischen Opfer und Täter gab. Bedeutet die Abwesenheit der Täterseite in diesen konkreten Situationen, dass die Opferseite im Schuldkreis gefangen bleibt? Darf bzw. kann das Opfer ohne Reue der Täterseite vergeben und auf die negativen Folgen der Untat verzichten?

Die Reue ist für Jones „integral component of, but not a prerequisite"[232] für Vergebung. Er ist der Meinung, dass der Mensch dem Beispiel Christi unbedingt folgen sollte.[233] Da Christus selbst bedingungslos vergibt, ist der Mensch ebenfalls aufgerufen, den Mitmenschen in gleicher Weise zu

---

Reue des Täters und der Bitte um Vergebung nicht bereit ist zu vergeben (vgl. dazu Emmanuel Wabanhu, „Forgiveness and Reconciliation: Personal, Interpersonal and Socio-political Perspectives," *African Ecclesial Review* 50 [2008]: 284–301).

231 Stollberg, Vergebung der Sünden, 689.

232 Jones, Embodying Forgiveness, 158.

233 „First, we need to recognize the logical and theological priority of God's forgiveness to various dimensions of human forgiveness. In terms of method, this would suggest that for a Christian account we can only know how to understand appropriately the relationship between forgiveness and repentance in the dynamics of interhuman forgiveness if we *first* understand their relationship in God's forgiveness (and, consequently, how God's forgiveness changes the various social contexts of our lives). After all, we are called to forgive as God forgives, to love

vergeben.[234] Reue, Eingeständnis der Schuld oder Wiedergutmachungsinitiativen von Seiten des Täters können Vergeben unterstützen, jedoch nicht unbedingt. Vergebung bleibt primär auf die Vergebungsbereitschaft des Opfers angewiesen.

Aufgrund der Bedingungslosigkeit wird Vergebung bei den Theologen oft als Gabe dargestellt.[235] Es gibt aber auch andere theologische Ansichten, denen zufolge sich die Vergebung erst aus der Reue des Täters ergeben kann. Für Scheiber stellt Vergebung die reaktive Haltung des Opfers dar. Vergebung erfolgt demnach in einer moralischen Kommunikation zwischen Opfer und Täter als Antwort auf die Botschaft der Reue[236] des Täters. „Die schuldig gewordene Person bittet darum, wieder als moralischer Mensch angesehen zu werden, und Vergebung zu gewähren bedeutet diese Bitte zu erfüllen und neu sein Vertrauen in die moralische Integrität des andern zu setzen."[237] Aufgrund dieser Voraussetzungen betrachtet Scheiber die Reue des Täters als konstitutive Bedingung von Vergebung.[238] Daraus ergibt sich, dass das Opfer nicht vergeben kann, wenn der Täter keine Reue zeigt, eventuell verstorben oder dement geworden ist. Scheiber ist dennoch der Ansicht, dass das Opfer in solchen Fällen der Vergangenheit nicht verhaftet bleiben muss. „Ich kann aber die Haltung der Versöhnlichkeit und

---

as God loves, to be holy as God is holy, to be perfect as God is perfect." (Ebd., 153 [Hervorhebung im Original]).

234 Der britische Theologe Anthony Bash ist der Meinung, dass die bedingungslose Vergebung in der Praxis selten vorhanden ist. Von daher wäre es besser, die Vergebung als bilaterales Phänomen zu betrachten (vgl. Bash, Forgiveness and Christian Ethics, 72 f.).

235 „From the Christian faith perspective, forgiveness is simply a gratuitous gift. […] More precisely, forgiveness is a free personal act and gift in the sense that it enables the victim to open his/her heart towards the culprit. In other words, 'forgiving is an ongoing act of taking the offender out of the victim's heart and putting him/her into the hands of God, who only has a right measure of justice and mercy.'" (Wabanhu, Forgiveness and Reconciliation, 289); „The positive aspect of forgiving is highlighted by the imagery of the gift. Forgiveness is a gift that is offered by the one wronged, rather than something earned or deserved by the wrongdoer." (Glen Pettigrove, „Forgiveness and Interpretation," *Journal of Religious Ethics* 35, Nr. 3 [2007]: 431); „Forgiveness is not earned; neither is it deserved. It is the gift of the forgiver, given in response to the ideal that it is morally virtuous to forgive." (Bash, Forgiveness and Christian Ethics, 89).

236 „Echte Reue umfasst ein Schuldgeständnis, ein Bedauern über die Tat und deren Folgen, Scham über sich selbst, Zurücknahme der verletzenden Botschaft und das Einnehmen einer wertschätzenden Haltung." (Scheiber, Vergebung, 156).

237 Ebd., 158.

238 Vgl. ebd., 254–257.

der Vergebungsbereitschaft ihm gegenüber in mir fördern; und es wird in den meisten Fällen so sein, dass ich moralisch und psychologisch gut daran tue."[239]

Wenn die Reue des Täters als unbedingte Voraussetzung für die Vergebung des Opfers zu betrachten wäre, dann wäre meines Erachtens der Wille des Opfers im Hinblick auf die Vergebung dem Willen des Täters vollkommen untergeordnet. Diese Bedingtheit würde somit bedeuten, dass das Opfer ohne die reuige Haltung des Täters unfähig wäre, sich von der schmerzhaften Vergangenheit und den damit verbundenen Emotionen zu befreien, was aus theologischer Perspektive der ursprünglichen Idee von Vergebung widerspricht. Ich vertrete eher die Ansicht, dass Vergebung primär als bedingungslos, d. h. als Gabe und nicht als Gegengabe zu betrachten ist. Das entspricht der Tatsache, dass die Opfer oft vergeben, ohne dass die Täter Reue für die begangenen Taten zeigen. Vergebung setzt dabei keine Versöhnung zwischen Opfer und Täter voraus. Der Vergebung können allerdings die Täteraktivitäten (Reue, Schuldeingeständnis, Wiedergutmachung, Entschuldigung usw.) vorausgehen. In diesem Fall wird Vergebung als Vorbedingung von Versöhnung angesehen. Für einen solchen Prozess ist die Teilnahme beider Konfliktparteien Voraussetzung.

3.2.2 Vergebung – der philosophische Ansatz

3.2.2.1 Vergebung – Überwindung von negativen Emotionen

I propose, then, to understand forgiveness as the overcoming, on moral grounds, of what I will call the *vindictive passions* – the passions of anger, resentment, and even hatred that are often occasioned when one has been deeply wronged by another.[240]

Der US-amerikanische Philosoph Jeffrie Murphy versteht Vergebung als Überwindung von rachsüchtigen bzw. negativen Emotionen. In seinen philosophischen Überlegungen schenkt er besondere Aufmerksamkeit dem Übelnehmen[241] (engl. resentment), das er aber grundsätzlich positiv bewer-

---

239 Ebd., 263.
240 Jeffrie G. Murphy, *Getting Even: Forgiveness and Its Limits* (Oxford: Oxford University Press, 2003), 16 (Hervorhebung im Original).
241 Was das Übelnehmen angeht, stützt sich Murphy auf die Vermutungen des anglikanischen Bischofs Joseph Butler (1692–1752), der in seiner Doppelpredigt „Upon Resentment" und „Upon Forgiveness of Injuries" eine Verbindung zwi-

tet. Diese Ansicht verteidigt Murphy damit, dass das Übelnehmen primär zur Verteidigung „of certain values of self"[242] wirkt und dementsprechend in engem Zusammenhang mit der Selbstachtung eines Einzelnen steht.[243] D. h. wenn ein Einzelner sich selbst achtet, entstehen Übelnehmen, aber auch andere negative Emotionen (z. B. Ärger) als eine zu erwartende Reaktion auf die erlebten moralischen Untaten. Deswegen lässt sich Murphy zufolge ein vernünftiges Maß an negativen Emotionen, besonders an Übelnehmen, rechtfertigen.[244] Selbstachtung gilt nämlich als Hauptgrund, warum diese Emotionen nicht unkritisch und vorschnell überwunden werden sollten. Vergebungspraxis ist laut Murphy erst dann gerechtfertigt, wenn sie aus moralischen Gründen geschieht.[245] „Acceptable grounds for forgiveness must be compatible with self-respect, respect for others as moral agents, and respect for the rules of morality or the moral order."[246] Eine derartige Vergebung schadet nicht der Selbstachtung eines Einzelnen und lässt sich, so Murphy, als Tugend wahrnehmen.

In der zeitgenössischen philosophischen Literatur werden Übelnehmen und andere negative Emotionen oft als eine Art Abneigung gegenüber den Tätern und ihren moralischen Untaten dargestellt.[247] Dieser Auffassung zufolge wäre es selbstverständlich, dass der Einzelne nach einer schweren Untat oder Beleidigung Wut, Ärger, Übelnehmen, Zorn oder ein Gefühl von Ungerechtigkeit hegt. Selbige Emotionen können jedoch auch ausbleiben, was aber in solchen Fällen als sehr ungewöhnlich erscheinen und auf die ungenügende Selbstachtung[248] der geschädigten Seite hinweisen

---

schen Übelnehmen und Vergebung knüpfte (vgl. Joseph Butler, *Fifteen Sermons* [Charlottesville, Va.: Ibis Publishing, 1987], 92–113).

242 Jeffrie G. Murphy und Jean Hampton, *Forgiveness and mercy* (Cambridge: Cambridge University Press, 2002), 16.

243 „I am, in short, suggesting that the primary value defended by the passion of resentment is *self-respect*, that proper self-respect is essentially tied to the passion of resentment, and that a person who does not resent moral injuries done to him (of either of the above sorts) is almost necessarily a person lacking in self-respect." (Ebd. [Hervorhebung im Original]).

244 Vgl. Murphy, Getting Even, 18.

245 „Forgiveness is not the overcoming of resentment simpliciter; it is rather this: forswearing resentment on moral grounds." (Murphy und Hampton, Forgiveness and mercy, 24). In diesem Kontext betrachtet und definiert Murphy Vergebung als Tugend.

246 Ebd.

247 Vgl. dazu Norvin Richards, „Forgiveness," *Ethics* 99 (1988): 82, 93 f.; David Novitz, „Forgiveness and Self-Respect," *Philosophy and Phenomenological Research* 58, Nr. 2 (1998): 301.

248 Mehr dazu im nächsten Kapitel 3.2.2.2.

könnte. Die Negativität solcher Emotionen spiegelt sich darin wider, dass diese die geschädigte Seite und ihre Beziehungen zu anderen sehr belasten können. Vergebung wird in diesem Fall als Mittel dafür genutzt, dass sich die geschädigte Seite von der emotionalen Belastung befreien kann. „From the injured party's point of view, forgiveness will have the effect of preventing the wrong from continuing to damage one's self-esteem and one's psyche, so bringing to an end the distortion and corruption of one's relations with others."[249]

Die Vergebung stützt sich primär auf einen willentlichen Akt des Vergebenden. „One cannot forgive without intending to forgive or without knowing that one has done so."[250] Außer diesem Willensaspekt erkennt der britische Philosoph Howard Horsbrugh innerhalb des Vergebungsprozesses auch einen emotionsbezogenen Aspekt. Die willentliche Entscheidung, jemandem zu vergeben, führt demzufolge den Vergebenden in einen komplexen Prozess ein, in dem die geschädigte Seite eine emotionale Transformation durchlebt. Die Vergebung wird selbst nicht als Emotion erfahren.[251] Der Vergebende überwindet nämlich durch Vergebung die negativen Emotionen, was zum Abschluss des Vergebungsprozesses wesentlich beiträgt.[252]

3.2.2.2 Vergebung – Voraussetzungen, Hindernisse und begriffliche Abgrenzungen

Ein Einzelner muss sich selbst zuerst als eine ungerecht verletzte Partei wahrnehmen, um der anderen Partei überhaupt vergeben zu können. Diese

---

249 Joanna North, „The 'Ideal' of Forgiveness: A Philosopher's Exploration," in *Exploring Forgiveness*, hrsg. v. Robert Enright und Joanna North (Madison: The University of Wisconsin Press, 1998), 18.
250 Howard J. N. Horsbrugh, „Forgiveness," *Canadian Journal of Philosophy* 4, Nr. 2 (1974): 271.
251 Vgl. Howard McGary, „Forgiveness," *American Philosophical Quarterly* 26, Nr. 4 (1989): 343; Murphy und Hampton, Forgiveness and mercy, 17.
252 Viele Philosophen heben gerade den Aspekt der emotionalen Transformation als sehr wichtig hervor. „Forgiveness is the cancellation of deserved hostility and the substitution of friendlier attitudes." (Martin Hughes, „Forgiveness," *Analysis* 35 [1975]: 113); „Forgiveness, then, might be described as a virtue that allows us to keep our resentment within appropriate limits." (McGary, Forgiveness, 343); „[T]o forgive someone for having wronged one is to abandon all negative feelings toward this person, of whatever kind, insofar as such feelings are based on the episode in question." (Richards, Forgiveness, 79).

Selbstwahrnehmung gilt als die erste Voraussetzung für Vergebung.[253] In der philosophischen Literatur kommen auch andere Voraussetzungen vor.[254] Erstens, nur demjenigen Einzelnen, der als ein moralisch verantwortliches Wesen bewertet werden kann, kann vergeben werden. Demzufolge gilt nach dem Unfall nicht ein Auto als Objekt von Vergebung, sondern ein für den Unfall verantwortlicher Autofahrer. Zweitens, nur eine Untat, für die Verantwortung übernommen werden kann, erfordert Vergebung. Dementsprechend gibt es keine materielle Grundlage für Vergebung, wenn ein Autounfall aus technischen Gründen geschieht. Drittens, der Einzelne muss emotional auf die moralische Untat reagieren. Nur dadurch kann der Vergebende die emotionale Transformation durchleben bzw. die aufgrund der moralischen Untat entstandenen negativen Emotionen überwinden.

Im Hinblick auf Hindernisse und Barrieren, die einen Vergebungsprozess deutlich verlangsamen oder sogar verhindern können, erwähnt der US-amerikanische Philosoph Norvin Richards zwei Aspekte: „seriousness of the wrong" und „recency of the mistreatment"[255]. Je schwerwiegender die Untaten sind und je länger die negativen Emotionen hinsichtlich der Untaten bestehen, desto geringer ist die Realisierbarkeit des Vergebungsprozesses. Besondere Aufmerksamkeit schenkt Richards dem Charakter des Vergebenden und der Stärke seines Einflusses auf den Vergebungsprozess.[256] Es kann nämlich vorkommen, dass ein Einzelner aufgrund seines Charakters, trotz aller positiven Umstände, die negativen Emotionen nicht überwinden möchte oder dass die negativen Emotionen übermäßig sind und unberechtigterweise aus leichten und vernachlässigbaren Verletzungen entstehen.[257] Auf der anderen Seite wird auch die vorschnelle Vergebung,

---

253 „If A forgives B, then A must have been injured by B: this seems to be a logically necessary condition of forgiveness. It is not, of course, necessary for B to be aware of what he has done – people may be forgiven although they 'know not what they do' – but only for what a reasonable person would regard as an injury to have been inflicted. It is, however, necessary that A should be aware that he has been injured. *Strictly speaking, that is, it is A's belief that he has been injured that constitutes the necessary condition of his forgiving B.*" (R. S. Downie, „Forgiveness," *The Philosophical Quarterly* 15 [1965]: 128 [Hervorhebung P.A.]).

254 Vgl. dazu Horsbrugh, Forgiveness, 269; Novitz, Forgiveness and Self-Respect, 302 f.; Aurel Kolnai, „Forgiveness," *Proceedings of the Aristotelian Society* 74, Nr. 1 (1974): 92 f.; Margaret R. Holmgren, „Forgiveness and the Intrinsic Value of Persons," *American Philosophical Quarterly* 30, Nr. 4 (1993): 341.

255 Richards, Forgiveness, 94 f.

256 Vgl. ebd., 80 f., 91, 93 f.

257 Richards bezeichnet das als Charakterschwäche („a flaw of character") (vgl. ebd., 80).

so der neuseeländische Philosoph David Novitz, problematisiert und in engen Zusammenhang mit dem Charakter des Vergebenden gebracht. Das vorschnelle Überwinden von negativen Emotionen lässt sich, so Novitz, auch als ein Zeichen der ungenügenden Selbstachtung eines Einzelnen betrachten.[258]

In den philosophischen Überlegungen wird Vergebung von den anderen Begriffen deutlich abgegrenzt, wobei mögliche terminologische Überlappungen zu vermeiden sind. Vergebung darf nicht mit Gnade (engl. mercy)[259] oder Begnadigung (engl. pardon)[260] verwechselt werden. Unter Gnade wird, so die US-amerikanische Philosophin Jean Hampton, Aussetzung oder Milderung der normalerweise verdienten Strafe verstanden.[261] Begnadigung bezeichnet einen gesetzlichen Akt, durch den dem Täter die Strafe erlassen wird.[262] Gnade und Begnadigung werden nicht von den Opfern in die Tat umgesetzt, sondern von den entsprechenden rechtlichen und politischen Instanzen. Die Folgen der Untat, die vor allem die Opfer betreffen, sind durch Gnade oder Begnadigung auf keinen Fall gesühnt. Im Unterschied zur Vergebung ist die emotionale Transformation bei den Opfern kein Thema, wenn es um Gnade und Begnadigung geht. Vergebung wird ebenfalls von Ausrede (engl. excuse) und Rechtfertigung (engl. justification) abgegrenzt.[263] Bei der Ausrede wird die moralische Untat nicht bezweifelt. Vielmehr wird der Täter aus unterschiedlichen Gründen, z.B. Geistesstörung, von der Verantwortung für die Untat befreit. Aus diesem Grund wäre es nicht sinnvoll, wenn das Opfer dem Täter gegenüber emotionsgeladen wäre. Rechtfertigung bedeutet, dass die Untat trotz ihrer Immoralität unter bestimmten Umständen die richtige Entscheidung war (z.B. die Untat aus Selbstverteidigung). Von der Bedeutung her wird Vergebung auch von Vergessen unterschieden.[264] Vergebung bedeutet nicht notwendigerweise, dass die Ursache der negativen Emotionen aus dem Gedächtnis

---

258 Vgl. Novitz, Forgiveness and Self-Respect, 312.
259 Vgl. Murphy und Hampton, Forgiveness and mercy, 20, 34, 158, 167.
260 Vgl. Downie, Forgiveness, 131 f.; McGary, Forgiveness, 345; Horsbrugh, Forgiveness, 270; Berel Lang, „Forgiveness," *American Philosophical Quarterly* 31, Nr. 2 (1994): 114.
261 Vgl. Murphy und Hampton, Forgiveness and mercy, 158.
262 „To pardon a person – whether this be done by monarch or club committee – is to let him off the merited consequences of his actions; it is to overlook what he has done and to treat him with indulgence." (Downie, Forgiveness, 131).
263 Vgl. Murphy und Hampton, Forgiveness and mercy, 20; Richards, Forgiveness, 84 f., 94 f.
264 Vgl. Kolnai, Forgiveness, 94 f.; McGary, Forgiveness, 345.

gestrichen wird. „You cannot totally forget if you forgive. Forgiveness is incompatible with not knowing what it is that you are forgiving."[265] Inhaltlich überlappen sich auch Vergebung und Versöhnung nicht.[266] Versöhnung kann aus Vergebung hervorgehen, aber damit ist vor allem ein beidseitiger Prozess gemeint, an dem sowohl Täter als auch Opfer beteiligt sind. Vergebung stellt hingegen einen einseitigen „willed change of heart"[267] dar.

3.2.2.3 Vergebung – bilaterale, unilaterale und gegenseitige Form

Die Vergebung verweist ursprünglich, so der österreichisch-britische Philosoph Aurel Kolnai, auf einen interpersonalen Kontext.[268] Hinsichtlich der Vergebungspraxis auf der interpersonalen Ebene erkennt Govier gewisse Merkmale und unterscheidet dabei bilaterale[269], unilaterale[270] und gegenseitige[271] Vergebung. Die bilaterale Vergebung beginnt mit der Anerkennung der Schuld seitens des Täters und seiner Übernahme der Verantwortung für das Unrecht. Indem der Täter Reue für seine Handlungen zeigt, macht er den ersten Schritt, um die Kluft zwischen ihm und dem Opfer zu überbrücken. Die Tatsache, dass Opfer und Täter durch die Untat in ihren Lebensgeschichten miteinander verbunden sind, lässt sich mit diesem Akt des Täters nicht tilgen. Durch seine Initiative wird jedoch die Übereinstimmung zwischen Opfer und Täter in der Wahrnehmung dieser Vergangenheit erreicht. Die Anerkennung des Täters erfolgt oft in Form einer Entschuldigung. „If he sincerely apologizes, he is indicating that he is sorry for the wrongdoing, is committed not to repeat it, and wishes to be understood as a person so committed."[272]

Die Aktionen des Täters verpflichten, so Govier, das Opfer jedoch nicht zur Vergebung. „[T]here is no moral obligation for victims to forgive. Victims should not be pressed or directed to forgive, even in the interests of the worthy goals of peace and reconciliation."[273] Der norwegische Philosoph Espen Gamlund ist hingegen der Meinung, dass sich dennoch

---

265 McGary, Forgiveness, 345.
266 Vgl. Kolnai, Forgiveness, 94 f.
267 North, Wrongdoing and Forgiveness, 506.
268 Vgl. Kolnai, Forgiveness, 91.
269 Vgl. Govier, Forgiveness, 45–49.
270 Vgl. ebd., 62–77.
271 Vgl. ebd., 49 f.
272 Ebd., 47.
273 Ebd., 169.

von einer Vergebungspflicht und Vergebungsnorm sprechen lässt. „If a wrongdoer repents and apologizes to a victim, then the victim has a duty to forgive the wrongdoer."[274] Diese Norm sollte jedoch nicht als absolute, sondern als *pro tanto* Norm betrachtet werden. Das bedeutet, die Vergebung sollte nach dem oben genannten Prinzip nur dann zustandekommen, wenn sie nicht durch andere Aspekte (Täterschuld, Schwere der Untat oder Undurchführbarkeit von Wiedergutmachung) aus moralischen Gründen außer Kraft gesetzt werden kann.[275]

Die bilaterale Vergebung kann die Beziehungen zwischen Täter und Opfer wiederherstellen. Govier hebt dabei den mehrfachen Gewinn der bilateralen Vergebung für Opfer, Täter, ihre Beziehung und für die Gemeinschaft hervor.

> The *victim* benefits because she is replacing negative emotions of anger and resentment with more positive emotions and escaping a fixation with the past and potentially obsessive desires for revenge. The *offender* benefits because he is assisted to make a fresh start, released from the stigma of negative labels and assured that he is no longer an object of moral hatred. Clearly, their *relationship* will improve as anger, resentment, and distrust are replaced with acceptance and growing understanding. And the surrounding *moral community* will benefit, since there is no longer a possibility of a damaging campaign of hatred and revenge.[276]

Die unilaterale Vergebung vollzieht sich unabhängig davon, ob der Täter sich seiner Verantwortung für die Untaten bewusst ist oder nicht. Sie zielt primär darauf ab, den Vergebenden von negativen Emotionen zu entlasten. Auf diese Weise kann sich der Vergebende aus der Opferrolle und seiner gewaltsamen Vergangenheit befreien. Was mit dem Täter geschieht, ist für das Opfer irrelevant. Da die Anerkennung der Schuld seitens des Täters

---

274 Espen Gamlund, „The Duty to Forgive Repentant Wrongdoers," *International Journal of Philosophical Studies* 18, Nr. 5 (2010): 654. Gamlund unterscheidet und definiert Reue und Entschuldigung auf folgende Art und Weise: „As I use these terms, *repentance* primarily concerns how the wrongdoer responds towards his own wrongful action, whereas *apology* primarily concerns how the wrongdoer responds towards the victim. Repentance will, on my account, involve a wish that one had not done the wrong or that one could somehow undo the wrong, whereas apology will involve an acknowledgment to the victim of responsibility and guilt, and possibly also a request for forgiveness." (Ebd., 656 [Hervorhebung im Original]).
275 Vgl. ebd., 660–663.
276 Govier, Forgiveness, 48 f. (Hervorhebung im Original).

keine Bedeutung für die unilaterale Vergebung hat, hat diese Art der Vergebung, so Govier, wenig Potential im politischen Raum.[277]

Die gegenseitige Vergebung setzt das Vorhandensein von Täterschaft auf beiden Seiten voraus. In solchen Fällen kann das vereinfachte Paradigma, dass Täter völlig schuldig und Opfer vollkommen unschuldig sind, so Govier, nicht aufrechterhalten werden.[278] Täter- und Opferrolle sind in diesem Fall geteilt. Für eine Vergebung wäre es somit notwendig, dass alle betroffenen Akteure ihre Schuld und Verantwortung für die Untaten anerkennen. Außer der Anerkennung ist ferner das gegenseitige Vertrauen zwischen den Konfliktparteien eine notwendige Voraussetzung für gegenseitiges Vergeben und Wiederherstellen von Beziehungen.

3.2.3 Vergebung – der psychologische Ansatz

Opfer erleben nach einem moralischen Unrecht oft ein Trauma. Wie sollte dieses psychisch ungesunde Relikt aus der Vergangenheit weiter behandelt werden? Wie setzen sich Opfer am besten mit Ärger, Angst, Übelnehmen und anderen negativen Emotionen auseinander? Derartige Fragen wecken das besondere Interesse von Psychologen, die nach Wegen zur psychischen Wiedergesundung der Opfer bzw. Klienten suchen.[279]

Bis in die 1980er Jahre galt Vergebung in psychologischen Kreisen nicht als ein wichtiges Forschungsthema.[280] Seitdem entwickelten sich

---

277 „[P]erpetrator groups tend to be resistant to acknowledging their wrongdoing; this lack of acknowledgement poses a fundamental obstacle to political forgiveness. Acknowledgement is a crucial aspect of forgiveness and reconciliation, and lack of acknowledgement is a major obstacle to political forgiveness." (Ebd., 145).

278 Vgl. ebd., 49.

279 Unter Psychologen ist oft die Meinung verbreitet, dass Vergebung im Gegensatz zur Unversöhnlichkeit die psychophysische Gesundheit positiv beeinflusst. Das bestärkt zusätzlich die psychologische Betrachtungsweise von Vergebung, der zufolge Vergebung vor allem als Heilmittel zur Überwindung von psychischen Traumata zu verstehen ist (vgl. dazu Everett L. Worthington u. a., „Forgiveness, Health, and Well-Being: A Review of Evidence for Emotional Versus Decisional Forgiveness, Dispositional Forgivingness, and Reduced Unforgiveness," *Journal of Behavioral Medicine* 30, Nr. 4 [2007]: 291–302; Lorent Toussaint und Jon R. Webb, „Theoretical and Empirical Connections Between Forgiveness, Mental Health, and Well-Being," in *Handbook of Forgiveness*, hrsg. v. Everett L. Worthington [New York: Routledge, 2005], 349–362).

280 Vgl. dazu Michael E. McCullough u. a., „The Psychology of Forgiveness: History, Conceptual Issues, and Overview," in *Forgiveness: Theory, Research, and*

jedoch verschiedene Vergebungsmodelle in der Psychotherapie.[281] Im Folgenden werden die zwei oft verwendeten Vergebungsmodelle aufgezeigt, die von den US-amerikanischen Psychologen Robert Enright und Richard Fitzgibbons (*Process Model of Forgiveness Therapy*)[282] sowie von Everett Worthington (*REACH Program*)[283] entwickelt wurden. Außer diesen Vergebungsmodellen, die als Selbsthilfevergebungsprogramme konzipiert wurden und als idealtypische Modelle von Vergebung anzusehen sind, stelle ich auch eine psychologische Idee dar, der zufolge Vergebung nicht nur als ein innerpsychischer Prozess zu verstehen ist. Diesem Ansatz zufolge gilt Vergebung auch als ein Prozess mit prosozialer Wirkung.

3.2.3.1 *Process Model of Forgiveness Therapy*

Mit Vergebungstherapie wird grundsätzlich angestrebt, Klienten professionelle Hilfe beim Überwinden von negativen Emotionen zu leisten. In dem sogenannten *Process Model of Forgiveness Therapy* sind Psychotherapeut und Klient zusammen engagiert, bestimmte Lebenserfahrungen, bei denen der Klient ungerecht verletzt oder beleidigt wurde, zu untersuchen.[284] Ein solcher Prozess kann Enright und Fitzgibbons zufolge lange (mehrere Monate oder sogar Jahre) andauern. Die Klienten steigen in diesen Vergebungsprozess oft mit unterschiedlichen Ansichten über Vergebung (z. B. aufgrund ihrer Religionszugehörigkeit) ein. Deswegen wird dem Klienten schon vor Beginn der Therapie klargemacht, was mit Vergebung in der Vergebungstherapie konkret gemeint ist, und zwar, dass der Klient im Laufe der Zeit lernt, eine „moral response of goodness toward the offender

---

Practice, hrsg. v. Michael E. McCullough, Kenneth I. Pargament und Carl E. Thoresen (New York, London: Guilford Press, 2000), 1–14.

281 Es ist bemerkenswert, dass es unter Psychologen viele unterschiedliche Konzepte von Vergebung gibt. Deswegen überrascht das Nichtvorhandensein von klaren Vergebungsdefinitionen. Dieser Tatsache ist sich auch die US-amerikanische Psychologin Mona Gustafson Affinito bewusst (vgl. Mona Gustafson Affinito, „Forgiveness in Counseling: Caution, Definition, and Application," in *Before Forgiving: Cautionary Views of Forgiveness in Psychotherapy*, hrsg. v. Sharon Lamb und Jeffrie G. Murphy [New York, Oxford: Oxford University Press, 2002], 90).

282 Vgl. Robert D. Enright und Richard P. Fitzgibbons, *Helping Clients Forgive: An Empirical Guide for Resolving Anger and Restoring Hope* (Washington, DC: American Psychological Association, 2000), 65–88.

283 Vgl. Everett L. Worthington, *Forgiveness and Reconciliation: Theory and Application* (New York: Routledge, 2006), 171–173.

284 Vgl. Enright und Fitzgibbons, Helping Clients Forgive, 6.

or offenders"[285] in der Therapie zu geben. Diese Antwort kann, so Enright und Fitzgibbons, nur ungezwungenermaßen stattfinden.

> People, upon rationally determining that they have been unfairly treated, forgive when they willfully abandon resentment and related responses (to which they have a right), and endeavor to respond to the wrongdoer based on the moral principle of beneficence, which may include compassion, unconditional worth, generosity, and moral love (to which the wrongdoer, by nature of the hurtful act or acts, has no right).[286]

Die Behandlung von Ärger hat einen hohen Stellenwert nicht nur in der Vergebungstherapie, sondern auch in der allgemeinen Psychotherapie.[287] „Anger is a strong feeling of displeasure and antagonism aroused by a sense of injury or wrong."[288] Gegen diese Emotion wirkt Vergebung, so Fitzgibbons, als eine starke therapeutische Intervention.[289] Die Vergebungstherapie hat zum Ziel, Ärger zu vermindern oder wenn möglich aufzulösen. Innerhalb einer Vergebungstherapie werden auch die mit Ärger eng verbundenen Emotionen und emotionalen Konstruktionen behandelt, wie z. B. Hass, Übelnehmen, Feindseligkeit oder Rachsucht.

Ein Vergebungsprozess erfolgt, so Enright und Fitzgibbons, in vier Phasen (siehe die folgende Tabelle[290]). Die Dauer dieser Phasen lässt sich nicht festlegen, weil Vergebung vor allem als eine persönliche Erfahrung gilt.

---

285 Ebd.
286 Ebd., 24. Eine ähnliche Sichtweise bzw. Definition von Vergebung veröffentlichten Enright und die Human Development Study Group im Jahr 1991. „Forgiveness is the overcoming of negative affect and judgment toward the offender, not by denying ourselves the right to such affect and judgment, but by endeavoring to view the offender with compassion, benevolence, and love while recognizing that he or she has abandoned the right to them." (Robert D. Enright und The Human Development Study Group, „The Moral Development of Forgiveness," in *Handbook of Moral Behavior and Development*, Bd. 2, *Research*, hrsg. v. William M. Kurtines [Hillsdale, NJ: L. Erlbaum, 1991], 222).
287 Vgl. dazu Richard P. Fitzgibbons, „The cognitive and emotive uses of forgiveness in the treatment of anger," *Psychotherapy: Theory, Research, Practice, Training* 23, Nr. 4 (1986): 629–633; Richard P. Fitzgibbons, „Anger and the Healing Power of Forgiveness: A Psychiatrist's View," in *Exploring Forgiveness*, hrsg. v. Robert D. Enright und Joanna North (Madison: The University of Wisconsin Press, 1998), 63–74.
288 Fitzgibbons, Anger, 64.
289 Vgl. Fitzgibbons, The cognitive and emotive uses, 630. Außer der Vergebung bestehen in der Praxis, so Fitzgibbons, noch zwei Mechanismen gegen Ärger, und zwar Leugnung (engl. denial) und Äußerung (engl. expression) (vgl. ebd., 629).
290 Enright und Fitzgibbons, Helping Clients Forgive, 67.

Phase	Goal
Uncovering	Client gains insight into whether and how the injustice and subsequent injury have compromised his or her life.
Decision	Client gains an accurate understanding of the nature of forgiveness and makes a decision to commit to forgiving on the basis of this understanding.
Work	Client gains a cognitive understanding of the offender and begins to view the offender in a new light, resulting in positive change in affect about the offender, about the self, and about the relationship.
Deepening	Client finds increasing meaning in the suffering, feels more connected with others, and experiences decreased negative affect and, at times, renewed purpose in life.

In der ersten, der *uncovering*-Phase steht der Klient dem originären Unrecht gegenüber und überprüft, inwiefern seine psychische Gesundheit gefährdet wurde. Diese Phase kann für den Klienten unangenehm und im emotionalen Sinne sehr belastend sein, weil er sich mit der Quelle des eigenen Schmerzes direkt auseinandersetzt. Der Klient kann eine Vielfalt von Emotionen („anger, shame, depleted energy, cognitive rehearsal, comparison between offender and self, possible permanent injury, and altered worldview"[291]) durch *uncovering* bearbeiten. Die hierbei durchlebte Konfrontation mit dem emotionalen Schmerz kann den Klienten weiter zur nächsten Phase anregen. Bis zur *decision*-Phase gewinnt der Klient schon einen klaren Einblick dahingehend, was mit Vergebung genau gemeint ist. Aufgrund des Wissens, dass Vergebung aus einer emotionalen Gefangenschaft befreien kann, entschließt sich der Klient, die Entscheidung zur Vergebung zu treffen. Im Gegensatz zur *uncovering*-Phase, die eher emotionsorientiert ist, stellt die *decision*-Phase einen kognitiven Akt dar. Die dritte, die *work*-Phase, ist vornehmlich täterfokussiert. Der Klient bemüht sich nämlich, den Täter besser zu verstehen, indem nach Ursachen seines aggressiven Verhaltens gesucht wird. Der Täter wird mit der Untat nicht gleichgesetzt. Eine der Einheiten innerhalb der *work*-Phase heißt *reframing*. „To reframe is to rethink a situation or to see it with a fresh perspective."[292] Diese neue

291 Ebd., 69.
292 Ebd., 79.

Perspektive lässt sich in der Praxis so gewinnen, dass der Psychotherapeut dem Klienten vor allem täterfokussierte Fragen stellt, wie z. B. „Wie war die Kindheit des Täters?" oder „In welchem emotionalen Zustand war der Täter, als er die Untat beging?". Durch solche Fragen kann der Klient seine Betrachtungsweise hinsichtlich des Täters ändern. In seinen Augen wird der Täter nun nicht mehr als Inbegriff des Bösen, sondern als Mensch wahrgenommen.[293] Diese Phase wirft ein neues Licht auf die Beziehung zwischen Täter und Klient. Im besten Fall ergeben sich daraus Empathie und Mitgefühl dem Täter gegenüber. In der letzten, der *deepening*-Phase, sucht der Klient nach dem Sinn des eigenen Leidens und entledigt sich letztendlich des Ärgers. Während seine Vergebungsfähigkeit zunimmt, fühlt sich der Klient selbst dazu aufgerufen, andere, die er verletzte oder beleidigte, um Vergebung zu bitten.

3.2.3.2 REACH Program

Linguistisch gesehen handelt es sich beim Namen von Worthingtons Vergebungsmodell (*REACH*) um ein Akronym, mit dessen Hilfe die Klienten die Schritte innerhalb des Vergebungsprozesses leichter erkennen können. Durch diese Schritte unter professioneller Anleitung von Psychotherapeuten lässt sich Vergebung erreichen (engl. reach). Worthington gibt keine typische Definition von Vergebung an. Er unterscheidet aber zwei Vergebungsarten, *decisional* und *emotional forgiveness*. „Decisional forgiveness is a behavioral intention to resist an unforgiving stance and to respond differently toward a transgressor."[294] *Decisional forgiveness* bezeichnet nämlich die Entschlossenheit des Klienten, auf Ärger und Übelnehmen dem Täter gegenüber zu verzichten, wodurch auch die Feindseligkeit dem Täter gegenüber nachlässt.[295] Das bedeutet jedoch nicht, dass der Klient von Ärger und Übelnehmen befreit wird. Die emotionale Befreiung erfolgt erst durch die sogenannte *emotional forgiveness*. Diese Vergebungsart

---

293 Vgl. ebd.
294 Everett L. Worthington, „Initial Questions About the Art and Science of Forgiving," in *Handbook of Forgiveness*, hrsg. v. Everett L. Worthington (New York: Routledge, 2005), 4.
295 Worthington zufolge ist diese Art von Vergebung besonders bei Versöhnungsprozessen erwünscht (vgl. Worthington u. a., Forgiveness, Health, and Well-Being, 292).

steht für „replacement of negative, unforgiving emotions with positive, other-oriented emotions"[296].

R	recall the hurt
E	empathize with the person who hurt you
A	give an altruistic gift of forgiveness
C	commit to the emotional forgiveness that was experienced
H	hold onto forgiveness when doubts arise

Abb. 1: REACH Program (Everett L. Worthington)[297]

Beim ersten Schritt *R* (*recall the hurt*) wird der Klient mit der Tatsache konfrontiert, dass er verletzt wurde. Aus dieser Anerkennung heraus werden oft schmerzvolle Emotionen freigesetzt und zum Ausdruck gebracht. Der Psychotherapeut kann solche emotionalen Ausdrucksweisen unterstützen. Der Schritt *E* (*empathize with the person who hurt you*) steht für die Entfaltung von Empathie, Sympathie oder sogar Liebe dem Täter gegenüber. Die negativen Emotionen, die wegen der durchlebten Verletzung stark an die Täterseite gebunden sind, werden durch positive Emotionen dem Täter gegenüber ersetzt. Im nächsten Schritt *A* (*give an altruistic gift of forgiveness*) vergibt der Klient primär aus altruistischen Gründen. Die Vergebung wird an dieser Stelle als ein uneigennütziges Geschenk des Klienten verstanden. Erst beim Schritt *C* (*commit to the emotional forgiveness that was experienced*) verpflichtet sich der Klient, meistens dem Psychotherapeuten oder sich selbst gegenüber, der erfolgten emotionalen Vergebung treu zu bleiben. Die Verpflichtung zur Treue gegenüber der Vergebung ist auch im letzten Schritt *H* (*hold onto forgiveness when doubts arise*) enthalten, weil die Klienten oft die eigene Vergebungsentscheidung anzweifeln können.

---

296 Worthington, Initial Questions, 4.
297 Worthington, Forgiveness and Reconciliation, 170 f.

3.2.3.3 Vergebung als ein psychosoziales Konstrukt

Die beiden oben dargestellten Vergebungsmodelle sind als Selbsthilfeprogramme konzipiert, wobei die Klienten die negativen Emotionen mit Hilfe mittelbarer Anleitung von Psychotherapeuten bedingungslos auflösen. Hierbei lässt sich der Eindruck gewinnen, dass es sich bei Vergebung um eine Technik handle, die ein Klient in der Praxis zugunsten seiner psychischen Genesung beherrschen muss. Vergebung wird als ein innerpsychischer und unilateraler Prozess verstanden, der ohne irgendwelche Täteraktivitäten (Reue, Entschuldigung, Schuldanerkennung usw.) erfolgen kann. Vor diesem Hintergrund sprechen Enright und The Human Development Study Group von einer „gift-like quality of forgiveness"[298]. Dementsprechend wird beim Vergeben kein Akzent auf die Wiederherstellung von Beziehungen zwischen Täter und Opfer gelegt (wenn es vorher Beziehungen gab), sondern auf die psychische Gesundung des Klienten. Es gibt aber auch andere psychologische Sichtweisen, die auch interpersonale bzw. bilaterale Vergebung und deren Wirkung in Betracht ziehen. Hierbei wird betont, dass die Täterseite durch Übernahme von Verantwortung für die Untat, durch eine ausgesprochene Bitte um Vergebung oder durch Reue über das Geschehene wesentlich zum Vergebungsprozess beitragen kann.[299] Ein solches reumütiges Auftreten des Täters kann einen Vergebungsprozess erleichtern. In diesem Fall kann die interpersonale Vergebung die Versöhnung zwischen Täter und Opfer letztendlich vorantreiben. Ausgehend von einer These der Vergebungsdualität, der zufolge Vergebung nicht nur intrapersonal, sondern auch interpersonal stattfindet, versuchen der US-amerikanische Psychologe Michael McCullough und Kollegen eine Definition auszuarbeiten. Vergebung wird nicht nur als Überwindung

---

298 Robert D. Enright und The Human Development Study Group, „Counseling Within the Forgiveness Triad: On Forgiving, Receiving Forgiveness, and Self-Forgiveness," *Counseling and Values* 40, Nr. 2 (1996): 111. Bash übt Kritik an der Abwesenheit der Täterseite in der so konzipierten Vergebungstherapie. „The therapeutic model does not involve engaging with wrongdoers, and so there is no way for wrongdoers to correct misimpressions, misunderstandings and mistakes or for victims to learn from them. Victims are dealing with mental representations of wrongdoers, not real people. In effect, victims are giving power to an internalized representation of wrongdoers – a psychological construct that may bear little or no resemblance to the wrongdoers as they are." (Bash, Forgiveness and Christian Ethics, 41).

299 Vgl. dazu z. B. Caryl E. Rusbult u. a., „Forgiveness and Relational Repair," in *Handbook of Forgiveness*, hrsg. v. Everett L. Worthington (New York: Routledge, 2005), 197–199.

von negativen Emotionen angesehen. Sie gilt genauso als eine prosoziale Antwort des Vergebenden. In diesem Zusammenhang definieren sie Vergebung als ein psychosoziales Konstrukt.[300]

3.2.4 Vergebung im interpersonalen Kontext: Fazit

Theologisch betrachtet geht die zwischenmenschliche Vergebung aus der Sündenvergebung Gottes hervor. Die Sündenvergebung, die sich aus der Barmherzigkeit, Liebe und Gnade Gottes ergibt, nimmt der Mensch sich zum Vorbild. Vergebung wird demnach als eine freiwillige und bedingungslose Gabe des Opfers definiert, mit dem es sich aus der Gefangenschaft in einem Schuldkreis befreit. Vergebung lässt sich ohne vorherige Umkehr der Täterseite vollziehen. Im Alltagsleben kommt Vergebung allerdings als wesentlicher Aspekt beim Wiederherstellen der gestörten zwischenmenschlichen Beziehungen vor. Im Fall der zwischenmenschlichen Interaktion, wenn interpersonale Versöhnung angestrebt wird, benötigt man das gemeinsame Wollen der Opfer- und der Täterseite. Dieses Wollen zeigt sich durch einen aktiven Ausdruck der Reue seitens der Täterseite (in Gestalt von Schuldeingeständnis, Wiedergutmachungsbereitschaft, Entschuldigung usw.) und durch Vergebung der Opferseite. Dadurch findet die Versöhnung zwischen Opfer und Täter statt.

Aus philosophischer und psychologischer Sicht wird Vergebung als willentlich-kognitiver Akt und emotionsbezogener Prozess der Opferseite verstanden. Wenn das Opfer freiwillig die Entscheidung trifft, der Täterseite zu vergeben, setzt es sich mit der eigenen emotionalen Transformation auseinander. Diese tief innerliche Transformation des Vergebenden besteht in der Überwindung seiner negativen Emotionen, die aufgrund des erlebten Unrechts entstanden sind. In unilateraler Form vollzieht sich Vergebung ohne jeglichen Beitrag der Täterseite. Die anderen Formen von Vergebung (bilaterale und gegenseitige Vergebung) setzen die aufrichtige Teilnahme der Täterseite am Vergebungsprozess voraus. Die bilaterale und die gegenseitige Form von Vergebung haben Versöhnung zwischen Opfer und Täter zum Ziel.

---

300 „Therefore, we propose to define forgiveness as *intraindividual, prosocial change toward a perceived transgressor that is situated within a specific interpersonal context.*" (McCullough u. a., The Psychology of Forgiveness, 9 [Hervorhebung im Original]).

Die vorliegende Arbeit betrachtet Vergebung als eine ursprünglich im interpersonalen Kontext etablierte Kategorie. Vergebung wird als ein Akt der Schuldbefreiung und als ein daraus folgender Prozess der kognitiv-emotionalen Transformation verstanden. Diese beiden Transformationsaspekte vollziehen sich innerlich und werden vor allem als eine unbedingte und freiwillige Gabe der Opferseite angesehen. In der Praxis können die bereuenden Handlungen der Täterseite der Opfervergebung vorangehen, sie gelten aber nicht als bindende Voraussetzungen für Vergebung.

3.2.5 Exkurs: Selbstvergebung – ein umstrittenes Phänomen

In der Vergebungsliteratur erscheint noch ein weiteres häufig diskutiertes Vergebungsphänomen – das der Selbstvergebung (engl. self-forgiveness). Unter diesem Begriff, der im Vergleich zur interpersonalen Vergebung weniger erforscht wurde, wird ein tief intrapersönlicher Vorgang verstanden, in dem eine Person, der Täter, gleichzeitig zwei Rollen einnimmt – die des Vergebenden und die des um Vergebung Bittenden.

Der Mensch ist als freies Wesen imstande, anderen Menschen moralisches Unrecht anzutun. Im Falle, dass sich der Einzeltäter dieses Unrechts und seiner eigenen Verantwortung bewusst ist, äußert er oftmals Bedauern für die eigenen Taten, indem er sich entschuldigt oder um Vergebung bittet. Durch diese moralische Transformation ändert der Täter die Wahrnehmung seiner eigenen Handlung. Unabhängig davon, ob dabei Vergebung durch die Opferseite erfolgt oder nicht, kann sich auch die moralisch transformierte Täterseite fragen, ob sie sich selbst ein moralisches Unrecht letztendlich vergeben kann. Diese Überlegung des Täters ergibt sich aus einer ganzen Reihe von negativen Emotionen (wie z. B. Schuldgefühl, Scham, Selbstverachtung oder Selbstübelnehmen), die nach der moralischen Transformation entstehen können und sich auf eine oder mehrere vergangene Handlungen beziehen. Selbstvergebung hat die Dekonstruktion der negativen Emotionen und eines negativen Selbstbildes zum Ziel.

Bezüglich der Veränderung des Selbstbildes definieren die Forscher das Selbstvergebungsphänomen grundsätzlich sehr ähnlich. Die US-amerikanische Philosophin Nancy Snow zeigt Selbstvergebung als einen teleologischen Prozess auf, der das Erreichen von Selbstwiederherstellung (engl. self-restoration) oder Selbsterneuerung (engl. self-rehabilitation)

anstrebt.[301] Für Worthington gilt Selbstvergebung als eine Form von Auseinandersetzung mit Selbstverurteilung (engl. self-condemnation).[302] Robin
Dillon, US-amerikanische Philosophin, erörtert den Anfangspunkt von
Selbstvergebung und bringt ihn in engen Zusammenhang mit der Verletzung von Selbstachtung:

> [T]ransformational self-forgiveness has work to do when (a) punishing self-rep-
> roach dominates one's way of being toward oneself, because (b) a persistent nega-
> tive view of oneself dominates one's self-identity, because (c) one takes oneself to
> have been revealed to be, contrary to what one had assumed, unbearably flawed,
> so that (d) one's self-respect has been damaged. Self-forgiveness is thus a matter
> of addressing damaged self-respect.[303]

Die Suche danach, wie sich die negativen Emotionen im Hinblick auf
vergangenes Verhalten durch positive ersetzen lassen und ein negatives
Selbstbild sich in ein positives umwandeln lässt, bleibt trotz der teilweise
unterschiedlichen Formulierungen von Seiten der Forscher das Hauptanliegen von Selbstvergebung.

Die US-amerikanische Philosophin Margaret Holmgren hebt die drei
Schlüsselelemente von Selbstvergebung hervor. „First, there must be an element of objective fault or wrongdoing on the part of the offender, who must
have a just sense of the wrong."[304] Der Täter muss sich folglich zunächst
mit der objektiv anerkannten Untat, nicht mit Emotionen von unklarem
Schuldgefühl oder Unruhe, auseinandersetzen.[305] Dementsprechend muss
die Untat genau als moralisches Unrecht bezeichnet sein, wobei sie und ihre
Folgen nicht gemindert oder abgemildert werden dürfen. Der Täter darf für
seine Handlung keine Ausrede finden. Ohne eine solche kritische Ansicht
des eigenen ungerechten Verhaltens wäre Selbstvergebung verfrüht, so
Enright und The Human Development Study Group.[306] Zweitens muss der
Täter negative Emotionen überwinden. Nachdem die Untaten von Seiten
aller Konfliktparteien objektiv anerkannt und die negativen Emotionen

---

301 Vgl. Nancy E. Snow, „Self-forgiveness," *The Journal of Value Inquiry* 27, Nr. 1
     (1993): 75 f.
302 Vgl. Everett L. Worthington, „Self-Condemnation and Self-Forgiveness," *Biblio-
     theca Sacra* 170, Nr. 680 (2013): 387.
303 Robin S. Dillon, „Self-Forgiveness and Self-Respect," *Ethics* 112, Nr. 1 (2001): 65.
304 Margaret R. Holmgren, „Self-Forgiveness and Responsible Moral Agency," *The
     Journal of Value Inquiry* 32 (1998): 75.
305 Vgl. Enright und The Human Development Study Group, Counseling Within, 116.
306 Vgl. ebd.

überwunden sind, befasst sich der Täter mit dem dritten Schlüsselelement von Selbstvergebung – mit der innerlichen Annahme seiner selbst.[307]

> Self-forgiveness for moral wrongs is essential for maintaining the capability for moral agency. After a serious moral failure, we must, to regain our bearings as functioning moral agents, be able to recognize and accept our imperfections and forgive ourselves for having them and for sometimes acting wrongly. Forgiving ourselves for moral wrongs is an implicit acknowledgement of our finitude and an acceptance of the limitations which this finitude imposes on our ability to achieve moral goodness.[308]

Trotz seiner Mängel muss der Einzeltäter sich als wertvolles Wesen annehmen. Durch eine solche Annahme seiner selbst erneuert der Täter seine Selbstachtung und versöhnt sich mit sich selbst.[309] Ohne Selbstversöhnung hätte Selbstvergebung, so Enright, keinen Sinn.[310]

Die Opferseite kann vergeben, unabhängig davon, ob sich der Täter moralisch transformiert oder nicht. Für Selbstvergebung ist dieser Aspekt jedoch von grundlegender Bedeutung. „Genuine self-forgiveness, by contrast, is granted on the condition that one regrets the offence, changes one's behavior, and (as much as possible) takes responsibility for the harm. Without these, self-forgiveness degenerates into mere self-justification."[311]

---

307 Vgl. Holmgren, Self-Forgiveness, 76. Worthington erklärt diesen Aspekt für wichtig in seinem sechsten von insgesamt sieben Schritten auf dem Weg zur Selbstvergebung. Diese sieben Schritte sind: *Receive God's Forgiveness*; *Repent and Repair Relationships*; *Recognize and Replace Unrealistic Expectations*; *Reduce Rumination*; *REACH Emotional Self-Forgiveness*; *Realize Self-Acceptance as One Who Is Flawed but Precious*; *Resolve to Live Virtuously with Room to Fail* (vgl. Worthington, Self-Condemnation, 391).

308 Snow, Self-forgiveness, 76.

309 Vgl. Enright und The Human Development Study Group, Counseling Within, 116. Enright zufolge liegt darin der Grundunterschied zwischen interpersonaler Vergebung und Selbstvergebung. Die interpersonale Vergebung führt nicht unbedingt in die Versöhnung ein.

310 Vgl. ebd.; Jichan J. Kim und Robert D. Enright, „A Theological and Psychological Defense of Self-Forgiveness: Implications for Counseling," *Journal of Psychology and Theology* 42, Nr. 3 (2014): 263; „Forgiveness is an intrapersonal process that may or may not be accompanied by reconciliation at the interpersonal level. In contrast, reconciliation with self is a necessary component of self-forgiveness. It seems that self-forgiveness and reconciliation with oneself are linked and cannot be separated. The process of self-forgiveness aims at and results in reconciliation with the self. Without reconciliation, self-forgiveness does not make much sense." (Zenon Szablowinski, „Self-Forgiveness and Forgiveness," *The Heythrop Journal* 53, Nr. 4 [2012]: 687).

311 Szablowinski, Self-Forgiveness, 687.

Der Täter darf dabei den Opferstatus der geschädigten Seite nie in Frage stellen. Besonders in leichteren Konfliktfällen wäre es wünschenswert, Wiedergutmachung für moralisches Unrecht zu leisten. Das kann in materieller, aber auch in symbolisch-immaterieller Form geschehen (z. B. durch Entschuldigung).

Im Idealfall vollzieht sich Selbstvergebung nach der Opfervergebung. Wenn interpersonale Vergebung aus verschiedenen Gründen nicht erreicht werden kann, stellt Selbstvergebung, so Snow, die zweitbeste Alternative zur interpersonalen Vergebung dar.[312] Es geschieht in der Praxis oft, dass Opfer nicht bereit sind, zu vergeben, oder dass sie ums Leben kamen. Da Selbstvergebung als einseitiger Prozess gilt, dient sie primär der Abmilderung negativer Emotionen der Täterseite.[313] Eine Beziehung zwischen Opfer und Täter wird dann nicht wiederhergestellt, weil die Zustimmung der Opferseite ausgefallen ist. [314]

3.3 Entschuldigung im interpersonalen Kontext

Die Linguisten und Soziolinguisten verstehen Entschuldigung vor allem als einen Sprechakt und gehen davon aus, dass sich Entschuldigungen als „post-event acts"[315] vollziehen. Demzufolge lässt sich eine Entschuldigung erst im Anschluss an entsprechendes Unrecht zum Ausdruck bringen. In diesem Zusammenhang gilt Entschuldigung als Heilmittel für gestörte zwischenmenschliche Verhältnisse. Was den interpersonalen Kontext betrifft, lässt sich bemerken, dass Entschuldigung unter den Forschern deutlich weniger untersucht wird als Vergebung. Dies ist der Grund, warum Ent-

---

312 Vgl. Snow, Self-forgiveness, 75.
313 Wie bereits erläutert, betrifft die Selbstvergebung vor allem die Täter- und nicht die Opferseite. Sie setzt sich die Wiederherstellung einer „personal wholeness of the offender" zum Ziel (vgl. ebd., 79). Aus diesem Grund sollte ein Opfer, so Holmgren, durch Selbstvergebung des Täters nicht beleidigt werden, besonders wenn ein Täter die Verantwortung für eine Untat übernimmt und Reue zeigt (vgl. Holmgren, Self-Forgiveness, 81 f.).
314 Um eine Selbstvergebungspraxis bei schweren Konfliktfällen zu rechtfertigen, berufen sich einige Forscher auf die Gottesvergebung als die letzte Instanz oder auf die Zusage von anderen, dass sich die Untaten trotz des Ausfallens der Opfervergebung vergeben lassen (vgl. Szablowinski, Self-Forgiveness, 688). Diesbezüglich hebt Snow nur die Gottesvergebung hervor (vgl. Snow, Self-forgiveness, 80).
315 Blum-Kulka und Olshtain, Requests and Apologies, 206.

schuldigung an dieser Stelle nicht aus der interdisziplinären Perspektive beleuchtet wird, wie es bei der Darstellung von Vergebung der Fall war.

3.3.1 Entschuldigung als Heilmittel

„By apologizing, the speaker recognizes the fact that a violation of a social norm has been committed and admits to the fact that s/he is at least partially involved in its cause."[316] Als Sprechakt richtet sich die Entschuldigung nach den Bedürfnissen ihres Adressaten. Sie wirkt dabei als Heilmittel (engl. remedy) für die Untat, das zur Wiederherstellung sozialen Gleichgewichts oder sozialer Harmonie dient.[317] Die neuseeländische Soziolinguistin Janet Holmes bezieht die oben erwähnten Aspekte in die folgende Definition von Entschuldigung ein:

> An apology is a speech act addressed to V's face-needs and intended to remedy an offence for which A takes responsibility, and thus to restore equilibrium between A and V (where A is the apologist, and V is the victim or person offended).[318]

Entschuldigung gilt als relationsbezogener Akt.[319] Als solcher soll eine Entschuldigung die beiden durch die Untat verbundenen Seiten betreffen,

316 Ebd.
317 Vgl. Holmes, Sex Differences and Apologies, 195.
318 Ebd., 196. Die israelischen Linguistinnen Shoshana Blum-Kulka und Elite Olsh-tain geben keine Definition von Entschuldigung, aber sie erkennen vier poten-tielle Strategien für die Durchführung des Entschuldigungssprechaktes. Diese sind: „(1) an explanation or account of the cause which brought about the offence; (2) an expression of the S's [S steht für den Sprecher der Entschuldigung, P.A.] responsibility for the offence; (3) an offer of repair; (4) a promise of forbearance." (Blum-Kulka und Olshtain, Requests and Apologies, 207).
319 Nicholas Tavuchis schreibt über den sogenannten dyadischen Diskurs der Ent-schuldigung: „[I]ts exclusive, ultimate, and ineluctable focus is upon interaction between the primordial social categories of Offender and Offended. This means that it cannot be understood in terms of one party to the exclusion of the other." (Tavuchis, Mea Culpa, 46). Der US-amerikanischen Rechtswissenschaftlerin Martha Minow zufolge erfordert Entschuldigung die Kommunikation zwischen Opfer und Täter. Dieses Fazit ergibt sich aus der gemeinschaftsbezogenen Na-tur des Entschuldigungsvorgangs (vgl. Martha Minow, *Between Vengeance and Forgiveness: Facing History after Genocide and Mass Violence* [Boston: Beacon Press, 1998], 114). Für den US-amerikanischen Schriftsteller John Kador ist Ent-schuldigung als Dialog zu verstehen. An diesem Dialog müssen Opfer- und Tä-terseite teilnehmen. „It's an *interaction* between at least two parties: the offender, who makes him- or herself vulnerable and risks rejection or retaliation, and the victim, who may be unwilling to admit being hurt, reluctant to participate in a

das bedeutet Opfer und Täter. Es stellt sich die Frage, wer genau sich als Subjekt einer Entschuldigung kennzeichnen lässt. Wer wäre auf der anderen Seite in der Lage, diese Entschuldigung anzunehmen? Individuen, kleine und große Gruppen können, so die Forscher aus den unterschiedlichen Wissenschaftsdisziplinen, als Akteure im Entschuldigungsprozess auftreten.[320] Ein mit der Untat nicht direkt verbundenes Individuum kann sich auch im Namen eines anderen Individuums oder einer Gruppe entschuldigen. So entschuldigen sich Eltern im Namen ihrer Kinder sowie politische Repräsentanten im Namen von Gruppen bzw. politischen Entitäten, die sie legitim vertreten. „This is because there is a link between those who apologise and the offence."[321] Wenn diese Verbindung zwischen dem Sich-Entschuldigenden und einer Untat nicht vorhanden ist, dann geraten die Drittparteien aus dem Fokus und können nicht als direkte Akteure von Entschuldigung angesehen werden. Trotzdem darf, so Tavuchis, „potential moral and coercive influence"[322] der Drittparteien nicht ignoriert werden. „This is so because normative violations only rarely remain private or without wider social resonance."[323] Deswegen können die Drittparteien dem Entschuldigungsprozess in vielerlei Hinsicht einen Anstoß geben.[324]

Eine Entschuldigung kann zur Wiederherstellung sozialer Harmonie beitragen und gilt dementsprechend als effektives Mittel bei Konfliktlösungen. Es ist jedoch hervorzuheben, dass das Rad der Zeit damit nicht zurückgedreht werden kann. Vergangenheit kann durch Entschuldigung *de facto* nicht annulliert werden. Der US-amerikanische Schriftsteller John Kador spricht aber über die transformative Kraft von Entschuldigung bzw. über das Potential, gebrochene Beziehungen zu heilen und zu erneuern.[325] Vor diesem Hintergrund wird Entschuldigung als ein zukunftsorientiertes

---

conversation, or averse to giving up the grudge. Both parties are required to participate in the dialogue." (John Kador, *Effective apology: Mending fences, building bridges, and restoring trust* [San Francisco: Berrett-Koehler Publishers, 2009], 171 [Hervorhebung im Original]).

320 Vgl. dazu Tavuchis, Mea Culpa, 46; Govier, Taking Wrongs, 85; Aaron Lazare, *On Apology* (New York, Oxford: Oxford University Press, 2004), 23; Szablowinski, Apology, 732.

321 Szablowinski, Apology, 734.

322 Tavuchis, Mea Culpa, 50.

323 Ebd.

324 Die Drittparteien können Tavuchis zufolge unterschiedliche Rollen spielen, wie z.B. „Casual Bystander, Impartial Observer, Eyewitness, Commentator, Critic, Conciliator, Mediator, Advocate, Adjudicator, and Judge" (ebd.).

325 Vgl. Kador, Effective apology, 6.

Heilmittel gebrochener Beziehungen verstanden.[326] Eine Entschuldigung markiert, so der haitianische Anthropologe Michel-Rolph Trouillot, die zeitliche Transition („wrong done in a time marked as past is recognized as such, and this acknowledgement itself creates or verifies a new temporal plane, a present oriented towards the future"[327]).

Eine Entschuldigung muss zunächst von Seiten des Täters geäußert werden, damit sie überhaupt wirken kann.[328] Diese Entscheidung kann einem Täter jedoch schwer fallen, weil er sich dadurch den Fakten und Folgen des eigenen schädlichen Tuns persönlich stellt. Der Sich-Entschuldigende erkennt die Schuld für die Untaten an und übernimmt Verantwortung für das dem Opfer angetane Unrecht. Er distanziert sich dabei nicht von seiner vorherigen Rolle, sondern bestätigt, dass sein Tun schädliche Wirkungen verursachte. Nicht ohne Grund hebt der US-amerikanische Psychiater Aaron Lazare Empathie, Sicherheit und Stärke der Täterseite als Voraussetzungen für eine erfolgreiche Entschuldigung hervor. Diese Elemente sind erforderlich, damit der Täter sein Fehlverhalten, Versagen und eigene Schwäche überhaupt anerkennen kann.[329] Andererseits bezeichnet Lazare den Stolz des Täters als häufigste Ursache für gescheiterte Entschuldigungen.[330] Unter dem Stolz des Täters versteht er die Angst vor der Scham, die aufgrund einer Anerkennung des eigenen Fehlverhaltens entstehen kann.

Wenn der Täter sich entschuldigt, darf er keine Rechtfertigung oder Ausrede anbieten, Verteidigung vorbereiten oder Erklärung darlegen.[331] Seine Schuld und Verantwortung für ein Unrecht dürfen im Entschuldigungsakt in keiner Weise verringert oder gemildert werden. Der Täter entschuldigt sich jedoch nicht nur für die Untat. Er entschuldigt sich auch

---

326 Vgl. Govier, Taking Wrongs, 67.

327 Michel-Rolph Trouillot, „Abortive Rituals: Historical Apologies in the Global Era," *International Journal of Postcolonial Studies* 2, Nr. 2 (2000): 174.

328 „So, too, apology is a relational concept that necessarily requires an individual or collective Other to realize itself. It is an externalized speech act whose meaning resides not within the individual (although its effects may), but in a social bond between the Offender and Offended." (Tavuchis, Mea Culpa, 47).

329 Vgl. Aaron Lazare, „Go Ahead, Say You're Sorry," *Psychology Today* 28 (1995): 40.

330 Vgl. ebd., 78.

331 „To apologize is to declare voluntarily that one has no excuse, defense, justification, or explanation for an action (or inaction) that has 'insulted, failed, injured, or wronged another.'" (Tavuchis, Mea Culpa, 17).

bei jemandem, und zwar bei dem Opfer. Dadurch bekommt das Opfer die Anerkennung seiner Opferrolle.[332]

Entschuldigungen kommen sowohl den Tätern als auch den Opfern zugute.[333] Sie ermöglichen den Tätern, sich von dem Schuld- und Schamgefühl zu befreien. Auf der Opferseite kann eine Entschuldigung dazu beitragen, Rachegefühle abzubauen sowie Erniedrigung und Groll zu beseitigen. Entschuldigung stellt jedoch nicht immer die soziale Harmonie wieder her, weil die Opfer nicht verpflichtet sind, eine Entschuldigung anzunehmen. Aus verschiedenen Gründen können sie die Entschuldigung des Täters ablehnen oder ignorieren.[334] Idealerweise erfolgt die Opfervergebung als Reaktion auf die Entschuldigung der Täterseite. Dieses Szenario führt dann zur Wiederherstellung zerbrochener Beziehungen bzw. zur Versöhnung des Sich-Entschuldigenden mit dem Opfer. Ob die Versöhnung erfolgen wird, hängt grundsätzlich von beiden Seiten ab.

3.3.2 Die Elemente der Entschuldigung

Eine effektive und erfolgreiche Entschuldigung sollte die folgenden fünf Elemente beinhalten: die Anerkennung der Untat bzw. des Unrechts, die Übernahme von Verantwortung für die Untaten (die Anerkennung der Täterschaft), den Ausdruck der Reue, die Wiedergutmachung für die Untat und das Versprechen der Nicht-Wiederholung der Untat.[335] Um sich

---

332 „In the aftermath of serious wrongdoing and harms, a moral apology expresses recognition of the victim's dignity and moral worth, and respect for their feelings of resentment. In offering to those harmed a moral acknowledgment that their resentment and sense of grievance are not misplaced, a moral apology offers to them a kind of vindication, a recognition that they were in the right." (Govier, Taking Wrongs, 70).

333 Vgl. Lazare, On Apology, 1.

334 „[S]ome individuals (and groups) find it difficult, if not impossible, to accept an apology no matter how contrite the offender or how great the social disruption caused by the rejection. They prefer, it seems, to nurture their anger, hatred and sense of betrayal. Instead of forgiving and forgetting, they use an apology as the occasion for escalating conflict." (Tavuchis, Mea Culpa, 67).

335 Die US-amerikanische Philosophin Kathleen Gill erörtert die Grundelemente einer Entschuldigung:„In its fullest version, an apology includes the following elements: (1) an acknowledgment that the incident in question did in fact occur; (2) an acknowledgment that the incident was inappropriate in some way; (3) an acknowledgment of responsibility for the act; (4) the expression of an attitude of regret and a feeling of remorse; and (5) the expression of an intention to refrain from similar acts in the future." (Kathleen Gill, „The Moral Functions of an Apology,"

entschuldigen zu können, muss der Täter das Faktum, dass er die Untat begangen hat, zunächst bestätigen. Die Anerkennung des Unrechts dient auch dazu, das dem Opfer angetane Unrecht genauer zu bestimmen. Das Opfer muss sicher sein, dass sich der Täter für die konkrete Handlung entschuldigt. Täter und Opfer sollten sich über die mit der Untat verbundenen Fakten einigen. Ohne diese gemeinsame Einigung über die Vergangenheit wäre eine Entschuldigung undenkbar.[336] Nachdem das Unrecht anerkannt und die Einigung über die auf die Untat bezogenen Fakten erzielt wurde, stellt sich die Frage der Verantwortung.[337] Für eine Entschuldigung ist es nicht nur bedeutsam, dass die Untat anerkannt ist. Es ist genauso wichtig zu bestimmen, wer für ein Unrecht die Verantwortung trägt. Die Übernahme von Verantwortung bzw. die Anerkennung der Täterschaft soll „without a hint of excuse, defensiveness, or blame"[338] geschehen. Es ist wichtig, diesen Aspekt hervorzuheben, weil Täter häufig dazu tendieren, eigene Verantwortung und Schuld zu verharmlosen. Wenn der Täter die Untat und Täterschaft ohne Zweifel anerkennt, kommt er der Reue schon

The Philosophical Forum 31, Nr. 1 [2000]: 12). Die erfolgreiche Entschuldigung muss Gill zufolge keine Wiedergutmachungsinitiative beinhalten. Andererseits kann eine Entschuldigung den Wiedergutmachungsanspruch jedoch moralisch begründen (vgl. ebd., 23). Kador definiert auch die Elemente einer erfolgreichen Entschuldigung: „Effective apologies are as unique as the offenses that inspire them, but they all have, in varying degrees, the following five dimensions: Recognition, Responsibility, Remorse, Restitution, Repetition. Effective apologies include each of these dimensions, and you will easily remember them if you think of the five Rs. [...] Sometimes I'm asked which dimension of the apology is most important. My response is that they are all equally important. The dimensions of effective apology are akin to five balls being juggled by a performer." (Kador, Effective apology, 47). Für Engert gelten Anerkennung des Unrechts, Anerkennung der Täterschaft, Ausdruck der Reue, Kompensation (Wiedergutmachung) und Versprechen der Nicht-Wiederholung als Teileelemente eines Entschuldigungssprechaktes (vgl. Engert, Die Staatenwelt, 158–161); „Genuine apologies consist of three components: adequately admitting the offence, expressing true sorrow for the harm done with an intention to refrain from similar acts in the future, and taking responsibility for the offence, that includes a willingness to make restitution (where possible and appropriate) for any property damaged or lost by the offender's actions." (Szablowinski, Apology, 732).

336 Vgl. Kador, Effective apology, 53.

337 „For an act to count as an apology, it must be true that [...] someone is responsible for the offensive act, and either the person offering the apology takes responsibility for the act, or there is some relationship between the responsible actor and the apologizer that justifies her taking responsibility for offering an apology." (Gill, The Moral Functions, 13).

338 Kador, Effective apology, 124.

nahe. „By 'remorse' I [Aaron Lazare, P.A.] mean the deep, painful regret that is part of the guilt people experience when they have done something wrong."[339] Der Ausdruck der Reue gilt als ein Signal, dass sich der Täter der schädlichen Folgen seiner Handlung bewusst ist. Dieses Bewusstsein ist aber nicht der einzige Bestandteil von Reue. Der Täter zeigt auch Empathie für den emotionalen Zustand des Opfers und ist darüber traurig. Der Sich-Entschuldigende bedauert nämlich die physischen und psychischen Verletzungen, die ein Opfer erlitt, und wünscht, dass die Untat nicht geschehen wäre bzw. dass er sie wiedergutmachen könnte.

> Restitution, the fourth dimension of effective apology, is the practical attempt to restore the relationship to what it was before you broke it. Effective apology is more than just words. For serious breaches, the offender must demonstrate a concrete expression of contrition. In other words, it must have some element of action. That element is restitution.[340]

Wiedergutmachung für die Untat kann in materieller oder symbolischer Form vorkommen. Dadurch werden die Wiederherstellung des Geschädigten und die Milderung der Folgen der schädlichen Aktionen des Täters angestrebt. Was die materielle Wiedergutmachung betrifft, kann es z. B. um die Rückgabe von weggenommenen Gegenständen oder um Kompensationsmaßnahmen gehen. Manche Schäden (z. B. schwere körperliche Verletzungen) und Untaten (z. B. Mord) sind nicht zu kompensieren und können nicht mehr in den *Status quo ante* zurückgeführt werden. Die Wiedergutmachung in symbolischer Form, die in solchen Fällen den Opfern angeboten wird, ist primär als Zeichen der aufrichtigen Absichten des Täters zu verstehen. Das Versprechen der Nicht-Wiederholung eines schädlichen Tuns steht, so Lazare, in engem Zusammenhang mit der Reue des Täters. „Remorse and forbearance are like the proverbial 'horse and carriage': They work best together."[341] Dieses Element ist in einer Entschuldigung enthalten, damit der Täter das Opfer überzeugen kann, dass es die gleichen oder ähnliche schädliche Handlungen vonseiten des Täters in Zukunft nicht mehr erleben wird. Dies liegt darin begründet, dass Opfer oft Angst davor haben, wieder zum Opfer zu werden.[342] Im Fall der Wiederholung der Untaten kann es zum Zweifel an der Reue des Täters kommen, und folglich an der Aufrichtigkeit der Entschuldigung insgesamt.

---

339 Lazare, On Apology, 107.
340 Kador, Effective apology, 97.
341 Lazare, On Apology, 108.
342 Vgl. Kador, Effective apology, 113.

Im Gegensatz zu Vergebung ist Entschuldigung nur in dialogischer Form vollziehbar. Sie ist gleichermaßen als Akt und als Prozess wahrzunehmen. Als Akt muss Entschuldigung durch die Täterseite vor dem Opfer geäußert werden. Die Opferseite muss demnach direkt angesprochen werden. Einem Entschuldigungsakt geht aber auch die innerliche Umkehr der Täterseite voran. Diese Umkehr und die sich aus dem Entschuldigungsakt ergebenden Verpflichtungen, die Folgen des schädlichen Tuns zu kompensieren, zu beseitigen oder abzumildern, machen Entschuldigung zu einem Prozess.

Teil III – Ein theologischer Überblick über die soziopolitischen Perspektiven von Vergebung und Entschuldigung

Dass Vergebung und Entschuldigung als ursprünglich individuelle Kategorien anzusehen sind, wird nicht infrage gestellt. Die Frage drängt sich auf, ob Vergebung und Entschuldigung auf die soziale Ebene, wo Gruppen als Akteure auftreten, transferiert werden können. Lassen sich diese beiden Kategorien im politischen Bereich anwenden? Zu den wenigen Theologen, die sich mit dieser Thematik befasst haben, gehören Donald Shriver und Geiko Müller-Fahrenholz.

In den 1990er Jahren, in einem kurzen zeitlichen Abstand, veröffentlichten Shriver und Müller-Fahrenholz die Werke[343] mit einem Schwerpunkt auf den sozialethischen Perspektiven von Vergebung. Ausgehend von den systematisch- und biblisch-theologischen Überlegungen zur Vergebung erforschen Shriver und Müller-Fahrenholz die Wirkungspotentiale von Vergebung im soziopolitischen Kontext. Vergebung wird innerhalb eines breiteren Konzeptes verortet, das sich die Versöhnung zwischen Konfliktgruppen und -staaten zum Ziel setzt. Obwohl Entschuldigung hierbei nicht als Hauptthema vorkommt, kommt ihr trotzdem eine wichtige Rolle in Versöhnungs- und Vergebungsprozessen zu.

Zunächst werden hier die theologischen Ansätze von Shriver und Müller-Fahrenholz dargestellt (Kapitel 1 und 2). Im Anschluss daran wird in Kapitel 3 ein kritischer Überblick darüber gegeben. Schließlich wird in Kapitel 4 versucht, eine Annäherung an eine soziopolitische Theologie von Vergebung und Entschuldigung zu erreichen.

---

343 Shriver, An Ethic for Enemies; Müller-Fahrenholz, Vergebung macht frei; Müller-Fahrenholz, The Art of Forgiveness.

1 Donald Shriver – politische Vergebung und Aufbau politischer Vereinigungen

1.1 Vergebung in der Politik – ein Oxymoron?

Aufgrund der Freilassung der Polizisten, die für die schwere körperliche Misshandlung von Rodney King, einem afroamerikanischen US-Bürger, angeklagt wurden, brachen im April 1992 Unruhen auf den Straßen von Los Angeles aus. Um diese gewalttätigen Unruhen unter Kontrolle zu bringen, waren die US-amerikanischen Behörden gezwungen, die Nationalgarde auf den Straßen der kalifornischen Millionenmetropole einzusetzen.[344] Rodney King, dessen rassistisch motivierte Misshandlung den Anlass zu den Unruhen gab, wandte sich an die US-amerikanische Öffentlichkeit mit den berührenden Worten: „People, I just want to say, you know, can we all get along? ... I mean, we're all stuck here for a while. Let's try to work it out"[345].

Gerade in den Worten „mit jemandem auskommen" (engl. to get along) erkennt Shriver die Quintessenz der Politik. Die Politik ist nicht nur als Machtkampf zu betrachten, sondern sie ist auch als ein Prozess zu verstehen, „in dem unterschiedliche Personen, Interessengruppen und Konkurrenten lernen, miteinander zu leben, ohne sich gegenseitig umzubringen"[346]. Die Politik hat den Aufbau von politischen Vereinigungen (engl. political association) zum Ziel. So verstanden leistet die Politik einen großen Beitrag zur Überwindung von Konflikten und Einteilungen. Um dieses politische Ziel verwirklichen zu können, praktizieren die ehemaligen Konfliktparteien, so Shriver, die kollektive Form von Vergebung.[347]

Shriver erörtert die Verbindung zwischen Politik und Vergebung und fragt sich, ob es ein Oxymoron wäre, diese zwei Begriffe in Zusammenhang zu bringen. Für diejenigen, die solche Ansichten vetreten, muss man

---

344 Vgl. Lou Cannon, *Official Negligence: How Rodney King and riots changed Los Angeles and the LAPD* (New York: Times Book, 1997), 323, 344–347.

345 „Moments in Life," [Kommentierte Fotosammlung, o. Vf.], *Life* 15, H. 6 (Juni 1992): 15.

346 Shriver, Brücken über den Abgrund, 7.

347 „This is a book about how human enemies, some or all of whom have greatly harmed each other, can grope toward political association again; if they are not to be derailed from that goal, they will find themselves practicing a *collective form of forgiveness*." (Shriver, An Ethic for Enemies, 3 [Hervorhebung P.A.]).

seiner Meinung nach Verständnis haben.[348] Diese Position lässt sich Shriver zufolge dadurch rechtfertigen, dass sich die westliche politische Ethik vor allem in der Frage der Gerechtigkeit etablierte. Die Vergebung wurde dabei weder mit Gerechtigkeit verbunden, noch wurde sie als unverzichtbarer Bestandteil in Aufbauprozessen der politischen Vereinigungen wahrgenommen.[349] Das wäre der erste Grund, warum es so wenige politische Theoretiker gibt, die dem Vergebungsbegriff in der politischen Ethik die entsprechende Aufmerksamkeit schenkten.[350] Den zweiten Grund, warum Vergebung heutzutage nicht in Verbindung mit Politik gebracht wird, findet Shriver in der Tatsache, dass Vergebung vor allem im religiösen Kontext betrachtet und bearbeitet wurde. Die Verantwortung dafür obliege den christlichen Theologen.[351]

Die Aufbauprozesse politischer Vereinigungen werden vor allem durch Rache gestört.[352] Shriver betrachtet Rache und Vergebung als gegensätzliche Begriffe. Sie rufen unterschiedliche Folgen und gegensätzliche Zu-

---

348 Vgl. ebd., 6.
349 Vgl. ebd.; Donald W. Shriver, „Where and When in Political Life Is Justice Served by Forgiveness?," in *Burying the Past: Making Peace and Doing Justice After Civil Conflict*, hrsg. v. Nigel Biggar, 2., expanded and updated (Washington, DC: Georgetown University Press, 2003), 28.
350 Unter diesen wenigen Theoretikern ordnet Shriver Hannah Arendt ein. Arendt zufolge ist Vergebung eine der zwei menschlichen Fähigkeiten, die einen sozialen Wandel verursachen können. Die zweite menschliche Fähigkeit solcher Art besteht in dem Vermögen, Abkommen zu treffen und zu ihnen zu stehen (mehr dazu in Kapitel 2.1.1 des V. Teils dieser Arbeit). Der liberale demokratische Gedanke der vergangenen Jahrhunderte vertrat die Ansicht, dass diese Fähigkeit dem Menschen angeboren ist. Die Tatsache, dass dieses Prinzip am Beispiel von verfeindeten Seiten aber nicht funktioniert, erklärt Shriver mit dem Ausschluss der Vergebung aus den politischen Sphären (vgl. Shriver, An ethic for enemies, 6 f.).
351 Shriver hebt den US-amerikanischen Theologen Reinhold Niebuhr (1892–1971) als Beispiel eines solchen Theologen hervor. Niebuhr folgte nämlich der westlichen Tradition, der zufolge die Gerechtigkeit die allerhöchste politische Tugend ist. Wenn es um die Vergebung im politischen Rahmen geht, neigen die Christen, so Niebuhr, zur Sentimentalität. „If we rise to ethical behavior at all in our politics, we come to justice. Love and forgiveness may motivate the religious citizen to seek justice in society, he [Reinhold Niebuhr, P.A.] conceded; but these high virtues finally transcend justice. They are 'there' to aspire to idealistically, but they elude empirical, collaborative political form." (Ebd., 7).
352 Vgl. Shriver, Brücken über den Abgrund, 7; Donald W. Shriver, „Forgiveness: A Bridge Across Abysses of Revenge," in *Forgiveness and Reconciliation: Religion, Public Policy, and Conflict Transformation*, hrsg. v. Raymond G. Helmick und Rodney L. Petersen (Philadelphia: Templeton Foundation Press, 2002), 156–159.

stände im politischen Kontext hervor. In seinem Ansatz gibt Shriver der Darstellung des Rachebegriffs bedeutenden Raum, wobei er keine klare Definition von Rache angibt. Was er jedoch vor allem bemerkt und weiter betont, ist das Unvermögen, durch das Racheprinzip die Sieger und die Besiegten nach dem Konflikt einander anzunähern. Dieses Unvermögen ist der Hauptgrund, warum Rache als Stolperstein in Aufbau- und Bewahrungsprozessen politischer Vereinbarungen bezeichnet wird. Rache muss demnach zuerst unter Kontrolle gebracht werden, damit die ehemaligen Konfliktparteien eine politische Vereinbarung erarbeiten können.[353] Vor diesem Hintergrund beruft sich Shriver auf die Schilderungen der antiken Tragödiendichter (Aischylos [525–454 v. Chr.])[354] und Historiker (Thykidides [454–396 v. Chr.])[355], in denen Rache und ihre grausamen Folgen bearbeitet wurden. Diese Folgen betreffen nicht nur die individuelle Ebene. Die Rachemotive kommen auch im politischen Kontext vor, in dem Rache die Beziehungen zwischen den Gruppen sehr belasten kann. Die Destruktivität der Rache im politischen Rahmen stellt Shriver insbesondere durch Thykidides' Beschreibung des Bürgerkrieges in Kerkyra (dem heutigen Korfu) aus dem Jahr 427 v. Chr. dar.[356] In diesem Konflikt führte die Rache die bedingungslose Kapitulation einer Seite (Kerkyra) herbei; die innere

353 Vgl. Shriver, An ethic for enemies, 13.
354 Shriver legte die Eumeniden, das dritte Buch der Orestie, des berühmten griechischen Dichters Aischylos aus (vgl. ebd., 13–18). In diesem Buch spielt Orestes die Hauptrolle. Er brachte seine Mutter Klytaimnestra und ihren Geliebten aus Rache für den Tod seines Vaters Agamemnon um. Orestes steht aber am Ende einer langen Rachekette in seiner Familie und befindet sich wegen dieser Untat vor Gericht. Vor diesem Gericht wird, so Shriver, die entscheidende Frage erörtert. Wird Orestes jetzt nach dem immer herrschenden Racheprinzip zum Tod verurteilt? Setzt sich die Rachekette mit dem Tod Orestes' fort? Durch ihre Stimme ändert die Göttin Athene das herrschende Racheprinzip, lässt Orestes frei und bringt ihn in die Gemeinde Athens zurück. Die Entscheidung Athenes etabliert die neue Praxis, in der man nach Gesetzen richtet. Dabei gibt sie eine Botschaft an die Bürger von Athen: „Niemals brülle das unersättlichste aller Übel, der Bürgerkrieg, durch diese Stadt, das wünsche ich ihr, und hat der Staub einmal das schwarze Blut der Bürger getrunken, so fordere er nicht in rasender Rachsucht – Mord für Mord – Vergeltung in der Stadt. Freude für Freude sollen sie einander schenken. Gemeinschaftlich denken an das Wohl der Gesamtheit – auch im Haß eines Sinns! Viel menschliches Leid läßt sich so vermeiden." (Aeschylus, *Die Orestie*, hrsg. v. Bernd Seidensticker, übers. v. Peter Stein [München: Beck, 1997], 211).
355 In Bezug auf die grausamen Folgen der Rache im politischen Kontext erwähnt und bearbeitet Shriver dessen Buch „Der Peloponnesische Krieg" (vgl. Shriver, An ethic for enemies, 18–22).
356 Der Bürgerkrieg brach während des Peloponnesischen Krieges (431–404 v. Chr.) aus.

Einheit von Kerkyra wurde zerstört; der Krieg zwischen den Staaten wurde verlängert, wobei alle Mittel der Konfliktparteien erschöpft wurden.[357] Durch solche Ereignisse erlebten die Denker des antiken Athen die schmerzhafte Wahrheit: „[N]othing is more 'natural' in human relations than revenge, and nothing is less political"[358].

Genauso wie die altgriechischen Tragödien und Geschichtswerke beinhaltet, so Shriver, auch die Genesis, das erste der fünf Bücher Moses, politische Botschaften. In diesem biblischen Buch tauchen die Motive von Rache und Vergebung auf. Das Rachemotiv bearbeitet Shriver am Beispiel der Ermordung Abels durch seinen Bruder Kain (Gen 4,1 – 16).[359] Er kommt dabei zu folgendem Schluss: Rache darf laut der hebräischen Bibel nur Gott auf der Erde ausüben, unabhängig davon, ob es dabei um Sünden Israels oder seiner Feinde geht.[360] Daraus ergibt sich aber auch das andere Fazit: Wenn Rache auf der Erde nur Gott zuzuordnen ist, dann ist Vergebung auch als Prärogativ Gottes zu verstehen. „In almost the entirety of the thirty-nine books of the Hebrew Bible, vengeance and forgiveness,

---

357 Vgl. Shriver, An ethic for enemies, 19. Die Brutalität des Bürgerkrieges beschrieb Thykidides sehr eindringlich: „Alle angeblichen Feinde der Volkspartei wurden von ihren Mitbürgern getötet, unter der Anschuldigung, dass sie die Demokratie stürzen wollten; aber es fiel auch mancher einer Privatfeindschaft zum Opfer, und andere wurden von Schuldnern, denen sie Geld geliehen hatten, beiseite gebracht. Keine Todesart, die nicht zur Anwendung gekommen wäre, und alle Gräuel, die in Tagen wie den geschilderten verübt zu werden pflegen, kamen auch hier vor, ja noch ärgere. Der Vater tötete seinen Sohn, aus den Heiligtümern zog man die Leute und schlug sie draußen nieder. Einige wurden im Dionysiosheiligtum eingemauert und gingen so zugrunde. So furchtbar arteten die Parteikämpfe in Kerkyra aus!" (Thucydides, *Der Peloponnesische Krieg*, übertragen v. August Horneffer [Wiesbaden: Marix, 2010], 261 f.).
358 Shriver, An ethic for enemies, 13. Im Hinblick auf Thykidides schließt Shriver: „Like most Greek philosophers and almost all political conservatives, Thycidides cherished 'a permanent state of things,' a known and institutionalized social order, ruled by reason, moderation, and compromise between interests for the sake of a larger social good." (Ebd., 21).
359 In dieser Geschichte kommt das Wort Rache zum ersten Mal in der hebräischen Bibel vor („Der Herr aber sprach zu ihm: Darum soll jeder, der Kain erschlägt, siebenfacher Rache verfallen. Darauf machte der Herr dem Kain ein Zeichen, damit ihn keiner erschlage, der ihn finde." [Gen 4,15]).
360 Shriver ruft an dieser Stelle das Buch Deuteronomium auf (vgl. Shriver, An ethic for enemies, 23): „Mein ist die Strafe und die Vergeltung zu der Zeit, da ihr Fuß wanken wird." (Dtn 32,35); „Habe ich erst die Klinge meines Schwertes geschliffen, um das Recht in meine Hand zu nehmen, dann zwinge ich meinen Gegnern die Strafe auf und denen, die mich hassen, die Vergeltung." (Dtn 32,41).

exercised in combination or apart, fall under divine prerogative."[361] Wie sich Rache und Vergebung als zwei gegensätzliche Begriffe in der Bibel in Einklang bringen lassen, bleibt für Shriver ein Rätsel.

Bezüglich der Vergebung in der hebräischen Bibel zieht er die Geschichte über Joseph, den Sohn Jakobs, in Betracht.[362] In der biblischen Schilderung der Versöhnung Josephs mit seinen Brüdern in Ägypten sind seines Erachtens alle Bestandteile von Vergebung vorhanden – „painful, judgmental truth; forbearance of revenge; empathy and compassion; and a new solidarity between enemies"[363]. Shriver zufolge beeinflusste die Vergebung[364] bzw. die Haltung Josephs seinen Brüdern gegenüber jedoch nicht nur die individuelle, sondern auch die soziale Ebene. Er vertritt die These, dass dieses Ereignis, an dem die Einzelnen teilnahmen, sogar für die Geschichte Israels von großer Bedeutung war.

> The author of the story believes that the existence of his society has depended, from the first, on divine power and intention *made real in the tortured but successful attempt of Joseph and his brothers to knit up their broken relations in a genuine act of forgiveness.* The message here is clearer than it would be in Eumenides, but it is much the same message: Cities, nations exist because they have managed to name the evils of their past, to name the agents of evil, yet to maintain some community among evildoers – since, in a story as candid about human nature as the Joseph story, responsibility for evil is widely distributed.[365]

„Once people are locked into a history that has included much killing, they have a choice between preparing to continue the killing or preparing to stop it."[366] Wo sich die Konfliktparteien von Rache leiten lassen, spielt die Politik in dem Sinne, wie Shriver das Wort gebraucht, keine Rolle. Im Gegensatz dazu befreit die kollektive Form von Vergebung die Konfliktparteien aus dem Rachekreis und überwindet dabei die aufgrund der gewaltsamen Ver-

---

361 Shriver, An ethic for enemies, 24.
362 Diese Geschichte erstreckt sich in Genesis vom 37. bis zum 50. Kapitel.
363 Shriver, An ethic for enemies, 27.
364 Die Vergebung als Begriff kommt erst am Ende dieser Geschichte vor. Obwohl die Brüder Joseph um Vergebung baten, lässt sich an der Antwort Josephs erkennen, dass er nicht berufen ist, seinen Brüdern zu vergeben. Vergebung ist das Vorrecht Gottes („Fürchtet euch nicht! Stehe ich denn an Gottes Stelle? Ihr habt Böses gegen mich im Sinne gehabt, Gott aber hatte dabei Gutes im Sinn, um zu erreichen, was heute geschieht: Viel Volk am Leben zu erhalten. Nun also fürchtet euch nicht! Ich will für euch und eure Kinder sorgen." [Gen 50,19–21]).
365 Shriver, An ethic for enemies, 28 (Hervorhebung im Original).
366 Shriver, Forgiveness, 155.

gangenheit entstandene Kluft zwischen ihnen.[367] Die kollektive Form von Vergebung kann die politischen Prozesse nur befördern und den Aufbau von politischen Vereinigungen initiieren. Vergebung und Politik in Zusammenhang zu bringen ist für Shriver kein Oxymoron.

1.2 Die Auslassung von Vergebung aus der Politik – ein Überblick der christlichen Tradition

Inwiefern obliegt der christlichen Theologie, der Kirche und der kirchlichen Vergebungspraxis die Verantwortung für die Auslassung von Vergebung aus der Politik? In einem Geschichtsüberblick[368] zu diesem Thema konzentriert sich Shriver auf einige historische Ereignisse, die er als Wendepunkte für diese Auslassung kennzeichnet.

In der hebräischen Bibel kann nur Gott und nicht der Mensch vergeben. Shriver kommt zu diesem Schluss durch die Auslegung der Geschichte über die Versöhnung zwischen Joseph und seinen Brüdern. Dabei stellt sich die Frage, wer oder was den Wandel in den zwischenmenschlichen Beziehungen initiieren und durchführen kann. Die rechtlichen Institutionen können die Untaten bzw. die Sünden teilweise eindämmen, sie sind aber nicht im Stande, einen Beitrag zur Transformation des Innenlebens eines Einzelnen zu leisten oder die zwischenmenschlichen Beziehungen erheblich zu verbessern. Christen wurden zu den Ersten, die Vergebung als einen bedeutenden Lebensaspekt erkannten. Vergebung nimmt die entscheidende Rolle in den neutestamentlichen Schriften ein – sowohl im Hinblick auf die Umkehr des Innenlebens als auch im Hinblick auf die Verbesserung der zwischenmenschlichen Beziehungen. Gott ist demnach nicht mehr als der einzige Herr von Vergebung anzusehen. An dieser Stelle beruft sich Shriver auf die Hannah Arendt. Sie war der Meinung, dass Christus der Erste war, der darauf hinwies, was Vergebung innerhalb des Bereiches menschlicher Angelegenheiten vermag.[369] Im neutestamentlichen Kontext[370] trägt

---

367 Sowohl in der Politik als auch in anderen Sphären ersetzt Vergebung nicht die bestrafende Gerechtigkeit. Der Akzent wird mit Vergebung vor allem, so Shriver, auf den Verzicht auf Rache gesetzt (vgl. Shriver, An ethic for enemies, 7 f.).
368 Vgl. ebd., 33–62.
369 Zu Arendts Vorstellung von Vergebung im Bereich des Politischen vgl. Kapitel 2.1.1 des V. Teils der Arbeit.
370 Die Vergebung ist in den Evangelien, so Shriver, in mindestens fünf Kontexten vorhanden. Ihm zufolge geht es dabei um Heilungen, Gebete, Essen, Volksfeinde und Gemeinschaftsdisziplin. Jeder dieser Kontexte weist darauf hin, dass Verge-

Vergebung zur Harmonisierung von gestörten sozialen Verhältnissen bei. Vergebung kann, so Arendt, aber auch in einem anderen, säkularisierten Kontext einen bedeutenden Platz einnehmen. Shriver erforscht weiter, ob dieses Potential von Vergebung, das Arendt erkannte, im außerkirchlichen und soziopolitischen Kontext realisiert wurde. Wenn nicht, dann erhebt sich die Frage – warum?

In der frühen Kirche war Vergebung von grundlegender Bedeutung für die Idee von Umkehr. Sie wurde aber auch zur unverzichtbaren Praxis im sozialen Leben der Kirche. Shriver zufolge wurde Vergebung trotzdem nicht zum dominanten Begriff in dem Sinne, dass sie als Oberbegriff für alle anderen wichtigen Aspekte des Kirchenglaubens betrachtet würde.[371] Bis zur Mailänder Vereinbarung im Jahr 313 wurden die Christen durch die römischen Behörden verfolgt. Von daher war die Kirche nicht in der Lage, die öffentliche Ethik („public ethics"[372]) erheblich zu beeinflussen. „Given the distinctive importance of forgiveness in the internal life of the early church, its theologians and others have been expected to give some attention to its place in their ethical expectations for public life, once the church became respectable and established in that life. But in the history about to unfold, it was not to be."[373] Shriver stellt die Frage, warum sich die Vergebung nicht in die öffentliche Ethik integrierte, nachdem die Kirche ab dem 4. Jahrhundert zum anerkannten Gesellschaftsfaktor wurde.

Shriver beginnt mit der Theologie des Augustinus von Hippo (354–430). Dieser lateinische Kirchenlehrer der Spätantike bearbeitete insbesondere die Beziehungen zwischen Staat und Kirche.[374] Seine Grundvoraussetzung,

---

bung ein Modus ist, mit dem die Unterschiede überwunden und dann in die neue Gemeinschaft einbezogen werden (vgl. Shriver, An ethic for enemies, 38–45).

371 Vgl. ebd., 45.

372 Ebd., 46.

373 Ebd.

374 In seinem großen Werk *De Civitate Dei* (Vom Gottesstaat) unterscheidet und trennt Augustinus Gottesstaat (lat. civitas dei) vom irdischen Staat (lat. civitas terrena). Diese zwei Staaten stehen im Gegensatz. Sie beruhen auf unterschiedlichen Prinzipien und werden durch unterschiedliche Beweggründe geleitet. „Zwei Lieben sind es, die die beiden Staaten schufen: die Selbstliebe bis zur Gottesverachtung schuf den irdischen, die Gottesliebe bis zur Selbstverachtung schuf den himmlischen Staat. Demnach rühmt sich der eine in sich selbst, der andre im Herrn. Jener sucht den Ruhm bei den Menschen, diesem ist Gott als Zeuge des Gewissens höchster Ruhm. Jener erhebt sein Haupt im eigenen Ruhm, dieser sagt zu seinem Gott: 'Du bist mein Ruhm, der du mein Haupt erhebst' (Ps 3,4)." (Aurelius Augustinus, *Der Gottesstaat*, Bd. 2, Buch XIV, übers. v. Carl Johann Perl, Reihe Wort und Antwort 1 [Salzburg: Müller, 1952], 387). Augustinus definiert

dass Kirche und Staat getrennt sind[375], wurde während der Ausseinandersetzungen zwischen dem Klerus der Kirche und den donatistischen Schismatikern[376] in Frage gestellt. Am Anfang war Augustinus der Meinung, dass die Kirche die Donatisten wieder aufnehmen dürfe.[377] Später vetrat er aber die Ansicht, dass man diese Kirchenspaltung erst durch Anwendung von Gewalt dauerhaft lösen könne. Für dieses Tun war das Engagement des irdischen Staates erforderlich. Gerade an diesem Punkt erkennt Shriver, wie eine solche Auseinandersetzung mit dem donatistischen Schisma im Widerspruch zu den ursprünglichen Ansichten von Augustinus hinsichtlich

den Gottesstaat als „Summe all jener vernunftbegabten Wesen, die Gott über alles und alles andere um seinetwillen lieben" (Alfred Schindler, Art. Augustin/Augustinismus. I. Augustin, in *TRE* 4 [1979]: 680). In den Gottesstaat ist auch die wahre Kirche inbegriffen, die eine Gemeinschaft von Sündern darstellt. Irdischer Staat ist auf der anderen Seite ein „Zusammenschluß von solchen, die durch die Übereinstimmung hinsichtlich einer von ihnen geliebten Sache verbunden sind" (ebd., 682). Der irdische Staat beruht nämlich auf dem Prinzip von Genuss und Vermehrung der weltlichen Güter.

375 Shriver ist der Meinung, dass die Argumente über die Annäherungen und gegenseitige Beeinflussung zwischen den zwei Staaten im Werk Augustinus' zwar suggestiv, aber unklar sind (vgl. Shriver, An ethic for enemies, 47).

376 Als Donatismus wird ein nordafrikanisches Schisma der westlichen Kirche im 4. und 5. Jahrhundert bezeichnet. Sie wurde nach Bischof Donatus von Karthago (315–355), dem Primas der Donatisten, benannt. Diese Bewegung forderte, dass die Kirche alle Sünder ausschließen sollte und dass die von sündigen Priestern gespendeten Sakramente ungültig seien. Das Schisma brach wegen der Diskussion aus, ob die Kirche diejenigen, die sie während der Christenverfolgung in der Zeit des römischen Kaisers Diokletian (303–311) verlassen hatten, wieder aufnehmen sollte. Nach der Mailänder Vereinbarung im Jahre 313 waren diese wieder in die Kirche zurückgekehrt. Dieses Ereignis löste die Auseinandersetzungen und Konflikte aus, besonders im Norden Afrikas. Obwohl die donatistischen Argumente von der Kirche schon anfangs abgelehnt wurden, waren die Donatisten auch im 5. Jahrhundert aktiv. Im Jahre 411 kam es zur Auseinandersetzung zwischen Augustinus und den Donatisten. Augustinus war dabei der Ansicht, dass die Kirche vor allem die Gemeinschaft von Sündern und nicht von sündenlosen Gläubigen ist (vgl. dazu Pamela Bright, „Augustin im Donatistischen Streit," in *Augustin-Handbuch*, hrsg. v. Volker Henning Drecoll [Tübingen: Mohr Siebeck, 2014], 171–178; Pamela Bright, „Das Donatistische Schisma bis 390 n. Chr." in *Augustin-Handbuch*, hrsg. v. Volker Henning Drecoll [Tübingen: Mohr Siebeck, 2014], 98–104).

377 „Die Donatisten werden von Augustin in der frühen Zeit als Schismatiker noch von den Häretikern unterschieden, nur letztere haben auch inhaltlich einen falschen Glauben, die Schismatiker sind jedoch prinzipiell rechtgläubig. Ihre Abtrennung hat oftmals historische Gründe, die keinen prinzipiellen Gegensatz gründen [...]" (Bright, Augustin im Donatistischen Streit, 172).

der Trennung von Gottesstaat und irdischem Staat stand.[378] Er bemerkt, dass die Einmischung des irdischen Staates in die Angelegenheiten der kirchlichen Hierarchie nicht unter dem Zwang des Staates geschah, sondern mit Erlaubnis der Kirche. Dieses historische Ereignis prägte entscheidend die Beziehungen zwischen Staat und Kirche im nächsten Millenium.

> Wars – just and unjust – were already ripping the Empire apart in Augustine's own lifetime, but in asking for the help of the state's coercive power to settle a question of law and order in the church, he seemed to contradict the spirit of his own theory of the church's mystical unity in its members' love of God. It was a contradiction heavy with import for the next millennium of church-state relations, and equally heavy with the difficulty of proving that there was any difference in practice between forgiveness in secular and in church politics.[379]

Anstatt dass die Kirche die öffentliche Ethik der außerkirchlichen Welt beeinflusst und gestaltet hätte, spielte sich im Donatismusstreit ein anderes Szenario ab. Die Kirche übernahm bei dieser Problemlösung die Logik der außerkirchlichen Welt und verlor somit ihre Glaubwürdigkeit. Shriver bemerkt, dass der Donatismus in der Kirche auch Anstoß zu der Entwicklung von zwei neuen institutionellen Normen bezüglich der Vergebungspraxis gab: „the centering of authority to forgive in the office of the bishop and formal procedures defining an acceptable process of repentance. In the centuries-long debates on these two institutions, the questions of what sins were forgivable and who possessed authority to forgive regularly interlocked."[380] Das Sündenbekenntnis war bis zum Mittelalter ein öffentlicher Akt in der frühen Kirche, bei dem die Christen öffentlich vor der Kirchengemeinde und dem Bischof beichteten. Die Vergebung der Sünden wurde demnach als Ereignis der Gemeinde angesehen. Im Mittelalter wurden Sündenbekenntnis und Vergebung jedoch aus dem Kreis der Kirchengemeinde ausgenommen. Diese Tendenz führte, so Shriver, zur sakramentalen Gefangenschaft von Vergebung.[381] Reue und Vergebung vollzogen sich geheim und privat, ausschließlich auf der Ebene Priester – Büßer.[382]

---

378 Vgl. Shriver, An ethic for enemies, 48 f.
379 Ebd.
380 Ebd., 49.
381 Vgl. ebd., 49–52.
382 Die neue Tendenz in der Vergebungspraxis lässt sich am Beispiel der 21. Konstitution des vierten Laterankonzils aus dem Jahr 1215 erkennen. Jeder Einzelne sollte, dieser Konstitution zufolge, mindestens einmal im Jahr seine Sünden dem Priester beichten. Sonst wurden ernsthafte Konsequenzen vorgeschrieben. „Alle

Die Reformationstheologie ging später bezüglich der Vergebung davon aus, dass Gott selbst durch sein Wort die Sünden vergibt.[383] Diese Idee kristallisierte sich aus der Theologie von Martin Luther (1483 – 1546) heraus. Auf diese Weise befreite sich die Vergebung von allen aufgezwungenen institutionalisierten Normen.

> In Luther's rediscovery of the Gospel of forgiveness, God takes all the necessary steps; everything ecclesiastical fades to the background, including the social-disciplinary side of the sacrament of penance, so that, if the new Lutheran pastor hears a parishioner's confession, it is for purposes of consolation, not moral discipline. The old custom now has a new meaning: neither by exhaustive confession nor by priestly absolution do sinners achieve assurance of their salvation. The Word of God, carried by its preaching and the Spirit, is fully sufficient, the only true source of eternal consolation in time and for eternity.[384]

Was den politischen Kontext betrifft, wurde Vergebung im Mittelalter, so Shriver, als Zwangsmittel seitens der Kirche verwendet.[385] Er zeigt das am Beispiel des Gangs nach Canossa auf.[386] Aufgrund des Investiturstreites

---

Gläubigen beiderlei Geschlechts beichten nach Erreichen der Jahre der Unterscheidung wenigstens einmal im Jahr persönlich all ihre Sünden gewissenhaft ihrem eigenen Priester und sind bemüht, die ihnen auferlegte Buße nach Kräften zu erfüllen. Sie empfangen wenigstens an Ostern mit Ehrfurcht das Sakrament der Eucharistie, es sei denn, jemand sei auf Anraten seines eigenen Priesters aus einem vernünftigen Grund der Meinung, sich eine Zeitlang ihres Empfangs enthalten zu müssen. Andernfalls wird ihnen zu Lebzeiten das Betreten der Kirche und nach ihrem Tod ein christliches Begräbnis verwehrt." (Josef Wohlmuth, Hrsg., *Conciliorum oecumenicorum decreta*, Bd. 2, *Konzilien des Mittelalters: Vom ersten Laterankonzil (1123) bis zum fünften Laterankonzil (1512–1517)* [Paderborn u. a.: Schöningh, 2000], 245).

383 „Damit, dass ein Mensch mir im Namen Gottes die Vergebung zusagt, hat mir Gott selbst im selben Akt und Augenblick vergeben." (Oswald Bayer, *Martin Luthers Theologie: Eine Vergegenwärtigung*, 3., erneut durchges. Auflage [Tübingen: Mohr Siebeck, 2007], 245).

384 Shriver, An ethic for enemies, 53.

385 „Thus, over a period of some eight hundred years, the forgiveness of sins in western Christianity became a very private affair linked to very public church claims to power. As various incidents in the history of the medieval church demonstrate, the sacrament of penance could now be put to political use in ways that had to do with forgiveness more as a political weapon than as a power for political reconciliation." (Ebd., 50).

386 Als Gang nach Canossa wird der Italienzug des deutschen Königs Heinrich IV. (1050–1106) von Dezember 1076 bis Januar 1077 bezeichnet. Der Gang nach Canossa wird im historischen Kontext des Investiturstreites betrachtet. In diesem Streit zwischen der weltlichen und geistlichen Macht stand die Frage im Mittelpunkt, wer berechtigt wäre, Bischöfe und Äbte in ihre Ämter einzusetzen. Hein-

war der deutsche Kaiser Heinrich IV. (1050–1106) nämlich gezwungen, drei Tage barfuß und im Büßerhemd gekleidet vor der Burg Canossa zu warten, bis sich der Papst Gregor VII. (1025/1030–1085) herabließ, seine Reue anzunehmen und ihn vom Kirchenbann zu lösen. Die Demütigung, der Heinrich IV. bei seiner Bitte um Vergebung ausgesetzt wurde, gilt laut Shriver als lebendiges historisches Beispiel, wie sich Vergebung in der Kirchenpraxis in ein Manipulationsmittel verwandelte.[387]

Shriver kritisiert an der mittelalterlichen Kirche und ihren Theologen grundsätzlich die Inkonsequenz, christliches Weltverständnis nicht jederzeit vor der außerkirchlichen Welt zu bekennen. Er hebt das als Hauptgrund dafür hervor, dass das Christentum die öffentliche Ethik nicht bedeutend beeinflusste und gestaltete. Das lasse sich auch an der Vergebungspraxis bemerken. Die Vergebung, die als ursprünglich jüdisch-christliche Idee zu betrachten ist, habe sich nicht in die Politik integriert.

1.3 Vergebung in der Politik – ein mehrdimensionales Handeln

Shriver unterscheidet die Vergebungsprozesse im politischen Kontext von der Vergebungspraxis unter den Einzelnen. Die Vergebung auf der individuellen Ebene beginnt mit demjenigen, dem Untat, Gewalt und Leid angetan wurden. Im politischen Rahmen, in dem auch die Gruppen und ihre politischen Repräsentanten als bedeutende Akteure auftreten, schließt Vergebung sowohl die Opfer- als auch die Täterseite ein und wird nicht als einseitiger Prozess betrachtet. „[I]n human societies, and most of all in political conflict, it may have to go both ways."[388]

> Forgiveness in a political context, then, is an act that joins moral truth, forbearance, empathy, and commitment to repair a fractured human relation. Such a combination calls for a collective turning from the past that neither ignores past

rich IV. wandte sich gegen die Reform des Papstes Gregor VII. (1025/1030–1085), der zufolge nur die Päpste zur Einsetzung der Bischöfe und Äbte berechtigt waren. Heinrich IV. wollte hingegen die Kirchenoberhäupter weiterhin selbst einsetzen, damit sie seine Politik im Reich vertraten. Die Synode in Rom drohte daraufhin 1075 dem König mit dem Bann. Auf der anderen Seite erklärten Heinrich IV. und die empörten deutschen Bischöfe im Januar 1076 Papst Gregor VII. für abgesetzt. Nachdem Heinrich IV. durch Gregor VII. gebannt und exkommuniziert wurde, kam es zu Unruhen im deutschen Reich. Um die Ruhe im Land wiederherzustellen, unternahm der König den Zug nach Italien.

387 Vgl. Shriver, An ethic for enemies, 50 f.
388 Ebd., 7.

evil nor excuses it, that neither overlooks justice nor reduces justice to revenge, that insists on the humanity of enemies even in their commission of dehumanizing deeds, and that values the justice that restores political community above the justice that destroys it. As such a multidimensional human action, forgiveness might be compared to a twisted four-strand cable, which over time intertwines with the enemy's responses to form the double bond of new politics. No one element in this cable carries the weight of the action; each assumes and depends upon the others.[389]

Vergebung ist in der Politik, so Shriver, als mehrdimensionales menschliches Handeln anzusehen. Dieses Handeln umfasst mehrere Elemente – die Erinnerung und moralische Verurteilung des Bösen, das Unterlassen von Rache, die Einfühlung in den Feind und das Anstreben einer erneuerten positiven Beziehung zum Feind.[390]

Damit Vergebung in der Politik unter den Konfliktparteien verwirklicht werden kann, ist es vorher erforderlich, die Konfliktgeschichte äußerst detailliert zu analysieren.[391] Aufgrund dieser Voraussetzung verwendet Shriver in seinem Ansatz die historische Erzählung, um eine präzisere, dynamischere und politisch kontextualisierte Vergebungsdefinition zu bekommen. Deswegen stützt er sich mehr auf die Historiker, nicht auf die Theologen. Seinen Forschungsfokus setzt er auf die US-Amerikaner, ihre Konflikte und Feindschaften, die das 20. Jahrhundert kennzeichneten.[392]

Vergebung darf in der Politik nicht mit dem Vergessen gleichgesetzt werden. Andernfalls würde Vergebung negative Aspekte voraussetzen – die Unterdrückung von Schmerz auf der Opferseite und die Vernachlässigung der Schuld auf der Täterseite. „Traumatic pain and guilt plant a time bomb in the depths of the human psyche and in political history."[393] Das Prinzip

389 Ebd., 9.
390 Vgl. Shriver, Schuld und Versöhnung, 25; Shriver, An ethic for enemies, 6–9.
391 „In sum, if we believe that the preservation of our neighbour's life is the first rule of politics, we might contribute to a new politics of life by accurately recollecting what the politics of death did to them or their ancestors. This painful study of pain-filled history is the beginning of forgiveness in politics. *To begin to forgive one's political enemies past and present is, first of all, to identify what there is to forgive, and to identify it in utmost possible detail.*" (Ebd., 68 [Hervorhebung P.A.]).
392 Es geht um die Konflikte, die die US-Amerikaner während des Zweiten Weltkrieges gegen die Deutschen und Japaner führten. Shriver erforscht auch den rassistisch geprägten Konflikt mit den Afroamerikanern innerhalb der USA. Ich werde hier aber diese Konflikte nicht ausführlich darlegen und setze den Schwerpunkt auf Shrivers theoretisches Verständnis von Vergebung und Entschuldigung im politischen Rahmen.
393 Shriver, Forgiveness, 155.

vergib und vergiss, das manche Politiker oft als Motto angeben, würde der gemeinsamen Zukunft ehemaliger Konfliktparteien nur Schaden zufügen. Die Politiker sollten vielmehr Maximen wie z. B. *erinnere dich und zeig Reue* oder *erinnere dich und vergib* aufrufen. Die sogenannte Bitburg-Kontroverse weist, so Shriver, auf die Bedeutung von Erinnerungspolitik hin. Zum 40. Jahrestag der Beendigung des Zweiten Weltkrieges wurde die Kriegsgräberstätte Bitburg-Kolmeshöhe als Gedenkstätte ausgewählt. An dieser Gedenkstätte sollten der US-amerikanische Präsident Ronald Reagan (1981 – 1989) und der deutsche Bundeskanzler Helmut Kohl (1982 – 1998) Kränze niederlegen. Diese Versöhnungsgeste gab aber Anlass zu negativer Kritik, weil unter den beerdigten Soldaten auch 59 Mitglieder von SS-Einheiten bestattet worden waren. Für viele Opfer und Opferangehörige war das Treffen der politischen Repräsentanten ehemaliger Konfliktparteien kein Zeichen von Versöhnung. Es wurde vielmehr als Beleidigungsakt betrachtet.[394] Die Bitburg-Kontroverse dient, so Shriver, als Beweis einer Wahrheit – Opfer erinnern sich am längsten an das Böse, das ihnen angetan wurde.[395] Dass die anderen dieses Böse vergessen, beleidigt diejenigen, die darunter gelitten haben. Die Bürger, die die Verbrechen nicht erlebten und an ihnen nicht teilnahmen, tragen dennoch Verantwortung für die Bewahrung der Erinnerungen an die leidenden Opfer. Regierungen, Erziehungswesen, Medien und Religionsgemeinschaften halten für die folgenden Generationen die Erinnerungen wach, damit sich die Vergangenheit nicht wiederholt. Deswegen bestehen Opfer mit Grund darauf, dass sich auch die anderen an das ihnen angetane Böse richtig erinnern sollten.

Der Erinnerung sollte auch die moralische Verurteilung von Untaten folgen. Das bedeutet, dass Unrecht unbedingt erkannt und eindeutig als Böses benannt werden muss. Die moralische Verurteilung des Bösen, wenn in ihr Rachemotive vorhanden sind, kann jedoch Konflikte intensivieren und neue Untaten verursachen. Um die Eskalation von Konflikten bei der moralischen Verurteilung zu vermeiden, wäre es erforderlich, dass die vergebende Seite auf Racheaktionen verzichtet. Im Hinblick auf die moralische Verurteilung des Bösen beschäftigt sich Shriver unter anderem mit den Anstrengungen Deutschlands, die nationalsozialistische Vergangenheit aufzuarbeiten. Schon den Einzelnen fällt es schwer, sich mit dem Vergangenen auseinanderzusetzen und dabei die Schuld anzuerkennen.

394 Vgl. Shriver, An ethic for enemies, 93–100.
395 Vgl. Shriver, Schuld und Versöhnung, 33.

Für Völker ist dies ein noch schwierigerer Prozess.[396] Als konkrete deutsche Initiativen der moralischen Verurteilung des Zweiten Weltkrieges erwähnt Shriver das Stuttgarter Schuldbekenntnis[397] (1945) des Ökumenischen Rates der Kirchen (ÖRK), das Darmstädter Wort[398] (1947) vom Bruderrat der Evangelischen Kirche in Deutschland (EKD), das Tübinger Memorandum[399] (1961) und die von der EKD verfasste Ostdenkschrift[400]

396 „If individuals resist admitting to guilt, nations are more resistant." (Shriver, Forgiveness, 152).
397 Am 18./19. Oktober 1945 gab die neugebildete Evangelische Kirche in Deutschland (EKD) bei einem Treffen mit den Mitgliedern des Ökumenischen Rates der Kirchen (ÖRK) das Stuttgarter Schuldbekenntnis ab. In diesem Schuldbekenntnis erkannte die evangelische Kirche in Deutschland eine eigene Mitschuld an den nationalsozialistischen Verbrechen: „Mit großem Schmerz sagen wir: Durch uns ist unendliches Leid über viele Völker und Länder gebracht worden. Was wir unseren Gemeinden oft bezeugt haben, das sprechen wir jetzt im Namen der ganzen Kirche aus: Wohl haben wir lange Jahre hindurch im Namen Jesu Christi gegen den Geist gekämpft, der im nationalsozialistischen Gewaltregiment seinen furchtbaren Ausdruck gefunden hat; aber wir klagen uns an, daß wir nicht mutiger bekannt, nicht treuer gebetet, nicht fröhlicher geglaubt und nicht brennender geliebt haben. Nun soll in unseren Kirchen ein neuer Anfang gemacht werden. Gegründet auf die Heilige Schrift, mit ganzem Ernst ausgerichtet auf den alleinigen Herrn der Kirche, gehen sie daran, sich von glaubensfremden Einflüssen zu reinigen und sich selber zu ordnen." (*Das Stuttgarter Schuldbekenntnis der Evangelischen Kirche in Deutschland*, 18./19. Oktober 1945, abrufbar unter https://www.1000dokumente.de/index.html/index.html?c=dokument_de&dokument=0131_ekd&object=translation&st=&l=de [Stand: 17.08.2021], 4).
398 Dieses evangelische Bekenntnis wurde am 8. August 1947 vom Bruderrat der EKD herausgegeben. Das Darmstädter Wort, das keine offizielle Haltung der EKD war, benannte die konkreten Irrwege der Christen und der Kirche. Im Darmstädter Wort kamen aber Antisemitismus und Holocaust, genauso wie im Stuttgarter Schuldbekenntnis, noch nicht vor (vgl. dazu Bruderrat der EKD in Darmstadt, *Wort des Bruderrats der EKD zum politischen Weg unseres Volkes*, 8. August 1947, abrufbar unter http://www.dfg-vk-darmstadt.de/Lexikon_Auflage_2/DarmstaedterWort.htm [Stand: 17.08.2021]).
399 Eine Gruppe von acht evangelischen Prominenten und Wissenschaftlern verfasste das Tübinger Memorandum. Die an den Deutschen Bundestag gerichtete Denkschrift befasste sich mit Fragen der Außenpolitik, der Rüstung, des Bevölkerungsschutzes sowie der Sozial- und Kulturpolitik. Das Memorandum rief zur Anerkennung der Oder-Neiße-Linie als Grenze zwischen Deutschland und Polen, zur diplomatischen Anerkennung von Polen und zur Ablehnung der deutschen Rückkehrpolitik von vertriebenen Deutschen nach Polen auf (vgl. dazu *Das Tübinger Memorandum der Acht: Zu seinen aussenpolitischen Thesen*, Der Göttinger Arbeitskreis: Veröffentlichung 257 [Würzburg: Holzner, 1962], 1–12).
400 Der Ostdenkschrift zufolge sollte die Oder-Neiße-Linie als Grenze zu Polen anerkannt werden. Dadurch werde eine Chance zur Versöhnung zwischen Deutschen und Polen ermöglicht (vgl. Evangelische Kirche in Deutschland / Kirchenkanzlei,

(1965). Diese Initiativen setzten sich zum Ziel, die vergangenen Verbrechen moralisch zu verurteilen und auf die alte Politik Deutschlands zu verzichten. Obwohl diese Maßnahmen, so Shriver, unvollkommen, unklar und politisch betrachtet vorsichtig waren, verdienten sie es, als eindrucksvoll in Erinnerung zu bleiben.[401]

Das Unterlassen von Rache zeigte sich in den US-amerikanisch-deutschen Beziehungen des 20. Jahrhunderts als eine bedeutende politische Entscheidung. Shriver widmet seine Aufmerksamkeit den Bemühungen dieser beiden Staaten, ihre Beziehungen nach dem Zweiten Weltkrieg zu verbessern. Er vernachlässigt jedoch nicht die Konsequenzen rachsüchtiger Politik der Sieger gegenüber Deutschland nach dem Ersten Weltkrieg (1914–1918). In den Beschlüssen des Versailler Vertrags[402] findet Shriver die Ursachen für den Ausbruch des Zweiten Weltkrieges zwanzig Jahre später. Die Sieger ließen sich von Rachemotiven leiten, was zur Erniedrigung Deutschlands durch Friedensabkommen führte. Die öffentliche US-amerikanische Politik nach dem Zweiten Weltkrieg erlaubte aber keine neue Erniedrigung des besiegten Deutschlands. Damit die Vergebung zwischen den Konfliktparteien nach dem Zweiten Weltkrieg wirksam werden konnte, war es erforderlich, die moralische Rekonstruktion ihrer Beziehungen durchzuführen. Das Unterlassen von Rache schließt die strafrechtliche Verfolgung von Verbrechern nicht aus. Die Nürnberger Prozesse gegen die Hauptkriegsverbrecher, die nach dem Zweiten Weltkrieg stattfanden, bestätigten diese Voraussetzung.

Das nächste Element der Vergebung in der Politik, die Einfühlung in den Feind, bezieht sich auf das Handeln, mit dem die Bedingungen für das gemeinsame Leben ehemaliger Feinde geschaffen werden. Die Dehumanisierung der anderen Konfliktpartei ist eine während der Kriegszeit oft verwendete Taktik. In Friedenszeiten lässt sich dieser mental-emotionale

---

Die Lage der Vertriebenen und das Verhältnis des deutschen Volkes zu seinen östlichen Nachbarn: Eine evangelische Denkschrift [Hannover: Verlag des Amtsblattes der Evangelischen Kirche in Deutschland, 1965], 18–24).

401 Vgl. Shriver, An ethic for enemies, 80.

402 Die Deutschen unterzeichneten den Versailler Vertrag am 28. Juni 1919. Er trat am 10. Januar 1920 nach der Ratifizierung in Kraft. Das Deutsche Reich musste dem Vertrag zufolge zahlreiche Gebiete abtreten. Im Teil VIII des Vertrags über die Wiedergutmachung wurden in Artikel 231 Deutschland und seine Verbündeten als Urheber für alle Verluste und Schäden bezeichnet. Aufgrund dieses Artikels war Deutschland verpflichtet, die Reparationen zu zahlen (vgl. Hans Fenske, *Der Anfang vom Ende des alten Europa: Die alliierte Verweigerung von Friedensgesprächen* [München: Olzog, 2013], 107–110).

Zustand erst dann überschreiten, wenn man einsieht, dass sogar Feinde Menschen sind.[403] Die Dehumanisierungstaktik war sehr verbreitet im sogenannten Pazifikkrieg bzw. im Konflikt zwischen den US-Amerikanern und Japanern während des Zweiten Weltkrieges. Shriver zufolge unterschied sich der Pazifikkrieg aufgrund des Rassismus grundsätzlich von dem Krieg, den die US-Amerikaner gleichzeitig gegen die Deutschen führten.[404] Aufgrund der Rassenintoleranz, die bei beiden Konfliktparteien sehr verbreitet war, wurde die Empathiefähigkeit dem Feind gegenüber in der Nachkriegszeit stark behindert. Um in der Politik vergeben zu können, müssen die Übeltäter als Menschen wahrgenommen werden. Dies bedeutet, dass ihnen und ihren Opfern der Status von Nachbarn und Bürgern wiedergegeben werden muss.[405] Für die Einfühlung in den Feind wäre es auch erforderlich, dass jede Konfliktpartei die eigene Rolle im Konflikt neu überdenkt. Auf diese Weise kann jede Partei feststellen, ob die Verbrechen auch von ihrer Seite begangen wurden. Shriver zufolge ist die fehlende Einfühlung in den Feind der Grund dafür, dass US-Amerikaner und Japaner die Opfer der anderen Seite immer noch mit anderen Augen sehen.

Als letztes Element des Vergebungsprozesses im politischen Kontext gilt das Anstreben einer erneuerten positiven Beziehung zum Feind. Diejenigen, die vergeben, zeigen dadurch Bereitschaft, mit der ehemaligen Konfliktpartei „on some level of positive mutual affirmation"[406] zusammenzuleben. Diese neue Beziehung wird eher als Zusammenleben (engl. coexistence) und nicht als Versöhnung angesehen. Versöhnung wäre, so Shriver, vielleicht geeignet für das Ende des Prozesses, der durch Vergebung eröffnet wird.[407]

---

403 Vgl. Shriver, Where and When, 37–41.
404 Vgl. Shriver, An ethic for enemies, 119–169.
405 Vgl. Shriver, Brücken über den Abgrund, 9 f.
406 Shriver, An ethic for enemies, 8.
407 „We need not call the new relation *reconciliation*, a word best reserved, perhaps, for the end of a process that forgiveness begins. In the 1960s the word *co-existence* acquired a measure of hope in its use in the Cold War to indicate that the Soviets and the Americans could compete with each other without moving to destroy each other. [...] Co-existence may be only the mildest of moves toward reconciliation and only the faintest anticipation of a genuine political connection. It may be little different from passive tolerance. But it is a move away from the past towards a new political future." (Ebd., 8 f. [Hervorhebung im Original]).

1.4 Entschuldigung in der Politik

Die politische Entschuldigung kommt bei Shriver nicht als Thema *per se* vor. In seinem theologischen Ansatz wird Entschuldigung nicht als ein Bestandteil der politischen Vergebung dargestellt. Es lässt sich aber voraussetzen, dass die Praxis politischer Entschuldigungen am besten den Zielen moralischer Verurteilung der gewalttätigen Vergangenheit entspricht. Eine Entschuldigung wird bei Shriver als Werkzeug verstanden, mit dem sich die politischen Ziele verwirklichen lassen. Das bedeutet, dass sich die politischen Repräsentanten entschuldigen, um politische Vereinigungen mit den ehemaligen Konfliktparteien aufzubauen. Vor diesem Hintergrund zeigt sich politische Entschuldigung als eine erwünschte Praxis in der Konfliktfolgezeit.

Die politischen Repräsentanten sind imstande, die Untaten, die durch eine politische Entität begangen wurden, öffentlich anzuerkennen, Verantwortung zu übernehmen und sich für das schädliche Tun zu entschuldigen. Dadurch lassen sich Shriver zufolge die Beziehungen zwischen den verfeindeten Seiten deutlich verändern.[408] Eine politische Entschuldigung muss aber nicht unbedingt in Form eines Sprechaktes erfolgen. Entsprechende Gesten können auch genügen. Diesbezüglich führt Shriver die Effektivität einer Geste des US-amerikanischen Präsidenten Harry Truman (1945–1953) beim Besuch von Mexiko im März 1947 an.

> At his own initiative, Truman made an unscheduled stop at Chapultepec Castle in Mexico City at the graves of six teenage cadets who killed themselves rather than surrender to the American army that invaded Mexico almost exactly one hundred years before. Truman placed a wreath on the monument and bowed his head for a few minutes, in much the same gesture as Willy Brandt was one day to make in Warsaw. The public effect of these few minutes of symbolic action by an American president was astonishing.[409]

Ein politischer Repräsentant entschuldigt sich nicht in seinem Namen, sondern er tritt als eine „person representing the collectivity"[410] auf. Die politische Entschuldigung ist von daher als ein öffentlicher Akt zu verstehen und gilt demzufolge nicht als private Meinung des politischen Reprä-

---

408 Vgl. ebd., 220. Die Idee der transformativen Kraft der Entschuldigung übernimmt Shriver von Tavuchis (vgl. Tavuchis, Mea Culpa, 6).

409 Shriver, An ethic for enemies, 220 f.

410 Ebd., 221.

sentanten.[411] Die sich entschuldigenden politischen Repräsentanten sollten im Sprechakt nicht auf die Untaten der anderen Seite anspielen. In einer vollkommenen Entschuldigung setzen die politischen Repräsentanten den Fokus auf die Verantwortung und Verurteilung der Untaten jener politischen Einheit, die sie derzeit vertreten, sonst wird die Entschuldigung, so Shriver, zur Gegenbeschuldigung.[412]

Die politische Entscheidung, sich zu entschuldigen, kann im Hinblick auf die politische Zukunft eines politischen Repräsentanten riskant sein. Aufgrund dessen kann er die Unterstützung bei seinen Wählern verlieren. Trotzdem haben politische Entschuldigungen weit reichende Ziele: „They are moments in the responsibility of democratic politicians for the moral education of their own publics"[413].

2 Geiko Müller-Fahrenholz – politische Vergebung als Weg in eine sichere Zukunft

2.1 Die Theologie der Vergebung

In seinem theologischen Ansatz[414] vertritt Müller-Fahrenholz die These, dass die neutestamentliche Vergebung wie Freilassen von Verpflichtungen oder Erlassen von Finanzschulden, Schuld und Strafe erscheint.[415] Die Finanzschulden waren nämlich in der Antike einer der Hauptgründe für die Verhaftung oder Versklavung. Der Schuldner konnte sich aus Gefangenschaft oder Sklaverei erst durch die Rückzahlung von Schulden befreien. In ähnlicher Weise wird Vergebung in den neutestamentlichen Schriften, so Müller-Fahrenholz, als Vorgang betrachtet, mit dem sich die belasteten Bindungen zwischen Opfer und Täter auflösen. Er geht deutlich davon aus,

---

411 „It is always a matter for *public record*; as a private communication it is trivial." (Ebd. [Hervorhebung im Original]).
412 Vgl. ebd.
413 Ebd., 223.
414 Müller-Fahrenholz legt die biblisch-theologischen Perspektiven von Vergebung dar. Von der Bedeutung her handelt es sich nur um die neutestamentlichen Perspektiven. In seinen Schriften ist der Unterschied zwischen der alttestamentlichen und der neutestamentlichen Theologie von Vergebung nicht vorhanden. Zu diesem Unterschied vgl. Kapitel 3.2.1.1 im II. Teil der Arbeit.
415 Vgl. Müller-Fahrenholz, The Art of Forgiveness, 4.

dass Vergebung nicht nur Opfer, sondern auch Täter einbezieht und letztendlich ändert. Auf diese Weise wird Vergebung zu ihrer gemeinsamen und wahrhaften Begegnung mit der schweren Bürde der Vergangenheit. „Much more than a word or a gesture, forgiveness is a genuine process of encounter, of healing, of the releasing of new options for the future. A guilty and painful past is redeemed in order to establish reliable foundations for renewed fellowship in dignity and trust. Forgiveness frees the future from the haunting legacies of the past."[416]

Der christliche Glaube gründet sich auf Kreuzestod und Auferstehung Christi. Diese Ereignisse sind auch für die Theologie der Vergebung von besonderer Bedeutung. „In the life and death of this Jew, Christianity sees the victim-God who offers unconditional forgiveness to all who will believe."[417] Dass Vergebung im Christentum theologisch hochgeschätzt wird, lasse sich am Beispiel des dritten Artikels des Apostolischen Glaubensbekenntnisses[418] bemerken. In diesem Artikel wird unter anderem der Glaube an die Vergebung der Sünden bekannt. Die Vergebung der Sünden wurde an dieser Stelle, so Müller-Fahrenholz, nicht ohne Grund in Zusammenhang mit der Lehre über den Heiligen Geist gebracht. Der Heilige Geist kennzeichnet nämlich die Anwesenheit Gottes in der gesamten Geschichte und Schöpfung.[419] Man findet somit die Gelegenheit, die „Energie der ewigen und unteilbaren Liebe"[420] hier und jetzt zu genießen. Die Sünde wird als eine Kategorie bzw. Bindung verstanden, die durch die Liebe Gottes überwunden und aufgelöst wurde. Für Müller-Fahrenholz gilt Sündenvergebung als „ein Ausdruck der Liebeskraft Gottes, genauso elementar und grundsätzlich wie die Auferweckung von den Toten, die Heiligkeit der Kirche oder das ewige Leben"[421]. Vergebung wird aber nicht nur Gott, sondern auch den Menschen zugeordnet. Müller-Fahrenholz zufolge wäre es nicht übertrieben zu sagen, dass die Kirche nur deshalb in die Welt gesetzt ist, „um diese *Vergebung als das Angebot der Befreiung und Befriedung im Alltag der Welt zu bezeugen, zu ermöglichen und zu bewähren*"[422].

---

416 Ebd., 5.
417 Ebd., 7.
418 „Ich glaube an den Heiligen Geist, die heilige katholische Kirche, Gemeinschaft der Heiligen, Vergebung der Sünden, Auferstehung der Toten und das Ewige Leben."
419 Vgl. Müller-Fahrenholz, The Art of Forgiveness, 7.
420 Müller-Fahrenholz, Vergebung macht frei, 21.
421 Ebd.
422 Ebd. (Hervorhebung im Original).

Aufgrund der alltäglichen und nichttheologischen Verwendung habe Vergebung die ursprüngliche Wichtigkeit und Bedeutung verloren.[423] Der Mensch bittet nämlich für jede Kleinigkeit um Vergebung, ohne dass Vergebung von der anderen Seite erwartet wird. Die Tatsache, dass Vergebung im Alltag zum Mittel der Höflichkeit wird, führt dazu, dass der Schuldaspekt irrelevant wird und dass den Gefühlen von Opfern keine Aufmerksamkeit geschenkt wird. „Vergebung ist nicht nur ein billiges Wort geworden: Für viele ist es ein unverständliches Wort, ein nichtssagender Begriff."[424]

Warum ist es dem Christentum dann nicht gelungen, die ursprüngliche Idee von Vergebung zu bewahren? Müller-Fahrenholz wirft diese Frage auf und stellt dabei die Gründe der Verdrehung des neutestamentlichen Verständnisses von Vergebung fest. Die Gründe hierfür liegen in den Ereignissen aus der Kirchengeschichte: im Missbrauch des Amtes der Vergebung als Machtinstrument, in der Reduktion von Vergebung auf die reine Gottesbeziehung und in einer exklusiven Täter-Orientierung.[425] Der erste Grund bezieht sich auf die Institutionalisierung von Vergebung, die in der mittelalterlichen Kirchenpraxis durch das Bußsakrament auftrat. Die mittelalterliche Bußtheologie erkennt drei Schritte: *contritio cordis* (die herzliche Reue), *confessio oris* (das gesprochene Bekenntnis) und *satisfactio operis* (die in einem Handeln oder Werk manifeste Genugtuung).[426] „Dabei war man sich einig, daß es vor Gott im wesentlichen auf die Reue und das Eingeständnis der Sünde ankomme, während die ‚Satisfaktion' niemals eine angemessene ‚Wiedergutmachung' darstellen könne. Sie wurde vielmehr als Beleg und Gewähr der Ernsthaftigkeit des Bußwillens aufgefasst."[427] Die Abweichung von der ursprünglichen Idee von Vergebung erfolgte im Mittelalter, so Müller-Fahrenholz, mit der falschen Auslegung des den Aposteln gegebenen Auftrags Christi über die Bindung und Lösung von Sünden (Mt 16,19)[428]. Das verursachte die Perversion des Bußsakraments, mit der sich Vergebung von Sünden in „ein Instrument unerhörter

---

423 Vgl. Müller-Fahrenholz, The Art of Forgiveness, 3 f.
424 Müller-Fahrenholz, Vergebung macht frei, 19.
425 Vgl. ebd., 22.
426 Vgl. ebd.; mehr zu der mittelalterlichen Bußtheologie in den Kapiteln 4.3 und 4.7 des III. Teils der Arbeit.
427 Ebd.
428 „Ich werde dir die Schlüssel des Himmelreichs geben; was du auf Erden binden wirst, das wird auch im Himmel gebunden sein, und was du auf Erden lösen wirst, das wird auch im Himmel gelöst sein."

Macht"[429] verwandelte. „Mit dem Bußsakrament wurden die Priester zu Herren über die Gewissen. Aus der Angst der Menschen vor ewigen Höllenstrafen und ihrer Sorge um die himmlische Seligkeit ließ sich eine große Macht ableiten, die alle irdischen Verhältnisse, nicht zuletzt die wirtschaftlichen einschloß."[430] Der Missbrauch von Vergebung bzw. die Perversion des Bußsakraments schadete dem Ansehen der Kirche und wurde zu einer der Ursachen der beginnenden Reformation. Die Reformation privatisierte bald die Beichte. Der Grund einer solchen Entscheidung war klar – es war notwendig, die herrschende Vergebungspraxis abzuschwächen.

Der zweite Grund der Verkehrung von Vergebung liegt, so Müller-Fahrenholz, in der vertikalen Reduzierung von Sünde und Vergebung, die mit der Reformation eintrat. Diese Reduzierung besteht auf der Annahme, dass Sünde, die als Perversion der Geschöpflichkeit zu betrachten ist, nur durch die Gnade Gottes überwunden werden kann. Der reformatorischen Lehre über das Erlösungswerk Christi (*solus Christus*) zufolge wird Jesus Christus als der alleinige Heilsgrund angesehen. Sünde und Vergebung werden demnach zur Sache Gottes, was Müller-Fahrenholz als *„Konzentration auf die Vertikalität im reformatorischen Vergebungsbegriff"*[431] bezeichnet. Täter bzw. Sünder und Opfer werden dabei nicht in Betracht gezogen.

Als dritten Grund hebt Müller-Fahrenholz die in der abendländischen Theologie und Praxis vorhandene Fixierung auf die Täter hervor. Aufgrund dieser theologischen Tendenz werden die Verhältnisse des Täters zu Mitmenschen oder zur Natur als sekundär betrachtet. Sünde lässt sich aber nicht nur als eine religiöse Kategorie verstehen, die in den Beziehungen zwischen Gott und Menschen auftaucht. Sünde hat auch eine soziale Dimension.[432] Demzufolge betrifft Sünde die Verhältnisse, die der Mensch mit anderen Mitmenschen, Gesellschaft und Natur hat. Vor diesem Hintergrund bezieht sich Sünde, und damit auch Vergebung, nicht nur auf die Täter, sondern auch auf die Opfer. Müller-Fahrenholz bemerkt, dass das Phänomen der Täter-Fixierung sogar in den Grammatikkonstruktionen vieler europäischer Sprachen ausgeprägt ist.[433] Das Verb „sündigen" ist meistens ein aktives Verb, dessen Form im Passiv nicht vorhanden ist. Das

---

429 Müller-Fahrenholz, Vergebung macht frei, 23. Wie groß die Macht dieses Instrumentes war, beschreibt Müller-Fahrenholz, genauso wie Shriver, am Beispiel des Gangs nach Canossa (vgl. ebd.).
430 Ebd.
431 Ebd., 25 (Hervorhebung im Original).
432 Vgl. ebd., 27; Müller-Fahrenholz, The Art of Forgiveness, 14.
433 Vgl. Müller-Fahrenholz, The Art of Forgiveness, 13.

bedeutet, dass das Verb „sündigen" nur die Täter als Subjekte kennt. Die Objekte bzw. Opfer sind grammatikalisch betrachtet ausgeschlossen. Die Evangelien bieten uns aber zahlreiche Beispiele, die bestätigen, dass Jesus gleichermaßen auf der Seite der Opfer wie auch der Täter war. Inzwischen wurde die Täterperspektive äußerst dominant. Aus diesem Grund überrascht Müller-Fahrenholz die Tatsache nicht, dass Vergebung heutzutage immer weniger in der pastoralen Praxis verwendet wird und dass Opfer immer seltener Vergebung als Mittel zum Überwinden von Traumata nutzen.[434]

Die durch Sünde entstandene Bindung zwischen Täter und Opfer gilt, so Müller-Fahrenholz, als Hauptgrund, dass Vergebung als ihre gemeinsame Geschichte erkannt wird.[435] „The more violent the transgression, the deeper the bondage."[436] Vergebung ist als komplexer Vorgang der Opfer-Täter-Bindungsauflösung wahrzunehmen. Die Täter werden dadurch auf ihr humanes Maß zurückgebracht und die Opfer aus ihrer Erniedrigung und Beschämung erhoben.[437] All dies macht Vergebung zu einem tief kathartischen Prozess. Vergeben stellt einen doppelten Prozess dar, in dem Täter und Opfer an den Ort zurückkehren, wo ihre Lebensgeschichten sich verketteten. „Nur dort, wo die Verkettung geschah, kann sie aufgebrochen werden."[438] In diesem Prozess macht der Täter den ersten Schritt, indem er die begangene Sünde anerkennt und aufrichtige Reue zum Ausdruck bringt. Dabei gewinnt der Täter Einblick in den beschämenden Charakter seiner schuldhaften Handlung, und somit wird er sich der Tatsache bewusst, dass er – und nicht jemand anders – am begangenen Unrecht schuldig ist. Dies tut seiner Selbstachtung und seinem Stolz weh. Diesen Vorgang bezeichnet Müller-Fahrenholz als Schmerz der Entblößung.[439] Auf der Opferseite gibt es aber einen anderen Schmerz der Entblößung. Diesen Schmerz fühlt das Opfer, wenn es sich im Vergebungsprozess wieder der erfahrenen Erniedrigung und Beschämung stellt. Der Opferschmerz über das erlittene Unrecht ist gleich, wenn nicht noch tiefer als die Täterscham über begangenes Unrecht. Deswegen ist es verständlich, dass die Opfer trotz der Anerkennung und Reue der Täter häufig nicht bereit sind zu vergeben. Letztendlich stellt Vergebung, so Müller-Fahrenholz, eine Begegnung zwischen dem Schmerz

---

434 Vgl. Müller-Fahrenholz, Vergebung macht frei, 29.
435 Vgl. ebd., 34.
436 Müller-Fahrenholz, The Art of Forgiveness, 24.
437 Vgl. Müller-Fahrenholz, Vergebung macht frei, 33 f.
438 Müller-Fahrenholz, Versöhnung statt Vergeltung, 21.
439 Vgl. Müller-Fahrenholz, Vergebung macht frei, 34.

der Scham und dem Schmerz der Kränkung dar.[440] Vergebung geschieht aber selten, „weil sie den Durchgang durch den Schmerz kostet. Deshalb ist es ganz natürlich, daß Menschen weinen, wenn sie einander vergeben. Ja, es ist eigentlich unvermeidlich, daß Tränen fließen; denn die Bitte um Vergebung rührt an die tiefsten Wunden."[441]

Wo sind die Grenzen der menschlichen Vergebung? Was verpflichtet einen Christen, das Unvergebbare zu vergeben, nach den Worten Jesu nicht siebenmal, sondern siebenundsiebzigmal?[442] Die Idee von Vergebung beruht, so Müller-Fahrenholz, auf der unermesslichen Barmherzigkeit Gottes.[443] Aus diesem Grund sei es absurd, die Grenzen von Vergebung festzulegen, wenn ihre Ursachen und Motive in der unendlichen Liebe Gottes liegen. „Vergeben lässt sich nicht zählen, Vergeben ist eine Einstellung den anderen Menschen gegenüber, eine Haltung, die sich nicht in einzelne Akte zerlegen und dann aufrechnen läßt."[444] Vergebung erkennt Müller-Fahrenholz letztendlich als eine existentielle Notwendigkeit, ohne die jede Zukunft durch Vergangenheit beherrscht wird. „Ohne Vergebung gibt es den Raum der Freiheit und des Neuen nicht."[445]

Vergebung tritt nicht als Ersatz für Gerechtigkeit auf, aber sie bietet den Opfern weitaus mehr als Gerechtigkeit.[446] Vergebung hilft den Opfern, sich von den Ketten der schmerzhaften Vergangenheit zu befreien. Obwohl es den Gesellschaften gelungen ist, das Justizsystem zur Vorbeugung der Vergeltung und Feststellung der Schuld zu entwickeln, stehen Opfer und ihre Leiden, so Müller-Fahrenholz, nicht im Mittelpunkt des Interesses des Justizsystems. Das Hauptanliegen der Gerichtsverfahren ist die Feststellung der potentiellen Schuld der Täter, wobei der gesamte Einblick in das begangene Unrecht nicht zu gewinnen ist.

---

440 Vgl. ebd., 35 f.
441 Ebd., 36.
442 „Da trat Petrus zu ihm und fragte: Herr, wie oft muss ich meinem Bruder vergeben, wenn er sich gegen mich versündigt? Siebenmal? Jesus sagte zu ihm: Nicht siebenmal, sondern siebenundsiebzigmal." (Mt 18,21–22).
443 Vgl. Müller-Fahrenholz, Vergebung macht frei, 127.
444 Ebd., 128.
445 Ebd., 147.
446 Vgl. ebd., 125.

2.2 Vergebung in der Politik – Ökonomie der kollektiven Erinnerungen

Um die Themen Vergebung und Versöhnung bearbeiten zu können, muss sich die deutsche Theologie, so Müller-Fahrenholz, zunächst vor dem Forum verantworten, das mit dem Namen „Auschwitz" bezeichnet ist.[447] „Auschwitz" steht nämlich als Symbol für alle Verbrechen, die im Namen Deutschlands während des Zweiten Weltkrieges begangen wurden. Weder nahmen die heutigen Generationen an „Auschwitz" teil, noch tragen sie dafür eine Verantwortung. Sie erbten aber „Auschwitz" und damit auch das Gefühl der Beschämung über die Verbrechen. Dieses Gefühl folgt ihnen, so Müller-Fahrenholz, wie der schwarze Schatten.[448] Scheint es aber nicht gerade wegen dieses schwarzen Schattens überflüssig und heuchlerisch zu sein, dass die Nachkommen der für „Auschwitz" verantwortlichen und schuldigen Väter- und Großvätergenerationen heute über die Wirksamkeit von Vergebung sprechen? Müller-Fahrenholz steht auf dem Standpunkt, dass nicht trotz, sondern wegen „Auschwitz" über die Möglichkeit von Vergebung nachgedacht werden muss. Dieses Nachdenken muss aber auf eine Art und Weise geschehen, die sich von den konventionellen Meinungen der christlichen Dogmatik deutlich unterscheidet.[449]

„Auschwitz" trägt dazu bei, dass Fragen von Schuld und Kränkung, von Versöhnung und Vergebung nicht nur auf der individuellen Ebene anzusehen sind.[450] Wie lässt sich aber Vergebung auf der sozialen Ebene anwenden? Kann Vergebung zur Sache und Aufgabe der Politik werden? Wenn ja, dann nach welchen Kriterien? Diesbezüglich stimmt Müller-Fahrenholz mit der Annahme des deutschen Theologen Dietrich Bonhoeffer nicht überein. Bonhoeffer zufolge erfährt die Kirche im Glauben die Vergebung aller ihrer Sünden und einen neuen Anfang durch Gnade, während es für die Völker nur ein Vernarben der Schuld in der Rückkehr zur Ordnung, zum Recht, zum Frieden, zum freien Ergehenlassen der kirchlichen Verkündigung von Jesus Christus gibt.[451] In seiner Ethik hebt Bonhoeffer hervor, dass Vergebung für die Kirche und für den einzelnen Gläubigen ei-

---

447 Vgl. ebd., 9.
448 Vgl. ebd., 10.
449 Vgl. ebd., 9.
450 „So wie wir nicht nur als individuelle Personen, sondern auch als Glieder von Familien, Verbänden und Völkern Subjekte unseres Handelns sind, so werden wir auch von den kollektiven Erfahrungen unserer Völker in Mitleidenschaft gezogen." (Ebd., 10).
451 Vgl. Dietrich Bonhoeffer, *Ethik*, zsgest. und hrsg. v. Eberhard Bethge, 6. Auflage (München: Kaiser, 1963), 124 f.

nen völligen Bruch mit der Schuld und einen neuen Anfang darstellt.[452] Die Kirche und der Einzelne werden nämlich durch „ihren Glauben an Christus, d. h. durch die Beugung unter die Gestalt Christi, gerechtfertigt und erneuert"[453]. Im geschichtlichen Leben der Völker bleibt „die Kontinuität mit der vergangenen Schuld"[454] aber erhalten. Dabei kann es „nur um den allmählichen Heilungsprozess gehen"[455]. Diese Vernarbungsprozesse der Völker seien nur ein schwacher Schatten der Vergebung, die Jesus Christus dem Glaubenden schenkt.[456] Bonhoeffers Verständnis von Vergebung ist Müller-Fahrenholz zufolge stark durch Vertikalität geprägt. Vergebung sei in seinen Überlegungen täterfixiert, weil sie als „ein durch Jesus Christus ermöglichter, von Gott kommender radikaler Bruch"[457] verstanden werde. „Der Begriff ‚Vernarbung' scheint wenig geeignet, um den Umgang der Völker mit geschichtlicher Schuld und den daraus folgenden Verletzungen und Kränkungen zu beschreiben."[458]

„Vergebung macht bündnisfähig"[459] – zu diesem Schluss kommt Müller-Fahrenholz im Überblick über Hannah Arendts Buch „Vita activa oder Vom tätigen Leben".[460] Arendt ist der Meinung, dass Vergebung[461] im politischen Bereich ernst genommen werden kann. Im Zusammenhang mit dem Vermögen, Versprechen zu geben und zu halten, wird Vergebung als Heilmittel für die Unabsehbarkeit des Zukünftigen und die Unergründbarkeit des menschlichen Herzens verstanden. Die Fähigkeit, Versprechen zu geben und zu halten, bezeichnet Müller-Fahrenholz als Bündnisfähigkeit. Durch Bündnisse wird versucht, die Unwägbarkeiten der Zukunft zu beschränken und Freiräume der Übersichtlichkeit und Verlässlichkeit zu schaffen.[462] Er geht davon aus, dass das menschliche Herz nicht so unergründbar ist. Die Sphäre des Unbewussten und die Beweggründe unseres

---

452 Vgl. ebd., 125.
453 Ebd., 124.
454 Ebd., 126.
455 Ebd., 125.
456 Vgl. ebd., 126.
457 Müller-Fahrenholz, Vergebung macht frei, 49.
458 Ebd.
459 Ebd., 42.
460 Mehr zur Arendts Vorstellung von Vergebung im politischen Kontext in Kapitel 2.1.1 des V. Teils dieser Arbeit.
461 Im Buch „Vita activa oder Vom tätigen Leben" verwendet Arendt das Begriffspaar ‚verzeihen/Verzeihung'. Von der Bedeutung her geht es um ‚Vergebung' bzw. ‚vergeben'. In Bezug auf die Theorie Arendts benutze ich im Folgenden das Begriffspaar ‚vergeben/Vergebung'.
462 Vgl. Müller-Fahrenholz, Vergebung macht frei, 42.

Verhaltens werden nämlich heutzutage besser verstanden. Die Erkenntnis der Motive und Impulse unseres Verhaltens kann daher das Vermögen des Versprechens bestärken.

> Je besser wir uns über die Beweggründe unseres Verhaltens im klaren sind, desto größer sind die Chancen, daß wir halten, was wir versprechen. Anders ausgedrückt: Die Heilung unserer Erinnerungen und unsere Bündnisfähigkeit stehen miteinander in enger Verbindung. Wer mit seiner Vergangenheit Frieden schließen kann, ist frei für gemeinsame und verläßliche Schritte in die Zukunft.[463]

Müller-Fahrenholz zufolge ist Bündnisfähigkeit wesentlich von der sogenannten Ökonomie der kollektiven Erinnerungen abhängig. Darunter versteht er, dass alle auf langfristige Stabilität bedachten Regierungen die Aufgabe haben, die konfliktbeladenen und konträren Erinnerungen der Staatsbürger zusammenzuführen und ihnen einen gemeinsamen Ausdruck zu verschaffen.[464] „Je konfliktbeladener und gewalttätiger die geschichtlichen Erfahrungen der Völker sind, desto riskanter und brüchiger werden auch die Bündnisse sein, die diese miteinander schließen."[465]

Die Erinnerungen „stellen den Modus dar, in welchem die Vergangenheit in unsere Gegenwart eintritt"[466]. Die Identitäten, sowohl individueller als auch kollektiver Art, werden unter dem Einfluss eines komplexen Netzes von Erinnerungen gestaltet. Aus diesem Grund ist es wichtig, wie die Erinnerungen behandelt werden, besonders die unangenehmen und peinlichen. Indem die Erinnerungen verdrängt werden, wird man zum Sklaven und nicht zum Herrscher der eigenen Vergangenheit. „Sich erinnern" heißt nämlich im Englischen „to remember", wörtlich also „sich wieder angliedern". Im Akt des Erinnerns wird, so Müller-Fahrenholz, das zusammengefügt, was durch Unrecht, Schuld oder Kränkung einmal zertrennt war. „Diese Wiedereingliederung der beschämenden Anteile in unserer Geschichte ist eine Art von Heilung."[467]

Im Raum des Politischen ist Vergebung nichts anderes als ein Prozess der Freilegung und gesunden Integration verdrängter Erinnerungen. Dieser Prozess vollzieht sich durch den kathartischen Schmerz der Entblößung, wobei die Erinnerungen freigelegt und gereinigt werden. „[E]rst dann können sie heilen."[468] Die Heilung der Erinnerungen führt aber nicht zu ihrem

---

463 Ebd., 42 f.
464 Vgl. ebd., 54 f.
465 Ebd., 50.
466 Ebd., 39.
467 Ebd., 71.
468 Ebd., 40.

Vergessen. Wenn Erinnerungen geheilt werden, werden sie in die Gestalt des Gedenkens übertragen. Sie werden dann „ein wehmütiges Wissen um die Abgründigkeit menschlichen Verhaltens"[469], das dazu beitragen sollte, dass sich die Vergangenheit nie wiederholt.

Es ist üblich, dass die Ökonomie der kollektiven Erinnerungen[470] aufgrund des selektiven Erinnerns verzerrt wird. Die Völker haben z. B. die Tendenz, eigene historische Siege zu glorifizieren und gleichzeitig Opfer der anderen Seite zu minimieren. Eigene Niederlagen werden hingegen als Folgen eines Unrechts dargestellt, dessen Opfer man geworden ist. Die Dämonisierung des Anderen gilt als wichtiges Instrument des selektiven Erinnerns, dessen Ziel die Bewahrung der eigenen Reinheit ist. Auf diese Weise werden die nationalen Identitäten auf Mythen und Halbwahrheiten gegründet. Ein solches Ambiente führt, so Müller-Fahrenholz, zum Entstehen der Rache- und Vergeltungskulturen.[471] Dadurch belasten Erinnerungen die Gegenwart, weshalb neues Leid und neue Kränkungen entstehen, „welche wiederum den Fluch der Feindschaft und Unversöhnlichkeit den kommenden Generationen auflasten"[472]. Der Vergebungsprozess geht aber über die einseitigen Ansätze zu Erinnerungen hinaus und geht davon aus, dass es Opfer auf allen Seiten gibt. Jedes Volk muss sich dafür engagieren, dass der eigene Anteil am begangenen Unrecht erkannt wird. Daher darf die Ökonomie der kollektiven Erinnerungen, die die nationalen Identitäten gestaltet, nicht ethnozentrisch oder nationalistisch sein. Sie muss völkerverbindend und transnational vor sich gehen.[473]

> Zu einer aufgeklärten und reifen Ökonomie der Erinnerungen wird es dort kommen, wo nicht nur die Perspektive der Gewinner, sondern auch die der Verlierer aufgenommen wird. Wo nicht nur die Täter, sondern auch die Opfer ihren Platz im Pantheon unseres Gedenkens finden, kann es zu einer echten Beschäftigung mit den verschlungenen Wirkungsgeschichten historischer Ereignisse kommen.[474]

Die politischen Repräsentanten nehmen, so Müller-Fahrenholz, einen wichtigen Platz in der Ökonomie der kollektiven Erinnerungen ein. Als Vertreter der Völker sind sie dazu berufen, sich den verborgenen und beschämenden Ereignissen aus der Geschichte ihrer Völker zu stellen. Ebenso spielen sie

---

469 Ebd., 41.
470 Im Hinblick auf die Ökonomie der kollektiven Erinnerungen gibt Müller-Fahrenholz primär Völker als Subjekte an.
471 Vgl. Müller-Fahrenholz, Vergebung macht frei, 47.
472 Ebd., 57.
473 Vgl. ebd., 58.
474 Ebd., 57.

eine wichtige Rolle in der Kommunikation zwischen den Kollektiven, die untereinander, anders als die Einzelnen, auf indirekte Weise kommunizieren, und zwar über die politischen Repräsentanten. Wenn Kommunikation unterbrochen wird, setze sich Vergebung ihre Erneuerung zum Ziel.[475] Die politischen Repräsentanten treten in der Öffentlichkeit nicht nur als Einzelne auf, sondern als Repräsentanten ihrer Völker und Länder.[476] Außer der Tatsache, dass die Völker und Länder miteinander durch ihre politischen Vertreter kommunizieren, verwenden sie ein komplexes Kommunikationssystem, das von „various means of symbolic intercourse, including verbal and non-verbal codes, standard gestures and acts"[477] abhängig ist. Dieses komplexe Kommunikationssystem nimmt auch an der Ökonomie der kollektiven Erinnerungen teil, wobei alle Rituale bzw. verbalen und nichtverbalen Signale die transnationalen Werte und Ziele widerspiegeln sollten.[478] Der Kniefall des deutschen Bundeskanzlers Willy Brandt (1969–1974) in Warschau (1970) gilt, so Müller-Fahrenholz, als ein Beispiel für die erfolgreiche Verwendung der Rituale seitens eines politischen Repräsentanten in der Ökonomie der kollektiven Erinnerungen. Obwohl er nie beteuerte, ein praktizierender Christ zu sein, brachte er Vergebung in die Politik ein.[479] Der symbolische Akt des Kniefalls in Warschau bestätigte Willy Brandts Entschlossenheit zur Heilung der vergangenen Wunden, mit dem Ziel, eine bessere Zukunft aufzubauen.

Für eine richtige Ökonomie der kollektiven Erinnerungen reichen gewissenhafte politische Repräsentanten allein nicht aus. Wenn Vergangenheit aufgearbeitet wird, ist es notwendig, dass auch die herausragenden Akteure der mittleren Ebene daran teilnehmen. Das Engagement bekannter Akademiker oder religiöser Oberhäupter kann einen großen Beitrag zur Ökonomie der kollektiven Erinnerungen beisteuern, was dazu anregen kann, dass politische Repräsentanten und die gesamte Öffentlichkeit in diesen Prozess mit einbezogen werden.[480] Die Ökonomie der kollektiven Erinnerungen benötigt auch das Errichten und Gestalten neuer Denkmäler, Symbole und anderer Erinnerungsmerkmale, die Völker nicht trennen, sondern verbinden. Diese Erinnerungsmerkmale sollten auf den transna-

---

475 Vgl. Müller-Fahrenholz, The Art of Forgiveness, 60.
476 Müller-Fahrenholz operiert nicht mit dem Gruppenbegriff, sondern mit Völkern, Ländern, Kollektiven usw.
477 Müller-Fahrenholz, The Art of Forgiveness, 60.
478 Vgl. ebd., 64.
479 Vgl. ebd., 62.
480 Vgl. ebd., 66.

tionalen Charakter der menschlichen Gewalttätigkeit hinweisen.[481] Vergebung sollte in der Politik, so Müller-Fahrenholz, den Raum für eine sichere
Zukunft schaffen.[482] Durch die Erforschung der Abgründe und Untiefen
der Vergangenheit werden die Bündnisfähigkeit und die Verlässlichkeit der
Völker erhöht.

2.3 Entschuldigung in der Politik – der erste Schritt von Versöhnungspolitik

Müller-Fahrenholz erzählt von der Reise einer Gruppe von alten deutschen
Männern und dem Ereignis, das in Chatyn (Weißrussland) stattfand. Es
handelte sich um alte Frontsoldaten, die fünfzig Jahre nach dem Zweiten
Weltkrieg dieses Land wieder besuchten, dieses Mal aber aus anderem
Anlass. In einer Nacht vor dem Ende der Reise saßen sie mit Menschen aus
ihrem Gastdorf zusammen, als etwas passierte:

> Die Trinksprüche waren alle sehr persönlich gehalten. Und dann stand ein Mann
> aus unserer Gruppe auf und rang sich durch, ein paar Worte zu sprechen. Ich
> merkte, wie sehr er von dem Besuch der Gedenkstätte in Chatyn noch im wahrs-
> ten Sinne des Wortes übermannt war. Er sprach von seiner eigenen Geschichte,
> dass er im Krieg war, dass er nach Kriegsende in Belorussland im Kriegsgefange-
> nenlager gewesen sei, und dann stockte er irgendwann, und alle wussten: Jetzt ist
> der Moment gekommen, … jetzt kann etwas Erlösendes passieren – das passierte
> auch. Dieser Mann entschuldigte sich, er sagte, dass es ihm zutiefst Leid tut, was
> er persönlich und was die Deutschen in Russland getan hätten, und dann versuchte
> er zu sagen, dass dies in Zukunft nie wieder geschehen dürfe, da brach ihm die
> Stimme, er musste sich setzen, weil er sehr weinte. Um ihn herum saßen junge
> Leute, die waren überwältigt, sie weinten auch. Eine ältere Frau stand auf, ging zu
> ihm hin, eine Belorussin, sie nahm ihn in den Arm und küsste ihn.[483]

Für den Vergebungsprozess ist es notwendig, Erinnerungen auszusprechen, was einen wesentlichen Bestandteil der Heilung darstellt. Auf diese
Weise stellt sich der Sprechende seiner Vergangenheit, wobei die Erinnerungen nicht namenlos und anonym bleiben. Wenn es um Gruppen und
Völker geht, erkennt Müller-Fahrenholz die Dimension des Priesterlichen
in der stellvertretenden Rolle des Einen. „Einer spricht aus, was die ganze

---

481 Vgl. ebd., 70.
482 Vgl. ebd., 80.
483 Müller-Fahrenholz, Versöhnung statt Vergeltung, 15 f.

Gruppe auf ähnliche Weise empfindet."[484] Das fand gerade in Chatyn statt – einer entschuldigte sich und weinte für alle, eine stand auf und gab dem Weinenden den Friedenskuss. Obwohl der stellvertretende Aspekt vor allem mit dem Priesterlichen in Zusammenhang gebracht wird, ereignet sich das Stellvertretende auch im Raum des Politischen, wobei es nicht an religiöse Rituale gebunden ist.[485] Genauso wie die Priester das Opfer für die Sünden des Volkes darbringen, so entschuldigen sich auch die politischen Repräsentanten und bekennen die Schuld im Namen einer schuldig gewordenen Gruppe oder eines Volkes.

Entschuldigung stellt, so Müller-Fahrenholz, den ersten Schritt in der Versöhnungspolitik dar.[486] Die Versöhnungspolitik betrifft die Entschärfung und Lösung der Konflikte zwischen den Völkern. Entschuldigung habe schon in der mittelalterlichen Bußtheologie und kirchlichen Praxis eine Rolle gespielt.[487] Er setzt die Entschuldigung dem *confessio oris*-Aspekt (Bekenntnis des Mundes) gleich.[488] Zusammen mit *contritio cordis* (Reue des Herzens) bezeichnet *confessio oris* das Umdenken der Täterseite.

Eine Entschuldigung besteht Müller-Fahrenholz zufolge aus mindestens vier Aspekten: Anerkennung der eigenen Schuld(-Geschichte), Erklärung, Erkennbarkeit der Reue und Wiedergutmachung.[489] Zuerst muss die Entschuldigung eindeutig sein. Das geschieht, indem die Täterseite das Unrecht benennt und die eigene Schuld(-Geschichte) anerkennt. Zweitens, die Entschuldigung muss genau sein. Eine vollständige Entschuldigung erläutert die Einzelheiten und Konsequenzen des Unrechts. Drittens, im Akt der Entschuldigung muss das Bedauern über die Schuld(-Geschichte) erkennbar sein. Letztendlich zeigt die Entschuldigung Bereitschaft, die Folgen der Schuld(-Geschichte) in Form von Wiedergutmachungen zu mildern. Gerade weil einige Entschuldigungen nicht eindeutig, genau, ausdrücklich genug oder von konkreten Wiedergutmachungen begleitet

---

484 Ebd., 22.
485 Vgl. ebd., 23.
486 Vgl. ebd., 173–175.
487 Mehr zu der mittelalterlichen Bußtheologie in den Kapiteln 4.3 und 4.7 des III. Teils der Arbeit.
488 „‚Confessio oris' ist das ausdrückliche Bekenntnis, mithin das öffentliche, das unmissverständliche Eingeständnis der eigenen Tat. Dies ist hier mit Entschuldigung (englisch: ‚apology') gemeint." (Müller-Fahrenholz, Versöhnung statt Vergeltung, 173).
489 Vgl. ebd., 173 f.

waren, waren zahlreiche Versöhnungsprozesse schon am Anfang zum Scheitern verdammt.[490]

Obwohl „der Ruf nach Entschuldigungen überall auf der Erde"[491] erhoben wurde, besteht, so Müller-Fahrenholz, eine Tendenz in der politischen Arena, die Verhältnisse zwischen Ländern „unter der Perspektive von ‚Gewinnern' und ‚Verlierern'"[492] zu betrachten. Aufgrund dieses Gewinner-Verlierer-Dualismus wird Entschuldigung als Zeichen von Schwäche wahrgenommen. Um das Bild eines echten Gewinners aufrechtzuerhalten, dürfen die politischen Repräsentanten keine Entschuldigung aussprechen oder Schuld bekennen. Solche Voraussetzungen erschweren die Durchführung von Versöhnungspolitik, in der eine Entschuldigung zum Aufarbeiten verborgener Verbrechen beitragen kann. Zum Etablieren von Entschuldigung im Raum des Politischen trägt auch die moralische Souveränität der politischen Repräsentanten bei. Ihre Erklärungen müssen eigenständig und ungezwungen ausgesprochen werden.[493]

Von der Opferseite kann nicht automatisch eine Annahme der Entschuldigung erwartet werden, wenn eine Entschuldigung ausgesprochen wird. Dieser zweite Schritt von Versöhnungspolitik ist angesichts der unvorhersehbaren Macht der Kränkungen sehr komplex. Manchmal braucht es viel Zeit, damit erlittener Schmerz und Beschämung aufgrund des begangenen Unrechts geheilt und hinter sich gelassen werden können. Diese Erfahrungen von Demütigungen betreffen sowohl Einzelpersonen als auch Kollektive. Ob eine Entschuldigung angenommen wird, hängt nur von der Opferseite ab und nicht von irgendeinem politischen Interesse. Wie die Bitte um Entschuldigung einen Akt der moralischen Souveränität darstellt, so wird auch die Gewährung dieser Bitte bzw. die Vergebung als Akt der emotionalen Souveränität verstanden.[494] Der Zeitrahmen von Vergebung lässt sich dabei nicht festlegen. Vergebung kann als ein generationsüber-

---

490 Als Beispiele einer erfolgreichen Entschuldigung erwähnt Müller-Fahrenholz die Entschuldigung des US-amerikanischen Präsidenten Abraham Lincoln aus dem Jahr 1861 für die Sklaverei in den USA, den Kniefall von Bundeskanzler Willy Brandt im Jahr 1970 in Warschau sowie die Rede von Bundespräsident Richard von Weizsäcker am 8. Mai 1985 anlässlich des 40. Jahrestages seit Ende des Zweiten Weltkrieges. Beispiele für misslungene Entschuldigungen sind die meisten der fast 200 Entschuldigungen, die während der Amtszeit von Papst Johannes Paul II. ausgesprochen wurden (vgl. ebd., 174).
491 Ebd.
492 Ebd., 175.
493 Vgl. ebd.
494 Vgl. ebd., 176.

greifendes Phänomen erscheinen, d. h. vergeben können nicht nur direkte, sondern auch indirekte Opfer, was in Chatyn auch stattfand. Da weinten junge Leute mit.[495] Als Folge von Bitte und Akzeptanz der Entschuldigung kann es zu einem Bundesschluss kommen. In diesem dritten Schritt von Versöhnungspolitik wird das Ende einer Verfeindungsgeschichte beglaubigt und der Beginn einer Bundesgenossenschaft im Sinne einer entfeindeten Nachbarschaft begründet.[496] Dieser Vorgang wird auch symbolisch vertieft, und zwar durch Verkörperung von Erinnerungen in Gestalt von Denkmälern und anderen Gedenkformen. Auf diese Weise gedenken die ehemaligen Konfliktparteien des geschlossenen Friedensbundes. Infolgedessen werden Erinnerungen weder verdrängt noch vergessen, sondern geheilt. Der Bundesschluss macht die gemeinsame Zukunft möglich.

Der letzte Schritt von Versöhnungsprozessen bezieht sich auf die Reparationen bzw. Wiedergutmachungen, die einem Terminus aus der mittelalterlichen Bußtheologie, der *satisfactio operis*, entsprechen. Die Begriffe Wiedergutmachung und Reparation haben, so Müller-Fahrenholz, etwas Missliches, weil die einmal geschehenen Verbrechen nicht wiedergutzumachen sind.[497] Das bedeutet aber nicht, dass auf die Milderung der Folgen des begangenen Unrechts verzichtet werden sollte. „Es kann und es muss versucht werden, die Folgelasten vergangenen Unrechts abzuschwächen und Vorkehrungen zu treffen, um Wiederholungen alter Verbrechen zu vermeiden. Ich halte es darum für sinnvoller, Begriffe wie ‚Reparationen' oder ‚Wiedergutmachungen' durch den Begriff Lastenausgleich zu ersetzen."[498] Lastenausgleich ist also nicht auf Vergangenheit ausgerichtet, aber damit werden die Voraussetzungen für eine bessere Zukunft geschaffen. Durch finanzielle, soziale, bildungsmäßige und symbolische Maßnahmen wird „ein neues System gerechter und produktiver Beziehungen"[499] begründet und gefördert.

---

495 Vgl. Geiko Müller-Fahrenholz, „Forgiving is a way of healing: Theological approximations," *Theological Studies* 56, Nr. 4 (2000): 1018.
496 Vgl. Müller-Fahrenholz, Versöhnung statt Vergeltung, 177.
497 Vgl. ebd., 178.
498 Ebd.
499 Ebd.

3 Zusammenfassender Überblick: Unterschiede und Anknüpfungspunkte zwischen Donald Shriver und Geiko Müller-Fahrenholz

Shriver und Müller-Fahrenholz heben den ursprünglichen theologischen Belang von Vergebung für das Innenleben der Christen und für die soziale Wirklichkeit der christlichen Gemeinde hervor. Die beiden stimmen darin überein, dass Vergebung bis heute deutlich an Bedeutung verloren hat und zu einem nichtssagenden Begriff geworden ist. Die Ursachen dafür finden sie in der mittelalterlichen Verkehrung der Vergebungstheologie und -praxis. Dadurch wurden die Voraussetzungen geschaffen, Vergebung als Manipulationsmittel zu verwenden. Das betraf auch die politische Realität. Die Verantwortung dafür wird den Theologen und westlichen Kirchen zugeschrieben.

Die beiden Theologen sind der Ansicht, dass sich Vergebung heutzutage in der soziopolitischen Wirklichkeit als anwendbare Praxis positionieren lässt. Vergebung wird als Teil einer breiteren sozialethischen Friedens- und Versöhnungsauffassung betrachtet, die sich primär dafür einsetzt, die politische Kommunikation und Beziehungen zwischen ehemals verfeindeten Seiten wiederherzustellen. Die interpersonale Vergebung wird zum Ausgangspunkt der beiden theologischen Ansätze. Shriver thematisiert die interpersonale Vergebung, nimmt aber nicht ihr unilaterales und bedingungsloses Modell als Vorbild für politische Vergebung. Politische Vergebung wirkt bilateral, sie erfordert die Teilnahme aller Konfliktparteien, ohne dass von der Opferseite unbedingt erwartet wird, den Vergebungsprozess zu initiieren („Logically forgiveness goes from wrong-sufferers to wrongdoers, but in human societies, and most of all in political conflict, it may have to go both ways"[500]). Müller-Fahrenholz zufolge kommt Vergebung im interpersonalen Kontext als ein doppelter Prozess der Bindungsauflösung vor. In diesem Prozess wird von der Täterseite erwartet, den ersten Schritt zu machen (durch Anerkennung der Untat, Ausdruck der Reue, Entschuldigung usw.). Dieser Ansatz zur interpersonalen Vergebung lässt sich jedoch problematisieren, weil Vergebung dabei eher als angeregte Reaktion und nicht als bedingungslose Aktion der Opferseite betrachtet wird. Vor diesem Hintergrund kommt der Vergebungsbereitschaft der Opferseite im interpersonalen Kontext eine zweitrangige Bedeutung zu. Das

---

500 Shriver, An ethic for enemies, 7.

Opfer wird dabei nicht zum „absoluten" Subjekt von Vergebung. Der Vergebungsprozess ist demnach dem Täterwillen vollkommen untergeordnet. Müller-Fahrenholz stützt sich auf die bilaterale Form der interpersonalen Vergebung, die die Teilnahme der beiden durch das Unrecht verbundenen Seiten erfordert. Dieses interpersonal-bilaterale Vergebungsmodell lässt sich im Gegensatz zum unilateralen Vergebungsmodell leichter in die soziopolitische Sphäre transferieren. Müller-Fahrenholz definiert die Reihenfolge der sozialen Versöhnungspolitik: Entschuldigung (Täterseite) – Annahme der Entschuldigung/Vergebung (Opferseite) – Bundesschluss (Täter-/Opferseite) – Lastenausgleich (Täterseite). Daraus folgt, dass sowohl Vergebung als auch Versöhnung durch die Täterseite initiiert werden, und zwar durch Entschuldigung.

Shriver betrachtet auch Vergebung im soziopolitischen Kontext als einen doppelten Prozess. Er setzt seinen Akzent auf die Elemente von Vergebung (Erinnerung, moralische Verurteilung des Bösen, Unterlassen von Rache, Einfühlung in den Feind), legt aber keine präzise Reihenfolge dieser Elemente fest. Shriver ist der Ansicht, dass die Opferseite nicht unbedingt durch Täteraktivitäten angeregt werden muss. Politische Vergebung lässt sich auch durch die Opferseite eröffnen (z. B. durch Unterlassen von Rache). Alles in allem gibt es kein konkretes Muster, nach dem sich die politische Vergebung vollzieht. Anders als Müller-Fahrenholz bringt Shriver politische Vergebung nicht in Zusammenhang mit Versöhnung. Es lässt sich vielmehr über den Aufbau einer gemeinsamen politischen Zukunft der ehemaligen Konfliktparteien sprechen, die durch Vergebung zu erreichen ist. Ein Zusammen- bzw. Nebeneinanderleben sei die Voraussetzung gemeinsamer Zukunft.

Politische Entschuldigung wird nicht zum Hauptthema dieser theologischen Ansätze. Shriver versteht Entschuldigung als ein Werkzeug der politischen Repräsentanten, mit dem der Aufbau politischer Vereinigung zwischen den ehemaligen Konfliktparteien unterstützt wird. Im Rahmen von politischer Vergebung lässt sich Entschuldigung mit dem Element der moralischen Verurteilung des Bösen verbinden. Politische Entschuldigung etabliert sich in der soziopolitischen Wirklichkeit als eine Form der symbolischen Wiedergutmachung. Die durch Worte oder Gesten geäußerte Entschuldigung wird in der Praxis oft durch finanzielle oder materielle Reparationsinitiativen begleitet. Müller-Fahrenholz betrachtet Entschuldigung als ersten Schritt der Versöhnungspolitik und gibt somit der Täterseite eine bedeutende Rolle innerhalb des Vergebungs- und Versöhnungsprozesses. Im Vergleich zu Shriver beschäftigt sich Müller-Fahrenholz detaillierter mit der stellvertretenden Rolle des politischen Repräsentanten und stellt deutlich die Elemente der Entschuldigung (Anerkennung der eigenen Schuld[-Geschichte], Erklärung, Erkennbarkeit der Reue und Wiedergutmachung) dar.

Aus der Sicht von Shriver und Müller-Fahrenholz werden Vergebung und Entschuldigung im soziopolitischen Rahmen vor allem durch ein vorrangiges Ziel geleitet, und zwar durch den Aufbau der politischen Beziehungen zwischen den ehemaligen Konfliktparteien. Als Akteure dieser Prozesse werden vor allem Gruppen (begrifflich wurden Völker, kleine Gruppen, Kollektive und Länder verwendet) mit ihren politischen Repräsentanten angesehen. Shriver und Müller-Fahrenholz betrachten Vergebung und Entschuldigung innerhalb des Post-Konflikt-Kontextes. Die Transition wird nicht primär berücksichtigt. Im Hinblick auf die Ökonomie der kollektiven Erinnerungen erwähnt Müller-Fahrenholz an einer Stelle, dass Akteure ständig wechseln können.[501] Dieses Fazit betrifft unter anderem die Gesellschaften mit ehemaligen diktatorischen Regimen. Diesbezüglich ist Müller-Fahrenholz der Meinung, dass es zu den Aufgaben aller auf langfristige Stabilität bedachten Regierungen gehört, „die vielschichtigen, nicht selten auch konfliktbeladenen und konträren Erinnerungen ihrer Staatsbürger zusammenzuführen und ihnen einen gemeinsamen Ausdruck zu verschaffen"[502]. Ob sich Vergebung und Entschuldigung innerhalb von Transition, die sich primär für die Etablierung der Demokratisierung einsetzt und dementsprechend als höchst politisches Konzept zu betrachten ist, ereignen können, wird von Shriver und Müller-Fahrenholz nicht diskutiert. Trotzdem gelten ihre Ansätze als Impulsgeber für die folgende Diskussion über Vergebung und Entschuldigung im soziopolitischen Rahmen.

---

501 „Es gehört zu den schwierigen Problemen im Umgang mit kollektiven Erinnerungen, daß die ‚Kollektive' im Laufe der Geschichte ständig wechseln. Völker sind in der Regel keine stabile Größe, sie sind aus verschiedenen Clans und Völkerschaften zusammengesetzt." (Müller-Fahrenholz, Vergebung macht frei, 54).

502 Ebd., 54 f.

4 Annäherung an eine soziopolitische Theologie von Vergebung und Entschuldigung

Donald Shriver und Geiko Müller-Fahrenholz zufolge vollziehen sich Vergebung und Entschuldigung im soziopolitischen Rahmen vornehmlich als vielschichtige Prozesse. Diesem prozesshaften Verständnis zufolge sind Vergebung und Entschuldigung auf andere Kategorien (Erinnerungen, Gerechtigkeit, Wiedergutmachung, Wahrheit, Versöhnung, Schuld, Verantwortung, Reue, Empathie) stark angewiesen. Im Folgenden (Kapitel 4.1 bis 4.8) wird die Verwendung dieser Kategorien im soziopolitischen Rahmen theologisch erörtert. Daraus soll sich der Versuch einer Annäherung an eine soziopolitische Theologie von Vergebung und Entschuldigung ergeben. In Kapitel 4.9 erfolgt eine abschließende kritische Auswertung dieses Versuchs.

4.1 Erinnerungen

Wie lassen sich die schmerzhaften Erinnerungen an Gräueltaten aufarbeiten? Wäre es nicht wünschenswert, die Erinnerungen an das angetane oder erlebte Böse aus dem Gedächtnis zu löschen und sich dabei von einer traumatischen Belastung zu befreien? Eine derartige Aktion wäre jedoch nicht produktiv, weil die Erinnerungen, unabhängig davon, ob sie positiv oder negativ sind, einen wichtigen Platz in der Identitätsbildung, sowohl eines Individuums als auch einer Gruppe, einnehmen.[503] „It is through our memories, through our recollection of the past, and through what others have told us about the past, that we identify ourselves as who we are."[504]

---

503 Schreiter hebt die Bedeutung von Erinnerungen für die kollektive und individuelle Identität hervor. „Memory is central to our identity as a people and as individuals. If we try to describe ourselves to others, we usually will talk about certain things and events in our past that were very important to us. […] What we choose to remember, and how we remember it, is central to the making of our identity. That is why the loss of memory, either through cerebral accident or the onset of illness or age, can be so frightening. Not to be able to remember means we no longer know who we are." (Robert J. Schreiter, *The Ministry of Reconciliation: Spirituality & Strategies* [Maryknoll, N.Y.: Orbis Books, 1998], 73).
504 Mark Santer, „The Reconciliation of Memories," in *Reconciling Memories*, hrsg. v. Alan D. Falconer und Joseph Liechty, 2. Auflage (Blackrock, Co. Dublin: Columba Press, 1998), 30.

Demzufolge hätte ein Löschen von Erinnerungen große Auswirkungen auf die Identität, die damit unwiderruflich geändert würde.

Der Mensch ist allerdings nicht im Stande, sich an jede Kleinigkeit oder jedes Ereignis aus seinem Leben zu erinnern. Manche Vorfälle vergisst der Mensch unabsichtlich, weil sie schon vor langer Zeit geschahen oder irrelevant für ihn waren. Manches bleibt hingegen trotz allem in seinem Gedächtnis. Woran sich der Mensch oder eine Gruppe erinnert und inwiefern dieses Erinnern interpretiert wird, weist, so der britisch-anglikanische Theologe Mark Santer, auf die Selektivität des Erinnerns hin.

> Memory, whether individual or corporate, is always selective. We cannot remember everything. We remember the things we need to or want to remember, or things which have affected us so deeply that we cannot help remembering them. We remember things and people and events by telling stories about them. So we not only select, we also interpret, and interpret in the selecting.[505]

Die Fähigkeit, sich an ein konkretes Ereignis erinnern zu können, wird nicht in Frage gestellt. Was aber für die Vergangenheitsaufarbeitung und besonders für die Aufarbeitung einer traumatischen Vergangenheit von größerer Bedeutung ist, ist die Art und Weise des Erinnerns. Diesbezüglich bemerkt der kroatisch-US-amerikanische Theologe Miroslav Volf, dass das Erinnern an das erlebte Böse nur als Voraussetzung für die Heilung des Opfers zu betrachten ist, jedoch nicht als Heilmittel. Das Heilmittel liegt in der Interpretation von Erinnerungen.[506] Wie ein Opfer ein psychisches Trauma oder Wundmale an seinem Körper wahrnimmt, die als sichtbare Spuren der Folter bleiben, bestimmt, ob das Opfer und seine Erinnerungen geheilt werden oder es in seiner Opferperspektive verhaftet bleibt. Einige Opfer durchleben die Erinnerung an die vergangenen Ereignisse immer wieder auf sehr emotionale Art und Weise. Infolgedessen werden sie zu Gefangenen der Vergangenheit, wobei ihr Leben, so der deutsche Theologe Thomas Hoppe, dauerhaft durch einen Verlust des Weltvertrauens geprägt wird.[507] Mit einer

---

505 Ebd.
506 Vgl. Miroslav Volf, „Sjećanje, spasenje i propast," in *Dijalogom do mira*, hrsg. v. Bože Vuleta u. a. (Split: 2005), 162 f.
507 Dieses Gefühl des fehlenden Weltvertrauens spiegelt sich, so Hoppe, in der Abwesenheit „der elementaren Befähigung zu einem Vertrauensverhältnis zu Mitmenschen" wider (Thomas Hoppe, „Erinnerung und die Perspektive der Opfer," *Ost-West: Europäische Perspektiven* 3 [2002]: 20).

solchen Einstellung zur Vergangenheit fällt es der Opferseite schwer, eine Initiative zur Vergebung und Versöhnung zu entwickeln.[508]

Die Erinnerungen lassen sich allerdings verdrängen, wobei sie dann nur scheinbar verschwinden. Die verdrängten Erinnerungen tauchen jedoch oft unkontrolliert wieder auf, wobei das Opfer den alten Schmerz erneut durchlebt.[509] Die schmerzhafte Vergangenheit darf nicht vergessen werden. Selbst Vergebungs- und Entschuldigungsprozesse setzen die vollständige Aufarbeitung und Bestätigung der vergangenen Ereignisse voraus.[510] Das Vergessen von Folter und Ermordungen entlässt die Täter aus der Verantwortung für eine gewaltsame Vergangenheit. Dabei kann eine Atmosphäre aufgebaut werden, als ob nichts Erwähnenswertes passiert wäre. Das Vergessen von Untaten wäre dann, so Volf, der endgültige Triumph des Täters.[511]

Das Erinnern besteht seines Erachtens nicht nur im öffentlichen Benennen von Untaten. Es handelt sich vielmehr darum, sich an die Untaten richtig zu erinnern („remember rightly"). Das richtige Erinnern heilt die Opfer selbst, aber auch ihre Beziehungen mit den anderen, darunter auch mit den Tätern.[512] Das Vorbild für das derartige Erinnern liegt im eschatologischen Vergessen bzw. Nichterinnern.[513] Volf zufolge wird vor der endgültigen eschatologischen Versöhnung Gottes jede Untat enthüllt,

---

508 Der US-amerikanische Theologe Mark Rockenbach hebt das ständige Nachdenken (engl. rumination) über die Vergangenheit als Hauptgrund dafür hervor, dass die Opfer nicht bereit sind zu vergeben (vgl. Mark D. Rockenbach, „To Forgive Is Not to Forget," *Concordia Journal* 42, Nr. 2 [2016]: 131).

509 Vgl. Volf, Sjećanje, 158.

510 Das Motto „vergib und vergiss" ist nicht in der Bibel begründet (vgl. Rockenbach, To Forgive, 130); Schreiter zufolge ist Vergessen beim Vergeben eher auf die Emotionen ausgerichtet. „The 'forgetting' that we do in forgiving is an overcoming of anger and resentment, a being freed from the entanglements of those emotions and their capacity to keep us bound to an event." (Schreiter, The Ministry, 67); dem südafrikanischen Theologen Robert Vosloo zufolge ist Vergebung von Erinnerungen nicht zu trennen. Ohne Erinnerungen wäre Vergebung ein statischer Prozess gewesen. „Once practices like forgiveness and repentance are divorced from truthful memory and hopeful vision, we are left with a static view of these matters that make us unable to break the cycles of deception, exclusion and violence." (Robert Vosloo, „Reconciliation as the Embodiment of Memory and Hope," *Journal of Theology for Southern Africa* 109 [2001]: 31).

511 „To remember is to deny the perpetrator ultimate triumph." (Miroslav Volf, „Letting go: The final miracle of forgiveness," *Christian Century* 123, Nr. 25 [2006]: 28).

512 Vgl. Miroslav Volf, „God's Forgiveness and Ours: Memory of Interrogations, Interrogation of Memory," *Anglican Theological Review* 89, Nr. 2 (2007): 213.

513 Vgl. Volf, Exclusion and Embrace, 131–138.

jeder Täter verurteilt und jedes Opfer geheilt.[514] Demzufolge wird mit dem kommenden Reich Gottes jedes und sogar das in Erinnerungen bestehende Böse beendet. Erinnerungen werden dann aufgrund der Vergebung Gottes aus dem Gedächtnis entlassen. „The reason for our nonremembrance of wrongs will be the same as its cause: Our minds will be rapt in the goodness of God and in the goodness of God's new world, and the memories of wrongs will wither away like plants without water."[515] Wozu aber dann die Notwendigkeit, sich an Opferleid und Untaten hier und jetzt zu erinnern? Um der Opfer willen müssen die Erinnerungen bis zum Anbruch des Reiches Gottes bewahrt werden:

> [F]or the sake of the victims, we must keep alive the memory of their suffering; we must know it, we must remember it, and we must say it out loud for all to hear. This indispensable remembering should be guided, however, by the vision of that same redemption that will one day make us lose the memory of hurts suffered and offenses committed against us. For ultimately, forgetting the suffering is better than remembering it, because wholeness is better than brokenness, the communion of love better than the distance of suspicion, harmony better than disharmony. We remember now in order that we may forget then; and we will forget then in order that we may love without reservation.[516]

Das richtige Erinnern bezieht, so Volf, nicht nur die direkt betroffenen Einzelpersonen ein. „Remembering rightly the abuse I suffered is not a private affair even when it happens in the seclusion of my own mind. Since others are always implicated, remembering abuse is of public significance."[517]

Santer bemerkt, dass die Erinnerungen der Einzelpersonen auch durch Gruppenerinnerungen geprägt werden. „[O]ur identity is marked not only by what we ourselves, as individuals, can remember but by the corporate memories of the group, and by what others have told us about the past we share if we belong to that group."[518] Sogar Gruppen können sich an die Ereignisse aus der gemeinsamen Geschichte ganz anders erinnern. Ein historisches Ereignis kann im Gedächtnis einer Gruppe als historischer Meilenstein, der anderen hingegen als tragischer Vorfall erinnert werden. Die Erinnerungen an die Ereignisse und ihre gegensätzlichen Interpretationen

---

514 Vgl. ebd., 131; Volf, Letting go, 31.
515 Volf, Letting go, 31.
516 Volf, Exclusion and Embrace, 138 f. (Hervorhebung P.A.).
517 Volf, God's Forgiveness, 220. Auch Hoppe vertritt die Annahme, dass Erinnerungen außer einem persönlich-individuellen noch einen soziopolitischen Aspekt haben (vgl. Hoppe, Erinnerung, 22).
518 Santer, The Reconciliation of Memories, 30.

liefern den Gruppen, so der schottische Theologe Alan Falconer, eine Identität, die als Identität-in-Gegnerschaft bezeichnet wird.[519] Dies kann die Versöhnungsprozesse zwischen den Gruppen verlangsamen und künftigen Konflikten die Initialzündung geben.[520] Falconer schreibt der Vergebung eine wichtige Rolle beim Erarbeiten der gemeinsamen Erinnerung zu. „Wenn die gemeinschaftliche Erinnerung eine sein soll, die befreit, müssen wir die Bedeutung der Vergebung wieder neu entdecken. Nur Vergebung kann den Zyklus der Unterdrückung und Wiederholung unterbrechen. Vergebung ist die unerwartete und unverdiente Antwort, die die Spirale einander entgegengesetzter Beziehungen durchbricht."[521] Ihm zufolge schließt Vergebung verschiedene Phasen ein, wobei nicht nur die Opfer-, sondern auch die Täterseite an der Vergebung teilnimmt.[522] Zur Vergebung gehört die Anerkennung, die „aus dem Einander-Zuhören sowie dem Erzählen der Geschichte des Schmerzes, den unsere Gemeinschaften erfahren haben, und der uns in Solidarität und Schmerz verbindet"[523], entsteht. Damit werden Verantwortung übernommen und Schuld anerkannt. Dies spiegelt sich in Trauer und in der Verpflichtung wider, durch destruktive Erinnerungen nicht mehr bestimmt zu werden.

Der Umgang mit der Vergangenheit soll, so Hoppe, „nicht der nachträglichen Banalisierung oder gar der politischen Instrumentalisierung anheim"[524] fallen. Durch Aufklärung über die historische Wahrheit lassen sich Erinnerungen nicht manipulieren. Mit einem authentischen Begriff von Erinnerung, der sich durch Aufklärung über die historische Wahrheit gewinnen lässt, lassen sich Mythenbildung, Einseitigkeit und selektive

---

519 Dieses Phänomen stellt Falconer am Beispiel des Gedächtnisses der verschiedenen Traditionen in Irland dar. Im Hinblick darauf gibt es unter den irischen Protestanten eine Belagerungsmentalität. Sie tendieren dazu, sich an eine Geschichte zu erinnern, der zufolge sie von römisch-katholischen Kräften belagert wurden. Unter den Katholiken besteht hingegen die Zwangsmentalität. Falconer zufolge handelt es sich dabei um ein Gefühl, durch eine andere Gruppe kolonisiert zu werden (vgl. Alan Falconer, „Erinnerungen zur Versöhnung führen," *Ökumenische Rundschau* 45, Nr. 4 [1996]: 468–473).

520 „Memory is *an important element in the shaping of contemporary identities and contemporary conflicts.*" (Alan Falconer, „Remembering," in *Reconciling Memories*, hrsg. v. Alan Falconer und Joseph Liechty, 2. Auflage [Blackrock, Co. Dublin: Columba Press, 1998], 16 [Hervorhebung P.A.]).

521 Falconer, Erinnerungen, 474 f.

522 Vgl. ebd., 476.

523 Ebd.

524 Hoppe, Erinnerung, 22.

Verwendung geschichtlicher Fakten vermeiden.[525] Dieser aus der Auseinandersetzung mit Wahrheit herausgebildete Zugang zur Vergangenheit bringt, so Hoppe, eine zukunftsorientierte Herausforderung mit sich. „Über die Arbeit an der Vergewisserung über Fakten und ihre sachgemäße Interpretation hinaus bleibt so die Suche nach authentischem Erinnern eine kulturelle Herausforderung von überragender Bedeutung. Es geht darum, eine Erinnerungsgemeinschaft zu begründen, in der das von den Älteren leidvoll Erfahrene dem Vergessen entrissen und im Interesse an einer besseren Zukunft an die Jüngeren vermittelt werden kann."[526]

4.2 Gerechtigkeit des Menschen

Gerechtigkeit gilt als wichtiges Thema in der biblischen Theologie. Im Alten Testament wird Gerechtigkeit zum zentralen Begriff „für das Heilshandeln Gottes und [das] ihm entsprechende Handeln der Menschen"[527]. Obwohl der Begriff Gerechtigkeit in der hebräischen Bibel eng mit Rechtspflege verbunden ist, darf sie jedoch weder auf bestrafende (lat. iustitia vindicativa) noch auf ausgleichende Gerechtigkeit (lat. iustitia distributiva) reduziert werden. Die Gerechtigkeit im Alten Testament wird von den Theologen als Relationsbegriff[528], gemeinschaftsbezogenes Verhältnis[529] sowie als gemeinschaftstreues Handeln[530] dargestellt. Als Ausgangspunkt

---

525 Vgl. ebd., 22–25.
526 Ebd., 24.
527 Ansorge, Gerechtigkeit, 75.
528 Dem deutschen Theologen Jörg Jeremias zufolge wird Gerechtigkeit nicht nach vorgegebenen Normen bemessen. Ob ein Mensch gerecht ist, bemisst sich daran, „dass er sich in einem vorgegebenen Gemeinschaftsverhältnis – etwa der Familie oder Sippe – den anderen Gliedern gegenüber korrekt verhält und ihnen das ihnen Zustehende nicht vorenthält. So ist etwa in einem Streit vor Gericht die Partei, die in ihrem Anspruch gegenüber dem Streitgegner Recht behält, in diesem Verständnis ,gerecht': nicht in einem absoluten Sinn, wohl aber in dem relativen Sinn, dass sie sich in ihrem Verhalten zu den Anderen nichts hat zuschulden kommen lassen. ,Gerecht' ist Israel also nie an sich, sondern in seiner Beziehung zu Gott bzw. in der Beziehung seiner Menschen untereinander, und dafür ist das Geschick der Armen und Abhängigen der entscheidende Maßstab." (Jörg Jeremias, *Theologie des Alten Testaments*, Grundrisse zum Alten Testament 6 [Göttingen: Vandenhoeck & Ruprecht, 2015], 152).
529 Vgl. Hans Conzelmann, *Grundriß der Theologie des Neuen Testaments*, 5., verb. Auflage, UTB 1446: Theologie (Tübingen: Mohr, 1992), 239.
530 Vgl. Bernd Jochen Hilberath, „Gnadenlehre," in *Handbuch der Dogmatik*, Bd. 2, *Gnadenlehre, Ekklesiologie, Mariologie, Sakramentenlehre, Eschatologie, Trini-*

dieser theologischen Darstellungen werden Verhältnisse sowohl unter den Menschen als auch zwischen Gott und Menschen angesehen. Vor diesem Hintergrund wird als gerecht derjenige angesehen, der dem Gemeinschaftsverhältnis bzw. dem Bund entspricht.[531]

Der Begriff Gerechtigkeit steht im Alten Testament „für jenes Handeln Gottes, das Recht schafft, die Schwachen schützt und die Leidenden tröstet"[532]. In diesem Zusammenhang ist zu bemerken, dass „das Alte Testament die richterlichen Entscheidungen vor allem als erlösende Entscheidungen zugunsten Unterdrückter, Ausgebeuteter, unschuldig Angeklagter und weniger als Strafsentenz für zu Recht Angeklagte betrachtet"[533]. Gerechtigkeit steht von der Seite Gottes nicht nur in Verbindung mit Recht, sondern auch mit seiner Barmherzigkeit[534] und impliziert folglich ein „gnädiges Sichzuwenden"[535].

Im Alten Testament, in dem Gott als Gesetzgeber und Quelle des Rechts erscheint, werden bei der begrifflichen Verwendung von Gerechtigkeit zwei Substantive, *ṣᵉdaqā* (hebr. הְקָדְצ: gerechtes Tun) und *ṣædæq* (hebr. קֶדֶצ: gerechte, heilsame Ordnung), voneinander abgegrenzt.[536] In der sozialen Praxis wird Gerechtigkeit, im Sinne von gerechter Ordnung, durch Einhaltung der Handlungsnormen gesichert. Trotzdem bleibt die Welt immer noch stark von Ungerechtigkeit geprägt. Deswegen wird im Alten Testament, so der deutsche Theologe Rolf Baumann, die konkrete Gerechtigkeit gefordert.

> Der Schrei nach konkreter ‚Gerechtigkeit' oder besser nach weniger ‚Ungerechtigkeit', wie er zumal aus dem Mund der Machtlosen und Gewalterleidenden, der ‚Armen', der ‚Witwen und Waisen' oder auch der ‚Fremden' ertönt, und die diesem Schrei zugrundeliegende Vision eines ‚gerechten', d. h. glückenden solidarischen Miteinanders innerhalb einer Sippe oder im Volk Israels als ganzem ziehen sich wie eine rote Spur durch die Schriften des Alten Testaments. Angesichts des Man-

---

tätslehre, hrsg. v. Theodor Schneider, 4. Auflage (Düsseldorf: Patmos, 2009), 7.

531 Vgl. Conzelmann, Grundriß, 239.

532 Ansorge, Gerechtigkeit, 75.

533 Josef Scharbert, Art. Gerechtigkeit. I. Altes Testament, in *TRE* 12 (1984): 408.

534 Die Übertretung einer Rechtsnorm zieht Strafe nach sich. Strafe und Barmherzigkeit sind, so der deutsche Theologe Dirk Ansorge, nicht gleich gewichtet. „Vielmehr überwiegt im Verhältnis Gottes zu den Menschen seine Vergebungsbereitschaft und Barmherzigkeit. In seinem Verzeihen erweist sich Gott gegenüber dem von ihm selbst gesetzten Recht als souverän – ohne darin jedoch als Willkürgott zu erscheinen." (Ansorge, Gerechtigkeit, 76).

535 Hilberath, Gnadenlehre, 7.

536 Vgl. dazu Rolf Baumann, „‚Gerechtigkeit' – Gottes und der Menschen," *Bibel und Kirche* 47 (1992): 126.

gels an gelebter ‚Gerechtigkeit' nimmt ‚gerechtes' Handeln in der Bibel vorrangig die „Gestalt der *Option für die Machtlosen und Gewalterleidenden*" an.[537]

Die Durchsetzung von konkreter Gerechtigkeit wird zur Aufgabe des Menschen, wobei sich Gottes Gerechtigkeit im gerechten Tun des Menschen offenbart.

In den neutestamentlichen Schriften wird Gerechtigkeit immer noch als Parteinahme und Einsatz für Benachteiligte erkannt. Das ethische Verständnis von Gerechtigkeit bleibt erhalten, sie wird nicht nur auf die bloße Einhaltung der Handlungsnormen reduziert. Gerechtigkeit bekommt in den paulinischen Schriften eine soteriologische Dimension, indem sie mit dem Glauben verbunden wird. „Dreh- und Angelpunkt dieses Geschehens ist die Lebenshingabe Jesu, der in seinem Tod und seiner Auferstehung ‚uns von Gott her Weisheit und Gerechtigkeit und Heiligung geworden ist' (1 Kor 1,30). Daher gilt es für den Menschen, ‚in Christus Jesus zu sein' (ebd.) und im Glauben an ihn, ‚nicht aufgrund von Gesetzeswerken' der Gerechtigkeit teilhaft zu werden (Gal 2,16; Röm 3,28; 9,32 ff.)."[538] Vor diesem Hintergrund hat die menschliche Gerechtigkeit nur „einen vorläufigen, einen gebrochenen Charakter"[539]. Die vollkommene Gerechtigkeit lässt sich nur durch Gott erreichen. Daraus folgt jedoch nicht, dass die Gerechtigkeit des Menschen relativiert werden sollte. Die Gerechtigkeit des Menschen wird durch die Gerechtigkeit Gottes deutlich angeregt[540], „nach Möglichkeiten zu suchen, wie und wo Gerechtigkeit vermehrt werden kann"[541].

Die Auseinandersetzung mit Ungerechtigkeit wird zum wichtigen Aspekt des christlichen Glaubens. Wird die Durchsetzung von Gerechtigkeit

---

537 Rolf Baumann, *„Gottes Gerechtigkeit" – Verheißung und Herausforderung für diese Welt*, Herder Taschenbuch 1643 (Freiburg im Breisgau: Herder, 1989), 170 (Hervorhebung im Original).

538 Karl Kertelge, Art. Gerechtigkeit. III. Neues Testament, in *LThK* 4 (³1995): Sp. 502.

539 Dietmar Mieth, „Ethik der Gerechtigkeit: Ansätze, Prinzipien, Kriterien," in *Vision Gerechtigkeit? Konziliarer Prozeß und Kirchliche Jugendarbeit*, hrsg. v. Dietmar Mieth und Paul Magino (Düsseldorf: Haus Altenberg, 1992), 16.

540 Dem deutschen Theologen Dietmar Mieth zufolge wird das Verhältnis von Gottesgerechtigkeit und Menschengerechtigkeit nicht als Verhältnis einer hierarchischen Überordnung verstanden. Es handelt sich um ein Verhältnis der strukturellen Entsprechung und Transparenz (vgl. Dietmar Mieth, „Rechtfertigung und Gerechtigkeit," in *La Justice: Gerechtigkeit*, hrsg. v. Thomas Fleiner u. a., Défis et dialogues 1 [Freiburg, Schweiz: Éditions universitaires, 1977], 69).

541 Sebastian Friese, *Politik der gesellschaftlichen Versöhnung: Eine theologisch-ethische Untersuchung am Beispiel der Gacaca-Gerichte in Ruanda*, Theologie und Frieden 39 (Stuttgart: Kohlhammer, 2010), 120.

in einem Transitions- oder Post-Konflikt-Kontext genauso hochgeschätzt? Das menschliche Tun von Gerechtigkeit wird in der politischen Realität, so der US-amerikanische Theologe Robert Schreiter, nicht als eindeutiges Handeln angesehen.[542] Außer der bestrafenden Gerechtigkeit (*punitive justice*) erkennt Schreiter noch drei Gerechtigkeitsebenen, die eine genauso wichtige Rolle spielen können. Durch die wiederherstellende Gerechtigkeit (*restitutional justice*) wird die Leistung von Wiedergutmachung für die Opfer angestrebt. „Restitutional justice is a symbolic act that admits that a full and complete justice cannot be done: the dead cannot be brought back, or health may never be fully restored. It represents, however, an act on the part of the new government to make amends in some measure for the harm that has been inflicted."[543] Die nächste Gerechtigkeitsebene, die strukturelle (*structural justice*), befasst sich mit den strukturellen Ungerechtigkeiten, die als Ursache eines Konfliktes wahrgenommen werden, wie z. B. Menschenrechtsverletzungen oder wirtschaftliche Ungleichheiten. Die letzte Gerechtigkeitsebene, die gesetzliche (*legal justice*), ist primär auf eine Justiz- und Gesetzesreform ausgerichtet. Die dauerhafte Rekonstruktion einer Gesellschaft setzt, so Schreiter, ein faires Justizsystem voraus.[544]

Das Tun der menschlichen Gerechtigkeit ist Volf zufolge „part of the more fundamental pursuit of reconciliation"[545]. Gerechtigkeit und Versöhnung werden nur in der sogenannten „cheap reconciliation" als einander ausschließende Begriffe betrachtet. „To pursue cheap reconciliation means to give up on the struggle for freedom, to renounce the pursuit of justice,

---

542 Vgl. Schreiter, The Ministry, 121–123.
543 Ebd., 122.
544 Vgl. ebd.
545 Miroslav Volf, „Forgiveness, Reconciliation, and Justice: A Christian Contribution to a More Peaceful Social Environment," in *Forgiveness and Reconciliation: Religion, Public Policy, and Conflict Transformation*, hrsg. v. Raymond G. Helmick und Rodney L. Petersen (Philadelphia: Templeton Foundation Press, 2002), 35. Laut der Versöhnungsprojektgruppe der deutschen Kommission Justitia et Pax ist Gerechtigkeit als Voraussetzung einer dauerhaften Versöhnung zu betrachten. Unter Gerechtigkeit wird nicht nur die strafrechtliche Verfolgung von Tätern verstanden, sondern auch die Wiedergutmachungsinitiative für die Opfer (vgl. Deutsche Kommission Justitia et Pax / Projektgruppe Versöhnung, *Reconciliation between East and West? Christian Reconciliatory Activity – Opportunities and Conditions; a handout by the Reconciliation Project Group of the German Commission for Justice and Peace*, Series of Publications on Justice and Freedom by the German Commission for Justice and Peace: Working paper 86e [Bonn: Justitia et Pax, 1998], 23 f.).

to put up with oppression."[546] Aus dem Prinzip *zunächst Gerechtigkeit, danach Versöhnung* ergibt sich, so Volf, dass Vergebung erst nach der Durchsetzung von Gerechtigkeit erfolgen kann.[547] Vergebung wird jedoch als bedingungslos angesehen und kann demzufolge unabhängig von der Durchsetzung von Gerechtigkeit erfolgen. Ob Vergebung aus Gerechtigkeit hervorgeht oder nicht, beeinflusst den Charakter der Vergebung, nicht jedoch ihre endgültige Wirkung. „To forgive outside justice is to make no moral demands; to forgive after justice is not to be vindictive. In both cases it is to treat the offender as if he had not committed the offense or as if it were not his."[548] Vergebung geht über Gerechtigkeit hinaus, kann sie in der Realität aber nicht ersetzen. Entschuldigung stützt sich hingegen wesentlich auf Gerechtigkeit. Die Entschuldigung eines politischen Repräsentanten bezieht die Anerkennung des Unrechts ein, das sich erst mit rechtlichen Mitteln feststellen lässt. Vor diesem Hintergrund zeigt sich die politische Entschuldigung als Akt der öffentlichen Bestätigung des menschlichen Tuns von Gerechtigkeit.

Durch menschliche Gerechtigkeit lässt sich, so der deutsche Theologe Dietmar Mieth, die gerechteste Welt nicht verwirklichen.[549] Aus diesem Grund werde der ideologische Superlativ von Gerechtigkeit aufgegeben, das komparative Verständnis von Gerechtigkeit aber nicht. Dementsprechend setzt sich die Gerechtigkeit des Menschen für eine gerechtere Welt ein. In einem Transitions- oder Post-Konflikt-Kontext ist das Streben nach einer gerechteren Gesellschaft aber nicht nur auf die bestrafenden und täterorientierten Rechtsmittel zu reduzieren. In Anlehnung an Shrivers Darstellung von Gerechtigkeitsebenen geht die vorliegende Arbeit davon aus, dass in der politischen Realität auch andere Formen von Gerechtigkeit einbezogen werden können. Außer den Tätern werden dadurch auch andere Akteure (z. B. Opfer) einbezogen und betroffen.

4.3 Wiedergutmachung

Sünde gegenüber einem Mitmenschen, der Gemeinde oder Gott wurde schon in der alten Kirchenpraxis als Grund für den teilweisen oder gänzlichen Ausschluss von Christen aus der Kirchengemeinde gesehen.

---

546 Volf, Forgiveness, 35.
547 Vgl. ebd., 40.
548 Ebd., 41.
549 Vgl. Mieth, Rechtfertigung, 75 f.

Die Rückkehr in die Gemeinde und die Aussöhnung wurden durch Reue (innerseelische Ebene), Bekenntnis (soziale Ebene) und Genugtuung bzw. Wiedergutmachung (Handlungs- und Verhaltensebene) ermöglicht, die in der römisch-katholischen Praxis als Bestandteile der Buße anzusehen sind.[550] Was Wiedergutmachung angeht, hat nur der Priester das Recht, im Anschluss an Reue und Bekenntnis des Büßenden, vor oder nach der *absolutio* (Lossprechung von den Sünden), dem Büßenden die Wiedergutmachung vorzuschreiben. „Begründet wird die Forderung nach Genugtuung dadurch, daß der Mensch, der nach dem Empfang der Taufgnade gesündigt hat, den Ernst der göttlichen Gerechtigkeit und die Schwere seiner Sünde erfahren soll, so daß er zugleich vor der Begehung weiterer Sünden bewahrt und so des Leidens Christi teilhaftig wird, durch das die Sünde überwunden ist."[551] Ein Opfer wird durch Reue, Bekenntnis und Wiedergutmachung des Täters jedoch nicht gezwungen, dem Täter zu vergeben. Ob und wann den Tätern vergeben wird, steht nur den Opfern zu. „[A]uch sie dürfen aber die Schuld der Täter nicht als Herrschaftsmittel mißbrauchen."[552]

Aus christlicher Perspektive schließen die Bitte des Täters um Vergebung (in der seine Reue, Schuldeinsicht und -bekenntnis sowie, wenn möglich, die entsprechende Wiedergutmachungsinitiative inbegriffen sind) einerseits und die Vergebung des Opfers andererseits idealerweise den Kreis der zwischenmenschlichen Versöhnung. Vor diesem Hintergrund lässt sich Wiedergutmachung als Zeichen der tätigen Reue verstehen.

---

550 Zur Buße in der römisch-katholischen Kirche vgl. Falk Wagner, Art. Buße. VI. Dogmatisch, in *TRE* 7 (1981): 485 f.; Ernst Bezzel, Art. Beichte. III. Reformationszeit, in *TRE* 5 (1980): 425; Stollberg, Vergebung der Sünden, 687. Zu einem historischen Überblick über die Entwicklung der Bußtheologie und zu den ökumenischen Perspektiven im Hinblick auf die Bußtheologie vgl. Dorothea Sattler, „Schuld und Vergebung: Systematisch-theologische Überlegungen in ökumenischer Perspektive," in *Angewiesen auf Gottes Gnade: Schuld und Vergebung im Gottesdienst*, hrsg. v. Alexander Deeg, Irene Mildenberger und Wolfgang Ratzmann (Leipzig: Evangelische Verlagsanstalt, 2012), 9–35. Luther übte scharfe Kritik an dieser Teilung der Beichte (Reue [*contritio cordis*], Schuldbekenntnis [*confessio oris*], Wiedergutmachung [*satisfactio operis*]). Er war der Ansicht, dass die Beichte nur aus zwei Teilen besteht, und zwar aus *confessio* und *absolutio* (Zuspruch der Vergebung). *Confessio* kann als Tun nur dem Menschen zugeordnet werden. Im Gegensatz zu der römisch-katholischen Praxis, der zufolge *absolutio* als Tätigkeit nur dem Priester zukommt, ging Luther davon aus, dass es sich dabei um das Tun Gottes handelt, der den Menschen von seinen Sünden losspricht (vgl. dazu Bezzel, Beichte, 422).

551 Wagner, Buße, 485.

552 Hans-Richard Reuter, Art. Versöhnung. IV. Ethisch, in *TRE* 35 (2003): 41.

Damit wird versucht, die Folgen der Tat zu lindern.[553] Was sich laut dem deutschen Theologen Joachim Zehner tatsächlich nicht wiedergutmachen lässt, ist alle menschliche Schuld. „Das wird daran deutlich, daß sie weder aus dem Gedächtnis der betroffenen Menschen noch in ihren Folgen ganz zu tilgen ist."[554]

Der Täter-Opfer-Ausgleich etablierte sich in neuerer Zeit als eine alternative Reaktion auf Straftaten (Jugendstrafrecht). Mit dem Täter-Opfer-Ausgleich wird darauf abgezielt, den Konflikt zwischen Täter und Opfer durch Wiedergutmachung zu regeln. Im Fokus des Ausgleiches stehen aber nicht nur die materiellen Ausgleichsleistungen für die Folgen der Tat, die auch zivilrechtlich zu erzielen sind. Der Täter-Opfer-Ausgleich beinhaltet primär eine „friedensstiftende, persönliche Aussöhnung zwischen Täter und Opfer"[555]. Im idealen Fall geschieht das durch direkte Kommunikation zwischen den Konfliktparteien. Entschuldigung, das Gespräch zwischen Tätern und Opfern, Geschenke und andere symbolische Gesten sind dabei auch als Ausgleichsleistungen vorhanden.[556] Bezüglich des Täter-Opfer-Ausgleiches bemerkt Zehner, dass die Strafe, deren Funktion in der symbolischen Aufhebung des Rechtsbruchs begriffen wird, an dieser Stelle durch das Benennen, Bekennen und Vergeben der Schuld ersetzt wird.[557]

Der Alternativ-Entwurf Wiedergutmachung (AE-WGM) des Alternativkreises deutscher, österreichischer und schweizerischer Strafrechtslehrer aus dem Jahr 1992 definierte Wiedergutmachung als Ausgleich der Folgen der Tat. Wiedergutmachung, die der Wiederherstellung des Rechtsfriedens dienen sollte, findet durch eine freiwillige Leistung des Täters statt. „Die Wiedergutmachung soll in erster Linie zugunsten des Verletzten erfolgen; wenn dies nicht möglich ist, keinen Erfolg verspricht oder für sich allein nicht ausreicht, so kommt Wiedergutmachung auch gegenüber der Allge-

---

553 Neben der Schuldeinsicht und Reue mit dem Bekenntnis des Täters gilt Wiedergutmachung, so der deutsche Theologe Joachim Zehner, als eines der Kriterien der zwischenmenschlichen Vergebung. Aus der zwischenmenschlichen Vergebung sollte letztendlich auch eine neue Gemeinschaft erwachsen (vgl. Joachim Zehner, *Das Forum der Vergebung in der Kirche: Studien zum Verhältnis von Sündenvergebung und Recht*, Öffentliche Theologie 10 [Gütersloh: Kaiser, Gütersloher Verl.-Haus, 1998], 344).

554 Ebd., 394.

555 Ebd., 65.

556 Vgl. dazu Thomas Trenczek, „Täter-Opfer-Ausgleich: Grundgedanken und Mindeststandards," in *Täter-Opfer-Ausgleich und Wiedergutmachung: Neue Herausforderungen für die Justiz*, hrsg. v. Wolfgang Greive und Evangelische Akademie Loccum (Rehburg-Loccum: Evang. Akad. Loccum, 1992), 7 f.

557 Vgl. Zehner, Das Forum der Vergebung, 66.

meinheit in Betracht (symbolische Wiedergutmachung).“[558] Symbolische Wiedergutmachung, die als Gegensatz zum materiellen Schadensausgleich gilt, wird primär dann eingesetzt, wenn ein personenbezogener Ausgleich nicht möglich ist (Fälle mit nicht ausgleichsbereitem Opfer sowie Delikte der Umwelt- und Wirtschaftskriminalität).[559]

In der Praxis wird oftmals versucht, die Schäden, die nicht materiell ausgleichbar sind (wie z. B. Todesfälle, schwere Körperverletzungen, psychische Traumata usw.), symbolisch wiedergutzumachen (z. B. durch Entschuldigung, medizinische Rehabilitation usw.). Bei solchen irreversiblen Schäden werden die symbolische Wiederherstellung der Würde der Opfer sowie die öffentliche Anerkennung ihrer Leiden und Geschichten angestrebt. Der deutsche Rechtswissenschaftler Christian Laue benennt konkret die Probleme, die sich durch symbolische Wiedergutmachung lösen lassen: Teilnahmeverweigerung des Verletzten beim Täter-Opfer-Ausgleich, Delikte ohne personales Opfer, Versuchstaten und Diskrepanz zwischen Schwere der Tat und Wiedergutmachungsleistung.[560]

Entschuldigung lässt sich tatsächlich als ein Akt der symbolischen Wiedergutmachung einordnen. Im Gegensatz zu materieller Wiedergutmachung sind die Leistungen des Täters und die Bereitschaft des Opfers zur Zusammenarbeit, so Laue, von entscheidender Bedeutung für eine Entschuldigung. „Während man bei materieller Wiedergutmachung durchaus noch von Tatfolgenausgleich sprechen kann, wenn z. B. eine vom Richter auferlegte Wiedergutmachungsleistung vom Täter nur widerwillig erbracht wird, bewirkt eine angeordnete, ohne innere Überzeugung geäußerte Entschuldigung für die Viktimisierungsfolgen des Opfers meistens nichts.“[561] Im soziopolitischen Rahmen sind Entschuldigung und materielle Schadensausgleichsleistungen eng miteinander verbunden. Aus moralischer Perspektive lässt sich die Legitimität der Reparationspraxis durch eine politische Entschuldigung erhöhen, indem die Verantwortung für vergangene Verbrechen übernommen wird. Auf der anderen Seite erscheinen politische Entschuldigungen ohne materielle Wiedergutmachung unvollkommen und laut der US-amerikanischen Rechtswissenschaftlerin

---

558 Jürgen Baumann, *Alternativ-Entwurf Wiedergutmachung (AE-WGM): Entwurf eines Arbeitskreises deutscher, österreichischer und schweizerischer Strafrechtslehrer (Arbeitskreis AE)* (München: Beck, 1992), 1.
559 Vgl. ebd., 41 f.
560 Vgl. Christian Laue, *Symbolische Wiedergutmachung*, Schriften zum Strafrecht 118 (Berlin: Duncker & Humblot, 1999), 147.
561 Ebd., 54.

Martha Minow bedeutungslos.[562] Während Wiedergutmachung auf der individuellen Ebene aus der Schuldeinsicht und dem Schuldeingeständnis sowie der Reue des Täters hervorgeht, hat sie im soziopolitischen Rahmen laut Zehner nicht „den Charakter einer Sühne, sondern der Wiedergutmachung sozialer Sündenfolgen"[563]. Sie geht aus der Kollektivverantwortung für das vergangene Tun bzw. aus der Haftung für die Linderung der Folgen eines schädlichen Tuns hervor.

4.4 Wahrheitsfindung

Die Diskussionen über den Wahrheitsbegriff in der Philosophie der Gegenwart zeigen sich, so der deutsche Philosoph Lorenz Puntel, als paradox: „Die Häufigkeit und Selbstverständlichkeit seiner Verwendung stehen im umgekehrten Verhältnis zum Grad des Konsenses über seine genaue Bestimmung und Tragweite."[564] In der gegenwärtigen Philosophie wird der Wahrheitsbegriff vor allem mit der Richtigkeit der Aussagen verbunden. Wahrheit wird dabei „für gewöhnlich als Qualität von Behauptungen angesehen und ist vor allem im Bereich der Erkenntnistheorie und der Logik anzusiedeln"[565].

Im Alltagsleben wird eine Aussage (z.B. ‚es regnet') als wahr angenommen, wenn das, was mit der Aussage behauptet wird, tatsächlich der Fall ist. Was sind die Voraussetzungen für die Richtigkeit einer Aussage aus der Sicht der gegenwärtigen Philosophie? Bezüglich der Aussagerichtigkeitskriterien etablierten sich drei Wahrheitstheorien.[566] Laut der Korrespondenztheorie muss die Aussage bzw. der Begriff mit der Wirklichkeit

---

562 Vgl. Minow, Between Vengeance, 117.

563 Zehner, Das Forum der Vergebung, 376. Zehner nimmt den deutsch-französischen Konflikt als Beispiel.

564 Lorenz B. Puntel, Art. Wahrheit. I. Begriff, in *LThK* 10 (³2001): Sp. 927.

565 Alexander Flierl, *Die (Un-)Moral der Alltagslüge?!: Wahrheit und Lüge im Alltagsethos aus Sicht der katholischen Moraltheologie*, Studien der Moraltheologie 32 (Münster: LIT, 2005), 263.

566 Vgl. dazu Dietmar Mieth, „Wahrhaftigkeit als Kriterium für Wahrheit?," in *Dimensionen der Wahrheit: Hans Küngs Anfrage im Disput*, hrsg. v. Bernd Jochen Hilberath (Tübingen, Basel: Francke, 1999), 81–89; Flierl, Die (Un-)Moral der Alltagslüge, 263–271. Zu einem Überblick über die Wahrheitstheorien in der gegenwärtigen Philosophie vgl. Lorenz B. Puntel, *Wahrheitstheorien in der neueren Philosophie: Eine kritisch-systematische Darstellung*, 3., um einen ausführlichen Nachtr. erw. Auflage, Erträge der Forschung 83 (Darmstadt: Wissenschaftliche Buchgesellschaft, 1993).

bzw. Sache übereinstimmen (lat. adaequatio rei et intellectus), damit etwas als wahr bezeichnet werden kann. Der Kohärenztheorie zufolge ist eine Aussage als wahr anzusehen, wenn sie sich mit den Aussagen eines anderen Systems widerspruchsfrei vereinbaren lässt und mit ihnen konsistent in einem kohärenten Zusammenhang stehen kann. Die Konsenstheorie geht davon aus, dass eine Aussage erst dann wahr wird, wenn ein Konsens über die Wahrheit der Aussage unter den Gesprächsakteuren erreicht wird. Demzufolge hängt die Verifikation einer Aussage von allen Mitgliedern einer Sprachgemeinschaft ab. Die Wahrheit lässt sich aber nicht nur auf die Aussagerichtigkeit reduzieren. Was den Wahrheitsbegriff angeht, handelt es sich, so Puntel, vielmehr um einen Netzwerk-Begriff, „insofern er ein Grundverhältnis in der Konstellation artikuliert, die durch die ‚Dimensionen' der Semantik, der Erkenntnistheorie, der Ontologie und der Logik abgesteckt ist"[567].

Der deutsche Moraltheologe Alexander Flierl benennt zentrale Charakteristika von Wahrheit: „zum einen die Wirklichkeit, in der der Mensch lebt (sachbezogene Perspektive), zum anderen ein sprachlicher Kohärenzrahmen, in den wahre Aussagen zur Erschließung der außersprachlichen Realität eingeordnet werden (semantische Perspektive), sowie ein Geltungsanspruch, wonach wahre Aussagen auf die Zustimmung der Gesprächspartner bzw. Kommunikationsgemeinschaft abzielt [sic] (intersubjektive Perspektive)"[568]. In ähnlicher Weise thematisiert der

---

567 Puntel, Wahrheit, 929. Im Wahrheitsbegriff lassen sich, so Puntel, wenigstens vier Punkte berücksichtigen. Der erste Punkt betrifft die Problematik des Verhältnisses von Sache und Sprache. Durch Wahrheit muss nämlich die Sache artikuliert werden. Der zweite Punkt bezieht sich auf die innersprachliche Grunddifferenz im Wahrheitsbegriff. Wahrheit beinhaltet eine Unterscheidung zwischen dem in Form einer Behauptung erhobenen und dem eingelösten Anspruch. Der dritte Punkt betrifft den Geltungsanspruch, was die Ebene eines konkreten Sprachvollzugs angeht. Innerhalb dieses Sprachvollzugs ist die interpersonale Dimension von Bedeutung. Viertens besteht die Notwendigkeit, dass die wahren Aussagen in einen Kohärenzrahmen eingegliedert werden können (vgl. Puntel, Wahrheitstheorien, 207–211). In ähnlicher Weise erkennt der deutsche Moraltheologe Eberhard Schockenhoff die wichtigsten Momente der Wahrheitstheorien: Bezugnahme auf eine außersprachliche Wirklichkeit und die Übereinstimmung zwischen Aussage und Sachverhalt sowie der Geltungsanspruch einer Aussage (vgl. Eberhard Schockenhoff, „Das Recht der Wahrheit: Begründung und Reichweite der Wahrheitspflicht aus der Sicht der katholischen Moraltheologie," in *Dürfen wir lügen? Beiträge zu einem aktuellen Thema*, hrsg. v. Rochus Leonhardt und Martin Rösel [Neukirchen-Vluyn: Neukirchener, 2002], 219 f.).

568 Flierl, Die (Un-)Moral der Alltagslüge, 270. Ausgehend von diesen Charakteristika erweist sich Wahrheit „als primär objektive Größe, die sich im Rahmen in-

deutsche Moraltheologe Dietmar Mieth die Wahrheit: Wahrheit existiert in zweifacher Weise „als Bedürfnis der Menschen unter Menschen"[569]. Erstens handelt es sich um das Bedürfnis des Menschen, den Bezug zu der Wirklichkeit, in der er lebt, nicht verlieren zu wollen. Diesen Bezug zu bewahren wird wichtig, weil der Mensch in dieser Wirklichkeit und nicht in einer abstrakten Welt leben muss. Zweitens wird Kommunikation zwischen den Menschen, so Mieth, als achtungsvoll betrachtet, wenn sie durch Wahrheit geprägt ist. Vor diesem Hintergrund besteht Wahrheit als dreifaches Bedürfnis des Menschen: im Verhältnis zur Wirklichkeit, zu sich selbst und zu anderen Menschen. Daraus folgt, dass sich ein menschliches Leben erst dann als gelungen verstehen lässt, wenn der Mensch ein in Wahrheit begründetes Verhältnis zur Wirklichkeit, zu sich selbst und zu anderen Menschen aufbaut. In seiner Wahrheitstheorie bezeichnet Mieth die Kommunikation als einen wichtigen Faktor der Wahrheit. Aufgrund der unterschiedlichen Strukturierungen der Kommunikation werden die Aussageweise und die Anspruchsform von Wahrheit differenziert.[570] So ist Wahrheit im „Nahbereich" eher persönlich und diskret. Die Struktur des Fern- oder Öffentlichkeitsbereichs ist hingegen abstrakt und bedeutend von Rechtsstrukturen und Institutionen begleitet.

> [I]m öffentlichen Rechtsbereich kann eine Aussage verweigerbar sein, wenn sie den Aussagenden oder Nahestehende belastet. Eine Aussage kann aber auch im öffentlichen Interesse erzwingbar sein, wenn es um die Wahrheitsfindung geht. Das Zustandekommen der Wahrheit durch Beweismittel vor Gericht ist von der Zulassung dieser Beweismittel abhängig, so daß die rechtliche Wahrheit von der empirischen Plausibilität differiert u. a. m. Deshalb spielen Reichweiten und Strukturen der Kommunikation in der Konkretisierung des Wahrheitsanspruches jeweils eine unterschiedliche Rolle.[571]

Im Hinblick auf Wahrheit erkennt der deutsche Moraltheologe Eberhard Schockenhoff drei Aspekte.[572] Der erste bezieht sich auf den Aussagesinn der Wahrheit. Schockenhoff zufolge dient die menschliche Sprache zur

---

tersubjektiver Vermittlungsprozesse vor allem auf die Richtigkeit von Aussagen im Sinne einer Übereinstimmung zwischen Sachverhalt und Erkenntnis bezieht" (ebd., 271).

569 Dietmar Mieth, „Wahrhaftig sein – warum? Die Grundnorm der Wahrhaftigkeit, ihre ethische Begründbarkeit und ihre Universalität," in *Wahrheit als Medienqualität*, hrsg. v. Wolfgang Wunden, Beiträge zur Medienethik 3 (Frankfurt am Main: Gemeinschaftswerk der Evangelischen Publizistik, 1996), 88.

570 Vgl. ebd., 91.

571 Ebd.

572 Vgl. Schockenhoff, Das Recht der Wahrheit, 220–224.

Äußerung der Übereinstimmung von Denken und Sprache. Das Verhältnis zur außersprachlichen Realität wird durch menschliche Sprache verkörpert. Der zweite Aspekt betrifft die personale Ausdrucksqualität der Sprache. Demzufolge bringt der Sprechende durch seine Worte auch sein Inneres zum Ausdruck. Sprache wird auf diese Weise personifiziert und wird nicht bloß auf den Austausch von Informationen mit anderen Kommunikationspartnern reduziert. Die Mitteilung von Wahrheit wird, so Schockenhoff, auch als Selbstmitteilung des Sprechenden verstanden. Letztendlich verfügt Wahrheit auch über einen kommunikativen Sinn. Sie wird nicht nur ausgesprochen und wird nicht als ein isoliertes, sondern als kommunikatives Geschehen verstanden. Daraus folgt, dass Wahrheit einen Geltungsanspruch durch intersubjektive Anerkennung erhebt.[573]

> Jede Art von Wahrheitsbehauptung, gleich ob es sich um eine sachliche Aussagewahrheit, die Wahrheit einer wissenschaftlichen Theorie oder die Wahrheit eines weltanschaulichen Systems handelt, beansprucht vielmehr intersubjektive Anerkennung. Diese kann durch unausgesprochenes Vertrauen, durch öffentliche Zustimmung oder durch ein gemeinsames Bekenntnis erfolgen; immer aber zielt der sprachliche Austausch über einen Gegenstand oder die Verständigung über ein Problem darauf ab, daß der Empfänger der Rede als Gegenüber oder Kommunikationspartner anerkannt wird.[574]

Als kommunikatives Geschehen betrifft Wahrheit laut Flierl immer bestimmte Adressaten. „Diese können in Face-to-Face-Gesprächen einzelne, durch den Einsatz von Massenmedien aber auch unzählige Personen sein."[575]

Die Wahrheitsfindung wird, so Schockenhoff, als Aufgabe des Rechtsstaats angesehen, besonders im Fall von systematischen Menschenrechtsverletzungen und Missachtung demokratischer Grundfreiheiten.[576] In Anlehnung an die dargestellten moraltheologischen Sichtweisen wird im

---

573 Der sittliche Anspruch, vor den der Mensch durch die Wahrheit gestellt ist, erfüllt sich laut Schockenhoff „im Idealfall einer Redesituation immer dann, wenn der Sprechende durch eine wahrheitsgemäße Aussage gegenüber dem Angeredeten seine personale Glaubwürdigkeit bekundet und dieser den Wahrheitswert der Aussage versteht, so dass zwischen beiden im Austausch von Gedanken, Urteilen oder Überzeugungen Verständigung über einen Ausschnitt der gemeinsamen Welt gelingen kann" (Eberhard Schockenhoff, *Zur Lüge verdammt? Politik, Medien, Medizin, Justiz, Wissenschaft und die Ethik der Wahrheit* [Freiburg i. B. u. a.: Herder, 2000], 193).

574 Schockenhoff, Das Recht der Wahrheit, 223 f.

575 Flierl, Die (Un-)Moral der Alltagslüge, 322.

576 Vgl. Schockenhoff, Zur Lüge verdammt, 356–360.

Folgenden die Wahrheitsfindung im soziopolitischen Rahmen zunächst als Prozess des öffentlichen Kommunikationsgeschehens verstanden. Alle relevanten Akteure und politisch-rechtlichen Strukturen sind aufgerufen, an diesem Kommunikationsgeschehen teilzunehmen. Das Ziel eines solchen öffentlichen Dialogs im Hinblick auf die Wahrheit über das Vergangene wäre, die sachbezogene und semantische Perspektive von Wahrheit sowie den Geltungsanspruch unter den Kommunikationsakteuren auf bestmögliche Weise zu befriedigen.

4.5 Versöhnung – Gabe Gottes und Aufgabe des Menschen

Im theologischen Sprachgebrauch bezeichnet der Begriff Versöhnung (gr. καταλλαγή) vor allem ein Geschehen zwischen Gott und Menschen. Damit ist die Wiederherstellung des durch die Sünde gestörten Verhältnisses zwischen Gott und dem sich von ihm abkehrenden Menschen gemeint. Zur Versöhnung kam es ursprünglich durch die Initiative Gottes, die ihren Höhepunkt im Sterben und in der Auferstehung Jesu erreichte.

> Im Tod Jesu wird deshalb eine neue, veränderte Sachlage im Verhältnis zwischen Gott und den Menschen durch Gott selbst geschaffen: Gott füllt den radikal gewordenen Graben der Gottentfremdheit mit der Anwesenheit seiner ganzen Liebe und begründet durch diese gerade in der tiefsten Trennung vollzogene Selbstdarbietung und Selbstverschreibung die Versöhnung und jenen Bund, von dem (objektiv von Gott her und subjektiv, so er auf Christus sieht) kein Mensch mehr ausgeschlossen ist.[577]

Versöhnung kommt im Neuen Testament als theozentrische Kategorie vor.[578] Dementsprechend ist Versöhnung als Tat der Liebe Gottes zu betrachten und wird nicht durch irgendwelches Tun des sündigen Menschen bedingt. Vor diesem Hintergrund wird das Versöhnungsgeschehen als Gabe Gottes angenommen. Es drängen sich allerdings wichtige Fragen auf: Lässt sich aus theologischer Sichtweise von Versöhnung zwischen Menschen sprechen? Wie relevant ist die Versöhnung Gottes für die Herausforderungen des Alltagslebens?

---

577 Kessler, Christologie, 423; als wichtiger Versöhnungstext im Neuen Testament gilt 2 Kor 5,14–21.
578 Vgl. Clemens Thoma, Art. Versöhnung. II. Biblisch-theologisch, in *LThK* 10 (³2001): Sp. 721–723.

Trotz der zentralen soteriologischen Bedeutung wurde der Versöhnungsbegriff in der Theologie bis heute kaum thematisiert.[579] Versöhnung wurde in theologischen Kreisen erst nach dem Zweiten Vatikanischen Konzil als Thema aufgenommen. Diese Aufnahme entstand als Versuch der Auseinandersetzung mit den Folgen des Zweiten Weltkriegs.[580] In einem theologisch-geschichtlichen Überblick über diese Versuche unterscheidet der deutsche Theologe Axel Heinrich zwei Versöhnungsparadigmata, und zwar das personale und das soziale. Beide beziehen sich auf Kontexte, in denen Gott als Akteur nicht direkt einbezogen ist. Das bedeutet aber nicht, dass diese Paradigmata nicht durch das Versöhnungsereignis Gottes inspiriert worden wären. Die Gott-Mensch-Beziehung gilt als Ausgangspunkt für die Versöhnung im personalen Paradigma. Erst mit der Wiederherstellung der Beziehung zwischen Gott und dem Menschen lassen sich, so Heinrich, die Versöhnungsperspektiven unter den Menschen eröffnen.[581]

Der deutsche Theologe Franz-Josef Nocke bringt die Sündenvergebung Gottes bzw. die Versöhnung zwischen Gott und dem Menschen, zwischenmenschliche Kommunikation und innere Heilung des Menschen in engen Zusammenhang. Die Christen sind demzufolge nicht als passive Beobachter der göttlichen Versöhnung anzusehen. Sie sind auch eingeladen, sich versöhnen zu lassen. „Die von Gott geschenkte Versöhnung erreicht den sündigen Menschen in der mitmenschlichen Hilfe zur Umkehr und in den Versöh-

---

579 Mehr dazu bei Jürgen Werbick, Art. Versöhnung. III. Theologie- u. dogmengeschichtlich, in *LThK* 10 (³2001): Sp. 723–726; van de Loo zufolge wurde bis in die Gegenwart keine Theologie der Versöhnung in der katholischen Theologie ausgemacht. Es lasse sich vielmehr von Annäherungen an ein Versöhnungskonzept sprechen (vgl. dazu Loo, Versöhnungsarbeit, 24).

580 Vgl. Axel Heinrich, *Schuld und Versöhnung: Zum Umgang mit belasteter Vergangenheit in systematisch-theologischen und pastoral-praktischen Diskursen seit dem Zweiten Vatikanum*, Schriftenreihe Gerechtigkeit und Frieden der Deutschen Kommission Justitia et Pax: Arbeitspapier 95 (Bonn: Justitia et Pax, 2001), 5.

581 Vgl. ebd., 59; Schreiter unterscheidet vertikale und horizontale Versöhnung. Die vertikale Versöhnung bezieht sich auf die Rückkehr des Menschen in die Gemeinschaft mit Gott. In der horizontalen Versöhnung verschmelzen personales und soziales Paradigma (im Sinne von Heinrichs Definition). „Horizontal reconciliation – reconciliation among human beings, either individually or socially – is rooted in vertical reconciliation, God's reconciling work. Without the work of God, our capacity to bring about large-scale reconciliation does not reach enough to undo the damage that conflict, betrayal, and violation have wrought." (Robert J. Schreiter, „A Practical Theology of Healing, Forgiveness, and Reconciliation," in *Peacebuilding: Catholic Theology, Ethics, and Praxis*, hrsg. v. Robert J. Schreiter, R. Scott Appleby und Gerard F. Powers [Maryknoll, N.Y.: Orbis Books, 2010], 368).

nungsgesten der Gemeinde. Und erst dadurch, daß der, dem vergeben wurde, seinerseits die Aussöhnung mit seinem Nächsten sucht, wird die Versöhnung zur Wirklichkeit seines Lebens."[582] Dementsprechend wird Versöhnung im Alltagsleben von der Gabe Gottes zur Aufgabe der Christen.[583] Dass die Christen aufgerufen sind, Versöhnung zu verkünden, bestätigte auch die Zweite Europäische Ökumenische Versammlung im Jahr 1997 in Graz.

> (A 8) [...] Wir sind aufgerufen, den Kreislauf der Gewalt zu durchbrechen, der ewige Schuld und Bestrafung, Zorn und Rache nach sich zieht. Wir können und müssen uns aus den Ketten der Schuld und der zerbrochenen Beziehungen befreien und Gottes Frieden suchen. Wir Christen waren wiederholt unwürdige Verkünder und Verkünderinnen der Versöhnung. Unser Leben und unsere Taten sind oft unversöhnt und nicht in Gottes Gnade gegründet, die uns in Jesus Christus offenbart wurde. Wir wollen uns daher in Graz den Ruf des Apostels Paulus zu Herzen nehmen: „Lasst euch mit Gott versöhnen" (2. Kor 5,20).[584]

Heinrich zufolge lässt sich der soziale Versöhnungsbegriff „als das Lebenkönnen in einer gemeinsamen Lebenswelt beschreiben, wobei die Folgen der zur Bearbeitung anstehenden Schuld als Zerbrechen einer gemeinsamen Welt aufgefaßt werden"[585]. Im Hinblick auf die Aufarbeitung der in der sozialen Dimension aufgeladenen Schuld wird Versöhnung mit der kollektiven Erinnerung, Wahrheit und juristischen Aufarbeitung belasteter Vergangenheit in engen Zusammenhang gebracht.[586] Mit dem sozialen Versöhnungsbegriff wird der personale jedoch nicht verdrängt und marginalisiert. Der personale Versöhnungsbegriff gilt dabei als der ursprünglichere, „weil Versöhntsein ein Zustand sei, der Personen bzw. personalen Beziehungen zugesprochen wird, während von einer ‚versöhnten Gesellschaft'

---

582 Franz Josef Nocke, „Spezielle Sakramentenlehre," in *Handbuch der Dogmatik*, Bd. 2, *Gnadenlehre, Ekklesiologie, Mariologie, Sakramentenlehre, Eschatologie, Trinitätslehre*, hrsg. v. Theodor Schneider, 4. Auflage (Düsseldorf: Patmos, 2009), 325.

583 „Weil Versöhnung zuerst Gabe von Gott und erst dann als Aufgabe zu sehen ist, geht es vorrangig um die Bewußtwerdung und -machung der Versöhnung durch Gott (vgl. 2 Kor 5,18): das Leben des Christen steht unter dem ‚Primat der Versöhnung', nicht der Sünde." (Konrad Baumgartner, Art. Versöhnung. VII. Praktischtheologisch, in *LThK* 10 [³2001]: Sp. 726).

584 *Versöhnung: Gabe Gottes und Quelle neuen Lebens; Dokumente der Zweiten Europäischen Ökumenischen Versammlung in Graz*, hrsg. v. Rat der Europäischen Bischofskonferenzen (CCEE) und der Konferenz Europäischer Kirchen (KEK) durch Rüdiger Noll und Stefan Vesper (Graz: Styria Verlag, 1998), 40.

585 Heinrich, Schuld und Versöhnung, 60.

586 Vgl. ebd., 61.

nur in einem abgeleiteten Sinn gesprochen werden kann"[587]. Die beiden Versöhnungsbegriffe schließen einander nicht aus, sondern sie ergänzen und befruchten einander.[588] Mit dieser Tatsache lässt sich, so Heinrich, die Komplexität des Versöhnungsdenkens erweisen. Was das Verhältnis zwischen personaler[589] und sozialer[590] Versöhnung angeht, hebt Schreiter hervor, dass es unter ihnen kein Symmetrieprinzip geben muss.[591] Demzufolge ist die soziale Versöhnung für die personale Versöhnung nicht zwingend erforderlich.

Der personalen Versöhnung sollte, so die schweizerische Theologin Elisabeth Seidler, ein intrapersonaler Prozess vorangehen, „in dem beide Beteiligten eigene Konfliktanteile bedenken und sich zu ihrer jeweiligen Einsicht verhalten"[592]. Versöhnung als Begriff[593] umfasst dabei mehr als die Prozesse, in denen Schuld von der Täterseite eingestanden und von der Opferseite vergeben wird. Die Feststellung von Schuld, Schuldeingeständnis und Vergebung sind nicht unbedingt als Voraussetzungen für Versöhnung anzunehmen.[594] Es gebe außer Vergebung noch andere Wege, sich von negativen Emotionen zu befreien, wobei das Bestehen auf einem Schuldeingeständnis sowie auf Vergebung die Versöhnungsprozesse auch hindern könne. In den Konflikten, in denen jedoch ein Schuldvorwurf aufrechterhalten wird, d. h. wenn „eine Handlung die Freiheit eines anderen willkürlich behindert, ihn ausschließlich als Mittel in eigenem strategischen Handeln behandelt und in seiner Würde mißachtet hat"[595], können Schuldeingeständnis und Vergebung die Versöhnungsprozesse fördern. Vergebung sollte dabei die Täterseite respektieren und kein Urteil über sie beinhalten.

---

587 Ebd., 54.
588 Vgl. ebd., 62.
589 Schreiter zufolge setzt sich die personale Versöhnung „the restoration and healing of damaged humanity" zum Ziel (Schreiter, The Ministry, 65).
590 „[S]ocial reconciliation is about the reconstruction of a more just and safe society in which the violence of past wrongdoing will be prevented from occurring again in the future." (Ebd.).
591 Vgl. ebd., 115.
592 Elisabeth Seidler, „Versöhnung: Prolegomena einer künftigen Soteriologie," *Freiburger Zeitschrift für Philosophie und Theologie* 42, H. 1/2 (1995): 9.
593 Seidler zufolge artikuliert sich in einem Wunsch nach Versöhnung Sehnsucht nach Einigung, Verständigung und Harmonie. „Versöhnung ist ein Begriff, der Konfliktbeendigung und Frieden in Aussicht stellt." (Ebd., 5).
594 Vgl. ebd., 15–21.
595 Ebd., 21.

Ein Schritt im Versöhnungsprozeß ist Vergebung nur, wenn sie [...] als tatsächliches Freiwerden von resentment verstanden wird, das nicht mehr auf der in der expliziteren Vergebung impliziteren Verurteilung besteht, sei es, weil die neue Selbstbestimmung dessen, der bereut hat, zum Ausgangspunkt für eine gewandelte Beziehung gemacht wird, sei es, daß der Geschädigte aus moralischen Gründen auf das Urteil verzichtet: etwa in einer Haltung, die in der Frage anklingt: Wer bin denn ich, daß ich über eine empirische Tat moralisch, also mit einem Unbedingtheitsanspruch, urteile? Diese Haltung ist als moralisch begründeter Verzicht auf die moralische Perspektive im Grunde ein Verzicht auf Vergebung.[596]

Im Gegensatz zu Seidler, der zufolge alle Konfliktparteien im Versöhnungsprozess gleiche Verantwortung tragen, indem sowohl Opfer- als auch Täterseite eigene Konfliktanteile bedenken sollten, vertritt Schreiter den Standpunkt, dass personale Versöhnung zunächst mit dem Opfer beginnt.[597] Er geht davon aus, dass ein Opfer die heilende Kraft durch Versöhnung und Vergebung Gottes erfährt. Die personale Versöhnung findet innerhalb des Opfers statt, indem seine Menschlichkeit durch Gottesversöhnung und -vergebung wiederhergestellt wird. Demzufolge steht der Täter am Ende der personalen Versöhnungskette (Versöhnung – Vergebung – Reue). Mit dem Bewusstwerden, dass ihm das Opfer vergeben hat, kann der Täter Reue (in Form von Entschuldigung, Schuldanerkennung und Übernahme von Verantwortung) für das angetane Unrecht zeigen. Die Versöhnung auf der sozialen Ebene wird durch die Täterseite eröffnet und folgt dementsprechend einer anderen Reihenfolge (Reue – Vergebung – Versöhnung). Anders als bei der personalen Versöhnung, die innerhalb des Kreises Gott-Mensch-Mitmensch geschieht, ist die soziale Versöhnung als ein öffentlicher Prozess zu betrachten. Dieser Prozess setzt sich den Aufbau einer gerechteren und sichereren Gesellschaft zum Ziel. Eine solche Gesellschaft soll nach der sozialen Versöhnung in der Lage sein, der Wiederholung von vergangenen Verbrechen vorzubeugen. Vergebung und Reue gelten dabei als wichtige Punkte auf dem Weg zur sozialen Versöhnung. Die personale und soziale Versöhnung sind, so Schreiter, miteinander verbunden und können voneinander abhängig sein. So könne die personale Versöhnung durch die versöhnten Einzelpersonen und politischen Oberhäupter die soziale Versöhnung anregen. „These are the ones who have the eyes to see what can and must be done, and are able to imagine a future not ruled

---

596 Ebd., 38.
597 Vgl. Robert J. Schreiter, *Reconciliation: Mission and Ministry in a Changing Social Order* (Maryknoll, N.Y.: Orbis Books, 1992), 45 f.; Schreiter, The Ministry, 63–66; Schreiter, A Practical Theology, 371 f.

by the past."[598] Das Verhältnis zwischen der interpersonalen und gesellschaftlichen Dimension zeigt sich in der Praxis, so die deutsche Theologin Stephanie van de Loo, als wichtiger Parameter für die Gestaltung sozialer Versöhnungsprozesse, der sich konkret auf die „Ausrichtung von Institutionen und Instrumenten zur Versöhnungsförderung"[599] auswirkt.

4.6 Kollektivschuld oder Kollektivverantwortung?

Schuld[600] wird im alltäglichen Sprachgebrauch, so der deutsche Theologe Wilfried Joest, eng mit Unrechtsbewusstsein und Freiheit einer Einzelperson verbunden. „Schuldig ist, wer getan hat, was er hätte unterlassen können und wovon er wissen konnte, daß er es unterlassen soll. Beziehungsweise schuldig ist, wer unterlassen hat, was er hätte tun sollen und können, und wovon er wissen konnte, daß er es tun soll."[601] Ein solches Schuldverständnis ist vor allem im juristischen Kontext vorhanden. Die sogenannte rechtliche bzw. kriminelle Schuld ergibt sich primär aus einem Verstoß gegen die geltenden Rechtsnormen. Freiheit, böser Wille, Kenntnis und bewusstes Entscheiden des Täters sind dabei als Voraussetzungen der

---

598 Schreiter, The Ministry, 65.
599 Loo, Versöhnungsarbeit, 226. Van de Loo kommt zu diesem Schluss in Anlehnung an Wüstenbergs Studie über den Umgang mit Systemumbrüchen in Südafrika und Deutschland. Während die personale Ebene mit der gesellschaftlichen in Südafrika eng verwoben war, wurde den persönlichen Geschichten nach dem Ende der SED-Herrschaft keine große Bedeutung geschenkt. „Man könnte sagen: Makro- und Mikroebene der Versöhnung sind in Südafrika und Deutschland umgekehrt proportional. Die Annahme im deutschen Vorgang ist, daß Versöhnung ein individueller Prozeß ist, während in Südafrika die nationale Dimension der Versöhnung unterstrichen wurde." (Wüstenberg, Die politische Dimension, 382 [Hervorhebung im Original]).
600 Schuld gilt zumindest in der deutschen Sprache, so der deutsche Theologe Martin Honecker, als ein mehrdeutiger Begriff. Erstens kann Schuld im Sinne von Kausalität verwendet werden (lat. causa). Zweitens kommt Schuld begrifflich auch als Verpflichtung (lat. obligatio; debitum), z. B. finanzieller Art, vor. Letztens kann Schuld mit einer Pflichtverletzung in Zusammenhang gebracht werden (lat. culpa). „Während die obligatio auf die Zukunft ausgerichtet ist, blickt culpa zurück auf die Vergangenheit." (Martin Honecker, „Individuelle Schuld und kollektive Verantwortung: Können Kollektive sündigen?," *Zeitschrift für Theologie und Kirche* 90, Nr. 2 [1993]: 218).
601 Wilfried Joest, „Schuld erkennen – Schuld bekennen," in *Abschied von der Schuld? Zur Anthropologie und Theologie von Schuldbekenntnis, Opfer und Versöhnung*, hrsg. v. Richard Riess, Theologische Akzente 1 (Stuttgart: Kohlhammer, 1996), 14.

Schuld zu betrachten.[602] Die rechtliche bzw. kriminelle Schuld wird von der moralischen Schuld klar abgegrenzt. Die moralische Schuld geht aus der Schuldigkeit hervor, die als „Zuständig- und Gehaltensein zur Übernahme von Verantwortung für die freie Ausgestaltung unseres Daseins"[603] verstanden wird. Demzufolge entsteht die moralische Schuld (lat. culpa) aus der personalen Entscheidung des Menschen, bewusst gegen die eigene Schuldigkeit (lat. debitum) zu handeln. In der christlichen Lehre wird der Mensch nicht nur vor sich selbst oder vor der Gemeinschaft als schuldig angesehen. Gott gilt als die höchste Instanz, vor der sich der Mensch schuldig findet. „[E]s geht dabei um eine Verweigerung gegenüber dem Willen Gottes, der uns in einer dreifachen Weise entgegentritt und uns zum Antwort-Geben bzw. Verantwortung-Übernehmen einlädt."[604]

Bisher wurde Schuld als eine nur dem Einzelnen zurechenbare Kategorie dargestellt. Der Mensch handelt aber nicht nur für sich selbst. In der Realität sind die Handlungen eines Einzelnen oftmals tief im sozialen Kontext verwurzelt. Ein Einzelner kann aufgrund der Gruppenzusammengehörigkeit gemeinsam mit den anderen Gruppenmitgliedern agieren. Demzufolge wird seine Handlung zum Bestandteil einer breiteren überindividuellen Perspektive. So werden z. B. die Menschenrechtsverletzungen oder Unrechtsstrukturen eines diktatorischen Regimes durch das Tun der Einzelnen deutlich unterstützt. Lässt sich aufgrund dieses Interaktionszusammenhangs zwischen Einzelnem und Gruppe schließen, dass Schuld auch einer Gruppe zugeschrieben werden kann? Wird jedes Gruppenmitglied aufgrund der Taten, die im Namen dieser Gruppe begangen wurden, notwendigerweise als schuldig angesehen? Der Begriff Kollektivschuld wird in der christlichen Lehre grundsätzlich abgelehnt. Schuld wird als eine individuelle Kategorie angesehen.[605]

---

602 Vgl. Antonellus Elsässer, „Sünde und Schuld – Umkehr und Versöhnung," in *Leben aus christlicher Verantwortung: Ein Grundkurs der Moral*, Bd. 1, *Grundlegungen*, hrsg. v. Johannes Gründel (Düsseldorf: Patmos, 1991), 171.

603 Ebd., 169.

604 Ebd., 177. Joest zufolge bezieht sich Schuld vor Gott nicht nur auf unsere Taten, sondern auf unser ganzes Leben („[...] nicht nur das, was wir je und dann und vielleicht sehr oft *tun*, sondern das, was wir *sind*)". (Joest, Schuld erkennen, 16 [Hervorhebung im Original]).

605 Vgl. dazu Johannes Gründel, *Schuld und Versöhnung*, Topos-Taschenbücher 129 (Mainz: Matthias-Grünewald-Verlag, 1985), 111–119. Honecker zufolge können nur Einzelpersonen sündigen und eigene Sünden vor Gott bekennen. Sünde wird als individuelle Kategorie angesehen. „[K]ollektive könnten, theologisch präzis formuliert, nicht ‚sündigen'. Diese Formulierung ist abschließend nochmals aufzunehmen und zu erläutern. Sünde bekennen heißt theologisch gesprochen Un-

In Bezug auf die strukturelle und institutionalisierte Gewalt unterscheidet der deutsche Philosoph Karl Jaspers vier Formen von Schuld: kriminelle, politische, moralische und metaphysische.[606] Die kriminelle Schuld geht aus dem Verstoß gegen die vorhandenen Gesetze hervor, wobei die Strafe den Verbrecher für Verbrechen trifft. Nur der Einzelne kann dabei als Verbrecher angesehen und strafrechtlich verfolgt werden. Am Beispiel des NS-Regimes in Deutschland kennzeichnete Jaspers die politische Schuld als Mitverantwortlichkeit bzw. Haftung aller Staatsbürger für Verbrechen, die im Namen des Deutschen Reiches begangen wurden. Erst im Sinne von politischer Schuld der Staatsangehörigen kann es seines Erachtens eine Kollektivschuld geben.[607] Diese Kollektivschuld ist aber vielmehr als politische Kollektivhaftung der Gruppenmitglieder zu definieren. Die moralische Schuld ist als der innere Prozess eines Einzelnen zu verstehen. Die Instanz für diese Form von Schuld ist das eigene Gewissen des Handlungssubjekts und seine Kommunikation mit Freunden und Nächsten. Unabhängig davon, ob es um eigene Handlungen geht oder um solche, die von anderen befohlen wurden, können sie von dem Einzelnen moralisch bewertet werden. Aus der negativen moralischen Beurteilung von Handlungen ergibt sich die moralische Schuld. Die metaphysische Schuld des Menschen entsteht, so Jaspers, aus der Mitverantwortung „für alles Unrecht und alle Ungerechtigkeit in der Welt, insbesondere für Verbrechen, die in seiner Gegenwart oder mit seinem Wissen geschehen"[608]. Daraus ergibt sich die sogenannte Mit-Schuld des Einzelnen. Im metaphysischen Sinne kann sich der Mensch vor Gott schuldig finden.

Die Idee der Kollektivschuld mag Shriver zufolge gefährlich sein. Die *Kollektivverantwortung* wird auf der anderen Seite als notwendige Idee angesehen.[609] Worin konkret liegt der Unterschied zwischen Schuld und Verantwortung?[610] Schuld bringt die negative Beurteilung von vergangenen

recht vor Gott bekennen und damit zugleich um Vergebung bitten. Man kann immer nur die eigene Sünde so bekennen. Auf die Schuld anderer kann man zwar mit dem Finger zeigen und diese dadurch anklagen; das ist eine Form der Tribunalisierung, der Schuldzuweisung. Vergebung und Sündenbekenntnis gibt es also nur für Einzelne. Kollektive können auch nicht Buße tun. Auch Umkehr beginnt und ereignet sich sehr persönlich. Deshalb sind ritualisierte öffentliche Geständnisse und Schuldbekenntnisse so problematisch und peinlich." (Honecker, Individuelle Schuld, 228).

606 Vgl. Karl Jaspers, *Die Schuldfrage*, Serie Piper 191 (München: Piper, 1979), 21.
607 Vgl. ebd., 27 f., 44–46.
608 Ebd., 21 f.
609 Vgl. Shriver, Schuld und Versöhnung, 33.
610 Zum Verantwortungs- versus Schuldbegriff vgl. Loo, Versöhnungsarbeit, 44–51.

Handlungen mit sich. Der Verantwortungsbegriff bezieht sich sowohl auf die positiven als auch auf die negativen Handlungen. Dabei ist allerdings zu beachten, dass Verantwortung auch für die gegenwärtigen oder künftigen Entwicklungen der zu verantwortenden Handlungen übernommen werden kann.[611]

Im sozialen Kontext muss *Verantwortungsübernahme* (engl. to take responsibility) einer Gruppe, so der US-amerikanische Historiker Charles Maier, von *für etwas verantwortlich sein* (engl. to be responsible for something) klar getrennt werden.[612] Dass eine Gruppe für etwas verantwortlich ist, impliziert das Vorhandensein einer Kollektivschuld dieser Gruppe. *Verantwortungsübernahme* wird auf der anderen Seite mit den Haftungen verbunden, die aus Vorhandensein und Mitgliedschaft der Gruppe entstehen. Dementsprechend ist die „Schuld als Verantwortung für die Vergangenheit von der Haftung als Verantwortung für die Gegenwart und Zukunft begrifflich zu unterscheiden"[613]. Die Kollektivverantwortung wird als eine generationsübergreifende Kategorie verstanden. Wenn eine Gruppe eine eigene Kontinuität durch die Geschichte beanspruchen möchte, dann muss sie auch die Verantwortung für die vergangenen Taten übernehmen, die im Namen dieser Gruppe durch vorherige Generationen verübt wurden.[614] Die Kollektivverantwortung kommt, so der deutsche Theologe Jan Dietrich, durch Reparationen bzw. Wiedergutmachungen und andere symbolische Ritualhandlungen als Haftung zum Ausdruck.

> Sie [kollektive Verantwortung, P.A.] beinhaltet aber nicht nur finanzielle Aspekte, sondern auch symbolisch-expressive [z.B. Entschuldigung, P.A.], wird sie doch durch Ritualhandlungen wie öffentliche Bekenntnisse der Politiker oder Einweihungen von Museen etc. zum Ausdruck gebracht. Indem Politiker oder andere Personen als Vertreter der Nation Verantwortung und Haftung der Nation öffentlich bejahen und übernehmen, wird den Tätern, Opfern und der eigenen wie fremden Gesellschaft die Botschaft vermittelt, daß die Unrechtstaten, die die Organisationen und Institutionen von Politik, Gesellschaft und Wirtschaft zugelassen, unterstützt oder selbst ausgeführt haben, öffentlich verurteilt werden und daß an dem

---

611 Vgl. ebd., 46.
612 Vgl. Charles S. Maier, „Collective Guilt? No... But:," *Rechtshistorisches Journal* 16 (1997): 683.
613 Junichi Murakami, „Kollektivschuld und Kollektivhaftung," *Rechtshistorisches Journal* 16 (1997): 668.
614 Vgl. Maier, Collective Guilt, 682.

Konzept einer gerechten Gesellschaft, die gemeinschaftsgefährdendes Verhalten verurteilt, festgehalten wird.[615]

Die Gruppe wird als Akteur angesehen, dem die Kollektivverantwortung, nicht aber die Kollektivschuld, für die vergangenen Taten zugeschrieben werden kann. In der soziopolitischen Realität wird Kollektivverantwortung aufgrund der Haftung, die aus der Gruppenmitgliedschaft hervorgeht, auch als zukunftsorientierter Aspekt angesehen. Das bezieht sich auf die Wiedergutmachungspraxis, darunter auch auf die politische Entschuldigung, die sich in diesem Zusammenhang als Ausdruck von Kollektivverantwortung verstehen lässt.

4.7 Reue

Werbick definiert Reue als Einfühlungsvermögen des Menschen.[616] Indem der Bereuende sich in die Schädigungen einfühlt, die durch sein Tun anderen Mitmenschen zugefügt wurden, kommt er laut Werbick über sich selbst hinaus. Dieses Über-sich-selbst-Hinauskommen wird zweifach, indem der Bereuende ein Zeichen der Solidarität mit dem Menschen und Gott setzt. Der Bereuende „sieht die Welt mit den Augen der Betroffenen und mit den Augen Gottes, der sich in Jesus für immer mit den Betroffenen identifizierte"[617]. Aus dem Einfühlungsvermögen des Bereuenden entstehen seine reifen Schuldgefühle:

> Reife Schuldgefühle verdanken sich dieser Fähigkeit zur Einfühlung; sie sind gleichsam die unerläßliche Kehrseite der von Mitscherlich skizzierten Moral der einfühlenden Voraussicht: Der Verpflichtung zur einfühlenden Voraussicht entspricht die Verpflichtung zur Einfühlung in all jene Schädigungen, die ich dem anderen aus mangelnder einfühlsamer Voraussicht für die schädigenden Folgen meines Tuns zugefügt habe. Reife Schuldgefühle bringen mir [dem Bereuenden, P.A.] zu Bewußtsein, wo ich dem anderen – oder besser unserer Beziehung – etwas schuldig geblieben bin, wo ich ihm nicht gerecht geworden bin.[618]

---

615 Jan Dietrich, *Kollektive Schuld und Haftung: Religions- und rechtsgeschichtliche Studien zum Sündenkuhritus des Deuteronomiums und zu verwandten Texten*, Orientalische Religionen in der Antike 4 (Tübingen: Mohr Siebeck, 2010), 14.

616 Vgl. Jürgen Werbick, *Schulderfahrung und Bußsakrament* (Mainz: Matthias-Grünewald-Verlag, 1985), 148 f.

617 Ebd., 149.

618 Ebd., 40 f.

Dadurch, dass der Bereuende eigene Schuld bekennt, übernimmt er auch die Verantwortung für die verursachten Schädigungen. Reue über die eigene Schuld (lat. contritio)[619] wird fachsprachlich als erster Teil des Bußsakramentes (lat. poenitentia) angesehen, in dem Reue dem Bekenntnis (lat. confessio) und der Wiedergutmachung (lat. satisfactio) vorausgeht. „Reue stellt in diesem Verständnis einen Aspekt oder ein Moment im Ganzen des individuellen Heilsgeschehens dar."[620] Als Zentralbegriff für Reue kommt in der Bibel *metanoia* (gr. μετάνοια) vor, womit der Gesinnungswandel bzw. die Umkehr der Einzelperson bezeichnet wird.[621] Der christlichen Anthropologie zufolge lässt sich der Mensch nicht mit dem eigenen Tun identifizieren, weil er von seinen Taten Abstand nehmen kann. Er muss seinem Tun nicht untergeordnet bleiben und ist somit in der Lage, seine Gesinnung, aus der die Taten hervorgingen, zu ändern. Reue erfolgt hierbei als intentionaler Akt, der im Bereich menschlicher Freiheit liegt.[622] Obwohl sich die Gesinnung des Menschen durch seine Reue ändern lässt, wird damit seine Schuld gegenüber der geschädigten Seite jedoch nicht aufgehoben. Dieser Schritt der Schuldbefreiung hängt, so der schweizerische Theologe Alois Müller, von der Vergebung des Opfers ab. Vergebung ergibt sich hierbei, wie bereits festgestellt wurde, aus der freien Entscheidung des Opfers und wird primär als „ein Geben ohne Gegengabe"[623] verstanden. Demzufolge ist das Opfer nicht als verpflichtet anzusehen, aufgrund der Reue des Täters Vergebung zu gewähren.

---

619 In der kirchlichen Praxis wird die vollkommene (lat. contritio) von der unvollkommenen (lat. attritio) Reue abgegrenzt. Diese zwei Reueformen werden von unterschiedlichen Motiven geleitet. Die vollkommene Reue, die als *metanoia* bzw. als Umkehr verstanden wird, ist eng mit Gott, Liebe zu Gott und Sündenvergebung verbunden. Mit der vollkommenen Reue ist die Distanzierung von den Untaten und der Vorsatz verbunden, nicht mehr zu sündigen. Die unvollkommene Reue kann aus einem sittlich betrachtet guten Motiv erfolgen, das aber nicht mit der Liebe zu Gott verbunden wird. So kann die unvollkommene Reue z. B. von der Angst vor der Strafe Gottes motiviert werden. Die unvollkommene Reue kann den Sünder zwar nicht rechtfertigen, aber sie kann ihn auf die Gnade, die im Bußsakrament erlangt wird, vorbereiten (zum Unterschied zwischen *contritio* und *attritio* vgl. Anton Ziegenaus, Art. Attritio, Attritionismus, in *LThK* 1 [³1993]: Sp. 1168–1170; Josef Weismayer, Art. Reue. III. Systematisch-theologisch, in *LThK* 8 [³1999]: Sp. 1137 f.; Raimund Sagmeister, Art. Reue, in *Neues Lexikon der christlichen Moral*, hrsg. v. Hans Rotter und Günter Virt, 3., völlig neu bearb. Auflage [Innsbruck u. a.: Tyrolia-Verl., 1990], 648 f.).

620 Sagmeister, Reue, 647.

621 Vgl. Müller, Schuld und Bekehrung, 183.

622 Vgl. Sagmeister, Reue, 649.

623 Müller, Schuld und Bekehrung, 184.

Der kanadische Soziologe Richard Weisman bemerkt, dass in der Literatur Reue als wesentliches Element von Entschuldigung dargestellt wird.[624] Reue und Entschuldigung sind seiner Ansicht nach aber klar voneinander abzugrenzen. Der Grund dieser Abgrenzung liegt in der Tatsache, dass der Täter den Abstand von seinen Taten durch Reue und Entschuldigung anders artikuliert.[625] „Both the apology and the expression of remorse can be communicated through simple linguistic formulae as 'I am sorry.' With the former, however, we are likely to attend to the words; with the latter, we focus on how the words are expressed or the feelings that accompany the words."[626]

Die entscheidenden Kriterien der Reue eines Einzeltäters sind, so Weisman, die Anerkennung der Untat, sein Leiden aufgrund des Geschehenen und die innerliche Transformation des Täters.

> The remorseful wrongdoer is someone who acknowledges, without excuse or justification[,] his or her responsibility for the wrongdoing. [...] The wrongdoer is expected to demonstrate that they have suffered for their wrongdoing. But the suffering is expected to take the form of shame over one's actions – that is, a lowering of self-regard or self-esteem as a result of perpetrating the wrongful act – rather than disclosure of one's own victimization as a result of any punishments that are imposed. The wrongdoer suffers visibly but does not portray him or herself as a victim. Finally, the wrongdoer promises to undergo, or has already undergone, a process of self-transformation in which those parts of the former self that contributed to the misconduct or betrayed the moral community, are replaced by a new self that is committed to the moral community.[627]

Laut Tavuchis wird Reue in der interpersonalen Entschuldigung zentraler positioniert als in der sozialen Praxis. „[I]nterpersonal apology realizes its potential through sorrow and remorse. Without these, the speech dis-

---

624 Vgl. dazu Richard Weisman, *Showing Remorse: Law and the Social Control of Emotion* (Farnham u. a.: Ashgate, 2014), 8–12.
625 In seiner These beruft sich Weisman auf den kanadischen Soziologen Erving Goffman. Goffman zufolge ist Entschuldigung als Form des korrektiven Tuns (*remedial work*) zu verstehen. „An apology is a gesture through which an individual splits himself into two parts, the part that is guilty of an offense and the part that dissociates itself from the delict and affirms a belief in the offended rule." (Erving Goffman, *Relations in Public: Microstudies of the Public Order* [New York: Harper & Row, 1972], 113). Gerade darin liegt die Grundvoraussetzung von Weismans Ansicht, der zufolge Entschuldigung und Reue erst dann gelungen sind, wenn das durch Reue und Entschuldigung abgetrennte Selbst nicht mit dem vergangenen und schädigenden Tun zu identifizieren ist (vgl. Weisman, Showing Remorse, 9).
626 Weisman, Showing Remorse, 10.
627 Ebd., 38.

solves into a tangle of disclaimers and self-justifications, resulting in a neutralizing detachment from the transgression and the offended party."[628] Ohne Reue wäre eine interpersonale Entschuldigung oberflächlich und unaufrichtig. Ein Entschuldigungsakt, der im Namen einer Gruppe durch ihren legitimen Repräsentanten vorgebracht wird, zielt hingegen nicht darauf, Reue für die verursachten Schädigungen zum Ausdruck zu bringen: „[T]he ultimate task of collective apologetic speech is to put things on record, to document as a prelude to reconciliation."[629] Wenn Reue durch einen Repräsentanten der Gruppe ausgedrückt wird, dann erscheint sie normalerweise, so Tavuchis, „in a compressed and summary manner"[630].

Auf der individuellen Ebene bezeichnet Reue die *metanoia* bzw. die moralische Umkehr eines Einzeltäters. Im Hinblick auf diesen Umkehraspekt sind Gruppen und andere politische Entitäten nicht als greifbare Subjekte zu betrachten. „Since sorrow and contrition are inwardly chosen, the state cannot mandate or institutionalize repentance into its procedures for reconciliation. Because, however, the act was one of political violence, committed in the name of a political community, a public authority may appropriately encourage offenders to repent and create a forum where repentance can be expressed."[631] Entscheidend für diese Prozesse des öffentlichen Über-sich-selbst-Hinauskommens wären die Enthüllung und Enttabuisierung einer gewalttätigen Vergangenheit, damit sich die relevanten Akteure und die Öffentlichkeit insgesamt in die Opfergeschichten einfühlen können.

4.8 Empathie

Empathie bzw. Einfühlung wird in der psychologischen Literatur als „mehrdimensionales Konstrukt"[632] dargestellt. Dieses Konstrukt umfasst „ein sowohl körperlich-sensitives als auch kognitives Wahrnehmen des anderen Menschen, ein Erleben der emotionalen Konnotationen seiner

---

628 Tavuchis, Mea Culpa, 109.
629 Ebd.
630 Ebd., 103.
631 Daniel Philpott, „Beyond Politics as Usual: Is Reconciliation Compatible with Liberal Democracy?," in *The politics of past evil: Religion, reconciliation, and the dilemmas of transitional justice*, hrsg. v. Daniel Philpott, (Notre Dame, Ind.: University of Notre Dame Press, 2006), 24.
632 Katharina Anna Fuchs, *Emotionserkennung und Empathie: Eine multimethodale psychologische Studie am Beispiel von Psychopathie und sozialer Ängstlichkeit* (Wiesbaden: Springer VS, 2014), 46.

Erfahrung, Werte und Reaktionsweisen, ein Innewerden dessen, worum es ihm in seinem Herzen geht"[633]. Die emotionale Komponente von Empathie (Gefühlsansteckung, empathische Anteilnahme) wird als reflexartige Reaktion des Menschen angesehen.[634] Diese Reaktion entsteht, wenn eine Person „mit den Emotionen einer anderen Person konfrontiert wird und eine qualitativ ähnliche Emotion selbst erlebt"[635]. In diesem gefühlsorientierten Prozess werden die Emotionen einer anderen Person wahrgenommen und nachempfunden, wobei das eigene Erleben vom Erleben eines Anderen klar differenziert werden muss. Wer sich in die Welt des Gegenübers einfühlt, kann zwischen den eigenen Emotionen und denen des Gegenübers unterscheiden. Außer der emotionalen besteht Empathie noch aus der kognitiven Komponente.[636] Es handelt sich um die Fähigkeit, sich in die Rolle einer anderen Person einzudenken. Auf diese Weise lassen sich die Welt bzw. Sicht- und Erlebnisweisen eines Anderen besser nachvollziehen. Den Perspektivenwechsel thematisiert auch Volf als einen wichtigen Aspekt in seiner Versöhnungsauffassung. Der Überblick über einen Konflikt sollte laut Volf nicht einseitig bzw. nur aus der Perspektive einer der Konfliktparteien (der ‚hier-Perspektive') gewonnen werden, sondern er wäre vollkommener mit dem Hineinversetzen einer Konfliktpartei in die Situation der anderen (die ‚dort-Perspektive').[637] „[W]e enlarge our thinking by letting the voices and perspectives of others, especially those with whom we may be in conflict, resonate within ourselves, by allowing them to help us see them, as well as ourselves, from *their* perspective, and if needed, readjust our perspectives

---

633 Christiane Burbach, „Seelsorge zwischen Empathie und Autorität: Eine Rechenschaft mit innovatorischem Ausblick," *Wege zum Menschen* 66, Nr. 2 (2014): 223.
634 Im Vergleich zu der kognitiven Komponente von Empathie gilt die Gefühlsansteckung, so der deutsche Psychologe Hans Werner Bierhoff, als primitive Reaktion. Gefühlsansteckung lässt sich nicht nur bei Menschen finden, sondern auch bei Säugetieren und Vögeln (vgl. Hans Werner Bierhoff, *Psychologie prosozialen Verhaltens: Warum wir anderen helfen*, 2., vollst. überarb. Auflage, Kohlhammer-Urban-Taschenbücher 418: Psychologie [Stuttgart: Kohlhammer, 2010], 210).
635 Ebd., 211.
636 Dass Empathie aus einer emotionalen und einer kognitiven Komponente besteht, wurde schon in den 1970er Jahren in psychologischen Kreisen in den USA etabliert (vgl. z.B. Jay S. Coke, C. Daniel Batson und Katherine Mcdavis, „Empathic Mediation of Helping: A Two-stage Model," *Journal of Personality and Social Psychology* 36, Nr. 7 [1978]: 752–766).
637 Volf bezeichnet den Perspektivenwechsel als *double vision*. Die ideale Perspektive wäre, so Volf, jedoch nur die *from everywhere*-Perspektive, die aber nur Gott zugeordnet werden kann (vgl. Volf, Exclusion and Embrace, 251).

as we take into account their perspectives."[638] Die Perspektivenübernahme wird in der Realität nicht immer durch uneigennützige Motivation geprägt. Dementsprechend kann sie auch antisozial wirken. „Denn Perspektivenübernahme kann auch nützlich sein, um Verbrechen zu begehen, ohne erwischt zu werden. [...] Wenn aber die Perspektivenübernahme mitfühlend ist, kann sie prosoziales Verhalten motivieren."[639]

Empathie wird in der psychologischen Literatur als eine auf den sozialen Bereich bezogene Fähigkeit[640] dargestellt, die als Voraussetzung für die positive soziale Interaktion unter den Menschen zu verstehen ist.[641] Empathie wird dabei von den anderen Formen des emotionalen Verstehens einer anderen Person (Sympathie, Mitleid, Mitgefühl) klar abgegrenzt.[642]

> Mit all diesen Begriffen sind durchwegs originär-eigene Fühlenszustände angesprochen. Hingegen zielt „Empathie" auf einen *Vorgang* – und zwar stellvertretender Art: Um die Sicht und Lage eines anderen angemessen zu verstehen, werden entlang seines Erlebensausdruckes eigene emotionale Potenziale und deren möglicher Sinn mobilisiert und ins Gespräch gebracht. Empathie versteht also in Form nachbildender Annäherung auf Basis bleibender reflexiver Differenz und Kommunikation: Es bleibt bewusst, dass das Erfühlte dem anderen zugehört.[643]

---

638 Ebd., 213 (Hervorhebung im Original).

639 Bierhoff, Psychologie, 211. Laut dem deutschen Psychologen Franz Petermann lässt sich ein vertrauensvolles Verhalten nur durch die uneigennützige Perspektivenübernahme herausbilden (vgl. Franz Petermann, *Psychologie des Vertrauens*, 4., überarb. Auflage [Göttingen u. a.: Hogrefe, 2013], 103).

640 Der deutsche Psychologe Heiko Ernst stellt Empathie als eine dem Menschen angeborene Fähigkeit dar (vgl. Heiko Ernst, „Empathie: die Kunst, sich einzufühlen," *Psychologie heute* 28 [2001]: 20).

641 Laut den Forschern sind die Vorteile von Empathie vielfältig. „[E]mpathy is important in the development of healthy relationships, supplies the affective and motivational foundation for moral development, and promotes helping and prosocial behaviors particularly during adolescence. In contrast, the lack of empathy has been associated with bullying, violent crime, abusive parenting, spousal battering, and sexual offending." (Elizabeth A. Segal u. a., „A Confirmatory Factor Analysis of the Interpersonal and Social Empathy Index," *Journal of the Society for Social Work and Research* 4, Nr. 3 [2013]: 131).

642 Zu dieser terminologischen Abgrenzung vgl. Ernst, Empathie, 21; Hanspeter Schmitt, *Empathie und Wertkommunikation: Theorie des Einfühlungsvermögens in theologisch-ethischer Perspektive*, Studien zur theologischen Ethik 93 (Freiburg, Schweiz: Univ.-Verl.; Freiburg, Wien: Herder, 2003), 159 (FN 6).

643 Hanspeter Schmitt, „Empathie – Begriff und Wirklichkeit," *Religionsunterricht an höheren Schulen* 54 (2011): 148 (Hervorhebung im Original).

Der deutsche Moraltheologe Hanspeter Schmitt betrachtet Empathie im Kontext zwischenmenschlicher Alltagskommunikation.[644] Es handelt sich, so Schmitt, um eine hermeneutische Kompetenz sozialer Austauschprozesse über Wert und Bedeutung (Wertkommunikation). Die Empathiefähigkeit spielt eine wichtige Rolle im Gestalten zwischenmenschlicher Verhältnisse und gesellschaftlicher Strukturen. Empathie ereignet sich durch Interaktion bzw. Kommunikation, die verschiedene Aspekte und Formen beinhalten kann (Metapher, Gestik, Mimik, Geschichten und gefühlte Eindrücke).[645] Darin schlägt sich, so Schmitt, das Verhältnis der Menschen zur Welt, zu anderen Menschen und zu sich selbst nieder. Empathie besteht als Vermögen, die innere Welt des Kommunikationspartners in Erzähl- und Gefühlsbildern aufzugreifen und in das soziale Wissen zu integrieren.[646]

> Empathisch kommunizieren heißt, die andere Fühlenslage ins eigene Fühlen „bewusstseinsfähig" (reflexiv) aufzunehmen und, umgekehrt, das eigene Fühlen im anderen Erleben abzubilden – wobei sich dieser empathische Weg als eine Verbindung aus reaktiver Intensität im Mitfühlen und einer sich zugleich einstellenden Kraft zur aktiv-fühlenden Reflexion erweist. Im Grunde beinhaltet der empathische Dialog eine permanente wechselseitige Induktion des jeweils am anderen nacherlebten und dann wiedergegebenen Verstehens einer zur Debatte stehenden Sache.[647]

Empathie äußert sich durch den Dialog unter den Kommunikationspartnern. In diesem Dialog entsteht, so Schmitt, eine neue Qualität des Erlebens: „[Z]wischen den Akteuren baut sich eine Äquivalenz im Erleben

---

644 Schmitt distanziert sich dabei von den Vorstellungen über Empathie, die in der Gesprächstherapie zu finden sind. Die Stilistik der therapeutischen Empathie würde, so Schmitt, „die lebensweltlich erforderliche Vielfalt und Funktion sozialer Interaktionen dauerhaft verfehlen und müsste – im ungebetenen Fall – als Form respektlosen Zunahetretens empfunden werden" (ebd., 150). Die Kommunikation zwischen Therapeut und Klient wird in der Gesprächstherapie einseitig gestaltet, und zwar durch den Therapeuten. Laut dem US-amerikanischen Psychologen Carl Rogers strebt der Therapeut an, die Erlebnisse und Gefühle des Klienten möglichst präzis und sensibel zu erfassen. Das Einfühlungsvermögen des Therapeuten bedeutet, „daß der Therapeut in der Welt des Klienten zu Hause ist. Es ist ein unmittelbares Gespür im Hier und Jetzt für die innere Welt des Klienten mit ihren ganz privaten personalen Bedeutungen, als ob es die Welt des Therapeuten selbst wäre, wobei allerdings der ‚Als-ob-Charakter' nie verlorengeht." (Carl R. Rogers und Wolfgang M. Pfeiffer, *Therapeut und Klient: Grundlagen der Gesprächspsychotherapie*, ungekürzte Ausg., Fischer-Taschenbuch 42250: Geist und Psyche [Frankfurt am Main: Fischer-Taschenbuch-Verlag, 1983], 23).
645 Vgl. Schmitt, Empathie – Begriff und Wirklichkeit, 151.
646 Vgl. ebd., 151 f.; Schmitt, Empathie und Wertkommunikation, 251.
647 Schmitt, Empathie und Wertkommunikation, 291.

einer Sache auf. Es handelt sich aber – wohlgemerkt – um eine *empathisch* erworbene Äquivalenz, also nicht um eine Symbiose, wenn sie auch als eine von beiden Seiten her gleichermaßen aufgenommene und ‚gesendete' gemeinsame Resonanz erfahrbar wird."[648]

Empathie und Vergebung werden oft in einen engen Zusammenhang gebracht. Einige empirische Befunde zeigen, dass die Vergebungsbereitschaft des Opfers durch Empathie gegenüber dem Täter erhöht wird.[649] Empathie gilt auch als eine wesentliche psychologische Variable für das Verhältnis zwischen Entschuldigung und Vergebung. „Entschuldigungen seitens der verletzenden Person beeinflussen die Vergebungsbereitschaft der verletzten Person dann positiv, wenn deren Empathiefähigkeit hoch ist, sodass man sagen kann, dass Entschuldigungen nicht automatisch zu Vergebung führen, sondern als vermittelnde Variable die Empathiefähigkeit der Person wichtig ist."[650]

> The expression of an apology may lead to the perception that the offending partner is experiencing guilt and emotional distress due to his or her awareness of how the hurtful actions harmed the offended partner. The offended partner's recognition of the offender's guilt and emotional distress over his or her hurtful actions promotes empathy for the offender. To the extent that the offended partner experiences empathy for the offending partner, the offended partner is expected to experience reduced motivations toward revenge and the maintenance of estrangement and, instead, to experience increased motivations to pursue a conciliatory course of

648 Ebd., 292 (Hervorhebung im Original).
649 Vgl. dazu Michael E. McCullough u. a., „Interpersonal Forgiving in Close Relationships," *Journal of Personality and Social Psychology* 73, Nr. 2 (1997): 321–336; Michael E. McCullough u. a., „Interpersonal Forgiving in Close Relationships: II. Theoretical Elaboration and Measurement," *Journal of Personality and Social Psychology* 75, Nr. 6 (1998): 1586–1603; Ann Macaskill, John Maltby und Liza Day, „Forgiveness of Self and Others and Emotional Empathy," *The Journal of Social Psychology* 142, Nr. 5 (2002): 663–665. „[E]mpathy for the transgressor is the only psychological variable that has, to date, been shown to facilitate forgiveness when induced experimentally." (Michael E. McCullough, „Forgiveness: Who Does It and How Do They Do It?," *Current Directions in Psychological Science* 10, Nr. 6 [2001]: 196).
650 Annette Kämmerer, „Vergeben: Eine Quelle von Wohlbefinden," in *Therapieziel Wohlbefinden: Ressourcen aktivieren in der Psychotherapie*, hrsg. v. Renate Frank (Heidelberg: Springer, 2007), 229. Der deutschen Psychologin Annette Kämmerer zufolge muss eine Entschuldigung, wenn sie eine verletzte Person zum Vergeben motivieren möchte, die Anerkennung des Geschädigten und ein Angebot zur Wiedergutmachung enthalten (vgl. ebd., 230 f.).

action (i.e., to forgive), much as empathy leads to an increased motivation to care for others and thus to prosocial behavior in other social situations.[651]

Vergebungsbereitschaft wird nicht nur durch Empathiefähigkeit bestimmt. Bestimmte Persönlichkeitsmerkmale (Neigung zu Rache, eine negativ getönte Affektivität, geringe Lebenszufriedenheit)[652], tatbezogene (Schwere der Tat und Verletzung) und beziehungsorientierte (Nähe zu der verletzenden Person) Faktoren können interpersonales Vergeben erschweren bzw. erleichtern.[653]

Laut der deutschen Politikwissenschaftlerin Gesine Schwan steht die Identität des Einfühlenden in engem Zusammenhang mit der sozialen Interaktion und Integration einer Gesellschaft.[654] Das Einfühlen in die Wahrnehmungsperspektive des Anderen sollte die moralische Selbstbeobachtung des Einfühlenden voraussetzen, und zwar die Klärung seiner Schuld und Klarsicht über die eigenen Verfehlungen. „Je besser Menschen sich selbst integrieren, also ihre Erfahrungen verarbeiten und so eine differenzierte personale Identität herausbilden, desto eher sind sie in der Lage, andere zu verstehen und zusammenzubringen."[655] Damit wird der achtungsvolle Beitrag zur freiheitlichen Interaktion und Integration geleistet, „ebenso wie umgekehrt das Beschweigen der Schuld, das Unklar-Lassen oder Nicht-Anerkennen, ihr entgegensteht und sich zerstörerisch auswirkt, sowohl auf die Identität der Person – bis hin zur schizoiden Spaltung des Selbst – als auch auf den freiheitlichen Zusammenhalt der Gesellschaft"[656]. Dass Empathie auch außerhalb der zwischenmenschlichen Beziehungen, und zwar im Kontext der sozialen Gesundungsprozesse ein wünschenswerter Aspekt ist, betont auch Shriver. Um eine Gemeinschaft wiederher-

---

651 McCullough u. a., Interpersonal Forgiving in Close Relationships, 324.
652 Vgl. Kämmerer, Vergeben, 230 f.
653 Zu diesen Faktoren vgl. McCullough u. a., Interpersonal Forgiving in Close Relationships: II., 1587–1589.
654 Das gegenseitige Einfühlungsvermögen wird aus der persönlichen in die gesellschaftliche Dimension erweitert: „Ohne eine Kultur gegenseitigen Verstehens zerbricht die Gesellschaft in Fragmente, die nebeneinander oder gegeneinander stehen." (Gesine Schwan, „Wo die moralische und psychische Überforderung beginnt," *Die Welt*, 9. Januar 1999, abrufbar unter https://www.welt.de/print-welt/article564196/Wo-die-moralische-und-psychische-Ueberforderung-beginnt.html [Stand: 17.08.2021]).
655 Gesine Schwan, *Politik und Schuld: Die zerstörerische Macht des Schweigens*, Fischer 13404: Zeitschriften (Frankfurt am Main: Fischer-Taschenbuch-Verlag, 1997), 191.
656 Ebd., 49.

zustellen, müssen die Übeltäter als Mitmenschen betrachtet werden, wobei ihnen und ihren Opfern der Status von Nachbarn und Bürgern wiedergegeben wird. Dies lasse sich als praktisches Ziel der politischen Vergebung kennzeichnen.[657] Auf dem Weg von „rehumanizing the dehumanized"[658], auf dem die verfeindeten Konfliktparteien beginnen, einander als Mitmenschen wahrzunehmen, werden beiderseitige Nachsicht und Reue sowie das gegenseitige Erzählen von Wahrheit vorausgesetzt.

Empathie auf der sozialen Ebene lässt sich, so van de Loo, nicht mit interpersonalen Empathieprozessen vergleichen, weil es auf der sozialen Ebene kein greifbares Gegenüber gibt.[659] Im Vergleich zu Gruppen gelten die Einzelgruppenmitglieder, ihre Geschichten und persönlichen Wahrheiten als greifbar genug. Die Autoren betonen den Belang subjektiver Wahrheiten, ihrer Darstellung (primär im öffentlichen Raum) und offizieller Anerkennung von Opfergeschichten.[660] Diese gelten als wesentliche Voraussetzungen für die Befreiung von den eigenen *von-hier*-Perspektiven, in denen Konfliktparteien verbarrikadiert sind, sowie für die Humanisierung des im Konflikt dehumanisierten Anderen.

---

657 Vgl. Shriver, Brücken über den Abgrund, 9f.
658 Donald W. Shriver, „The Long Road to Reconciliation: Some Moral Stepping Stones," in *After the Peace: Resistance and Reconciliation*, hrsg. v. Robert L. Rothstein (Boulder: Lynne Rienner, 1999), 213.
659 Vgl. Loo, Versöhnungsarbeit, 248.
660 Vgl. dazu Jodi Halpern und Harvey M. Weinstein, „Rehumanizing the Other: Empathy and Reconciliation," *Human Rights Quarterly* 26, Nr. 3 (2004): 561–583; Sabina Čehajić, Rupert Brown und Roberto González, „What do I Care? Perceived Ingroup Responsibility and Dehumanization as Predictors of Empathy Felt for the Victim Group," *Group Processes & Intergroup Relations* 12, Nr. 6 (2009): 715–729. Die prosozial wirkende Empathie für eine Person, die zu einer stigmatisierten Gruppe gehört, kann auf die ganze Gruppe verallgemeinert werden (vgl. dazu Daniel C. Batson u. a., „Empathy and Attitudes: Can Feeling for a Member of a Stigmatized Group Improve Feelings Toward the Group?," *Journal of Personality and Social Psychology* 72, Nr. 1 [1997]: 105–118). Die US-amerikanische Sozialwissenschaftlerin Elizabeth A. Segal entwickelte ein Modell der sozialen Empathie. „Social empathy is the ability to understand people by perceiving or experiencing their life situations and as a result gain insight into structural inequalities and disparities. Increased understanding of social and economic inequalities can lead to actions that effect positive change, social and economic justice, and general well-being." (Elizabeth A. Segal, „Social Empathy: A Model Built on Empathy, Contextual Understanding, and Social Responsibility That Promotes Social Justice," *Journal of Social Service Research* 37, Nr. 3 [2011]: 266f.). Die soziale Empathie stützt sich, so Segal, auf die interpersonale Empathie.

4.9 Abschließende Kritik

Beim Transfer der ursprünglich individuellen Kategorien von Vergebung und Entschuldigung in die soziopolitische Wirklichkeit drängt sich meines Erachtens zunächst die Frage auf, ob sich die Bedeutung dieser Kategorien dadurch ändert. Dies scheint mir sinnvoll zu sein, weil bei diesem Transfer mit deutlich anderen Akteuren operiert wird. Im Fokus stehen nun Gruppen mit ihren politischen Repräsentanten. Politische Entschuldigung entfernt sich, formell gesehen, nicht von der ursprünglichen interpersonalen Praxis. Sie vollzieht sich immer noch in dialogischer Form bzw. als Ansprache des sich entschuldigenden politischen Repräsentanten an die Opferseite. Was Vergebung im soziopolitischen Kontext betrifft, wird sie vornehmlich als ein interaktiver Prozess verstanden, an dem Opfer- und Täterseite beteiligt sind.

Hinsichtlich der Bedeutung von Vergebung und Entschuldigung im interpersonalen Kontext lässt sich bemerken, dass diese grundsätzlich als Transformationsprozesse zu betrachten sind. Vergebung setzt die Umkehr bzw. die Transformation des Opfers voraus, Entschuldigung die Umkehr bzw. die Transformation des Täters. Diese Umkehr bzw. Transformation vollzieht sich auf der kognitiv-emotionalen Ebene. Was den soziopolitischen Kontext angeht, stellt sich die Frage, ob Gruppen transformationsfähig sind, und wenn ja, dann wie. Ist dieses *Wie* der Gruppentransformation dem *Wie* der Transformation eines Individuums gleichzusetzen? Wenn ja, dann wäre die Gruppentransformation kognitiv-emotionaler Art. Diesbezüglich zeigen sich Gruppen aus unterschiedlichen Gründen (die umstrittene Gruppenemotionalität, das umstrittene Gruppenbewusstsein, die Heterogenität und Vielfältigkeit der Gruppenmitglieder) als Akteure, die schwer zu greifen sind. Es scheint mir, dass diese Ungreifbarkeit der Gruppen von den Theologen nicht genug in Betracht gezogen wurde.

Was die soziopolitischen Perspektiven von Vergebung und Entschuldigung angeht, muss man zunächst gewisse Ebenen deutlich voneinander abgrenzen, und zwar die personale von der sozialen sowie die innerliche von der öffentlichen. Diesbezüglich erhebt sich die Frage, ob diese Ebenen miteinander im Einklang stehen müssen. Setzt z. B. die politische Vergebung die Vergebungsbereitschaft der Opfer voraus? Sollen sich alle Gruppenmitglieder einig über die Entschuldigung ihres politischen Repräsentanten sein? Benötigt ein solcher Akt die Reue jedes einzelnen Gruppenmitglieds?

Die Prinzipien, nach denen sich Vergebung und Entschuldigung auf der Mikroebene richten, lassen sich nicht einfach auf die Makroebene übertragen. Einer der möglichen Gründe dafür liegt meines Erachtens darin, dass mit einigen Kategorien, die für Vergebung und Entschuldigung im interpersonalen Kontext eine wichtige Rolle einnehmen, auf der sozialen Makroebene nicht operiert werden kann. So sind z. B. Umkehr, Schuld, Reue und Empathie nicht als kollektive Kategorien zu definieren. Diese sind primär in der anthropologischen Perspektive verortet.

Vergebung und Entschuldigung sollen sich im soziopolitischen Rahmen vor allem nach Prinzipien der Verantwortung richten. In diesem Zusammenhang wird Verantwortung zweifach verstanden – als vergangenheits- und zukunftsorientierte Kategorie. Wenn sie vergangenheitsorientiert ist, steht Verantwortung für die Entschlossenheit, sich als Verursacher eines schädlichen Tuns zu bezeichnen. Als zukunftsorientierte Kategorie steht Verantwortung für die Entschlossenheit, über das Vergangene trotz der Folgen des schädlichen Tuns hinauszukommen. In beiden Fällen hat Verantwortung die Wiederherstellung der Beziehungen unter den ehemaligen Konfliktparteien zum Ziel. Inwiefern sich Vergebung und Entschuldigung im soziopolitischen Kontext etablieren lassen und was sie in diesem Kontext bedeuten, wird zum Thema der kommenden Kapitel (vor allem des V. Teils). Im folgenden IV. Teil wird das Forschungsfeld *transitional justice* aufgezeigt und in dessen Rahmen nach dem aktuellen Stellenwert von Vergebung und Entschuldigung gefragt.

Teil IV – Transitional justice. Darstellung eines heterogenen und sich immer noch entwickelnden Forschungsfeldes

Seit ihrer Etablierung als Forschungsfeld weckt *transitional justice* (TJ) großes Interesse sowohl in der Wissenschaft als auch in der Praxis. In diesem Teil sollen zunächst die Begriffserläuterung und der theoretische Rahmen von TJ dargestellt werden (Kapitel 1). Im Anschluss daran wird die historische und konzeptionelle Entwicklung von TJ thematisiert (Kapitel 2). Während in Kapitel 3 die Ziele von TJ erörtert werden, soll das Kapitel 4 sich mit den Instrumenten von TJ – unter anderem der politischen Entschuldigung – befassen, mit denen die festgestellten Ziele in der Praxis zu erreichen sind. Das letzte Kapitel 5 reflektiert die Diskussion um Vergebung im Rahmen von TJ.

1 Die Darstellung von *transitional justice*

Wie lässt sich *transitional justice* (TJ) definieren? Handelt es sich dabei um eine besondere Art von Gerechtigkeit, die nur während der Transition auszuüben ist, wie das der Begriff schon impliziert? Wurde TJ bisher als eigenständige Forschungsdisziplin etabliert? Verfügt TJ über einen festen theoretischen Rahmen? In diesem Kapitel wird ein Fokus auf die Begriffserläuterung und Darstellung des theoretischen Rahmens von TJ gerichtet.

1.1 Transitional justice: Begriffserläuterung

Der Begriff *transitional justice* wurde zu Beginn der 1990er Jahre geprägt und zum ersten Mal verwendet.[661] Dieser englische Begriff wird meistens in der gleichen Form auch in der deutschen Literatur benutzt.[662] In TJ wurde die Transition bzw. der Systemwechsel (engl. transition) mit der Gerechtigkeit bzw. mit dem Recht (engl. justice) verknüpft. „Diese Verknüpfung beider Elemente ist das eigentliche Novum, um das TJ den wissenschaftlichen Diskurs bereichert hat."[663]

TJ etablierte sich ursprünglich als Art und Weise der Durchführung von Gerechtigkeit in der Zeit der Transition. Durch Gerechtigkeit, die hier im weiteren Sinne zu verstehen ist, und zwar nicht nur als ihre bestrafende Form (engl. retributive justice), sollte ein klarer Bruch mit einer gewalttätigen Vergangenheit vollzogen werden.[664] Zugleich sollten aber auch Transitionen, d. h. Demokratisierungsprozesse und neugegründete Regierungen, durch Gerechtigkeitsmaßnahmen nicht destabilisiert werden. Dabei lässt sich die Frage nach der Konsistenz und Legitimität der neuen

---

661 In der TJ-Literatur herrscht die Meinung, dass der Begriff *transitional justice* zum ersten Mal in dem dreibändigen Werk *Transitional Justice: How Emerging Democracies Reckon with Former Regimes* (1995) des US-amerikanischen Rechtswissenschaftlers Neil Kritz gebraucht wurde (vgl. Neil J. Kritz, Hrsg., *Transitional Justice: How Emerging Democracies Reckon with Former Regimes*, Bd. 1, *General Considerations* [Washington, DC: United States Institute of Peace Press, 1995]. Die US-amerikanische Rechtswissenschaftlerin Ruti Teitel schreibt jedoch sich selbst die Prägung des Begriffs *transitional justice*, und zwar im Jahr 1991 (vgl. Ruti Teitel, „Editorial Note – Transitional Justice Globalized," *The International Journal of Transitional Justice* 2, Nr. 1 [2008]: 1–4).

662 Gelegentlich wird TJ im Deutschen als Übergangsjustiz übersetzt (vgl. z. B. Susanne Buckley-Zistel, *Transitional Justice als Weg zu Frieden und Sicherheit: Möglichkeiten und Grenzen*, SFB-Governance working paper series 15 [Berlin: Freie Universität, 2008], abrufbar unter https://www.sfb-governance.de/en/publikationen/sfb-700-working_papers/wp15/SFB-Governance-Working-Paper-15.pdf [Stand: 17.08.2021], 5). In der deutschen Literatur wird TJ auch als Transitionale Gerechtigkeit übersetzt (vgl. z. B. Stefan Engert und Anja Jetschke, „Einleitung: Transitional Justice 2.0 – zur konzeptionellen Erweiterung eines noch jungen Forschungsprogramms," in *Transitional Justice 2.0*, hrsg. v. Stefan Engert u. a., Die Friedens-Warte Bd. 86, H. 1/2 [Berlin: BWV, 2011], 15).

663 Constanze A. Schimmel, *Transitional Justice im Kontext: Zur Genese eines Forschungsgebietes im Spannungsfeld von Wissenschaft, Praxis und Rechtsprechung* (Berlin: Duncker & Humblot, 2016), 68. Mehr zur Semantik des Begriffs *transitional justice* ebd., 68–70.

664 Zur Rolle von Gerechtigkeit in TJ vgl. Kapitel 3.1 in diesem Teil der vorliegenden Arbeit.

demokratischen Regierungen erheben. Das trifft besonders dann zu, wenn die alten Machthaber, die trotz des Systemwechsels immer noch einen bedeutenden Einfluss auf das politische Leben ausüben, um der Bewahrung der Demokratisierung willen dennoch nicht strafrechtlich verfolgt werden. Deswegen scheint TJ etymologisch betrachtet, so der deutsche Politikwissenschaftler Stefan Engert und die deutsche Politikwissenschaftlerin Anja Jetschke, in sich etwas widersprüchlich, weil sie zwei unvereinbare Ziele miteinander verbinde.[665]

Bis heute wurde keine allgemein anerkannte Definition von TJ in der Literatur etabliert. Für die US-amerikanische Rechtswissenschaftlerin Ruti Teitel ist TJ eine Vorstellung von Gerechtigkeit „associated with periods of political change, characterized by legal responses to confront the wrongdoings of repressive predecessor regimes"[666]. Diese Definition wird heute als zu eng angesehen, weil sie sich nur auf die juristischen Modelle der Vergangenheitsaufarbeitung und auf den Kontext der Transition beschränkt. Inzwischen wurde nämlich das Konzept von TJ überarbeitet und das Spektrum seiner Ziele und der Instrumente, mit denen diese Ziele zu erreichen sind, wurde erweitert. Im Gegensatz zu der Zeit der ersten Jahre von TJ, die stark von Modernisierungs- und Demokratisierungstheorien beeinflusst wurde, ist die Bewahrung der Demokratisierung derzeit nicht mehr als Hauptziel von TJ zu betrachten.[667] Außer der Transition werden

---

665 Vgl. Engert und Jetschke, Einleitung, 22.
666 Ruti G. Teitel, „Transitional Justice Genealogy," *Harvard Human Rights Journal* 16 (2003): 69. Die Definition von Teitel wird von der US-amerikanischen Rechtswissenschaftlerin Naomi Roht-Arriaza als problematisch angesehen. „That definition is somewhat problematic, in that it implies a defined period of flux after which a post-transitional state sets in, whereas in practice 'transition' may cover many decades, and may last longer for some issues than for others. It also does not articulate what the state is 'transitioning' to. Moreover, the same governments that carried out repression or war sometimes institute transitional measures: are those truly 'transitional'? Finally, by privileging the *legal* aspects of coming to terms with the past, it overvalues the role of law and legislation, and may give short shrift to the roles of education and culture and of distributional justice." (Naomi Roht-Arriaza, „The new landscape of transitional justice," in *Transitional Justice in the Twenty-First Century: Beyond truth versus justice*, hrsg. v. Naomi Roht-Arriaza und Javier Mariezcurrena [Cambridge, UK; New York: Cambridge University Press, 2006], 1 [Hervorhebung im Original]).
667 Der britische Politikwissenschaftler Phil Clark und die britische Rechtswissenschaftlerin Nicola Palmer problematisieren den Zusammenhang von TJ und Demokratisierung. „The close linkage between transitional justice and democratisation, however, makes a teleological assumption that all societies should be encouraged toward similar forms of democracy. Such a view proves problematic

als kontextueller Rahmen von TJ heutzutage auch die Gewaltkonflikte innerstaatlicher und internationaler Art angesehen. Vor diesem Hintergrund ist die Definition der US-amerikanischen Rechtswissenschaftlerin Naomi Roht-Arriaza umfassender, aktueller und demzufolge für die vorliegende Arbeit geeigneter. Ihr zufolge umfasst TJ ein „set of practices, mechanisms and concerns that arise *following a period of conflict, civil strife or repression*, and that are aimed directly at confronting and dealing with past violations of human rights and humanitarian law"[668].

TJ etabliert sich als Oberbegriff für alle Versuche, die gewalttätige Vergangenheit in der Zeit nach den Gewaltkonflikten oder diktatorischen Regimen aufzuarbeiten.[669] Aufgrund dieser breiteren Vorstellung von TJ wird der erste Teil des Begriffs TJ (*transitional*) nicht nur im Sinne eines Systemwechsels verstanden. Damit wird auch ein Übergang (*transition*) zu Frieden und Sicherheit angedeutet, den eine gespaltene Gesellschaft oder die ehemaligen Konfliktstaaten nach einer gewalttätigen Vergangenheit anstreben.[670] „In diesem Sinne ist der Blick von Transitional Justice nicht nur retrospektiv auf vergangenes Unrecht gerichtet, sondern auch nach vorne auf die Zukunft einer Gesellschaft."[671]

1.2 Der theoretische Rahmen von transitional justice

TJ ist, laut dem International Center for Transitional Justice (ICTJ), nicht als eine besondere Art von Gerechtigkeit zu verstehen, sondern als Gerechtigkeit „adapted to societies transforming themselves after a period of

when translated to the diverse political, social, cultural and historical settings in which transitional justice takes place. Furthermore, it emphasizes forward- over backward-looking concerns, holding that redress for past wrongs always contributes to future democratic entrenchment." (Phil Clark und Nicola Palmer, „Introduction: Challenging Transitional Justice," in *Critical Perspectives in Transitional Justice*, hrsg. v. Nicola Palmer u. a., Series on Transitional Justice 8 [Cambridge: Intersentia, 2012], 8 f.).

668 Roht-Arriaza, The new landscape, 1 (Hervorhebung P.A.).

669 Vgl. Susanne Buckley-Zistel u. a., „Transitional justice theories: An introduction," in *Transitional Justice Theories*, hrsg. v. Susanne Buckley-Zistel u. a. (London: Routledge, 2014), 1.

670 Vgl. dazu z. B. Susanne Buckley-Zistel, *Transitional Justice: Handreichung der Plattform Zivile Konfliktbearbeitung* (Berlin: Plattform Zivile Konfliktbearbeitung, 2007), abrufbar unter http://www.konfliktbearbeitung.net/downloads/file889.pdf (Stand: 17.08.2021), 2; Buckley-Zistel, Transitional Justice als Weg, 3.

671 Buckley-Zistel, Transitional Justice, 2.

pervasive human rights abuse"[672]. Als Forschungsfeld bietet TJ allerdings keine einzigartige Formel, wie in einer Gesellschaft oder einem Staat eine gewalttätige Vergangenheit aufzuarbeiten sei, noch lässt sie sich als „one-size-fits-all"[673]-Konzept betrachten. Wie bzw. mit welchen Maßnahmen ein Bruch mit der Vergangenheit zu vollziehen sei, wird nicht durch einen festen theoretischen Rahmen von TJ festgelegt, sondern wird vor allem durch Umstände bedingt, in denen sich ein Staat oder eine Gesellschaft nach einem Gewaltkonflikt oder Wechsel eines repressiven Regimes befinden. Aufgrund dieser politischen Umstände lässt sich TJ, so die deutsche Politikwissenschaftlerin Susanne Buckley-Zistel, nicht als ein neutraler, technokratischer Vorgang verstehen. Es handelt sich vielmehr um „ein höchst politisches Konzept, das in einem höchst politischen Kontext operiert, und bedarf daher einer sorgfältigen Abwägung der Machtinteressen der verschiedenen Akteure"[674]. Gerade deswegen wird jeder Fall in TJ sui generis betrachtet. Vor diesem Hintergrund sind Staaten oder Gesellschaften aufgerufen, eigene Wege der Vergangenheitsaufarbeitung zu wählen.[675]

TJ ergab sich aus der internationalen Menschenrechtsbewegung.[676] Obwohl die Entstehung von TJ mit den Gerichtsprozessen der Militärtribunale nach dem Zweiten Weltkrieg in enger Verbindung steht, kristallisierte sich TJ erst nach dem Kalten Krieg als Forschungsfeld heraus. Bis heute wurde TJ noch nicht zur eigenständigen Forschungsdisziplin und sie zeichnet sich „noch nicht durch einen gesicherten, spezifischen Wissenskanon, ein homogenes Vokabular oder eine bestimmte Methodenwahl aus"[677]. TJ umfasst jedoch vielfältige Forschungsdisziplinen und wird durch sie geprägt – Rechtswissenschaften, Politikwissenschaften, internationale Beziehungen, Soziologie, Friedens- und Konfliktforschung, Demokratisierungs- und Menschenrechtsforschung, Entwicklungspolitik, Anthropologie usw.[678]

---

672 International Center for Transitional Justice, *What is Transitional Justice?*, 2009, abrufbar unter https://www.ictj.org/sites/default/files/ICTJ-Global-Transitional-Justice-2009-English.pdf (Stand: 17.08.2021), 1.

673 Rosemary Nagy, „Transitional Justice as Global Project: Critical reflections," *Third World Quarterly* 29, Nr. 3 (2008): 275.

674 Buckley-Zistel, Transitional Justice, 7.

675 Vgl. International Center for Transitional Justice, What is Transitional Justice, 2.

676 Vgl. Martina Fischer, „Transitional Justice and Reconciliation: Theory and Practice," in *Advancing Conflict Transformation*, hrsg. v. Beatrix Austin, Martina Fischer und Hans J. Gießmann, The Berghof Handbook 2 (Opladen u. a.: Budrich, 2011), 407.

677 Engert und Jetschke, Einleitung, 22.

678 Zum Einfluss anderer Forschungsdisziplinen auf TJ vgl. ebd., 16; Clark und Palmer, Introduction, 1.

„This diversity of influences and orientations explains the energy and vibrancy but also the immense disagreements inherent in the field."[679] Ohne einen festen theoretischen Rahmen scheint TJ vielmehr ein heterogenes Forschungsfeld zu sein.[680] Diese Heterogenität lässt sich unter anderem der Tatsache zuschreiben, dass TJ ein relativ junges Forschungsfeld ist.[681] Vor diesem Hintergrund ist TJ, so die britische Rechtswissenschaftlerin Christine Bell, immer noch als ein „'evolving field' of study"[682] zu betrachten.

2 Die historische Entwicklung von *transitional justice*

Im Hinblick auf den historischen Beginn und Verlauf[683] von TJ werden unter den Autoren nicht immer einheitliche Ansichten vertreten. Dem norwegisch-US-amerikanischen Sozialwissenschaftler und Philosophen Jon Elster zufolge gehen die Wurzeln von TJ sogar auf die griechische Antike zurück. Elster ist der Ansicht, dass die TJ genauso alt wie die Demokratie selbst

---

679 Clark und Palmer, Introduction, 1.
680 „Significantly, there is not *one* theory of transitional justice. Rather, approaches to conceptualise the phenomenon can be manifold and highly diverse, and can at times be in tension with each other. The different disciplinary perspectives lead to particular *foci* of research: while for much of the legal and political science research, formal rules and institutional actors tend to be at the centre of interest, anthropological, sociological or psychological research on transitional justice often focuses on the merit and challenges of transitional politics on the group and individual level." (Buckley-Zistel u. a., Transitional justice theories, 4 [Hervorhebung im Original]).
681 Vgl. Derk Venema, „Transitions as States of Exception: Towards a More General Theory of Transitional Justice," in *Critical Perspectives in Transitional Justice*, hrsg. v. Nicola Palmer u. a., Series on Transitional Justice 8 (Cambridge: Intersentia, 2012), 73.
682 Christine Bell, „Transitional Justice, Interdisciplinarity and the State of the 'Field' or 'Non-Field'," *The International Journal of Transitional Justice* 3, Nr. 1 (2009): 5.
683 Clark und Palmer erkennen die Vielfältigkeit der Entwicklungsgeschichte von TJ. „Transitional justice has mixed roots, resulting from the convergence of disparate movements: the forces of modernisation, economic liberalisation and democratisation in the 1970s and 1980s; the changing nature of conflict in the post Cold War era; the growth of the global human rights community; a rediscovered belief in judicial remedies to mass atrocity nearly fifty years after Nuremberg and Tokyo; and a seeming *fin de siècle* angst over tying up loose historical ends." (Clark und Palmer, Introduction, 1 [Hervorhebung im Original]).

ist.[684] Die These, dass TJ nach dem Zweiten Weltkrieg geboren wurde, wird auf der anderen Seite oft vertreten und ist in der TJ-Literatur sehr verbreitet. Dieser These zufolge wurde auch der Einfluss des Ersten Weltkrieges auf die Entstehung von TJ deutlich.[685] Unter den TJ-Autoren gibt es aber auch die Ansicht, dass sich der Begriff TJ erst in den 1970er Jahren mit den Demokratisierungen in den Ländern Lateinamerikas herauskristallisierte.[686] Auf ein anderes Jahrzehnt, und zwar auf das Ende der 1980er Jahre, sind laut der US-amerikanischen Politikwissenschaftlerin Paige Arthur die Anfänge von TJ zurückzuverfolgen. TJ entstand, so Arthur, als Folge der politischen Rahmenbedingungen, in denen sich die Menschenrechtsaktivisten während der Regimewechsel in Ländern wie z. B. Argentinien befanden.[687]

Teitel nimmt eine detailliert dargestellte und in der TJ-Literatur oft zitierte historische Entwicklung an. Dieser historischen Darstellung zufolge bestehen drei Entwicklungsphasen von TJ.[688] Der Anfang der ersten Phase hängt mit dem Ende des Zweiten Weltkrieges zusammen. Diese Phase wurde stark durch „interstate cooperation, war crimes trials, and sanctions"[689] geprägt. Dadurch zielte die internationale Weltgemeinschaft darauf ab, Kriegsverbrechen und Verbrechen gegen die Menschlichkeit strafrechtlich zu verfolgen und ihre Wiederholung zu verhindern. Der Prozess der Internationalisierung dieser ersten Nachkriegsphase wurde jedoch durch die Bipolarität des Kalten Krieges deutlich gestört. Die zweite Phase

---

684 Vgl. Jon Elster, *Closing the Books: Transitional Justice in Historical Perspective* (Cambridge: Cambridge University Press, 2004), 3. Ausgehend davon, dass die TJ genauso alt sei wie die Demokratie selbst, unternimmt Elster den Versuch, die Muster von TJ in den vergangenen Konflikten zu finden. Die Prinzipien von TJ („Transitional justice is made up of the processes of trials, purges, and reparations that take place after the transition from one political regime to another" [ebd., 1]) erkannte Elster auch an den Peloponnesischen Kriegen (vgl. ebd., 3–23). In seiner umfangreichen Studie stellt er aber auch die Konflikte der Neuzeit dar.

685 Diese Meinung teilt z. B. Buckley-Zistel. „Trotz der Neuheit des Begriffs Transitional Justice reicht seine Praxis in der westlichen Welt bis zu den Enden des Ersten und Zweiten Weltkriegs zurück." (Buckley-Zistel, Transitional Justice als Weg, 1).

686 Vgl. z. B. Thomas Obel Hansen, „The vertical and horizontal expansion of transitional justice: Explanations and implications for a contested field," in *Transitional Justice Theories*, hrsg. v. Susanne Buckley-Zistel u. a., (London: Routledge, 2014), 106.

687 Vgl. dazu Paige Arthur, „How 'Transitions' Reshaped Human Rights: A Conceptual History of Transitional Justice," *Human Rights Quarterly* 31, Nr. 2 (2009): 321–367.

688 Vgl. dazu Teitel, Transitional Justice Genealogy.

689 Ruti Teitel, „The Law and Politics of Contemporary Transitional Justice," *Cornell International Law Journal* 38, Nr. 3 (2005): 837.

von TJ erfolgte mit dem Ende des Kalten Krieges. Sie wurde durch einen globalen Demokratisierungstrend gekennzeichnet, der auf die Auflösung der Sowjetunion folgte und bis zum Ende der 1990er Jahre andauerte. Die dritte Phase, von Teitel als „steady-state phase of transitional justice" benannt, verläuft innerhalb der komplexen Globalisierungsprozesse. TJ wird internationalisiert und heutzutage als „globales Projekt"[690] aufgefasst.

In Anlehnung an Teitel wird im folgenden historischen Überblick ein Weg von TJ dargestellt – „from the exception to the norm to become a paradigm of rule of law"[691]. Zu einem deutlicheren Verständnis der Entwicklungsphasen und -typen kann der unten aufgeführte tabellarische Überblick von Engert und Jetschke beitragen.[692]

Phase	Zeitraum	Typologie	Instrumente	Norm	Zweck
I	1945–1989	*Transitional Jurisprudence*	ausschließlich juristische (Tribunale)	westlich	retributiv
II	1990–2000	*Transitional Justice*	auch nicht-juristische (als Alternative/ Ergänzung)	auch peripher	restorativ
III	Seit 2000	*Post-conflict Justice*	Werkzeugbox (Instrumentenmix)	global	holistisch

2.1 Phase I: Postwar transitional justice[693]

„Das Ende des Zweiten Weltkriegs markierte rückblickend die Geburtsstunde von TJ als einer globalen Norm-im-Werden [...]."[694] Die Geschichte von TJ stützt sich allerdings auch bedeutend auf die Vorfälle unmittelbar

---

690 „By 'global project', I [die kanadische Politikwissenschaftlerin Rosemary Nagy, P.A.] refer to the fact that transitional justice has emerged as a body of customary international law and normative standards." (Nagy, Transitional Justice, 276).

691 Teitel, Transitional Justice Genealogy, 71.

692 Engert und Jetschke, Einleitung, 21.

693 Die Begriffe, die in dieser Arbeit für die Kennzeichnung der Phasen verwendet werden, stimmen terminologisch mit der oben aufgeführten Tabelle von Engert und Jetschke nicht überein. Sie wurden aus dem für die Genealogie von TJ repräsentativen Aufsatz von Teitel übernommen (vgl. Teitel, Transitional Justice Genealogy). Vom Inhalt her sind die beiden Darstellungen von Entwicklungsphasen aber gleich.

694 Engert und Jetschke, Einleitung, 19.

nach dem Ersten Weltkrieg, und zwar auf die Postkonflikt-Durchsetzung von Gerechtigkeit. „During the inter-war period, the central aim of justice was to delineate the unjust war and the parameters of justifiable punishment by the international community. Questions confronted in this context included whether and to what extent to punish Germany for its aggression, and what form justice should take: international or national, collective or individual."[695] TJ nach dem Zweiten Weltkrieg erfolgte, so Teitel, als kritische Antwort auf zwei wichtige Aspekte aus der Praxis von TJ nach dem Ersten Weltkrieg. Erstens, die nationale Justiz wurde durch eine internationale ersetzt.[696] Die Zuständigkeit für die Durchsetzung von Gerechtigkeit wurde nach dem Ersten Weltkrieg den nationalen Gerichten Deutschlands zugeordnet. Die nationale Justiz übernahm dabei die Aufgabe, die Verantwortlichen für den Ausbruch des Krieges und begangene Verbrechen zu verurteilen sowie die Wiederholung von Verbrechen zu verhindern. Bald danach brach aber der Zweite Weltkrieg aus, in dem ein ebenso verbrecherisches Verhalten erneut geschah. Damit zeigte sich die nach dem Ersten Weltkrieg angewandte juristische Praxis als gescheitert. Ausgehend davon wurde nach dem Zweiten Weltkrieg die Praxis der Strafverfolgung durch die nationalen Gerichte nicht mehr angewandt. Ausmaß und Art der Verbrechen erforderten nämlich eine andere Instanz, vor der sich die Verantwortung für Verbrechen gegen die Menschlichkeit bestimmen ließ. So setzte sich die internationale Weltgemeinschaft am Beispiel von Deutschland für die „international criminal accountability for the Reich's leadership"[697] ein. Zweitens, die Verantwortung für Verbrechen wurde nach dem Zweiten Weltkrieg von Staaten auf Einzelpersonen verschoben.[698] Nach dem Ersten Weltkrieg wurde Deutschland die kollektive Verantwortung zugeschrieben und demzufolge wurden schwere ökonomische Sanktionen verhängt. Diese Vergeltungsmaßnahmen trugen bedeutend zur Unzufriedenheit Deutschlands und zum späteren Ausbruch des Zweiten Weltkrieges bei. „This approach gave way to the critical response after World War II, and to the liberal focus on individual judgment and responsibility."[699]

---

695 Teitel, Transitional Justice Genealogy, 71.
696 Vgl. ebd., 72.
697 Ebd.
698 Vgl. ebd., 72 f.; „For the first time, the tribunal and the follow-up trials clearly established that responsibility for atrocities under international law could be attributed to individuals [...]" (Ruti G. Teitel, *Transitional Justice* [Oxford: Oxford University Press, 2000], 34).
699 Teitel, Transitional Justice Genealogy, 73.

Der wichtigste Beitrag von Kriegstribunalen spiegelte sich in der Entschlossenheit der Siegerstaaten wider, Vergeltungsmaßnahmen den Verliererstaaten gegenüber zu vermeiden und Verantwortung für Verbrechen nur durch Gesetze zu definieren.[700] Mit den internationalen Militärtribunalen von Nürnberg (1945–1949) und für den Fernen Osten (1946–1948) begann ein Prozess der Etablierung der universellen Rechtsstaatlichkeit. Damit wurde der Schutz der Menschenrechte von allen weltweit vorausgesetzt.

Die Militärtribunale kennzeichneten die Untaten als Verstöße gegen die universellen Menschenrechte, wobei die verantwortlichen Hauptkriegsverbrecher auf individueller Basis verurteilt wurden.[701] Für die weitere Etablierung des Völkerrechts waren die entstehenden institutionellen Reformen von Bedeutung – die Einrichtung der Vereinten Nationen (1945), die Annahme der Allgemeinen Erklärung der Menschenrechte (1948) und die Unterzeichnung der Konvention über die Verhütung und Bestrafung des Völkermordes (1951).

Die erste Phase von TJ, die durch intensive internationale Zusammenarbeit, strafrechtliche Verfolgung von Kriegsverbrechen und Kodifizierung von Menschenrechten gekennzeichnet war, wurde jedoch bald unterbrochen. „Beginning in the 1950s, the Cold War and a stable bipolar balance of power led to a general political equilibrium and an impasse on the question of transitional justice."[702] Obwohl *postwar transitional justice* von kurzer Dauer war, war ihr Vermächtnis von großer Bedeutung und unumstritten. Gerade in dieser Zeit wurden die Voraussetzungen für humanitäres Recht geschaffen.[703]

2.2 Phase II: Post-Cold War transitional justice

„The Cold War ends the internationalism of this first, or postwar, phase of transitional justice. The second, or post-Cold War, phase is associated with the wave of democratic transitions and modernization that began in 1989."[704] Im Hinblick auf die zweite Phase von TJ verbindet Teitel das Ende

700 Vgl. Luis Moreno Ocampo, „Building a Future on Peace and Justice: The International Criminal Court," in *Building a Future on Peace and Justice: Studies on Transitional Justice, Peace and Development; The Nuremberg Declaration on Peace and Justice*, hrsg. v. Kai Ambos, Judith Large und Marieke Wierda (Berlin: Springer, 2009), 9.
701 Vgl. Engert und Jetschke, Einleitung, 19.
702 Teitel, Transitional Justice Genealogy, 70.
703 Vgl. Teitel, The Law and Politics, 839.
704 Teitel, Transitional Justice Genealogy, 70.

des Kalten Krieges und die dritte Welle der Demokratisierungsprozesse. Zeitlich betrachtet begannen die demokratischen Transitionen jedoch schon vor dem Ende des Kalten Krieges.[705] Die dritte Welle der Demokratisierung umfasst nämlich die Regimewechsel aus den 1970er und frühen 1980er Jahren in Ländern mit autoritären Regimen, die als Einleitung des Endes der Weltbipolarität zu verstehen sind. Dazu zählt unter anderem die Überwindung der Militärdiktaturen in den Ländern Südeuropas, Latein- und Südamerikas sowie in Ostasien. Diese Transitionen initiierten die späteren Demokratisierungen, die nach 1989 in den Ländern Osteuropas, Afrikas und Zentralamerikas organisiert wurden.

Die dritte Welle der Demokratisierung wird bei manchen Autoren als entscheidender historischer Wendepunkt für die Etablierung des Begriffs TJ angegeben. Den Demokratisierungsprozessen aus den 1970er Jahren wird dabei eine größere Bedeutung zugeschrieben als den Militärtribunalen nach dem Zweiten Weltkrieg.

> [P]rosecuting those responsible for Nazi atrocities in an international tribunal and other historical attempts at rendering justice for serious crimes were not at the time conceptualized as 'transitional justice'. It is therefore more correct to state that the notion of 'transitional justice' originates in discussions about how the emerging democracies in Latin America should address serious human rights abuses committed by the prior dictatorships.[706]

Anders als in der ersten Phase wurde das Zur-Rechenschaft-Ziehen der verantwortlichen Täter in der zweiten Phase von TJ „aufgrund der Aufrechterhaltung der bipolaren Weltordnung und der damit einhergehenden Stabilisierung autoritärer Regime buchstäblich auf Eis gelegt"[707]. Das Unterlassen der strafrechtlichen Verfolgungspraxis hatte in vielen Ländern mit autoritären Regimen die Verdrängungspolitik zur Folge.[708]

Die Antwort auf die „Kultur der Straflosigkeit"[709] erfolgte in Form von Wahrheitskommissionen, die sich als alternative Instrumente von Vergangenheitsaufarbeitung verstehen lassen. Mit Wahrheitskommissionen, die sich auf das aufbauende Modell von Gerechtigkeit (engl. restorative justice) stützen, wird versucht, eine breitere historische Perspektive auf die

---

705 Vgl. Engert und Jetschke, Einleitung, 19.
706 Hansen, The vertical and horizontal, 106.
707 Buckley-Zistel, Transitional Justice als Weg, 6.
708 Die Verdrängungspolitik wurde in Spanien (1975), Brasilien (1979), Uruguay (1984) und Argentinien (1987) durchgeführt (vgl. Buckley-Zistel, Transitional Justice, 2).
709 Buckley-Zistel, Transitional Justice als Weg, 6.

vergangenen Verbrechen zu erzielen. Die Wahrheitskommissionen zielen auch darauf ab, die Beziehungen zwischen den ehemaligen Konfliktparteien wiederherzustellen. Außer Wahrheitskommissionen wurden in der zweiten Phase auch Amnestien sowie öffentliche Entschuldigungen und Reuebekenntnisse eingesetzt.[710]

Während sich TJ in der ersten Phase auf die universellen Rechtsgrundsätze stützte, war sie in der zweiten Phase eher „contextual, limited, and provisional"[711]. Mit dem immer häufiger auftauchenden Modell der aufbauenden Gerechtigkeit bekamen Begriffe wie z.B. Frieden, Versöhnung und Vergebung einen bedeutenden Platz in TJ. Das Ziel von TJ bestand nicht mehr nur in strafrechtlicher Verfolgung von Tätern. „[P]eace for both individuals and society as a whole"[712] wurde inzwischen auch zu einem wichtigen Aspekt und Ziel von TJ.

Die Prinzipien der bestrafenden Gerechtigkeit wurden in *Post-Cold War transitional justice* jedoch nicht vernachlässigt. Mit der Einrichtung von internationalen Ad-hoc-Tribunalen für Ex-Jugoslawien (ICTY) im Jahre 1993 und für Ruanda (ICTR) im Jahre 1994 wurde die Strafverfolgung als Modus von Vergangenheitsaufarbeitung wieder angewendet. Damit gewannen die Rechtsgrundsätze des Völkerrechts in dem globalen Demokratisierungstrend in den 1990er Jahren wieder an Bedeutung.

2.3 Phase III: Steady-State transitional justice

> Phase III reflects the particularities of the post-Cold War framing. At this time, transitional justice is characterized by the *fin de siecle* acceleration of transitional justice phenomena associated with globalization, typified by conditions of heightened political instability, fragmentation, and persistent conflict. At this point, transitional justice moves from the exception to the norm, constituting a new paradigm of the rule of law.[713]

Die zweite Phase von TJ und das damalige kontextuelle Verständnis von Gerechtigkeit erfolgten als kritische Antwort auf die Nachteile der ersten Entwicklungsphase. In der Welt der globalisierten Politik, in der sowohl nationale als auch internationale Faktoren den politischen Wandel glei-

---

710 Vgl. Engert und Jetschke, Einleitung, 20.
711 Teitel, Transitional Justice Genealogy, 78.
712 Ebd., 82.
713 Teitel, The Law and Politics, 840 (Hervorhebung im Original).

chermaßen gestalten, war *post-Cold War transitional justice* nicht mehr effektiv. Mit den neuen politischen Umständen wird TJ zum globalen Projekt, d. h. sie wurde internationalisiert, wobei der Staat nicht mehr als der wichtigste Faktor von TJ galt. „[C]ontemporary transitional justice discourses perceive the State as only one among several actors with the ability to shape and implement transitional justice. The most obvious indication of this externalization from the State concerns the rise of criminal justice institutions within the international system."[714] Die bedeutendste Institution dieser Art ist der Internationale Strafgerichtshof (ICC) in Den Haag, der seit 2002 arbeitet. Von seiner Bedeutung für die internationale Weltgemeinschaft und TJ berichtet der UN-Weltsicherheitsrat:

> [T]he most significant recent development in the international community's long struggle to advance the cause of justice and rule of law was the establishment of the International Criminal Court. [...] It is now crucial that the international community ensures that this nascent institution has the resources, capacities, information and support it needs to investigate, prosecute, and bring to trial those who bear the greatest responsibility for war crimes, crimes against humanity and genocide, in situations where national authorities are unable or unwilling to do so.[715]

Laut Benjamin Ferencz, dem US-amerikanischen Juristen und einem der direkten Teilnehmer an der Entwicklung des humanitären Rechts, entstand der ICC aus dem Bedarf der Menschheit nach einem „impartial, competent and permanent international criminal tribunal"[716]. Durch die Etablierung des ICC wird die strafrechtliche Aufarbeitung von der Ausnahme zur Regel.

Außer dem ICC trug das verstärkte Engagement der internationalen Akteure zur Internationalisierung von TJ bei, wie z. B. die UN-Einrichtungen und unterschiedliche internationale Nichtregierungsorganisationen. Sie unterstützen „transitional justice tools at various levels, including the local, the national and the international. These actors increasingly see it as their role to provide technical advice and assist governments and others that attempt to create and implement a transitional justice solution."[717]

---

714 Hansen, The vertical and horizontal, 107.
715 United Nations Security Council, *The rule of law and transitional justice in conflict and post-conflict societies*, Report of the Secretary-General, S/2004/616, 23. August 2004, abrufbar unter http://www.ipu.org/splz-e/unga07/law.pdf (Stand: 17.08.2021), 16.
716 Benjamin Ferencz, „A Prosecutor's Personal Account: From Nuremberg to Rome," *Journal of International Affairs* 52, Nr. 2 (1999): 466.
717 Hansen, The vertical and horizontal, 107.

3 Die Ziele von *transitional justice*

Die gewalttätige Vergangenheit nach einem Regimewechsel oder Konflikt so aufzuarbeiten, dass der „Übergang zu einer nachhaltigen, friedlichen, meist demokratischen Gesellschaftsordnung"[718] ermöglicht wird, gilt als oberstes Ziel von TJ. In der Praxis besteht eine Vielfalt von Zielen, die angestrebt werden.

Der untenstehende tabellarische Überblick zeigt ein breites Spektrum von Zielen der TJ nach den Ansätzen des US-amerikanischen Philosophen David Crocker[719] und der deutschen Politikwissenschaftlerin Susanne Buckley-Zistel[720] im Vergleich.

David Crocker	*Susanne Buckley-Zistel*
1. Truth 2. Public Platform for Victims 3. Accountability and Punishment 4. Rule of Law 5. Compensation to Victims 6. Institutional Reform and Long-term Development 7. Reconciliation 8. Public Deliberation	1. Aufdecken der Wahrheit über Verbrechen 2. Identifizieren und zur Rechenschaft ziehen [sic] der Verantwortlichen 3. Prävention zukünftiger Straftaten 4. Wiederherstellung der Würde der Opfer 5. Ermutigung zur Aussöhnung und [zur] friedlichen Koexistenz

Einige der oben angegebenen Ziele (z. B. Wiederherstellung der Würde der Opfer, *Public Platform for Victims*, *Institutional Reform and Long-term Development* usw.) gehen allerdings über den Rahmen der bestrafenden Gerechtigkeit hinaus,[721] die ursprünglich als der grundlegende Ansatz von

---

718 Buckley-Zistel, Transitional Justice als Weg, 5.
719 Vgl. David A. Crocker, „Truth Commissions, Transitional Justice, and Civil Society," in *Truth v. Justice: The Morality of Truth Commissions*, hrsg. v. Robert I. Rotberg und Dennis F. Thompson (Princeton, N. J.: Princeton University Press, 2000), 100–109.
720 Vgl. Buckley-Zistel, Transitional Justice, 2.
721 Crocker zufolge lassen sich innerhalb von TJ auch andere Formen von Gerechtigkeit finden und anwenden, und zwar ausgleichende (*compensatory justice*), ver-

TJ zur Vergangenheitsaufarbeitung betrachtet wurde. Mit der Teilnahme von Forschern aus nicht-juristischen und -politischen Wissenschaftsdisziplinen gewannen in der TJ neben der strafrechtlichen Verfolgung der Täter auch andere, primär opferzentrierte Aspekte an Bedeutung, wie z. B. Versöhnung, Vergebung und Heilung.[722]

Im Folgenden werden Gerechtigkeit, Wahrheit und Versöhnung sowie ihre Rolle innerhalb von TJ näher dargelegt. Diese drei Begriffe gelten als normative Prämissen und Eckpfeiler von TJ[723] und kommen in der Literatur, so die norwegische Politikwissenschaftlerin Elin Skaar, als meist zitierte Ziele von TJ vor.[724]

3.1 Gerechtigkeit

Wie ist mit Verbrechen und schweren Menschenrechtsverletzungen umzugehen, nachdem ein Konflikt beendet worden ist? Wie wird Gerechtigkeit in der Konfliktfolgezeit gewährleistet? Bezieht sich jedoch die Gerechtigkeit dabei nur auf die strafrechtliche Verfolgung der Täter, wie das die *retributive justice* („bestrafende Gerechtigkeit"[725]) macht? Das sind die Leitfragen von TJ bezogen auf die Rolle von Gerechtigkeit in der Zeit nach dem Konflikt oder Regimewechsel.[726]

---

teilende (*distributive justice*) und aufbauende (*restorative justice*) Gerechtigkeit (vgl. Crocker, Truth Commissions, 99 f.).

722 Vgl. Elin Skaar, „Reconciliation in a Transitional Justice Perspective," *Transitional Justice Review* 1, Nr. 1 (2012): 63.

723 Vgl. Susanne Buckley-Zistel und Anika Oettler, „Was bedeutet: Transitional Justice?," in *Nach Krieg, Gewalt und Repression: Vom schwierigen Umgang mit der Vergangenheit*, hrsg. v. Susanne Buckley-Zistel und Thomas Kater, AFK-Friedensschriften 36 (Baden-Baden: Nomos, 2011), 28 f.

724 Vgl. Skaar, Reconciliation, 63 f. Clark und Palmer sind der Meinung, dass binäre Debatten innerhalb von TJ aufgrund ihres unterentwickelten theoretischen Rahmens oft vorkommen. In diesen Debatten („peace versus justice, punishment versus reconciliation, retributive versus restorative justice, law versus politics, local versus international, individual versus collective" [Clark und Palmer, Introduction, 3]) werden oft auch die Ziele einbezogen (Gerechtigkeit, Wahrheit, Versöhnung), die im Folgenden näher erläutert werden.

725 Müller-Fahrenholz, Versöhnung statt Vergeltung, 182.

726 Was die Gerechtigkeit in TJ angeht, unterscheidet Elster drei institutionelle Formen von Gerechtigkeit. Er stellt diese Formen innerhalb eines Kontinuums dar, an dessen einem Ende *pure legal justice* steht, am anderen *pure political justice*, mit der *administrative justice* in der Mitte des Kontinuums. Unter *pure political justice* versteht Elster diejenige institutionelle Form von Gerechtigkeit, in der

Retributive justice assumes that a humane political community can be sustained only if wrongdoing is prosecuted and punished. According to this perspective, public crimes create state obligations for both parties in a conflict: victims must be given justice and perpetrators must be identified and held legally accountable. The retributive perspective assumes that when crimes occur justice is best secured through the prosecution and punishment of individual offenders.[727]

Die bestrafende Gerechtigkeit beruht auf der Annahme, dass die Täter eine angemessene bzw. eine dem zugefügten Schaden proportionale Strafe verdienen. Im Konzept der bestrafenden Gerechtigkeit kommt Strafe als Mittel vor, mit dem die durch Untaten gestörte moralische Ordnung wiederhergestellt wird. Die Opfer erleben durch die Bestrafung der Täter die rechtliche Anerkennung ihrer Leiden, wobei die Ursache des Leidens dezidiert als Verbrechen gekennzeichnet wird. Die Retribution bzw. Bestrafung lässt sich jedoch nicht als Einmaleffekt darstellen. Durch eine Strafpraxis werden sich die Mitglieder einer Gemeinschaft der Strafbarkeit bestimmter Untaten bewusst und auf diese Weise von künftigen Handlungen dieser Art abgeschreckt.

Jeder Konflikt ist, so der ägyptisch-US-amerikanische Rechtswissenschaftler Mahmoud Bassiouni, als sui generis zu betrachten.[728] Die Konfliktursachen, -hintergründe und -akteure unterscheiden sich von

die Exekutive der neuen Regierung die Täter einseitig und ohne Möglichkeit eines Einspruchs verurteilt. Die Exekutive trifft dabei auch die Entscheidung, was mit den Tätern zu tun ist. Das Phänomen von sogenannten *show trials*, in denen Gerechtigkeit angeblich gegeben ist, die Gerichtsentscheidungen aber schon im Voraus bekannt waren, gilt als Beispiel von *pure political justice*. Die *pure legal justice* lässt sich als diejenige institutionelle Form betrachten, die von den anderen Zweigen der Regierung klar getrennt wird: In ihr arbeitet die Justiz unabhängig und nach den etablierten Justizregeln. Die *administrative justice* bezieht sich primär auf die Lustrationspraxis innerhalb des staatlichen Apparats. Innerhalb dieses Kontinuums tendiert *administrative justice* zu einer der an seinen Enden stehenden institutionellen Formen. Wenn die lustrierten Staatsbeamten gegen das Urteil eine Berufung einlegen können, dann steht *administrative justice* innerhalb des Kontinuums der *legal justice* nahe. Wenn es keine Möglichkeit zur Berufung gegen das Urteil gibt, dann neigt *administrative justice* zu *political justice*. In der Praxis besteht auch *impure legal justice*, die aber, so Elster, trotzdem als legal zu betrachten ist. In der Realität kann die sogenannte *political justice* oft die Elemente von *legal justice* beinhalten (vgl. Elster, Closing the Books, 84–93).

727 Mark R. Amstutz, „Restorative Justice, Political Forgiveness, and the Possibility of Political Reconciliation," in *The politics of past evil: Religion, reconciliation, and the dilemmas of transitional justice*, hrsg. v. Daniel Philpott (Notre Dame, Ind.: University of Notre Dame Press, 2006), 165.

728 Vgl. M. Cherif Bassiouni, „Assessing Conflict Outcomes: Accountability and Impunity," in *The Pursuit of International Criminal Justice: A World Study on Con-*

Fall zu Fall. Deswegen besteht keine allgemeingültige und standardisierte Aufarbeitungsmodalität der Vergangenheit, die bei allen Konflikten anwendbar und effektiv wäre. Die strafrechtliche Verfolgung ist allerdings nicht unbedingt die am besten geeignete Modalität, die Vergangenheit in der Konfliktfolgezeit aufzuarbeiten.[729] In der Praxis wird die bestrafende Gerechtigkeit nämlich oft durch andere Ziele, wie z. B. Frieden oder Versöhnung, relativiert.[730] Dementsprechend wurden auch andere Wege und Instrumente (wie z. B. Wahrheitskommissionen, Reparationen, Erinnerungspolitik usw.) etabliert, um sich mit der gewalttätigen Vergangenheit auseinanderzusetzen. Die Auswahl der Aufarbeitungsmodalität in der Konfliktfolgezeit stellt, so Bassiouni, keine leicht absehbare Entscheidung dar.

> The modality or a combination thereof most appropriate in a given post-conflict situation depends on a variety of factors, such as the ultimate goals of the parties to the conflict, their willingness to reconcile, the extent of the harm done, the duration of the conflict, and other external and internal circumstances that may bring about, in the best of cases, reconciliation, and in the worst cases, partitions of the existing state.[731]

Die bestrafende Gerechtigkeit unterscheidet sich deutlich von einem anderen Gerechtigkeitskonzept, der *restorative justice* („aufbauende" bzw. „aufrichtende Gerechtigkeit"[732]).

> In distinction to retributive justice, the justice of punishment, vengeance, and lex talionis, which is „retroactive" and focused mainly on the perpetrator, others argue for a different form of justice entirely, which they call restorative or reparative. This sort of justice, based upon forgiveness not vengeance, focuses attention on the needs of the victim as well as the punishment of the perpetrator, and points us to the future rather than the past – that is, toward reconciliation.[733]

Diese Form von Gerechtigkeit richtet ihren Blick zunächst auf die geschehene Verletzung der Menschenwürde. Die Missachtung von Rechtsnormen ist für die aufbauende Gerechtigkeit von zweitrangiger Bedeutung. Die in

---

flicts, Victimization, and Post-Conflict Justice, Bd. 1, hrsg. v. M. Cherif Bassiouni (Antwerp; Portland, Or.: Intersentia, 2010), 19 f.

729 Diese Art von Vergangenheitsaufarbeitung kann, so Minow, Ärger und Opfergefühl verstärken (vgl. Minow, Between Vengeance, 92).

730 Vgl. Bassiouni, Assessing Conflict, 20.

731 Ebd., 19.

732 Müller-Fahrenholz, Versöhnung statt Vergeltung, 52, 182.

733 Albert W. Dzur und Albert Wertheimer, „Forgiveness and Public Deliberation: The Practice of Restorative Justice," *Criminal Justice Ethics* 21, Nr. 1 (2002): 3.

den 1970er Jahren konzipierte Idee der aufbauenden Gerechtigkeit setzte sich für eine umfassendere Betrachtung der Erreichung von Gerechtigkeit ein. Im Gegensatz zur *retributive justice* strebt das Konzept der *restorative justice* nämlich an, durch Interaktion der Konfliktparteien die gegenseitige Feindschaft zu beseitigen. Dieser Vorgang wird als Voraussetzung für die Wiederherstellung der Gemeinschaft verstanden. Dementsprechend ist *restorative justice* auch als ein zukunftsorientiertes Konzept von Gerechtigkeit anzusehen.

Die aufbauende Gerechtigkeit geht über die gerichtlichen Strafakte hinaus oder ergänzt sie zumindest und sucht nach einem Weg, den Kreislauf von Gewalt, Angst und Vergeltung zu durchbrechen. Die Prinzipien der aufbauenden Gerechtigkeit stehen der Vergebungs- und Versöhnungsidee sehr nahe. Das weist auf die enge Verbundenheit von *restorative justice* mit dem Erbe des Christentums, aber auch mit anderen religiösen Traditionen und philosophischen Konzepten hin.[734] Das Konzept der *restorative justice* bietet eine Vielzahl von Instrumenten an und kann demzufolge viele Aspekte umfassen.

> Restorative justice, like religious reconciliation, might well encompass punishment, reparations and the restoration of human rights and citizenship, but it also includes other restorative practices like apology, repentance, acknowledgment and the overcoming of hatred, as well as perhaps the most distinctive, innovative and controversial practice that the religious traditions have to offer – forgiveness.[735]

Diese Instrumente kommen in der Praxis besonders dann zum Einsatz, wenn die strafrechtliche Verfolgung durch politische oder praktische Umstände eingeschränkt wird.[736]

Was die Gerechtigkeit in der TJ-Praxis angeht, muss noch die Verwendung der traditionellen bzw. örtlichen Gerechtigkeit (engl. local justice) erwähnt werden. In manchen afrikanischen Ländern wurde die Vergan-

---

734 Vgl. dazu Minow, Between Vengeance, 91 f. Minow stellt die zahlreichen Kulturen dar, deren Ideen sich in den Grundprinzipien der aufbauenden Gerechtigkeit erkennen lassen. Sie erwähnt dabei die christliche und talmudische Tradition, Maori- und japanische Kultur sowie die südafrikanische Tradition. Tutu zufolge steht die aufbauende Gerechtigkeit dem südafrikanischen Ubuntu-Konzept nahe. „In the spirit of ubuntu, the central concern is the healing of breaches, the redressing of imbalances, the restoration of broken relationships, a seeking to rehabilitate both the victim and the perpetrator, who should be given the opportunity to be reintegrated into the community he has injured by his offense." (Tutu, No Future, 54 f.).

735 Philpott, What Religion Brings, 98.

736 Vgl. dazu Kapitel 4.8 dieses Teils der Arbeit.

genheit nach Prinzipien aufgearbeitet, die von der westlich-liberalen Rechtstradition deutlich abweichen. Diese örtliche Gerechtigkeit ist dabei durch drei Merkmale gekennzeichnet:[737] Erstens, die örtliche Gerechtigkeit ist primär auf Gruppen ausgerichtet. In der afrikanischen Tradition zahlt die entsprechende Gruppe, der der Einzeltäter zugehört, den Schadensersatz für die Untaten ihres Gruppenmitglieds aus.[738] Zweitens, die örtliche Gerechtigkeit strebt vor allem nach einem Kompromiss und nach Harmonie innerhalb einer Gemeinschaft. Drittens, die örtliche Gerechtigkeit stellt den Schadensersatz in den Mittelpunkt, wobei die Bestrafungsmechanismen in der Praxis selten verwendet werden. Im Vergleich zu dem offiziellen Justizsystem eines Landes der westlichen Rechtstradition scheint die örtliche Gerechtigkeit weniger formell zu sein. Angesichts all dessen lässt sich bemerken, dass örtliche Gerechtigkeit den Prinzipien der aufbauenden Gerechtigkeit nahesteht.

TJ operiert, wie dargestellt, mit unterschiedlichen Vorstellungen von Gerechtigkeit. Diese Vorstellungen werden in TJ weder als einander entgegengesetzt verstanden, noch wird einer der Vorrang vor der anderen gegeben. Im Gegenteil, eine der Grundvoraussetzungen von TJ liegt darin, dass ein holistischer Ansatz zur Vergangenheitsaufarbeitung benötigt wird. Dementsprechend etablierte sich in den letzten Jahren in der TJ-Forschung die Ansicht, dass das größte Potential in der komplementären Verwendung der Instrumente von bestrafender und aufbauender Gerechtigkeit liegt.[739]

---

737 Vgl. Lars Waldorf, „Mass Justice for Mass Atrocity: Rethinking Local Justice as Transitional Justice," *Temple Law Review* 79, Nr. 1 (2006): 9 f. Als Beispiele für die Anwendung der örtlichen Gerechtigkeit wurden Norduganda, Mosambik, Südafrika, Sierra Leone und Osttimor angeführt.

738 Als Ausnahme wird jedoch Südafrika angesehen. Die südafrikanische Kommission für Wahrheit und Versöhnung (1996–1998) befasste sich primär mit Einzeltätern und -opfern (vgl. ebd., 19 f.).

739 „Within the field of transitional justice itself, restorative and criminal justice are both perceived as necessary, *since they are complementary.* In the post-cold-war world, which is marked by the resurgence of a moral philosophy of international relations, *this complementarity of criminal and restorative justice thus plays a fundamental role.* It is both the safeguard for the pillars of civilization and the fragile hope for a better world." (Hazan, Measuring the impact, 20 [Hervorhebung P.A.]).

3.2 Wahrheit

Es kann eine schwierige und heikle Aufgabe darstellen, in der Konfliktfolgezeit zwischen den ehemaligen Konfliktparteien eine Einigung darüber zu erzielen, was genau in der Vergangenheit geschah. Anstatt des Sachverhalts, der nach dem Konflikt aufgeklärt werden sollte, können sich unterschiedliche und gegensätzliche Versionen des Geschehenen entwickeln. In diesem Zusammenhang zeigen sich die Aufklärung der verbrecherischen Vergangenheit und das Etablieren einer einheitlichen Version der Vergangenheit als schwer erreichbare Ziele.

Im Rahmen von TJ ist der Begriff Wahrheit besonders mit der Wirkung einiger TJ-Instrumente, Wahrheitskommissionen und Tribunalen, eng verbunden. Durch diese Instrumente wird angestrebt, die Faktizität vergangener Vorfälle durch Beweise und Zeugenaussagen festzustellen. Die Vergangenheitsaufarbeitung dieser Art soll dem Aufbau einer neuen Gesellschaft dienen. Es wird hierbei erwartet, die fragmentierte Geschichte einer gespaltenen Gesellschaft durch die Wahrheitsfindung in ein einheitliches Narrativ zu integrieren, „das ein friedliches Zusammenleben in der Zukunft ermöglicht"[740]. Ob die Wahrheit zur sozialen Versöhnung führt, kann, so der südafrikanische Politiker Alex Boraine, jedoch nicht mit Sicherheit vorhergesagt werden. Doch eines ist Boraine zufolge gewiss – dauerhafte Versöhnung gibt es nicht ohne Wahrheitsfindung.[741]

Die Auseinandersetzung mit Wahrheit kann für die Konfliktparteien einen unangenehmen Vorgang darstellen, weil sie damit zur Erkenntnis des tatsächlichen Sachverhalts kommen können. Diese Erkenntnis kann zum Abbruch falscher Identitäten führen, die sich während der Zeit des Konflikts aufgrund von Lügen herausbildeten. Die Wahrheitsfindung ist daher als wichtige Voraussetzung für die Befreiung von diesem Erbe der Vergangenheit zu verstehen.

> [I]f societies are to prevent recurrences of past atrocities and to cleanse themselves of the corrosive enduring effects of massive injuries to individuals and whole groups, societies must understand – at the deepest possible levels – what occurred and why. In order to come fully to terms with their brutal pasts, they must uncover, in precise detail, who did what to whom, and why, and under whose orders. They

---

740 Buckley-Zistel und Oettler, Was bedeutet, 32.
741 Vgl. Alex Boraine, *A Country Unmasked* (Oxford, New York: Oxford University Press, 2000), 341.

must seek, at least, thus to uncover the truth insofar as this aim is humanly and situationally possible after the fact.[742]

Die südafrikanische Wahrheits- und Versöhnungskommission (1996–1998) unternahm den authentischen Versuch, die Vielschichtigkeit von Wahrheit in ihrem Abschlussbericht darzustellen.[743] Die Kommission, die sich die Aufklärung der Umstände, unter denen Verbrechen während des Apartheid-Regimes begangen worden waren, zum Ziel setzte, kam hierbei zu dem Schluss, dass in der Menge von Zeugenaussagen, Verhören und Beweisen oft keine Vereinbarkeit besteht. Aufgrund dieser Erfahrung gab die südafrikanische Wahrheits- und Versöhnungskommission in ihrem Abschlussbericht die theoretische Darstellung von vier Typen von Wahrheit an. Ein Unterschied wurde dabei zwischen sachlicher, persönlicher bzw. narrativer, sozialer und heilender bzw. wiederherstellender Wahrheit gemacht.

Die sachliche Wahrheit – oder, wie Boraine sie benannte: „hard facts"[744] – ist die auf den gesicherten Fakten und unbestreitbaren Beweisen beruhende Wahrheit. Die Feststellung der Faktizität vergangener Vorfälle verläuft dabei laut dem Bericht der südafrikanischen Wahrheits- und Versöhnungskommission auf zwei Ebenen.[745] Die erste von ihnen, die individuelle, ist auf die Aufklärung von Umständen ausgerichtet, unter denen die moralischen und gesetzlichen Rechte von Einzelpersonen verletzt wurden. Diese Ebene versucht die folgenden Fragen zu beantworten: Von wem, wie, wann und wo wurden die Verbrechen begangen? Verbrechen lassen sich allerdings nicht als grundlose und aus einem bestimmten Kontext herausgerissene Vorfälle betrachten. Demzufolge reichen für die Faktizität der Verbrechen nicht allein die physischen Beweise, es sei vielmehr genauso wichtig, den Hintergrund von Verbrechen zu erläutern. Deswegen beschäftigt sich die zweite Ebene der sachlichen Wahrheit, die soziale, mit der Suche nach einer breiteren Perspektive auf die Verbrechen, und zwar mit der

---

742 Robert I. Rotberg, „Truth Commissions and the Provision of Truth, Justice and Reconciliation," in *Truth v. Justice: The Morality of Truth Commissions*, hrsg. v. Robert I. Rotberg und Dennis F. Thompson (Princeton, N.J.: Princeton University Press, 2000), 3.

743 Vgl. dazu Truth and Reconciliation Commission of South Africa, *Report*, Bd. 1, 1998, abrufbar unter https://www.justice.gov.za/trc/report/finalreport/Volume%201.pdf (Stand: 17.08.2021), 111–114.

744 Alex Boraine, „The Societal and Conflictual Conditions That are Necessary or Conducive to Truth Commissions," World Peace Foundation and South African Truth and Reconciliation Commission Conference, Somerset West, South Africa, 28–30 May 1998.

745 Vgl. dazu Truth and Reconciliation Commission of South Africa, Report, Bd. 1, 111.

Aufdeckung von Verbrechenskontext und -ursachen sowie von Mustern, nach denen die Verbrechen begangen wurden.[746] Diese Bemühungen zielen letztendlich darauf, die Verbrechen nicht als zufällige Vorfälle darzustellen, sondern als Folge eines organisierten Systems.

Die persönliche bzw. narrative Wahrheit befasst sich nicht mit der Faktizität von Verbrechen. Ihr Schwerpunkt liegt auf den authentischen Erfahrungen der Opfer und Täter, aber auch auf den Erfahrungen der Zuschauer bei Untaten. Dadurch lässt sich die Stimme der mittelbaren und unmittelbaren Akteure anhören, unabhängig davon, ob sich ihre Versionen der Vergangenheit voneinander unterscheiden. Weil jeder Akteur einen bestimmten Vorfall unterschiedlich erfahren kann, lässt sich von einer Vielzahl an persönlichen Wahrheiten sprechen. Der Beitrag dieser Vorstellung von Wahrheit besteht darin, dass die persönlichen Erfahrungen von erniedrigten und verletzten Einzelpersonen, deren Stimmen sich vorher nicht anhören ließen, jetzt bekannt gemacht und anerkannt werden.

Unter den Einzelpersonen existieren zahlreiche persönliche Wahrheiten, die mit der faktischen Wahrheit nicht unbedingt übereinstimmen müssen. Schon vor der Einsetzung der südafrikanischen Kommission unterschied der südafrikanische Jurist Albie Sachs die sogenannten *microscope truth* und *dialogue truth*.[747] Während unter *microscope truth* die sachliche Wahrheit verstanden wird, die sich dokumentieren und nachweisen lässt, wird andererseits unter *dialogue truth* die soziale Wahrheit verstanden. Es handelt sich dabei, so Sachs, um die Wahrheit der Erfahrung, die durch Interaktion, Diskussion und Debatte etabliert wird.[748] Als dritter Typ von Wahrheit entsteht die soziale Wahrheit aus der Interaktion von Akteuren, die in einem dialogischen Verfahren alle möglichen Beweise und eigene persönliche Wahrheiten vorlegen können. Mit diesem Dialog wird jedoch nicht die Feststellung von Genauigkeit bzw. Ungenauigkeit der persönlichen Wahrheiten angestrebt. Hierbei wird nämlich versucht, die persönlichen Wahrheiten in ein solches Verhältnis zu bringen, dass sie trotz ihrer Unterschiede nebeneinander existieren können. Die soziale Wahrheit zielt darauf, „Spaltungen der Vergangenheit durch aufmerksames Anhören von Beweggründen unter allen Beteiligten zu verringern"[749]. Im Bewusstsein

---

746 Vgl. ebd.
747 Vgl. Albie Sachs u. a., „The Task for Civil Society," in *The Healing of a Nation?*, hrsg. v. Alex Boraine, Janet Levy und Kader Asmal (Rondebosch, Cape Town: Justice in Transition, 1995), 105.
748 Vgl. ebd.
749 Buckley-Zistel, Transitional Justice als Weg, 17.

der Bedeutung und des Versöhnungspotentials der sozialen Wahrheit lud die südafrikanische Kommission viele Akteure zu einer Form des öffentlichen Dialogs ein, der in ihren Sitzungen geführt wurde.[750] Dadurch wurden die Voraussetzungen geschaffen, möglichst viele „Wahrheiten" bzw. Perspektiven zu berücksichtigen.

Die heilende bzw. wiedergutmachende Wahrheit ist der vierte und für die Arbeit der südafrikanischen Kommission als zentral bezeichnete Typ von Wahrheit. Sie stellt die Fakten über die Rechtsbrüche „within the context of human relationships – both amongst citizens and between the state and its citizens"[751]. Die heilende Wahrheit besteht auf der Annahme, dass eine bessere Zukunft, in der Verbrechen sich nicht wieder ereignen sollen, einen kritischen Rückblick auf die Vergangenheit benötigt. Ein solcher Ansatz zur Vergangenheitsaufarbeitung setzt die Anerkennung der Leiden der Opfer und Reparation für die zugefügten Schäden voraus. Die auf der heilenden Wahrheit beruhende Zukunft heilt die Wunden und gibt sowohl den Opfern als auch ihren Verwandten Trost und Geborgenheit.

> It is in this context that the role of 'acknowledgement' must be emphasised. Acknowledgement refers to placing information that is (or becomes) known on public, national record. It is not merely the actual knowledge about past human rights violations that counts; often the basic facts about what happened are already known, at least by those who were affected. What is critical is that these facts be fully and publicly acknowledged. Acknowledgement is an affirmation that a person's pain is real and worthy of attention. It is thus central to the restoration of the dignity of victims.[752]

Außer der Faktizität des Vergangenen, auf die sich die Aufklärung von Konflikthintergrund bzw. -ursachen, -motiven und -akteuren bezieht, stellt auch die individuelle und kollektive Anerkennung vergangener Verbrechen

---

750 „In recognising the importance of social or 'dialogue' truth, the Commission acknowledged the importance of participation and transparency. Its goal was to try to transcend the divisions of the past by listening carefully to the complex motives and perspectives of all those involved. It made a conscious effort to provide an environment in which all possible views could be considered and weighed, one against the other. People from all walks of life were invited to participate in the process, including faith communities, the South African National Defence Force (SANDF), non-governmental organisations (NGOs) and political parties. The public was engaged through open hearings and the media. The Commission itself was also subjected to constant public scrutiny and critique." (Truth and Reconciliation Commission of South Africa, Report, Bd. 1, 113 f.).

751 Ebd., 114.

752 Ebd.

einen wichtigen Aspekt von Wahrheit dar.[753] Als äußerst wirkungsvolle Anerkennung zeigt sich laut Govier diejenige, die von den Personen und Gruppen kommt, die diese Verbrechen begingen.[754] In der Praxis kann eine verbrecherische Vergangenheit auch durch zuständige politische Institutionen und relevante politische Repräsentanten anerkannt werden, die aber für die Verbrechen keine direkte Verantwortung tragen. Jede Ablehnung, Verbrechen anzuerkennen, stellt, so der südafrikanische Politikwissenschaftler André du Toit, eine neue, aber dieses Mal politische Verletzung der Opferwürde dar.

> In such cases the issue is not so much that of a lack of *knowledge* as of the refusal to *acknowledge* the existence of these political atrocities. [...] For the victims, this actually is a redoubling of the basic violation: the literal violation consists of the actual pain, suffering, and trauma visited on them; the political violation consists in the refusal (publicly) to acknowledge it.[755]

Aufgrund des konzeptionellen Unterschieds zwischen Wissen und Anerkennung entwickelt du Toit zwei Auffassungen von Wahrheit – die sachliche Wahrheit („factual truth") und die Wahrheit als Anerkennung („truth as acknowledgment").[756] Diese zwei für TJ genauso wichtigen Auffassungen von Wahrheit tauchen immer zusammen auf, wobei die sachliche Wahrheit im Dienst der Wahrheit als Anerkennung steht. Die Wahrheit, die auf der Erkenntnis der Fakten über die Menschenrechtsbrüche beruht, sei unvollkommen, wenn ihr nicht die Anerkennung der Verantwortung („acknowledgment of accountability") für begangene Taten folgt. Das einzige, was aus der Abwesenheit von Anerkennung resultieren kann, sei die Verleugnung von Verbrechen. „Acknowledgment is more than truth and more than knowledge. In the aftermath of political violence, there is a need not only to know the truth about what happened but to articulate and recognize that knowledge. This requires acknowledgment as contrasted with denial."[757]

---

753 Vgl. Amstutz, Restorative Justice, 173. Amstutz bezeichnet diesen Aspekt der Wahrheit als moralische Wahrheit und unterscheidet sie von der faktischen Wahrheit.
754 Vgl. Govier, Taking Wrongs, 61.
755 André du Toit, „The Moral Foundations of the South African TRC: Truth as Acknowledgment and Justice as Recognition," in *Truth v. Justice: The Morality of Truth Commissions*, hrsg. v. Robert I. Rotberg und Dennis F. Thompson (Princeton, N. J.: Princeton University Press, 2000), 133 (Hervorhebung im Original).
756 Vgl. ebd., 132–135.
757 Govier, Taking Wrongs, 47.

3.3 Versöhnung

Heutzutage können Konflikte innerhalb eines Staates ausbrechen. Besonders in solchen Kontexten, nachdem ein Konflikt beendet wurde, sind die ehemaligen Konfliktparteien, Opfer und Täter, dazu aufgerufen, sich miteinander zu versöhnen, um die Alltagsrealität zusammen gestalten zu können. Ohne diesen Versöhnungsaspekt scheint die demokratische Post-Konflikt-Ordnung eines Staates nicht stabil genug zu sein. Mit den nicht versöhnten Konfliktparteien bleibt die neugegründete Regierung immer noch unter der Bedrohung eines neuen Gewaltausbruchs.[758] Aus diesen Gründen etablierte sich auch Versöhnung als wesentlicher Begriff und Ziel in der TJ-Literatur.

Versöhnung gilt als ein komplexer und schwer definierbarer Begriff. Diese Komplexität lässt sich, so der nordirische Politikwissenschaftler David Bloomfield, dadurch erklären, dass Versöhnung nicht nur als Ziel zu verstehen ist. Zugleich bezeichnet Versöhnung den Prozess bzw. die Mittel, mit denen Versöhnung angestrebt wird.[759] Die TJ-Theoretiker betrachten und erforschen Versöhnung vornehmlich als Prozess.[760]

Im Kontext, in dem sich eine Gesellschaft in der Transition aus einer gewalttätigen Vergangenheit befindet, lassen sich, so Crocker, mindestens drei Vorstellungen von Versöhnung unterscheiden.[761] In der einfachsten Form wird Versöhnung mit der Idee des friedlichen Zusammenlebens (engl. coexistence) gleichgesetzt. Hierbei treffen die Konfliktparteien eine Vereinbarung, die gewalttätigen Aktionen abzubrechen. In der zweiten und erweiterten Vorstellung von Versöhnung wird von den ehemaligen Konfliktparteien mehr als friedliches Zusammenleben erwartet, nämlich dass sie einander als Mitbürger wahrnehmen. „Among other things, this means that people hear each other out, enter into a give-and-take with each other

---

758 Vgl. David Bloomfield, „Reconciliation: An Introduction," in *Reconciliation After Violent Conflict: A Handbook*, hrsg. v. David Bloomfield u. a. (Stockholm: International IDEA, 2003), 15.

759 Vgl. ebd., 12 f.; David Bloomfield, *On Good Terms: Clarifying Reconciliation*, Berghof Report 14 (Berlin: Berghof Research Center for Constructive Conflict Management, 2006), abrufbar unter http://edoc.vifapol.de/opus/volltexte/2011/2521/pdf/br14e.pdf (Stand: 17.08.2021), 6 f.

760 Vgl. dazu z. B. Karen Brounéus, *Reconciliation and Development*, Dialogue on Globalization 36 (Berlin: Friedrich-Ebert-Stiftung, 2007), abrufbar unter http://library.fes.de/pdf-files/iez/04999.pdf (Stand: 17.08.2021), 6; Skaar, Reconciliation, 1.

761 Vgl. Crocker, Truth Commissions, 105 f.

about matters of public policy, build on areas of common concern, and forge compromises with which all can live."[762] In der dritten Vorstellung kommt Versöhnung als ein vielschichtiger Prozess vor, der auch andere Elemente wie z. B. gegenseitige Vergebung, Heilung und Wiederherstellung sowie Versöhnung als eine gemeinsame und umfassende Vision in sich integrieren kann.[763]

Während die interpersonale Versöhnung zwischen Einzelopfer und -täter stattfindet, ist die soziale Versöhnung auf die verfeindeten Gruppen ausgerichtet. Allerdings wird sowohl durch interpersonale als auch durch soziale Versöhnung das gleiche Ziel angestrebt, und zwar, dass die Verhältnisse zwischen den Konfliktparteien neu gestaltet werden.[764] Diese Neugestaltung von Verhältnissen sollte auf „mutual trust and acceptance, cooperation, and consideration of each other's needs"[765] beruhen. Die interpersonale und die soziale Versöhnung sind jedoch nicht unabdingbar aufeinander angewiesen. Das bedeutet, dass die soziale Versöhnung erfolgen kann, ohne dass die Versöhnungsprozesse zwischen den Einzelopfern und -tätern vorher abgeschlossen wurden, und umgekehrt.

Ausgehend von der pragmatischen und sozialen Perspektive gab die schwedische Psychologin Karen Brounéus eine Definition von Versöhnung, die sich primär in Post-Konflikt-Situationen anwenden lässt:

> Reconciliation is a societal process that involves mutual acknowledgment of past suffering and the changing of destructive attitudes and behavior into constructive relationships toward sustainable peace.[766]

Die soziale Versöhnung lässt sich nicht als einseitiger Prozess definieren. Damit sie gelingen kann, ist die Teilnahme aller Konfliktparteien erforderlich. Im Hinblick auf die gegenseitige Natur sozialer Versöhnung hebt die deutsche Politikwissenschaftlerin Martina Fischer „complementary

---

762 Ebd., 106.
763 Vgl. ebd.; im Gegensatz zur Idee, dass Versöhnung als friedliches Zusammenleben zu verstehen ist, sind die zweite und dritte Vorstellung von Versöhnung schwieriger zu definieren und zu beobachten (vgl. Skaar, Reconciliation, 65).
764 Vgl. Bloomfield, Reconciliation, 12; Bloomfield, On Good Terms, 7 f.; „[R]elationship is the basis of both the conflict and its long-term solution." (John Paul Lederach, *Building peace: Sustainable reconciliation in divided societies* [Washington, DC: United States Institute of Peace Press, 1997], 26 [Hervorhebung im Original]).
765 Daniel Bar-Tal, „From Intractable Conflict Through Conflict Resolution to Reconciliation: Psychological Analysis," *Political Psychology* 21, Nr. 2 (2000): 355.
766 Brounéus, Reconciliation, 6.

reciprocration"[767] als einen wichtigen Aspekt hervor, den Versöhnung mit sich bringen muss, um voranzukommen. Wenn z. B. die Wahrheiten einer Konfliktpartei durch andere ignoriert werden, anstatt geteilt oder zumindest anerkannt zu werden, wird ein Prozess von Versöhnung deutlich gestört. Auf ähnliche Weise muss der Entschuldigungsakt einer Konfliktpartei durch eine andere berücksichtigt und angenommen werden, damit zu einem Fortschritt im Versöhnungsprozess beigetragen werden kann.

Versöhnung ist als Prozess der transformativen Wirkung anzusehen. Dem israelischen Politikwissenschaftler Yaacov Bar-Siman-Tov zufolge erfordert sie kognitive und emotionale Veränderungen von allen Teilnehmern am Versöhnungsprozess.[768] Die Veränderungen von Zielen, Überzeugungen, Einstellungen und Emotionen werden im soziopolitischen Kontext jedoch nicht nur auf die politische Führung beschränkt. Diese psychologischen Effekte sollten, so Bar-Siman-Tov, auch tief ins soziale Gefüge eindringen und die Mehrheit der Mitglieder einer Gesellschaft betreffen.[769]

Der Transformationseffekt von Versöhnungsprozessen kann, so der US-amerikanische Politikwissenschaftler Nevin Aiken, durch Instrumente und Initiativen von TJ bedeutend angeregt werden.

> [I] theorise that transitional justice interventions will contribute to reconciliation to the degree that they are able to serve as crucial catalysts for social and psychological processes of 'social learning' between former enemies in the post-conflict environment of divided societies. In essence, I contend that it is these learning processes through which former enemies can be brought to challenge – and potentially underpinning past abuses and thereby serve as the crucial 'linchpins' in the causal path linking transitional justice and reconciliation in divided societies.[770]

Bloomfield unterscheidet *top-down-* und *bottom-up*-Ansätze zur Versöhnung in einer Gesellschaft.[771] Der *top-down*-Ansatz vollzieht sich auf

---

767 Fischer, Transitional Justice, 417.

768 Vgl. Yaacov Bar-Siman-Tov, „Dialectics between Stable Peace and Reconciliation," in *From Conflict Resolution to Reconciliation*, hrsg. v. Yaacov Bar-Siman-Tov (Oxford, New York: Oxford University Press, 2004), 73.

769 „Maintaining and consolidating peace relations cannot be reached only on the political level or between political elites or even by political reconciliation, but requires societal reconciliation, involving the whole society or at least a majority in the reconciliation process. A stable peace will be maintained only if it is supported by most of the people." (Ebd.).

770 Nevin T. Aiken, „Rethinking reconciliation in divided societies: A social learning theory of transitional justice," in *Transitional Justice Theories*, hrsg. v. Susanne Buckley-Zistel u. a. (London: Routledge, 2014), 40 f.

771 Vgl. Bloomfield, On Good Terms, 25 – 28.

der nationalen Ebene, wobei die Versöhnungsinitiativen (Wahrheits- und Versöhnungskommissionen, Tribunale, Reparationen, Entschuldigungs-akte usw.) institutionalisiert werden. Dies ist ein politisch-pragmatischer[772] Ansatz zur Versöhnung, der sich den Aufbau von „socio-political working relations – on the structural side, and very firmly in the political arena"[773] zum Ziel setzt. Der *bottom-up*-Ansatz findet außerhalb der politischen Arena statt und betrachtet kleine Gruppen und Einzelne als Subjekte der Versöhnungsprozesse. Auf dieser Ebene, auf der die interpersonale Versöhnung im Fokus steht, kann den kleinen Gruppen und Einzelnen die Versöhnung nicht von oben verordnet werden. Huyse zufolge können jedoch einige Initiativen von oben (Entschuldigung durch politische Re-präsentanten, Reparationszahlungen, Aufbau von Gedenkstätten usw.) die interpersonalen Versöhnungsprozesse anregen und positiv beeinflussen.[774] Zwischen *top-down*- und *bottom-up*-Ansätzen soll, so Bloomfield, keine Dichotomie bestehen. Gerade in der komplementären Wirkung dieser zwei Ansätze liegt Potential für die Etablierung einer dauerhaften Versöhnung auf der sozialen Ebene.[775]

Versöhnung, Gerechtigkeit und Wahrheit sind untrennbar verwoben.[776] In der TJ-Literatur wurde jedoch debattiert, ob Gerechtigkeit und Wahrheit als Aspekte *per se* oder als Voraussetzungen eines erfolgreichen Versöh-nungsprozesses zu verstehen sind. Brounéus zufolge spielt Versöhnung im Transitionskontext eher eine pragmatische Rolle, indem zwischen Gerech-tigkeit und Wahrheit balanciert wird, damit die langsamen Veränderungen von Verhalten, Einstellungen und Emotionen zwischen den verfeindeten Seiten erfolgen können. „It is the pragmatic work of building relation-

---

772 „[T]op-down approach is exactly the realm where the pragmatists, the political thinkers, and […] the 'realists' try to see what needs [to be] done to build civic trust, to achieve political reconciliation, democratic reciprocity, and so on – the pragmatic requirements of politics where the goal is less to achieve deep under-standing and more to build adequate working relations as free of, and protected against, subjective engagement as possible." (Ebd., 27 f.).

773 Ebd., 27.

774 Vgl. Luc Huyse, „The Process of Reconciliation," in *Reconciliation After Violent Conflict: A Handbook*, hrsg. v. David Bloomfield u. a. (Stockholm: International IDEA, 2003), 26.

775 Vgl. Bloomfield, On Good Terms, 27 f.

776 Vgl. Wendy Lambourne, „Transformative justice, reconciliation and peacebuil-ding," in *Transitional Justice Theories*, hrsg. v. Susanne Buckley-Zistel u. a. (London: Routledge, 2014), 19; „Truth and justice are not separate to reconciliati-on: they are key parts of it." (Bloomfield, Reconciliation, 14).

ships and confidence that will hold for the pressures on peace."[777] Was die Gerechtigkeit im Hinblick auf die Versöhnungsprozesse im Transitionskontext angeht, muss zuerst klargestellt werden, welche Ziele angestrebt werden und wessen Gerechtigkeit zu welchem Zweck ausgeübt wird.[778] Wenn Gerechtigkeit die Interessen nur einer Konfliktpartei verfolgt, wird sie, so Buckley-Zistel, einseitig und zum politischen Unterfangen, womit die Spaltungen zwischen den Konfliktparteien zusätzlich vertieft werden.[779] Gerechtigkeit trägt zum Versöhnungsprozess bei, indem die Verantwortung für die gewalttätige Vergangenheit objektiv festgestellt wird. Das kann holistisch bzw. durch komplementäre Wirkung von retributiven und restorativen Gerechtigkeitselementen erreicht werden.[780] Die unterschiedlichen Typen von Wahrheit (sachliche/faktische, narrative, soziale, wiedergutmachende)[781] und Anerkennung von Verbrechen sind auch als wichtige Voraussetzungen für einen erfolgreichen Versöhnungsprozess zu betrachten.[782] Die Wahrheiten aller Konfliktteilnehmer, besonders die der Opfer, sollten nämlich nicht nur veröffentlicht und gehört werden. Sie sollten auch durch die Täterseite anerkannt werden, was bedeutend zum Versöhnungsprozess beitragen kann.[783]

---

777 Brounéus, Reconciliation, 4.
778 „In deciding how to deal with wrongdoers and victims from the earlier regime, the leaders of the incoming regime are often influenced by their ideas about what is required by justice." (Elster, Closing the Books, 80).
779 Vgl. Buckley-Zistel, Transitional Justice als Weg, 12, 18.
780 Vgl. Lambourne, Transformative justice, 20 f.; Fischer, Transitional Justice, 411.
781 „Während das Aufdecken faktischer Wahrheit oftmals die Gräben zwischen den Konfliktparteien vertieft, kann soziale und wiedergutmachende Wahrheit zur Verbesserung der Beziehung zwischen den Konfliktparteien beitragen." (Buckley-Zistel, Transitional Justice als Weg, 19).
782 Vgl. Fischer, Transitional Justice, 411.
783 „It is one thing to *know*; it is yet a very different social phenomenon to *acknowledge*. Acknowledgment through hearing one another's stories validates experience and feelings and represents the first step toward restoration of the person and the relationship." (Lederach, Building peace, 26 [Hervorhebung im Original]).

4 Mit welchen Instrumenten werden die Ziele erreicht? *Transitional justice* in der Praxis

TJ beruht deutlich auf akademischem Wissen, ist jedoch gleichermaßen auch als ein praxisbezogenes Forschungsfeld zu betrachten.[784] Zur Konjunktur von Konzept und Praxis trug bei, so Buckley-Zistel, „dass sich zu Beginn der 1990er Jahre die Anzahl der innerstaatlichen Gewaltkonflikte auf dem Balkan und in Subsahara-Afrika mehrten [sic], was zu einer engen Verknüpfung von Konfliktnachsorge und *Transitional Justice* führte. Seither wird kaum ein Friedensvertrag unterzeichnet, kaum ein Diktator gestürzt, kaum eine repressive Regierung entmachtet, ohne den Aufruf, die Wahrheit über vergangene Menschenrechtsverletzungen aufzudecken und die Schuldigen zur Rechenschaft zu ziehen."[785] Im Rahmen von TJ wird darüber diskutiert, wie bzw. mit welchen Instrumenten ein Bündel an Zielen in deren Praxis zu erreichen ist. Ursprünglich wurde in TJ ein Akzent auf die strafrechtliche Aufarbeitung der Vergangenheit gesetzt. Mit der historischen Entwicklung von TJ erfolgte jedoch ein Einstellungswandel im Hinblick auf Zweck und Modalitäten der Aufarbeitung der gewalttätigen Vergangenheit.[786] Heutzutage wird in TJ immer mehr versucht, die Vergangenheit nicht nur mit bestrafenden und rechtlichen Mitteln aufzuarbeiten. In der Praxis wird nämlich oft nach Prinzipien und mit Instrumenten der aufbauenden Gerechtigkeit operiert. Unter den TJ-Theoretikern und -Praktikern ist heutzutage eine Sichtweise verbreitet, nach der sich auch eine

---

784 Vgl. Bell, Transitional Justice, 7.
785 Susanne Buckley-Zistel, „Vergangenes Unrecht aufarbeiten: Eine globale Perspektive," *Aus Politik und Zeitgeschichte* 63 (2013): 32.
786 In der TJ-Literatur ist kaum eine Klassifikation der TJ-Prozesse zu finden. Aufgrund der Dauer der Prozesse von TJ unterscheidet Elster vier Arten von *transitional justice* (Elster, Closing the Books, 75 f.). In Gesellschaften, in denen die Prozesse von TJ unmittelbar nach dem Konfliktende initiiert und innerhalb von fünf Jahren zu ihrem Ende gebracht wurden, handelt es sich um *immediate transitional justice*. *Protracted transitional justice* erfolgt auch unmittelbar nach dem Konflikt oder Regimewechsel, wobei sie sich dann über einen längeren Zeitraum erstreckt („until the issues are resolved" [ebd., 75]). In der *second-wave transitional justice* lassen sich drei Phasen erkennen. Nachdem die Prozesse von TJ nach dem Konflikt oder Regimewechsel eröffnet wurden, tritt die Latenzzeit auf, und erst einige Jahrzehnte später werden die Prozesse von TJ wieder aktualisiert. Die letzte Art von TJ, *postponed transitional justice*, betrifft diejenigen Fälle, in denen die Prozesse mindestens zehn Jahre nach dem Konflikt oder Regimewechsel initiiert wurden.

Kombination von Instrumenten anwenden lässt, „die sich als ganzheitlich begreift, nicht mehr ausschließlich opferzentriert ist und die soziale Re-Integration der Täter mitdenkt"[787].

„Ein entscheidendes Merkmal von Transitional Justice ist, dass sie über eine Vielzahl von Instrumenten verfügt, die entsprechend den Erfordernissen und Kontexten einer Nachkriegsgesellschaft kombiniert werden können."[788] Je nach Situation werden Instrumente bei der Vergangenheitsaufarbeitung selektiv, gleichzeitig oder sogar chronologisch verwendet.[789] Die Bedingungen, die dabei die Auswahl von Instrumenten wesentlich beeinflussen können, sind die Art und Weise der Konfliktbeendigung, das Ausmaß der Verbrechen, die Stabilität des Landes, Machtspiele zwischen den alten und neuen Machthabern sowie die Politik der neuen Regierung.[790]

In Anbetracht der raschen und seit rund zwanzig Jahren immer noch andauernden Entwicklung des Konzeptes von TJ verwundert es nicht, dass in der Literatur über TJ kein einheitliches Verständnis darüber erzielt wurde, welche Instrumente als Bestandteil von TJ-Praxis vorhanden sind. Laut dem UN-Weltsicherheitsrat umfasst TJ ein breites Spektrum von Instrumenten, und zwar:

[T]he full range of processes and mechanisms associated with a society's attempts to come to terms with a legacy of large-scale past abuses, in order to ensure accountability, serve justice and achieve reconciliation. These may include both judicial and non-judicial mechanisms, with differing levels of international involvement (or none at all) and *individual prosecutions, reparations, truth-seeking, institutional reform, vetting and dismissals, or a combination thereof.*[791]

Dem ICTJ zufolge gelten *criminal prosecutions, truth commissions, reparations programs, gender justice*[792], *security system reform* und *memorialization effort* als die Grundansätze von TJ.[793] Laut dem Bericht des ICTJ aus dem Jahr 2015 sind die offiziellen und öffentlichen Entschuldigungen, die dabei als symbolische Form von Reparation bezeichnet wurden, auch als

787 Engert und Jetschke, Einleitung, 21.
788 Buckley-Zistel, Transitional Justice, 2.
789 Vgl. Hazan, Measuring the impact, 23.
790 Mehr dazu in Kapitel 4.8 dieses Teils der Arbeit.
791 United Nations Security Council, The rule of law, 4 (Hervorhebung P.A.).
792 Bezüglich des Begriffs *gender justice* wird vom ICTJ die folgende Erklärung angegeben: „These efforts challenge impunity for sexual and gender-based violence and ensure women's equal access to redress of human rights violations." (International Center for Transitional Justice, What is Transitional Justice, 1).
793 Vgl. ebd., 1.

ein wichtiges Element von TJ anzusehen.[794] Im Hinblick auf die TJ-Instrumente hebt Buckley-Zistel einige Effekte hervor, die von diesen Instrumenten erzielt werden sollten: Rechtsprechung durch internationale, hybride und nationale Kriegstribunale; Aufdeckung des Ausmaßes der Vergehen durch nationale und internationale Wahrheitskommissionen; Reparationen für Opfer von Menschenrechtsvergehen einschließlich Kompensation, Rehabilitation und symbolischer Wiedergutmachung; Reform von Institutionen wie Polizei, Militär und Judikative und die Entlassung von korruptem und kriminellem Personal; Konstruktion von Gedenkstätten und Museen, um an die gewaltsame Vergangenheit zu erinnern.[795]

Dem schweizerischen Politikwissenschaftler Pierre Hazan zufolge strebt TJ sowohl individuelle als auch soziale Ziele an („they range from the psychological recovery of individual victims to 'national reconciliation'"[796]). Aufgrund dieses breiten Spektrums an Zielen operiere TJ mit vielen Instrumenten („judicial proceedings, truth commissions, lustration and screening laws, reparations, public apologies, development of a shared vision of history"[797]). In der Wirkung dieser Instrumente erkennt Hazan zwei grundlegende und komplementäre Axiome, die alle Ebenen einer Gesellschaft betreffen können, jedoch auf unterschiedliche Art und Weise. Das erste Axiom (*top-down*)[798] setzt sich zum Ziel, diejenigen Verantwortlichen, die in der Machthierarchie hoch positioniert sind, strafrechtlich zu verfolgen. Das zweite Axiom (*bottom-up*) bezieht sich hingegen auf die Heilung derjenigen, die in der Machthierarchie ganz unten stehen. „It stems from the idea that societies stained by the bloodshed of civil wars or peoples victimized by dictatorial regimes must be healed in order to exorcize their traumatic past."[799] Durch komplementäres Wirken dieser zwei Axiome ermöglicht TJ einer Gesellschaft oder einem Staat, sich von der Tragödie der eigenen Geschichte zu befreien.[800]

---

794 Vgl. International Center for Transitional Justice, More Than Words, 1.
795 Vgl. Buckley-Zistel, Transitional Justice, 3.
796 Hazan, Measuring the impact, 23.
797 Ebd.
798 Hazan stellt dieses Axiom als „normative method of education intended for the political elite and the military" dar (ebd., 25).
799 Ebd.
800 Diesbezüglich erkennt Hazan die eschatologische Dimension von TJ. „[T]ransitional justice appears as a New Jerusalem: it shows the way to institutional and political reforms which will gradually contribute to the establishment and consolidation of peace and the rule of law. There is an eschatological dimension to transitional justice here – the will of a society to extricate itself from the tragedy of history, to thwart the fatality of a world." (Ebd., 21).

Im Folgenden werden einige Instrumente bzw. Ansätze zur Vergangenheitsaufarbeitung von TJ dargestellt, die nach einer Transition oder einem Konflikt in der Praxis oft angewendet werden. Es handelt sich um Tribunale, Wahrheitskommissionen, Reparationen, Entschuldigungen, Amnestien, Lustration und Erinnerungspolitik. Welche sind die Grundprinzipien der Wirkung dieser Instrumente? Was für Effekte lassen sich dadurch verursachen? Welche Instrumente gelten als opfer- und welche als täterzentriert? Welche Kriterien gelten als entscheidend für die Auswahl einer oder mehrerer Modalitäten der Vergangenheitsaufarbeitung? Diese Fragen werden zum Thema der folgenden Unterkapitel.

4.1 Tribunale

Tribunale bzw. Strafgerichtshöfe werden eingesetzt, wenn in einem Konflikt die Normen des *ius in bello* (Recht im Krieg, humanitäres Völkerrecht) überschritten oder Menschenrechte verletzt wurden. Es handelt sich genauer um Völkermord (Verstöße gegen die Genozidkonvention von 1946), Verbrechen gegen die Menschlichkeit, Kriegsverbrechen (Verstöße gegen die vier Genfer Konventionen von 1949) und Verbrechen der Aggression (Angriffskriege).[801] Verbrechen gegen die Menschlichkeit, Genozid und Folter gelten besonders als Gegenstand universeller Rechtsnormen, die sich als solche sowohl auf innerstaatliche als auch auf internationale Konflikte beziehen. Die Strafbarkeit dieser Verbrechen wird dabei nicht durch die rechtliche Qualifizierung eines Konfliktes bedingt.[802]

> Crimes against humanity, genocide, war crimes (under conventional and customary regulation of armed conflicts), and torture are international crimes that have risen to the level of *jus cogens*. As a consequence, the following duties arise: the obligation to prosecute or extradite; to provide legal assistance; to eliminate statutes of limitations; to eliminate immunities of superiors up to and including

---

801 Vgl. Buckley-Zistel, Transitional Justice als Weg, 10. Der US-amerikanische Rechtswissenschaftler Michael Scharf erkennt vier Verpflichtungsgründe für die strafrechtliche Verfolgung: die in den internationalen Konventionen definierten Verbrechen, die allgemeinen Konventionen über die Menschenrechte, völkerrechtliches Gewohnheitsrecht und die Resolutionen des UN-Weltsicherheitsrates (vgl. Michael P. Scharf, „The Letter of the Law: The Scope of the International Legal Obligation to Prosecute Human Rights Crimes," *Law and Contemporary Problems* 59, Nr. 4 [1996]: 43–60).

802 Vgl. M. Cherif Bassiouni, „Searching for Peace and Achieving Justice: The Need for Accountability," *Law and Contemporary Problems* 59, Nr. 4 (1996): 15.

heads of states. Under international law, these obligations are to be considered as *obligatio ergo omnes*, the consequence of which is that impunity cannot be granted.[803]

„Generell verfolgen die Strafgerichtshöfe die Ziele, vergangenes Unrecht zu sanktionieren, Vergeltung zu reduzieren, Vergehen zu strafen, zukünftige Gewalt zu verhindern und Leid anzuerkennen."[804] Das Wirken der Strafgerichtshöfe wird durch zwei Effekte der strafrechtlichen Verfolgung von Tätern, die Retribution und die Abschreckung, geprägt. Wenn eine Strafe angemessen ist, gilt sie, so Jetschke, als „eine moralisch vertretbare Antwort auf Verbrechen, vor allem im Hinblick auf die Befriedigung und den psychologischen Nutzen, die Opfern aus der Bestrafung erwachsen. Strafe stellt das Ungleichgewicht, das die Täter-Opfer-Beziehung konstituiert, wieder her."[805]

Die strafrechtliche Verfolgung beruht auf der individualisierten Vorstellung von krimineller Schuld. Dementsprechend können Staaten, Gesellschaften und Gruppen die strafrechtlichen Folgen nicht auf sich nehmen.

The assumption behind this practice is that group entities are not, as such, morally and legally accountable. Such entities are not conscious, do not have minds, cannot deliberate and choose what to do and, therefore, cannot satisfy the legal conditions of mens rea (having a guilty mind). On such grounds it is often argued that collective entities cannot be morally or legally responsible for their actions. In legal proceedings, responsibility is individualized. That fact is regarded by some as correct in its own right and as contributing positively to reconciliation.[806]

---

803 Ebd., 17 (Hervorhebung im Original).
804 Susanne Buckley-Zistel, „Einleitung: Nach Krieg, Gewalt und Repression," in *Nach Krieg, Gewalt und Repression: Vom schwierigen Umgang mit der Vergangenheit*, hrsg. v. Susanne Buckley-Zistel und Thomas Kater, AFK-Friedensschriften 36 (Baden-Baden: Nomos, 2011), 11.
805 Anja Jetschke, „Der Kaiser hat ja gar keine Kleider an! – Strafverfolgung durch hybride Tribunale," in *Transitional Justice 2.0*, hrsg. v. Stefan Engert u. a, Die Friedens-Warte Bd. 86, H. 1/2 (Berlin: BWV, 2011), 106. Die Anwendung von Strafe, die unter gewöhnlichen Umständen selbst auch ein böses Tun darstellen würde, kann sich dadurch moralisch begründen lassen, dass durch Strafe ein potentiell größeres Böses verhindert werden kann („A moral justification for punishment, hence, must respond to the principle of allowing something otherwise bad if it can bring about a greater good than otherwise would occur, for example, if more evil is produced in the absence of punishment than by its employment." [Raquel Aldana, „A Victim-Centered Reflection on Truth Commissions and Prosecutions as a Response to Mass Atrocities," *Journal of Human Rights* 5, Nr. 1 (2006): 118]).
806 Govier, Taking Wrongs, 142.

Die Individuen sind hingegen „repräsentativ für den verbrecherischen Charakter des Gesamtsystems"[807]. Durch Individualisierung von Schuld bzw. durch strafrechtliche Verfolgung von verantwortlichen Individuen wird der verbrecherische Charakter eines Systems verurteilt und der Rest einer Gemeinschaft implizit von Schuld befreit.[808]

Strafe ist nicht nur auf die direkten Täter ausgerichtet, sondern auch auf alle potentiellen Täter. Durch die erzieherische Dimension der Abschreckung setzt die Bestrafung „ein symbolisches Signal an Mitglieder einer Gemeinschaft, welche Handlungen auf keinen Fall geduldet werden"[809]. Strafe wirkt „as a deterrent, as legitimator of the rule of law, as moral educator, and as tamer of anger, all of which contribute to a nonrepetition of the offense"[810].

Im Fall von Massenmord lässt sich aus praktischen Gründen nicht erwarten, alle Verantwortlichen vor Gericht zu bringen. Gerechtigkeit wird hierbei selektiv durchgesetzt. Die Prävention von ähnlichen Verbrechen wird aufgrund der selektiven Gerechtigkeit dabei nicht in Frage gestellt. Der Abschreckungseffekt erfordert jedoch nicht, dass jeder Täter verurteilt wird, sondern dass die Strafandrohung „sufficiently real to third parties"[811] ist.

Dass die strafrechtliche Verfolgung der Täter eine wichtige Rolle in den Transitionsprozessen spielt, bestätigte auch der UN-Weltsicherheitsrat:

> Criminal trials can play an important role in transitional contexts. They express public denunciation of criminal behaviour. They can provide a direct form of accountability for perpetrators and ensure a measure of justice for victims by giving them the chance to see their former tormentors made to answer for their crimes. Insofar as relevant procedural rules enable them to present their views and concerns at trial, they can also help victims to reclaim their dignity.[812]

Die Durchsetzung bestrafender Gerechtigkeit muss dabei transparent, unparteiisch, fair und von der Politik unabhängig erfolgen. Das Unterlassen der verdienten Strafe gegenüber der Täterseite kann Unzufriedenheit auf der Opferseite verursachen. Die Opferseite kann dabei das Gefühl empfinden, dass ihre Leiden nicht anerkannt wurden.

---

807 Engert und Jetschke, Einleitung, 29.
808 Vgl. Buckley-Zistel, Transitional Justice als Weg, 11.
809 Jetschke, Der Kaiser, 107.
810 Aldana, A Victim-Centered Reflection, 118.
811 Ebd., 119.
812 United Nations Security Council, The rule of law, 13.

Tribunale nehmen einen wichtigen Platz im breiten Spektrum der Instrumente von TJ ein. In den letzten Jahrzehnten waren zahlreiche Gesellschaften und Staaten aus verschiedenen Gründen (politische Umstände, Mangel an professionellen Kräften und Finanzierung) jedoch machtlos, einen klaren Bruch mit vergangenem Unrecht durch strafrechtliche Aufarbeitung zu vollziehen. Deswegen engagierten sich die Vereinten Nationen unter eigener Schirmherrschaft und in Kompatibilität zu den internationalen Rechtsnormen dafür, Tribunale einzusetzen und dadurch die schwachen nationalen Justizsysteme zu unterstützen.

Nach dem Zweiten Weltkrieg und in Anlehnung an die Erfahrungen mit der Gerichtspraxis der Militärgerichtshöfe in Nürnberg und Tokio entwickelten sich bis heute noch drei Generationen von internationalen Gerichtshöfen: die UN-Ad-hoc-Tribunale für das ehemalige Jugoslawien (ICTY)[813] und Ruanda (ICTR)[814] mit Sitz in Den Haag, gemischte oder hybride Tribunale[815] und der ständige Internationale Strafgerichtshof in Den Haag (ICC). ICTY und ICTR wurden als Nebenorgane des UN-Weltsicherheitsrates errichtet. Sie besitzen Ad-hoc-Charakter, weil sie eine Jurisdiktion ausschließlich für die Konflikte im ehemaligen Jugoslawien und in Ruanda haben. Mit hybriden bzw. gemischten Tribunalen wurde versucht, die Probleme, die im Wirken der UN-Ad-hoc-Tribunale auftraten (die fehlende Beteiligungsmöglichkeit der betroffenen Bevölkerung und lokaler Juristen am Verfahren, die Legitimationsprobleme der Gerichte und die hohe Kostenbelastung internationaler Strafgerichtshöfe), zu überwinden.[816] Das Hauptmerkmal hybrider Tribunale besteht darin, dass sie

---

813 Das ICTY wurde am 25. Mai 1993 durch die Resolution 827 des UN-Sicherheitsrates zunächst für unbestimmte Zeit eingerichtet. Dieser Strafgerichtshof ist dafür zuständig, die Personen, die im ehemaligen Jugoslawien seit 1991 Straftaten (schwere Verletzungen der Genfer Konventionen, Verstöße gegen die Gesetze oder Gebräuche des Krieges, Völkermord und Verbrechen gegen die Menschlichkeit) begangen haben, strafrechtlich zu verfolgen (vgl. Kai Ambos, *Internationales Strafrecht: Strafanwendungsrecht, Völkerstrafrecht, Europäisches Strafrecht; Ein Studienbuch*, 2., völlig überarb. und erw. Auflage [München: Beck, 2008], 99–102).

814 Das ICTR wurde durch die Resolution 955 des UN-Sicherheitsrates am 8. November 1994 gegründet. Die Zuständigkeit des ICTR erstreckt sich auf die Straftaten, die auf dem ruandischen Staatsgebiet und von ruandischen Staatsbürgern zwischen dem 1.1. und dem 31.12.1994 begangen wurden (vgl. ebd., 102 f.).

815 Die hybriden bzw. gemischten Tribunale wurden in Kosovo, Osttimor, Sierra Leone, Kambodscha, Libanon, Bosnien und Herzegowina, Irak und Senegal eingesetzt.

816 Vgl. Jetschke, Der Kaiser, 102.

„eine gemischt national-internationale Rechtsgrundlage haben und aus nationalen und internationalen (ausländischen) Staatsanwälten und Richtern bestehen"[817]. Die Einbeziehung der nationalen Justiz trägt, so Jetschke, zur Glaubwürdigkeit der hybriden Tribunale bei. „Mit der Einsetzung hybrider Tribunale verbindet sich folglich die Erwartung, dass die größere Legitimation hybrider Tribunale durch die stärkere Berücksichtigung staatlicher Souveränität die Akzeptanz der Strafverfolgung erhöht und Betroffene stärker von der strafrechtlichen Verfolgung profitieren."[818] Im Vergleich zu den UN-Ad-hoc-Tribunalen liegt der Vorteil von hybriden Tribunalen darin, dass Letztere in dem Land wirken, in dem die Untaten geschahen, und mit der nationalen Justiz eng verbunden sind. Die hybriden Tribunale dürfen nicht mit den indigenen Dorftribunalen verwechselt werden. Bei den Dorftribunalen handelt es sich Buckley-Zistel zufolge oft um „künstlich zusammengestellte Hybride zwischen traditionellen und klassischen Formen der Strafverfolgung"[819], die ausgleichende und wiedergutmachende Elemente verbinden. Die Gacaca-Gerichte in Ruanda gelten als Beispiel solcher Dorftribunalpraxis.[820]

Das internationale Strafrecht und die internationalen Tribunale wurden laut Bassiouni stark durch die Interessen der Realpolitik bedingt.[821]

---

817 Ambos, Internationales Strafrecht, 116.

818 Jetschke, Der Kaiser, 102.

819 Buckley-Zistel, Transitional Justice als Weg, 14.

820 Dem Völkermord im Jahr 1994 fielen viele Menschen zum Opfer (circa 800.000) und gleichzeitig wurden viele Menschen als Täter bezeichnet. Um möglichst viele Menschen in das strafrechtliche Verfahren einzubeziehen, wurde die ruandische traditionelle Gacaca-Justizform modifiziert. Der alten Gacaca-Tradition zufolge versammelten sich die Bewohner eines Dorfes unter Führung einer anerkannten Person, des sogenannten *Inyangamugayo*, um Streitigkeiten zu lösen. Die Zuweisung von Schuld stand dabei nicht im Vordergrund. Wichtiger war die Anerkennung eines Fehlverhaltens durch den Beschuldigten und, falls notwendig, die Leistung von Schadensersatz. Die Gacaca-Verhandlung setzte sich primär die Wiederherstellung des sozialen Friedens zum Ziel. Die modifizierten Gacaca-Gerichte setzten sich hingegen mit dem Völkermord und Verbrechen gegen die Menschlichkeit auseinander. Im Vergleich zu der alten Gacaca-Tradition operierten die modernisierten Gacaca-Gerichte unter anderem auch mit Bestrafungsmechanismen. Zu Struktur und Kompetenzen von Gacaca-Gerichten mehr bei Waldorf, Mass Justice for Mass Atrocity; Friese, Politik der gesellschaftlichen Versöhnung; Gerd Hankel, „Die Gacaca-Justiz in Ruanda – ein kritischer Rückblick," in *Nach Krieg, Gewalt und Repression: Vom schwierigen Umgang mit der Vergangenheit*, hrsg. v. Susanne Buckley-Zistel und Thomas Kater, AFK-Friedensschriften 36 (Baden-Baden: Nomos, 2011), 167–183.

821 Was das Wirken von internationalen Gerichtshöfen angeht, hebt Bassiouni einige Fälle der Inkonsequenz im Durchsetzen von Gerechtigkeit hervor. Er beginnt

Even when tribunals and investigative commissions were established, their professed goal – the pursuit of justice by independent, effective and fair methods and procedures – was seldom upheld. Instead, the establishment and administration of these bodies were subordinated to realpolitik goals. They were, in varying degrees, controlled or influenced by political considerations, at times exercised overtly and, at other times, through subtle techniques.[822]

Die Staaten hatten unter anderem auch Angst davor, durch internationales Strafrecht und Einsetzung internationaler Gerichtshöfe die eigene rechtliche Souveränität zu verlieren. Mit dieser Abhängigkeit der Gerechtigkeit von politischen Interessen wurden Rechte und Bedürfnisse der Opfer marginalisiert.

Die Etablierung eines permanenten Systems des internationalen Strafrechts, das finanziell-bürokratisch unabhängig und effektiv wäre, setzt nämlich einen klaren politischen Willen der internationalen Gemeinschaft voraus. Vor diesem Hintergrund erreichte die internationale Gemeinschaft das bisher höchste Niveau beim Schutz der Menschenrechte durch die Errichtung des Internationalen Strafgerichtshofs. Im Vergleich zu den vorherigen Tribunalen stellt der Internationale Strafgerichtshof, so Shriver, kein Spiegelbild politischer Macht und Ideologie dar.[823] Obwohl der Einrichtungsprozess dieser rechtlichen Institution und die Kodifikation internationaler Verbrechen während des Kalten Krieges erheblich verlangsamt wurden, erfolgte in den 1990er Jahren ein bedeutender Fortschritt. Nachdem das Rom-Statut im Jahr 1998 als Grundlage des ICC angenom-

chronologisch mit dem Ersten Weltkrieg. Nach dem Krieg wurde der deutsche Kaiser Wilhelm II. (1888–1918) nur aufgrund eines politischen Handels nicht vor Gericht gestellt. Aus der Liste mit 895 Namen, die von einer Kommission im Jahr 1919 herausgearbeitet wurde, gaben die Alliierten 45 Personen, davon 12 Offiziere, für die strafrechtliche Verfolgung an. Bassiouni zufolge lässt sich auch die Gerechtigkeit in Nürnberg als einseitige bezeichnen, weil keine Gerichtsprozesse für die Verbrechen stattfanden, die vom Militärpersonal der Alliierten begangen worden waren. Das gleiche bemerkt er am Beispiel des Militärgerichtshofs in Tokio. Der Einfluss von Politik lässt sich besonders bei der Entscheidung bemerken, den japanischen Kaiser Hirohito (1926–1989) nicht strafrechtlich zu verfolgen. Was die UN-Ad-hoc-Tribunale für das ehemalige Jugoslawien und Ruanda angeht, übt Bassiouni Kritik an der finanziell-administrativen Abhängigkeit von Tribunalen (vgl. dazu M. Cherif Bassiouni, „From Versailles to Rwanda in Seventy-Five Years: The Need to Establish a Permanent International Criminal Court," *Harvard Human Rights Journal* 10 [1997]: 11–62).

822 Ebd., 12.
823 Vgl. Donald W. Shriver, „Truth Commissions and Judicial Trials: Complementary or Antagonistic Servants of Public Justice," *Journal of Law and Religion* 16, Nr. 1 (2001): 5.

men wurde, trat es am 1.7.2002 in Kraft. Der ICC wirkt heute nicht als UN-Organ, aber er ist mit diesen durch eine Sondervereinbarung („relationship agreement") verbunden. Der ICC ist zuständig für Verbrechen, die nach dem Inkrafttreten des Rom-Statuts begangen wurden, wenn die Staaten nicht in der Lage sind, die Verbrechen selbst zu ahnden. „Der ICC ist allein zuständig für Verbrechen innerhalb der Vertragsstaaten oder bei ausdrücklicher Überweisung durch den UN-Sicherheitsrat."[824] Vor dem ICC können sich nur Individuen verantworten, nicht die Staaten. „The scope of ICC jurisdiction reaches beyond any national or regional boundary; where as [sic] its predecessors were each limited in scope to a particular territory, the ICC is a worldwide criminal justice system."[825] Die Etablierung des ICC kennzeichnete die Institutionalisierung der internationalen Strafgerichtsbarkeit. Die Einführung der Jurisdiktion eines Gerichtshofs für Völkermord, Verbrechen gegen die Menschlichkeit, Kriegsverbrechen und Aggressionsverbrechen stellt, so der deutsche Rechtswissenschaftler Kai Ambos, einen großen zivilisatorischen Schritt nach vorne dar.[826]

4.2 Wahrheitskommissionen

Die zweite Phase in der Genealogie von TJ (*Post-Cold War transitional justice*) war durch den Abbruch der in den 1970er und 1980er Jahren verbreiteten Praxis charakterisiert, die begangenen Verbrechen zu verdrängen. Diese Verdrängungspolitik erfolgte aus der Machtlosigkeit der Staaten, den nach dem Zweiten Weltkrieg etablierten Grundprinzipien des humanitären Rechts während des Kalten Krieges treu zu bleiben. Das Prinzip, die Verantwortung für Verbrechen festzustellen, unabhängig davon, von wem und wo sie begangen wurden, scheiterte. Die Gerechtigkeit wurde, so Bassiouni, zum Opfer des Kalten Krieges.[827]

---

824 Klaus Hoffmann, „Internationale Strafgerichte und Tribunale und ihre (potenzielle) Rolle im Versöhnungsprozess," in *Nach Krieg, Gewalt und Repression: Vom schwierigen Umgang mit der Vergangenheit*, hrsg. v. Susanne Buckley-Zistel und Thomas Kater, AFK-Friedensschriften 36 (Baden-Baden: Nomos, 2011), 82.
825 Ocampo, Building a Future, 10.
826 Vgl. Ambos, Internationales Strafrecht, 82. Der Tatbestand der Aggression wurde bis heute noch nicht definiert. Alle Verbrechen, die unter die Jurisdiktion des ICC fallen, wurden im Rom-Statut (Artikel 5–8) angegeben (vgl. International Criminal Court, Rome Statute, 3–10).
827 Vgl. Bassiouni, From Versailles to Rwanda, 39.

Mit den geopolitischen Veränderungen in der Welt, die durch die zunehmende Durchsetzung des westlich-liberalen Demokratiekonzepts angestoßen wurden, wurden sowohl die bipolare Weltordnung als auch die Verdrängungspolitik abgebrochen. Das Ende der Verdrängungspraxis wurde durch die dritte Welle der Demokratisierung initiiert. Den neuen Regimen kam dabei die schwierige Aufgabe zu, sich mit der verbrecherischen Vergangenheit auseinanderzusetzen. Die ehemaligen Herrschaftseliten, unter ihnen auch die Entscheidungsträger in verbrecherischen politischen Systemen und die Täter, behielten oft Einfluss auf das politische Leben, obwohl sie daraus vorher offiziell ausgeschlossen worden waren. Aufgrund des immer noch großen Einflusses der alten Herrschaftseliten einerseits und der schwachen politischen Kapazitäten der neuen Regierungen andererseits standen Letztere vor der Herausforderung, die Verbrechen der vorherigen gewaltsamen Regime aufzudecken. Aus Angst vor einem Umsturz wurde die strafrechtliche Verfolgung der für die Verbrechen Verantwortlichen jedoch unterlassen. Diese politischen Umstände trugen wesentlich zur Herausbildung eines neuen Instruments der Vergangenheitsaufarbeitung – der Wahrheitskommission – bei.

> Truth commissions are official, temporary, non-judicial fact-finding bodies that investigate a pattern of abuses of human rights or humanitarian law committed over a number of years. These bodies take a victim-centred approach and conclude their work with a final report of findings of fact and recommendations.[828]

Aus der oben angeführten Definition des UN-Weltsicherheitsrates lässt sich schließen, dass die Wahrheitskommissionen nicht von Prinzipien der bestrafenden Gerechtigkeit geleitet werden. Sie streben an, eine breitere historische Perspektive auf die verbrecherische Vergangenheit zu gewährleisten. Was genau passierte, wie und von wem Verbrechen begangen wurden – es wird versucht, solche Fragen durch eine Interaktion bzw. Dialogform zwischen den Tätern und Opfern zu beantworten. Die Wahrheitskommission, die in diesem Täter-Opfer Dialog als der dritte neutrale Vermittler auftritt, setzt sich zum Ziel, die Wahrheit im gemeinsamen Diskurs zu finden.[829]

> Although some truth commissions have "named names," their chief virtue is discerning overall patterns, institutional context, and, to a lesser extent, the general causes and consequences of atrocities. In taking testimony directly from the principals, sometimes not long after the violations being investigated, truth

---

828 United Nations Security Council, The rule of law, 17.
829 Vgl. Engert und Jetschke, Einleitung, 32.

commissions play an indispensable role in getting a reasonably full picture of what happened and its ongoing consequences in people's lives.[830]

Ein vollständiger Überblick über die vergangenen Verbrechen kann, so Teitel, eher durch das Wirken von Wahrheitskommissionen erreicht werden als durch gerichtliche Verurteilungen in Einzelfällen.[831] Deswegen war diese Art von Vergangenheitsaufarbeitung besonders geeignet für diejenigen Staaten, die sich mit der Verdrängungspolitik und politischen Spannungen zwischen den alten und neuen politischen Strukturen auseinandersetzten. Die Wahrheitskommissionen sind in der Lage, ohne Verurteilungen, die potentiell zu neuen politischen Krisen führen können, den Hintergrund von Verbrechen aufzuklären. Die erste Wahrheitskommission wurde in Uganda im Jahr 1974 aufgestellt.[832] Die Wahrheitskommissionen waren anfangs in Südamerika sehr verbreitet, während sie heutzutage immer mehr auf dem afrikanischen und dem asiatischen Kontinent gegründet werden.

Die US-amerikanische Politikwissenschaftlerin Priscilla Hayner erkennt die folgenden gemeinsamen Merkmale in der Vielzahl von Wahrheitskommissionen:[833]

A truth commission (1) is focused on past, rather than ongoing events; (2) investigates a pattern of events that took place over a period of time; (3) engages directly and broadly with the affected population, gathering information on their experiences; (4) is a temporary body, with the aim of concluding with a final report; and (5) is officially authorized or empowered by the state under review.[834]

---

830 Crocker, Truth Commissions, 101.

831 Vgl. Teitel, Transitional Justice Genealogy, 79. Diese Meinung vertritt auch die US-amerikanische Politikwissenschaftlerin Audrey Chapman. „Truth commissions potentially can provide a far more comprehensive record of past atrocities and violations than the trials of specific individuals and do so in a less divisive manner." (Audrey R. Chapman, „Truth Commissions as Instruments of Forgiveness and Reconciliation," in *Forgiveness and Reconciliation: Religion, Public Policy, and Conflict Transformation*, hrsg. v. Raymond G. Helmick und Andrea Bartoli [Philadelphia: Templeton Foundation Press, 2002], 258).

832 Vgl. Buckley-Zistel, Einleitung, 14; Priscilla B. Hayner, „Fifteen Truth Commissions – 1974 to 1994: A Comparative Study," *Human Rights Quarterly* 16, Nr. 4 (1994): 611. Auf der anderen Seite führt Teitel die Wahrheitskommission in Argentinien (1983) als die erste Transitionskommission an (vgl. Teitel, Transitional Justice Genealogy, 78 [FN 58]).

833 Bis heute wurden mehr als 40 Wahrheitskommissionen aufgestellt. Die genaue Liste der Wahrheitskommissionen lässt sich auf der Internetseite http://www.usip.org/publications/truth-commission-digital-collection (Stand: 17.08.2021) finden.

834 Priscilla B. Hayner, *Unspeakable Truths: Transitional Justice and the Challenge of Truth Commissions*, 2. Auflage (New York, London: Routledge Taylor & Francis Group, 2011), 11 f. In diesem Buch erforschte Hayner 40 Wahrheitskommissionen.

Hayner hebt auch die fünf Aufgaben hervor, die sich die Wahrheitskommissionen zum Ziel setzen: die Aufklärung und formelle Anerkennung von vergangenen Verbrechen; die Erfüllung der besonderen Anforderungen der Opfer; die Unterstützung von Gerechtigkeit und Verantwortlichkeit; die Hervorhebung der institutionellen Verantwortlichkeit und Empfehlung von Reformen; die Förderung von Versöhnung und Verringerung der Meinungsverschiedenheiten in Bezug auf die Vergangenheit.[835]

Die Wahrheitskommissionen sind „eindeutig der restorative justice zuzuordnen"[836], weil sie die Wiederherstellung der sozialen Beziehungen zwischen Tätern und Opfern sowie ihre Resozialisation anstreben. „In contrast to tribunals or courts, truth commissions do not have prosecutorial powers to bring cases to trial."[837] Das bedeutet aber nicht, dass die Wahrheitskommissionen auf die retributiven Elemente völlig verzichten oder dass sie den für Verbrechen Verantwortlichen unbedingt die Immunität vor Gerichtsverfahren ermöglichen. In Abwesenheit von angemessenen Abschreckungs- und Bestrafungskapazitäten können die Wahrheitskommissionen die Strafverfolgung in ihrem Abschlussbericht dennoch empfehlen.[838] Wenn sie aber auf die konventionelle Strafverfolgung völlig verzichten, geschieht dies oft, so die US-amerikanische Politikwissenschaftlerin Amy Gutmann und der US-amerikanische Politikwissenschaftler Dennis Thompson, aufgrund höherer Ziele, wie z.B. historischer Wahrheit oder sozialer Versöhnung.[839]

Durch Dekonstruktion von Mythen und Aufdeckung von Lügen über die Vergangenheit können die Wahrheitskommissionen auf den destruktiven Charakter vergangener Vorfälle hinweisen. Sie bezeugen dadurch den kommenden Generationen die Schädlichkeit der Wiederholung von ähnlichen Vorfällen in der Zukunft. „'Never again!' is a central rallying cry of truth commissions, and one about which perpetrators and victims can agree. The notion of 'never again' captures the response of societies that are recovering their own equilibria, their own dignity, and their own

---

835 Vgl. ebd., 21–23.
836 Engert und Jetschke, Einleitung, 33.
837 Chapman, Truth Commissions, 257.
838 Vgl. Buckley-Zistel, Transitional Justice, 4.
839 Das wurde am Beispiel der südafrikanischen Wahrheits- und Versöhnungskommission gezeigt (vgl. Amy Gutmann und Dennis Thompson, „The Moral Foundations of Truth Commissions," in *Truth v. Justice: The Morality of Truth Commissions*, hrsg. v. Robert I. Rotberg und Dennis F. Thompson [Princeton, N.J.: Princeton University Press, 2000], 22).

sense of integrity. Truth commissions are intended to be both preventive and restorative."[840]

Eine Beurteilung über den Gesamterfolg einer Wahrheitskommission durchzuführen, zeigt sich dem UN-Hochkommissariat für Menschenrechte (OHCHR) zufolge oft als eine schwierige Aufgabe. Die Gründe sind vielfältig.

> The impact of a commission may be felt in so many different ways, in so many different sectors of society and over so much time, that it is hard to measure, quantify or evaluate. In some cases, the commission's report is an immediate best-seller, some of its recommendations are quickly taken up, and the impact of the commission is undoubtedly deep and widely appreciated. In others, the initial reception of a commission's report may be cold or hostile, at least on the part of the authorities, and there may be very limited distribution of the report. But a number of years later, perhaps under a different Government, the report may be re-released, its information used for unexpected prosecutions and its conclusions regarded as critical to understanding the rancorous past – and perhaps still rancorous present. Where there are public hearings, the impact of the commission is easier to see, as televised sessions often capture widespread attention and help to define the public debate for months on end. *It is important that the commission is seen to be part of a long-term exercise of understanding the truth. Likewise, the truth commission process should be seen by all as just one part of a broader effort to account for the past crimes.*[841]

Für die Bewertung der Auswirkungen von Wahrheitskommissionen definiert der US-amerikanische Politikwissenschaftler Eric Brahm zwei potentielle Werte, und zwar ihren Beitrag zu nachträglichem Menschenrechtsschutz und demokratischer Entwicklung.[842] Vor diesem Hintergrund erzielten die meisten Wahrheitskommissionen die erwarteten und befriedigenden Ergebnisse. Manche Wahrheitskommissionen waren nicht selbstständig und nicht vollkommen konsequent.[843] Der Grund dafür lag in einer

---

840 Rotberg, Truth Commissions, 3.
841 UN Office of the High Commissioner for Human Rights (OHCHR), *Rule of Law Tools for Post-Conflict States: Truth Commissions*, HR/PUB/06/1, 2006, abrufbar unter http://www.refworld.org/docid/46cebc3d2.html (Stand: 17.08.2021), 32 (Hervorhebung P.A.).
842 Vgl. Eric Brahm, „Uncovering the Truth: Examining Truth Commission Success and Impact," *International Studies Perspectives* 8, Nr. 1 (2007): 24–28.
843 Vgl. Robert Rotberg, „Apology, Truth Commissions, and Intrastate Conflict," in *Taking Wrongs Seriously: Apologies and Reconciliation*, hrsg. v. Elazar Barkan und Alexander Karn (Stanford, Calif.: Stanford University Press, 2006), 41–43; Kevin Avruch, „Truth and Reconciliation Commissions: Problems in Transitional Justice and the Reconstruction of Identity," *Transcultural Psychiatry* 47, Nr.

Vielzahl von Schwierigkeiten: „weak civil society, political instability, victim and witness fears about testifying, a weak or corrupt justice system, insufficient time to carry out investigations, lack of public support and inadequate funding"[844]. Aufgrund der Mängel, die in der Wirkung von Wahrheitskommissionen vorkamen, sind einige Forscher der Meinung, dass die Strafverfolgung die umfassendste Reaktion auf Verbrechen darstellt. Der Einsatz von Wahrheitskommissionen ist für sie nur als zweitbeste Alternative zu den Tribunalen akzeptabel,[845] „vor allem wenn eine Strafverfolgung mittels eines Tribunals die Gefahr einer zu großen Destabilisierung mit sich bringen würde"[846]. Auf der anderen Seite wird auch die Ansicht der komplementären Wirkung von Tribunalen und Wahrheitskommissionen vertreten.[847] Diese Ansicht besteht auf der Annahme, dass die Wahrheitskommissionen im Prozess der Vergangenheitsaufarbeitung einen einzigartigen Beitrag leisten können, besonders im Hinblick auf die Aufklärung aller Umstände, unter denen Verbrechen begangen wurden.[848]

1 (2010): 34 f. Viele der ersten Wahrheitskommissionen entstanden als politische Experimente, die dabei die Inkonsequenz in der Arbeit zeigten (wie z. B. Uganda [1974], Bolivien [1982], Zimbabwe [1985], Uruguay [1985] und Nepal [1990]). Diese Wahrheitskommissionen waren nicht bereit, die Zeugen öffentlich anzuhören oder die Zeugenaussagen nachher zu veröffentlichen. Der Grund dieser Entscheidung lag in der Angst vor Vergeltungsmaßnahmen der Täter und ihrer Oberhäupter, die immer noch führende Positionen im politischen Leben besaßen. Die effektiveren Wahrheitskommissionen, wie z. B. diejenigen in Argentinien (1983) oder Chile (1990–1991), hörten trotz allen Schwierigkeiten die Zeugen hinter verschlossenen Türen an und veröffentlichten danach die Zeugenaussagen. Einige der Wahrheitskommissionen wurden schon bei der Aufstellung durch Deals zwischen den alten Regierungen einerseits und den neuen Regierungen, UN oder anderen NGOs andererseits bedingt. Die Wahrheitskommission in Guatemala (1997–1999) wurde z. B. durch ein Verbot, die Namen von Tätern zu veröffentlichen und direkte Schuld zuzuschreiben, eingeschränkt. Die Wahrheitskommission in El Salvador (1992–1993) wurde durch die UN dazu verpflichtet, innerhalb von 8 Monaten rund 2000 Opfer anzuhören.

844 United Nations Security Council, The rule of law, 17.
845 Vgl. Minow, Between Vengeance, 58; Charles T. Call, „Is Transitional Justice Really Just?," *The Brown Journal of World Affairs* 11, Nr. 1 (2004): 103.
846 Engert und Jetschke, Einleitung, 33.
847 Vgl. ebd., 104; Buckley-Zistel, Transitional Justice, 4; Tricia D. Olsen u. a., „When Truth Commissions Improve Human Rights," *The International Journal of Transitional Justice* 4, Nr. 3 (2010): 472.
848 Im Hinblick darauf ist der Beitrag von Tribunalen, so der US-amerikanische Politikwissenschaftler Charles Call, deutlich geringer. „Dedicated to establishing a historical record of human rights abuses over a defined time period, these bodies have contributed to creating shared accounts of disputed and hidden events, clarifying who committed abuses and how, eliciting acknowledgement of state

4.3 Reparationen

In der Geschichte lassen sich zahlreiche Friedensabkommen finden, denen zufolge die Verliererseite nach dem Krieg verpflichtet wurde, einen hohen Preis für die Niederlage in Gestalt von Kriegsschulden oder Übergabe von Territorien an die Gewinnerseite zu zahlen. Mit der modernen Reparationspraxis wurden andere Empfänger von Reparationen in den Blick genommen. Heutzutage sind Reparationen auf Einzelpersonen, d. h. auf die Opfer oder ihre Rechtsnachfolger ausgerichtet. Diese Praxis etablierte sich mit den politischen Abkommen und Gerichtsentscheidungen nach dem Zweiten Weltkrieg.[849] Die ersten Reparationen dieser Art wurden im Jahr 1952 zwischen der Bundesrepublik Deutschland und Israel genehmigt.[850]

Die Grundidee der Reparationspraxis stammt aus dem Konzept der ausgleichenden Gerechtigkeit (engl. compensatory justice). Die Grundvoraussetzungen der ausgleichenden Gerechtigkeit werden klar und deutlich formuliert: „Injuries can and must be compensated. Wrongdoers should pay victims for losses. Afterward, the slate can be wiped clean."[851] Die ausgleichende Gerechtigkeit ist überwiegend in zivilrechtlichen Verfahren vorhanden, bei denen die Verhältnisse durch Verträge geregelt werden. Im Falle der Verletzung eines Vertrags sollte der Geschädigte durch die andere, schädigende Seite entschädigt werden. Demzufolge ist die schädigende Seite als direkt verantwortliches Entschädigungssubjekt anzusehen.

Lässt sich jedoch im Fall von Massenverbrechen von ausgleichender Gerechtigkeit sprechen? Können z. B. der Verlust eines Familienangehörigen oder die erlebte Folter überhaupt entschädigt werden? Müller-Fahrenholz übt Kritik an den Wurzeln des Wortes Wiedergutmachung (etwas wieder gut machen), das im Deutschen als Synonym für den Begriff Reparation

---

misconduct, and restoring some degree of social reconciliation and moral order. Truth commissions offer unique contributions that judicial trials cannot. Such commissions respond to public need for official acknowledgement of past societal wrongs, addressing patterns of abuse rather than individual cases." (Call, Is Transitional Justice, 103).

849 Vgl. Teitel, Transitional Justice, 125 f.
850 Zu der deutschen Wiedergutmachungspolitik nach dem Zweiten Weltkrieg vgl. Christian Pross, *Wiedergutmachung: Der Kleinkrieg gegen die Opfer* (Frankfurt am Main: Athenäum, 1988); Hans Günter Hockerts, „Wiedergutmachung in Deutschland 1945–1990: Ein Überblick," *Aus Politik und Zeitgeschichte* 63 (2013): 15–22.
851 Minow, Between Vengeance, 104.

verwendet wird. Eine echte und vollständige Wiedergutmachung ist laut
Müller-Fahrenholz unmöglich.

> Es ist möglich, die angerichteten Schäden zu begrenzen. Aber es läßt sich nicht
> wieder „gut" machen, was übel getan ist. Es gibt keine „Restitution", die ein
> Unrecht ungeschehen machen könnte. Was geschehen ist, ist geschehen. Ein
> ermordeter Mensch wird durch keinerlei Wiedergutmachung wieder zum Leben
> gebracht, weder durch den Tod des Mörders noch durch eine große Summe Geld,
> ja ein Entgelt kann die erlittene Beleidigung noch vertiefen.[852]

Müller-Fahrenholz zufolge kann Wiedergutmachung allerdings zur Aufrichtung besserer Verhältnisse beitragen.[853] Die Vergangenheit bleibt dabei ein irreversibles Phänomen. Weder lässt sich das Rad der Geschichte
durch Wiedergutmachung zurückdrehen, noch wird damit die gewalttätige
Vergangenheit negiert oder vergessen. Die Wunden der Opfer lassen sich
durch Auszahlungen, Rückgabe von Eigentum oder einen Entschuldigungsakt zwar nicht heilen, aber die Reparationen können, so Govier,
sowohl in symbolischer als auch in materieller Form das Leben der Opfer
verbessern.[854]

Die Prinzipien der ausgleichenden Gerechtigkeit werden aufgrund von
Transitionsprozessen etwas geändert: Die Verantwortung für die Entschädigung wird weder den Individuen noch der direkt schädigenden Seite
zugeschrieben. Der Staat bzw. die neu etablierte Regierung übernimmt die
Rolle eines Entschädigungssubjekts in der Reparationspraxis, obwohl das
vorherige Regime und die Täter für die gewaltsame Vergangenheit direkt
verantwortlich sind. Teitel bemerkt, dass die moderne Reparationspraxis
in den Transitionen das Individuelle und das Kollektive verknüpft und zur
Pflicht eines Staates wird.[855]

In modernen Postkonflikt-Gesellschaften kommt die Reparationspraxis
oft als Modus der Vergangenheitsaufarbeitung vor. Sie gilt ohne weiteres
als opferzentrierte Praxis,[856] wurde jedoch nicht nur auf die individuelle,
sondern auch auf die soziale Ebene bezogen.

---

852 Müller-Fahrenholz, Vergebung macht frei, 31.
853 Vgl. ebd.
854 Vgl. Govier, Taking Wrongs, 196.
855 „The shift in reparatory principle affirms the transcendence of the conventional
    principle of individual responsibility, replaced by collective responsibility in the
    transition." (Teitel, Transitional Justice, 146).
856 Der britischen Rechtswissenschaftlerin Carolyn Hoyle zufolge werden Repara-
    tionen gerade wegen ihrer Opferzentriertheit der *restorative justice* zugeordnet.
    „Within international justice, reparations, as well as most of the other mecha-
    nisms to restore peace and functionality to societies damaged by severe conflict,

There is, largely, consensus in the academic literature over what *victims* and *communities* need in the aftermath of large-scale conflict. Given the physical, material and psychological harm they have suffered, they generally require some form of reparation to restore their dignity, power and control, and to renew or strengthen their rights and citizenship.[857]

Durch Reparationen wird versucht, die vergangenen Untaten und ihre Folgen zu bereinigen. Sie sind allerdings nicht nur als vergangenheitsorientiertes Instrument zu verstehen. In den Transitionen hätten sie, so Teitel, auch einen zukunftsorientierten Aspekt, indem Frieden und Versöhnung als Ziele einer Transition durch Reparationen proklamiert werden.[858] Aufgrund des Potentials, einen bedeutenden Beitrag zur Rehabilitation des Geschädigten und zur Wiederherstellung seiner Würde zu leisten, werden die Reparationen als Instrument der Vergangenheitsaufarbeitung der *restorative justice* zugeordnet.

Als Praxis etablierten sich Reparationen auch im Völkerrecht. „Das Recht der Staatenverantwortlichkeit beinhaltet den völkergewohnheitsrechtlichen Satz, dass der Staat, dem die Verletzung einer völkerrechtlichen Pflicht zugerechnet werden kann, den durch die Pflichtverletzung verursachten Schaden in vollem Umfang wiedergutzumachen hat."[859] Auf die Verpflichtung der verantwortlichen Staaten zu Reparationen im Fall von völkerrechtswidrigen Handlungen weist der Art. 31 Abs. 1 des ILC-Entwurfs der Konvention zur Staatenverantwortlichkeit hin: „The responsible State is under an obligation to make full reparation for the injury caused by the internationally wrongful act."[860]

---

are restorative practices and like most restorative practices they have at their heart an attempt to recognise the unique status of the victim who had become increasingly marginalized in modern purely retributive justice systems." (Carolyn Hoyle, „Can International Justice Be Restorative Justice? The Role of Reparations," in *Critical Perspectives in Transitional Justice*, hrsg. v. Nicola Palmer u. a., Series on Transitional Justice 8 [Cambridge: Intersentia, 2012], 195).

857 Ebd., 199 (Hervorhebung P.A.).
858 Vgl. Teitel, Transitional Justice, 119, 127.
859 Nora Matthiesen, *Wiedergutmachung für Opfer internationaler bewaffneter Konflikte: Die Rechtsposition des Individuums bei Verletzungen des humanitären Völkerrechts*, Völkerrecht und internationale Beziehungen 5 (Berlin: LIT, 2012), 69.
860 International Law Commission, *Draft articles on Responsibility of States for Internationally Wrongful Acts, with commentaries*, A/56/10, November 2001, abrufbar unter https://legal.un.org/ilc/texts/instruments/english/commentaries/9_6_2001.pdf (Stand: 17.08.2021), 91.

Eine einheitliche begriffliche Verwendung und Klassifizierung von Reparationen lässt sich in der Literatur nicht finden.[861] Im Art. 34 des ILC-Entwurfs der Konvention zur Staatenverantwortlichkeit wurde die Reparation als Oberbegriff angegeben, der verschiedene Formen umfasst – Restitution (engl. restitution), Schadenersatz (engl. compensation) und Genugtuung (engl. satisfaction). In der Praxis können diese Reparationsformen einzeln oder in Verbindung miteinander verwendet werden.[862] Sie lassen sich generell in zwei Oberkategorien einordnen – materielle (Restitution, Schadenersatz) und symbolische (Genugtuung).[863]

Die Restitution setzt die Rückgabe des widerrechtlich Weggenommenen voraus, wie z. B. die Rückgabe von Territorium, Personen oder Eigentum, die Rückgabe von Kulturgütern an eine ethnische Gruppe oder die Abschaffung von Gerichtsakten zum Zweck der Wiederherstellung verletzter Bürgerrechte. Unabhängig von der Art und Weise setzt sich die Restitution die Wiederherstellung des *status quo ante* zum Ziel. Sie hat aber nicht die Aufgabe, „den Zustand herzustellen, der bestehen würde, wäre eine völkerrechtliche Pflicht niemals verletzt worden"[864].

Wenn die Restitution unmöglich ist, wird dann laut dem Art. 36 des ILC-Konventionsentwurfs der Schadenersatz als Ersatzmittel angegeben.[865] Er kommt in materieller, meistens finanzieller Form vor. Diese Reparationsform wird heutzutage meistens in der internationalen Praxis verwendet, auch für die Entschädigung immaterieller Schäden.

Genugtuung stellt die symbolische und immaterielle Form von Reparation dar. Die Staaten beschränken sich auf Genugtuung, wenn die Leistung von Restitution oder Schadenersatz nicht möglich ist. Genugtuung kann in Gestalt von Anerkennung der Verletzungen, Reuebekenntnissen, formellen Entschuldigungen, Bildungsgutscheinen, Gedenkstätten, Gräbernachweis,

---

861 Teitel erwähnt, dass das Vokabular von *reparatory justice* unterschiedliche Reparationsbegriffe („reparations, damages, remedies, redress, restitution, compensation, rehabilitation, tribute") beinhaltet (vgl. Teitel, Transitional Justice, 119). Govier unterscheidet zwei Reparationsformen, und zwar Restitution und Schadenersatz (engl. redress). Mit Restitution wird zurückgegeben, was vorher weggenommen wurde. Wo aber Restitution unmöglich ist, werden andere Reparationsformen (Schadenersatz) verwendet. Sie können materieller und symbolischer Art sein. Unter ihnen werden symbolische, rehabilitative und ausgleichende Elemente unterschieden (vgl. Govier, Taking Wrongs, 178–180).
862 Vgl. International Law Commission, Draft articles, 95.
863 Vgl. Hoyle, Can International Justice, 198 f.
864 Matthiesen, Wiedergutmachung, 70.
865 Vgl. International Law Commission, Draft articles, 98.

Umbettung usw. erfolgen. „Satisfaction shall not be out of proportion to the injury and may not take a form humiliating to the responsible State."[866]

4.4 Entschuldigung

Politische Entschuldigung ist ein wichtiges Instrument von TJ.[867] In der TJ-Praxis etabliert sich politische Entschuldigung als öffentlicher Akt der moralisch-faktischen Anerkennung von begangenen Verbrechen.[868]

> In the field of transitional justice, an apology is a formal, solemn and, in most cases, public acknowledgement that human rights violations were committed in the past, that they caused serious and often irreparable harm to victims, and that the state, group, or individual apologizing is accepting some or all of the responsibility for what happened. Acknowledgment in this sense means both a factual and moral recognition that victims' rights were violated, that these victims were harmed, and that the state as well as individuals who are legally accountable for committing or enabling the violations are obligated to repair the harm done.[869]

Im Hinblick auf diesen Anerkennungsaspekt hängt eine politische Entschuldigung von den Instrumenten ab, die sich mit der Untersuchung einer gewalttätigen Vergangenheit auseinandersetzen. Vor diesem Hintergrund bestätigt eine politische Entschuldigung die Faktizität vergangener Vorfälle, die vorher durch Wahrheitskommissionen oder Tribunale festgestellt wurde.[870] Außer der öffentlichen Bestätigung faktischer Ergebnisse soll

---

866 Ebd., 105.
867 Dem deutschen Politikwissenschaftler Michel-André Horelt zufolge gehören politische Entschuldigungen zum *restorative justice*-Paradigma innerhalb der TJ-Literatur (vgl. Michel-André Horelt, „Performing Reconciliation: A Performance Approach to the Analysis of Political Apologies," in *Critical Perspectives in Transitional Justice*, hrsg. v. Nicola Palmer u. a., Series on Transitional Justice 8 [Cambridge: Intersentia, 2012], 349).
868 Teitel erörtert den Stellenwert der sogenannten *transitional apology* und betrachtet sie als führendes Ritual der politischen Transformation (vgl. Ruti Teitel, „The Transitional Apology," in *Taking Wrongs Seriously: Apologies and Reconciliation*, hrsg. v. Elazar Barkan und Alexander Karn [Stanford, Calif.: Stanford University Press, 2006], 101 f.). Teitel ist der Ansicht, dass eine *transitional apology* sogar die Transformation des Kollektiven anregen kann (vgl. ebd., 102). Im Kontext einer Transition ermöglicht eine Entschuldigung die Kontinuität der Staatenverantwortlichkeit, während damit weiterhin die Diskontinuität mit der vergangenen Politik deutlich markiert wird (vgl. Teitel, Transitional Justice, 84).
869 International Center for Transitional Justice, More Than Words, 4.
870 Vgl. dazu Teitel, The Transitional Apology, 107; Rotberg, Apology, 36 f.

eine politische Entschuldigung die Übernahme von Verantwortung für das Geschehene beinhalten. Eine vollkommene Entschuldigung bringt weiterhin das aufrichtige Bedauern zum Ausdruck, verbunden mit dem Versprechen, dass solche Untaten nicht wiederholt werden dürfen.[871] Laut Art. 34 des ILC-Entwurfs der Konvention zur Staatenverantwortlichkeit äußern die politischen Repräsentanten eine Entschuldigung schriftlich oder mündlich.[872]

Politische Entschuldigung wird als symbolische Form von Reparation verstanden.[873] Oft reicht es den Opfern aber nicht, nur eine Entschuldigung für die erlebten Verbrechen zu erhalten. „Many victims feel that an apology if not paired with other forms of reparation can never be enough because of the nature and magnitude of the harm they suffered and the knowledge that nothing will ever make them whole again."[874] Durch diese Kombination mit den materiellen Reparationen gewinnt eine Entschuldigung an Bedeutung und Effektivität. Eine politische Entschuldigung kann hingegen auch eine wichtige Rolle für die materiellen Formen von Reparationen spielen, indem dadurch die moralischen Voraussetzungen für ihre Genehmigung geschaffen werden.[875]

4.5 Amnestien

Etymologisch betrachtet kommt der Begriff Amnestie von dem altgriechischen Wort ἀμνηστία (amnēstia), das Vergessen bedeutet. In der juristischen Literatur wird Amnestie definiert als „der für eine unbestimmte Vielzahl von Fällen gewährte völlige oder teilweise Erlaß rechtskräftig erkannter, noch nicht vollstreckter Strafen"[876]. Amnestie stellt jedoch keine Ausübung des Gnadenrechts dar und darf dementsprechend nicht mit dem Begriff Begnadigung verwechselt werden. Amnestie und Begnadigung sind Akte mit unterschiedlichen rechtlichen Auswirkungen. Unter Begnadigung wird der völlige oder teilweise Erlass der Strafe eines einzelnen Täters verstan-

---

871 Vgl. Minow, Between Vengeance, 112.
872 Vgl. International Law Commission, Draft articles, 107.
873 „As a symbolic rather than a material form of redress, apologies are particularly important in contexts where human rights violations have occurred on a massive scale and 'cannot be made good by restitution or compensation'." (International Center for Transitional Justice, More Than Words, 8).
874 Ebd.
875 Vgl. Gill, The Moral Functions, 23.
876 Walter Gollwitzer, Art. Amnestie, in *Deutsches Rechts-Lexikon* 1 (³2001): 152.

den, der aber anders als eine Amnestie erst nach einem Strafurteil in Kraft treten kann.[877] Die Begnadigung annulliert oder mildert die Rechtsfolgen eines Strafurteils zumindest ab, wobei der rechtliche Sachverhalt, d. h. die Tatsache, dass eine Tat begangen wurde, nicht vernachlässigt wird. Im Gegensatz zur Begnadigung, die von dem entsprechenden politischen Repräsentanten, vor allem von Staatsoberhäuptern, ausgesprochen wird, werden Amnestien nur durch Gesetz gewährt. Beim Erlass der Straffreiheitsgesetze werden die Täter- und Tatkategorien, der Umfang der Straffreiheit und die zeitliche Abgrenzung durch einen Stichtag, vor dem die Taten liegen müssen, festgelegt.[878] Die Straffreiheitsgesetze können auch die Bedingungen beinhalten, die von den Gesetzadressaten zu erfüllen sind, damit Amnestie gewährt werden kann. In der Praxis besteht aber auch die bedingungslose Form von Amnestie.[879] Vom Umfang her lassen sich die General- bzw. Blankoamnestie und die Spezialamnestie unterscheiden. Während sich erstere auf alle Täter und Taten bezieht, beschränkt sich die Spezialamnestie nur auf bestimmte Kategorien von Tätern und Taten.

Wie alt die Amnestiepraxis ist, wird unter den Autoren nicht einheitlich angegeben.[880] Über Amnestien und ihre Legitimität wurde z. B. schon in Athen nach dem Peloponnesischen Krieg diskutiert. Nachdem Sparta damals Athen besiegt hatte, wurde unter den Athenern im Jahr 403 v. Chr. eine Diskussion darüber angestoßen, ob die aus dem vorherigen despotischen Regime für die Untaten Verantwortlichen strafrechtlich verfolgt werden sollten.[881] Die darauffolgende politische Entscheidung, die Untaten dennoch nicht strafrechtlich aufzuarbeiten und sie bewusst zu vergessen,

877 Vgl. Gerhard Köbler, Art. Begnadigung, in *Juristisches Wörterbuch: Für Studium und Ausbildung*, zusammengestellt von Gerhard Köbler, 16., neubearbeitete Auflage (München: Verlag Franz Vahlen, 2016), 50.

878 Vgl. Gollwitzer, Amnestie, 152.

879 Vgl. Norman Weisman, „A History and Discussion of Amnesty," *Columbia Human Rights Law Review* 4 (1972): 529.

880 Manche Autoren sind der Meinung, dass die erste historische Erwähnung der Amnestiepraxis schon im Kodex Hammurabi (1700 v. Chr.) zu finden ist (vgl. Louise Mallinder, „Amnesties," in *The Pursuit of International Criminal Justice: A World Study on Conflicts, Victimization, and Post-Conflict Justice*, Bd. 1, hrsg. v. M. Cherif Bassiouni [Antwerp; Portland, Or.: Intersentia, 2010], 793). Es gibt auch die Annahme, dass Amnestie zuerst im alten Ägypten im Jahr 1286 v. Chr. während der Herrschaft des Pharaos Ramses II. gewährt wurde (vgl. Andreas O'Shea, *Amnesty for Crime in International Law and Practice* [The Hague, London: Kluwer Law International, 2002], 5).

881 Zu Amnestiepraxis in Athen vgl. Teitel, Transitional Justice, 52 f.; O'Shea, Amnesty for Crime, 5 f.

war ein Modus, einen neuen Konflikt in Athen zu vermeiden. „From the first historically recorded amnesty, in Athens 403 BC, and to our post-World War II and post-Cold War present, amnesty joins a political decree – a ban on recalling a certain misfortune – to an individual oath: I shall not recall."[882]

Die Verdächtigen für die Taten strafrechtlich zu verfolgen oder ihnen Amnestie zu gewähren – oft setzten sich mit diesem Dilemma die Staaten und Gesellschaften nach einem Konflikt oder Regimewechsel auseinander. In der Transition streben durch Gewalt zerstörte Staaten und Gesellschaften die Aufrichtung einer demokratischen Ordnung und Frieden an. Es kommt oft vor, dass diese von den neu etablierten Regierungen gesetzten Ziele nur durch Verhandlungen mit denjenigen, die für die Zerstörung der demokratischen Prinzipien die direkte Verantwortung tragen, erreicht werden können.[883] Das Beharren auf der strafrechtlichen Aufarbeitung der Vergangenheit kann zum Stolperstein in Verhandlungen mit solchen ambivalenten Akteuren werden und demzufolge auch zur Verschiebung des Konfliktendes beitragen. Deswegen kommt der Verzicht auf die strafrechtliche Verfolgung oft als wichtiges Thema in Verhandlungen zwischen dem neuen und alten Regime vor, wobei Amnestien für die Täter die erwünschte politische Transition gewährleisten können.[884]

Lässt sich Amnestie überhaupt als Vergangenheitsaufarbeitung oder Versöhnungsinstrument darstellen? Werden die Rechte der Opfer auf Gerechtigkeit, Wahrheit und Wiedergutmachung durch die Gewährung einer Amnestie nicht völlig vernachlässigt? Die Vielfalt von historischen Kontexten in den letzten Jahrzehnten, in denen Amnestie als Stabilisierungsinstrument von Transitionsprozessen angewendet wurde, macht es schwierig, eine einheitliche Antwort auf diese Fragen zu geben. Nach einigen Konflikten wurde eine Amnestie zum Zweck der Institutionalisierung des Vergessens bzw. der gesellschaftlichen Amnesie benutzt.[885] In solchen

---

882 Peter Krapp, „Amnesty: Between an Ethics of Forgiveness and the Politics of Forgetting," *German Law Journal* 6, Nr. 1 (2005): 187.

883 Diesbezüglich bemerkt der iranisch-kanadische Rechtswissenschaftler Payam Akhavan ein in der Politik oft auftretendes Phänomen, das er als „metamorphosis of yesterday's war monger into today's peace broker" darstellt (Payam Akhavan, „The Yugoslav Tribunal at Crossroads: The Dayton Peace Agreement and beyond," *Human Rights Quarterly* 18, Nr. 2 [1996]: 271).

884 Vgl. Teitel, Transitional Justice, 51.

885 Als ein extremer Fall gilt, so Teitel, Post-Franko-Spanien. „ 'Letting bygones be bygones' captures the tenor of the Spanish amnesty; after a long (forty years) period of authoritarian rule, the amnesty was truly an agreement to forget a distant

Fällen wurde die verbrecherische Vergangenheit durch die Amnestie massiv verdrängt und tabuisiert. In den Transitionsstaaten Zentral- und Südamerikas[886] wurde die strafrechtliche Verfolgung im Tausch gegen – durch Amnestie bedingte – politische Änderungen, Frieden und Versöhnung unterlassen.

„Amnesty is no longer accepted as the natural price to be paid for transition from repression to democracy."[887] Ein völlig neues Amnestiekonzept mit einer Akzentsetzung auf Wiedereingliederung der Straftäter wurde innerhalb der südafrikanischen Wahrheits- und Versöhnungskommission erarbeitet. Die Amnestie wurde für die einzelnen Täter gewährt, die während des Apartheid-Regimes Untaten aus politischen Gründen begangen hatten. Die Voraussetzung für die Gewährung von Amnestie war die völlige Offenlegung der Fakten über die Untaten durch die Täter selbst.[888] Diese Amnestieform setzte vorübergehend das jeweilige Gesetz außer Kraft und stellte einen Modus dar, das gesellschaftliche Vergessen zu vermeiden.[889]

Das Völkerrecht weist auf bestimmte Rechte und Pflichten (Recht auf Rechtsmittel, Opferrecht auf Wahrheit und Reparation, Pflicht der Untersuchung von Taten und Pflicht der strafrechtlichen Verfolgung und Bestrafung von Tätern)[890] hin und verbietet Amnestie nicht *per se*.[891] Es

---

past. It was broad and all encompassing, reaching state and nonstate actors, repressive dictatorship and civil war." (Ebd., 53).

886 Wie z. B. in Chile, Uruguay, El Salvador, Haiti und Guatemala (vgl. ebd.).

887 John Dugard, „Dealing With Crimes of a Past Regime: Is Amnesty Still an Option?," *Leiden Journal of International Law* 12, Nr. 4 (1999): 1001.

888 Vgl. Truth and Reconciliation Commission of South Africa, Report, Bd. 1, 57.

889 Der US-amerikanische Philosoph Erik Doxtader definiert diese Amnestieform als öffentliche Amnestie (vgl. Erik Doxtader, „Easy to Forget or Never [Again] Hard to Remember?," in *The Provocations of Amnesty: Memory, Justice and Impunity*, hrsg. v. Erik Doxtader und Charles Villa-Vicencio [Trenton, NJ: Africa World Press, 2003], 123). Der US-amerikanische Rechtswissenschaftler Dan Markel kennzeichnete diese Amnestieform als *particularized amnesty*. „Particularized amnesty is a grant of immunity from criminal and civil liability that is given only after a process of individualized encounter between perpetrator and state, where the perpetrator discloses fully his actions and admits responsibility for, and understanding of, what he has done." (Dan Markel, „The Justice of Amnesty? Towards a Theory of Retributivism in Recovering States," *The University of Toronto Law Journal* 49, Nr. 3 [1999]: 390).

890 Vgl. Louise Mallinder, „Can Amnesties and International Justice be Reconciled?," *The International Journal of Transitional Justice* 1, Nr. 2 (2007): 210–215.

891 Der deutsche Rechtswissenschaftler Carsten Stahn bemerkt unter den Autoren eine wachsende Unterstützung der Meinung, dass die Amnestiepraxis mit Verbrechen, die unter die Jurisdiktion des ICC fallen, nicht kompatibel ist (vgl. Carsten Stahn, „Complementarity, Amnesties and Alternative Forms of Justice: Some

Teil IV – Transitional justice

ist bemerkenswert, dass im Völkerrecht keine Null-Toleranz[892] gegenüber einer Amnestiepraxis geübt wird. Diese Tatsache steht im Widerspruch zu den oben genannten völkerrechtlichen Rechten und Pflichten, die durch Amnestie allerdings negiert werden. Das völkerrechtliche Unterlassen der expliziten Null-Toleranz gegenüber Amnestie lässt sich auch als Zeichen der stillschweigenden Zustimmung der internationalen Gemeinschaft interpretieren, dass Amnestie im Vergleich zur strafrechtlichen Vergangenheitsaufarbeitung in manchen Fällen effektiver sein kann. Es gibt nämlich Befürworter der These, dass eine Amnestie über die Kapazitäten verfügt, Gewalt zu reduzieren und Versöhnungsprozesse in Post-Konfliktstaaten und -gesellschaften zu unterstützen.[893] Amnestie wird dabei gewöhnlich als Instrument betrachtet, das im Zusammenhang mit Wahrheitskommissionen verwendet werden kann.

Die britische Rechtswissenschaftlerin Louise Mallinder gibt fünf Kriterien an, die zu erfüllen sind, damit Amnestie statt strafrechtlicher Verfolgung als Modus der Vergangenheitsaufarbeitung angewendet werden kann.[894] Erstens, die Amnestie sollte über demokratische Legitimität verfügen, d.h. ihr sollte eine „widespread public consultation involving all stakeholder groups in the society concerned"[895] vorangehen. Zweitens, die Amnestie sollte aus dem aufrichtigen Wunsch hervorgehen, Frieden und Versöhnung zu befördern. Drittens, sie sollte beschränkt sein, d.h. aus den Straffreiheitsgesetzen sollten die Täter der schwersten Untaten und die Verantwortlichsten für die vergangenen Verbrechen ausgenommen werden. Diese Täter müssen, so Mallinder, unbedingt strafrechtlich verfolgt werden. Viertens, Amnestie sollte an bestimmte Bedingungen geknüpft werden. Für die Gewährung von Amnestie können die Aufklärung der Fakten über die Taten, Reuebekenntnisse in Form von Entschuldigung, Waffenabgabe, Gemeinschaftsdienst usw. gefordert werden. Die bedingte Amnestie sollte dabei für die einzelnen Täter und von den unabhängigen

---

Interpretative Guidelines for the International Criminal Court," *Journal of Criminal Justice* 3, Nr. 3 [2005]: 701).

892 Diesbezüglich lässt sich das Rom-Statut, die Grundlage des ICC, als Beispiel für die Abwesenheit der Null-Toleranz angeben. Einige Artikel des Statuts erlauben die freie Interpretation zugunsten der Anwendung von Amnestie (vgl. Mallinder, Can Amnesties, 218 f.; Stahn, Complementarity, 696–718; Michael P. Scharf, „The Amnesty Exception to the Jurisdiction of the International Criminal Court," *Cornell International Law Journal* 32, Nr. 3 [1999]: 521–527).

893 Vgl. Mallinder, Can Amnesties, 208.

894 Vgl. ebd., 228–230.

895 Ebd., 228.

Institutionen gewährt werden. Diejenigen, die die angegebenen Bedingungen nicht erfüllen, sollten strafrechtlich verfolgt werden. Als letztes Kriterium erwähnt Mallinder die Reparationen, sowohl materielle als auch symbolische, die zur Effektivität von Amnestien beitragen können. „Amnesties should be accompanied by reparations programs that provide compensation for victims and their families, whilst also taking measures to memorialize the past and prevent similar violations recurring, which could include lustration or vetting programs."[896]

4.6 Lustration

> We had free elections, ... we elected a free parliament, we have a free press, we have a democratic government. Yet ... [t]here still exist and work the powerful structures of the former regime.... Many places are governed by the same people as before. They are connected to managers of industrial enterprises. The old bureaucracy persists at all levels.[897]

Das sind die Worte von Václav Havel, dem letzten Staatspräsidenten der Tschechoslowakei (1989–1992), die im August 1990 ausgesprochen wurden, nur zehn Monate nach der Samtenen Revolution. Die Revolution in der Tschechoslowakei konnte nicht nur auf dem Papier durch Gesetzesänderungen oder Annahme einer neuen Verfassung durchgeführt werden. Die Mitglieder und Mitarbeiter des ehemaligen kommunistischen Regimes in der Tschechoslowakei wurden als Hindernis bei der Durchführung umfassender demokratischer Reformen angesehen. Mit dem Lustrationsgesetz vom 4. Oktober 1991 wurde für einen Zeitraum von fünf Jahren ein Verbot für alle ehemaligen Parteifunktionäre, Mitglieder der Volksmilizen und nationalen Sicherheitsorgane ausgesprochen, Positionen in einem breiten politisch-gesellschaftlichen Spektrum (Regierung, Armee, Parlament, Gerichte, Staatsunternehmen, Akademie der Wissenschaften und Medien) einzunehmen.[898]

In der griechischen und römischen Antike bezeichnete das lateinische Wort *lustratio* (lat. lustrare: erhellen, reinigen) die unterschiedlichen rituellen Reinigungsprozesse von Individuen und Gemeinschaften, die durch

---

896 Ebd., 229.
897 Roman David, „From Prague to Baghdad: Lustration Systems and their Political Effects," *Government and Opposition* 41, Nr. 3 (2006): 347.
898 Vgl. Mark S. Ellis, „Purging the past: The Current State of Lustration Laws in the Former Communist Bloc," *Law and Contemporary Problems* 59, Nr. 4 (1996): 182.

Opferdarbringung durchgeführt wurden.[899] Heute bezieht sich der Begriff der Lustration auf die Überprüfungsprozesse der öffentlichen Beamten wegen einer potentiellen Kollaboration mit dem ehemaligen Regime und auf die daraus folgende Entfernung derjenigen aus dem öffentlichen Dienst, deren Kollaboration festgestellt wurde.[900] Konkreter umfasst Lustration die Maßnahmen der Überprüfung von Kandidaten für den öffentlichen Dienst; das Verbot für ungeeignete Kandidaten, in den öffentlichen Dienst einzutreten; die Identifizierung und Veröffentlichung von kollaborierenden Beamten; sowie die Entfernung solcher Beamter aus dem öffentlichen Dienst. „The institution of lustration, thus defined, is a *cornerstone of administrative justice*, which in turn has begun to feature prominently in transitional justice pursuits, notably in times of occupation."[901]

> Lustration, as any other bill, must be proposed for consideration in the legislature by the relevant agenda setter: a committee chairman, cabinet minister, or other member of the executive. Next, it has to be passed in a series of votes, often accompanied by intensive bargaining. Once a bill has made it out of the legislature, it is still subject to presidential vetoes and to judicial review by constitutional courts.[902]

Im Rahmen von TJ kommt Lustration vor allem als eine dominante Form der post-kommunistischen Vergangenheitsaufarbeitung in Teilen der ehemaligen Sowjetunion und in Ländern Zentral- und Osteuropas vor.[903] Vor diesem Hintergrund bezeichnet Lustration „the purification of state organizations from their 'sins' under the communist regimes"[904].

---

899 Vgl. Roman Boed, „An Evaluation of the Legality and Efficacy of Lustration as a Tool of Transitional Justice," *Columbia Journal of Transnational Law* 37, Nr. 2 (1999): 358.

900 Vgl. Monika Nalepa, „Lustration," in *The Pursuit of International Criminal Justice: A World Study on Conflicts, Victimization, and Post-Conflict Justice*, Bd. 1, hrsg. v. M. Cherif Bassiouni (Antwerp; Portland, Or.: Intersentia, 2010), 735 f.; Hilary Appel, „Anti-Communist Justice and Founding the Post-Communist Order: Lustration and Restitution in Central Europe," *East European Politics & Societies* 19, Nr. 3 (2005): 383; Cynthia M. Horne, „The Impact of Lustration on Democratization in Postcommunist Countries," *The International Journal of Transitional Justice* 8, Nr. 3 (2014): 500.

901 Jens Meierhenrich, „The Ethics of Lustration," *Ethics & International Affairs* 20, Nr. 1 (2006): 99 (Hervorhebung P.A.). Zum Thema von *administrative justice* vgl. Teitel, Transitional Justice, 149–189.

902 Nalepa, Lustration, 738.

903 Vgl. Horne, The Impact of Lustration, 498.

904 Boed, An Evaluation, 358. Horne zufolge bezieht sich Lustration ausschließlich auf den post-kommunistischen Kontext (vgl. Horne, The Impact of Lustration,

Lustration bezieht sich allerdings nicht nur auf die Arbeitspolitik eines Staates. Laut der US-amerikanischen Politikwissenschaftlerin Cynthia Horne lassen sich auch die moralischen Perspektiven von Lustration erkennen, indem Lustrationsmaßnahmen ergriffen werden, um Verantwortung für eine gewalttätige Vergangenheit festzustellen und die Anerkennung des Geschehenen zu erreichen.

Nicht alle Lustrationen werden gleich durchgeführt.[905] Je nachdem, was die Verbindung eines Beamten mit dem ehemaligen Regime nach der Lustration zur Folge hat, lassen sich zwei Lustrationskategorien unterscheiden.[906] Je nachdem, ob ein Beamter aufgrund der Mitgliedschaft in der kommunistischen Partei oder der Kollaboration mit dem Staatssicherheitsdienst aus dem öffentlichen Dienst entlassen wird, werden die ausschließenden (*exclusive*) von den einschließenden (*inclusive*) Lustrationssystemen getrennt. Im Gegensatz zu den ausschließenden Systemen, die den Mitgliedern und Mitarbeitern des ehemaligen Regimes keine zweite Chance geben, beruhen die Lustrationssysteme der einschließenden Art auf der Annahme, dass der menschliche Charakter verändert werden kann. „[I]f the person may remain, under conditions of demonstrating change in his or her behaviour, the inclusive model is termed *reconciliatory*. If the answer is sometimes positive and sometimes negative, depending on whether the authorities decide that a person should receive tenure or not, the system pursues partial personnel discontinuity and is *mixed*."[907] Die einschließenden Lustrationssysteme können auch als Teil von politischen Deals erfolgen. Die Beibehaltung einer Arbeitsstelle im öffentlichen Dienst kann in diesem Fall durch Wahrheit, d. h. durch Erhellung der Vergangenheit, bedingt werden.

---

501). Die US-amerikanische Politikwissenschaftlerin Monika Nalepa ist der Meinung, dass Beispiele von Lustration auch außerhalb des post-kommunistischen Kontextes weltweit zu finden sind. Die Lustrationspraxis wurde dabei anders genannt und wurde schon nach dem Ende des Zweiten Weltkrieges in Ländern mit ehemaligen NS-Regimen angewandt (vgl. Nalepa, Lustration, 740–764).

905 Am Beispiel von Estland, Lettland, Litauen, Tschechien, Ungarn, Polen, Slowakei, Albanien, Bulgarien, Rumänien, Russland und Ukraine entwickelte Horne eine Lustrationstypologie. Die Länder wurden in vier Gruppen unterteilt, und zwar in die mit *wide and compulsory institutional change, narrow and voluntary institutional change, public disclosure and symbolic change,* und in die letzte, die *no change*-Kategorie. Jede Kategorie der Lustrationsmaßnahmen bewirkte unterschiedliche Effekte für die Demokratisierungsprozesse (vgl. dazu Horne, The Impact of Lustration, 505–519).

906 Vgl. dazu David, From Prague, 353.

907 Ebd. (Hervorhebung im Original).

Manche Regierungen betrachten Lustrationsprozesse als wichtige Voraussetzung für die demokratische Entwicklung ihrer Staaten. Dadurch wird versucht, einen klaren Bruch mit der Vergangenheit zu markieren. Auf der anderen Seite wird Lustration sowohl innerhalb dieser Staaten als auch auf der internationalen Ebene bzw. durch andere Staaten, internationale Organisationen und NGOs stark kritisiert.[908] Erstens kann Lustration durch Politiker erheblich politisiert werden, indem die politische Opposition absichtlich diskreditiert und als Wählerkonkurrenz suspendiert wird.[909] Zweitens stellt sich die Frage nach der Legitimität der Quellen, die beim Überprüfen von Beamten verwendet werden. Es handelt sich meistens um Akten und Informationen der Polizei- und Sicherheitsorgane, wobei die Art und Weise der Informationssammlung (gegen den Willen der Betroffenen, unter Zwang oder durch Folter) ethisch betrachtet problematisiert und relativiert werden kann.[910] Drittens wirft Lustration viele Fragen in Hinsicht auf die Verletzung von Menschenrechten und internationalem Arbeitsrecht auf.[911] Die Lustrationskritiker gehen unter anderem davon aus, dass die politischen und ökonomischen Freiheiten durch Lustration beeinträchtigt werden.

4.7 Erinnerungspolitik

Zusammen mit der Etablierung neuer Regierungen setzen sich die Transitionsstaaten und -gesellschaften dafür ein, ihre repressive und gewalttätige Vergangenheit aufzuarbeiten. Die Aufarbeitung des Vergangenen bezieht unterschiedliche Aspekte (Wahrheit, Gerechtigkeit, Versöhnung) ein und wird auf vielen Ebenen einer Gesellschaft durch Anwendung von Instrumenten konventioneller und unkonventioneller Art durchgeführt. Die konstruktive Auseinandersetzung mit der Vergangenheit wird als eine wichtige Voraussetzung für den Aufbau einer besseren und von der Vergangenheit entlasteten Zukunft gesehen. Demzufolge sei die Zukunft einer Gesellschaft sehr eng mit ihrer Vergangenheit bzw. mit Erinnerungen an die vergangenen Vorfälle verbunden. Vor diesem Hintergrund setzt TJ einen Akzent darauf, wie die Erinnerungen an die Opfer und ihre traumatischen Erfahrungen bewahrt werden können. Heutzutage wird das

---

908 Vgl. dazu Boed, An Evaluation, 359.
909 Vgl. Nalepa, Lustration, 738 f.
910 Vgl. Appel, Anti-Communist Justice, 397 f.
911 Vgl. Boed, An Evaluation, 385–398.

Gedenken an durch Gewalt geprägte Ereignisse „almost a reflex, or at least an indispensable part of the regime governing political transitions"[912].

In der Transitionsrealität bestehen oft unterschiedliche Interpretationen von Vergangenheit, obwohl ein Konflikt beendet oder ein repressives Regime abgelöst wird. Während oder nach der Transition können aufgrund der entgegengesetzten Erinnerungen weitere politische Auseinandersetzungen um die Genauigkeit dieser Versionen von Vergangenheit erfolgen. „The existence of different interpretations of the past implies that at any time and place, it is unthinkable to find *one* memory, a single vision and interpretation of the past shared by a whole society (whatever its scope and size)."[913] Diese Auseinandersetzungen kommen dabei, so die argentinische Soziologin Elizabeth Jelin, auf der institutionellen, symbolischen und subjektiven Ebene vor und tragen zusammen mit anderen Erinnerungsaspekten (soziales Gedächtnis, Vergessen) zum Aufbau von kollektiven Identitäten bei.[914]

Im Kontext von TJ setzt sich die Erinnerungspolitik nicht die Etablierung einer einheitlichen Erinnerung an die Vergangenheit zum Ziel, sondern das adäquate Gedenken der Opfer von Menschenrechtsverletzungen. Die Erinnerungspolitik (engl. memorialisation, memorialization) umfasst eine Reihe von Formen, Zeichen, Ritualen und Prozessen, mit denen die Opfer angemessen geehrt werden. Dadurch werden die Erinnerungen an die Opfer und ihre Leiden symbolisch verkörpert und vor dem Vergessen bewahrt.

Die US-amerikanische Politikwissenschaftlerin Judy Barsalou erkennt drei Formen von Initiativen der Erinnerungspolitik, die in der Realität oft verwoben sind: „constructed sites (museums, commemorative libraries, monuments, walls of names of victims and virtual memorials on the World Wide Web); found sites (gravesites, locations of mass killings, torture centres and prisons); and activities (anniversaries of historical events, demonstrations, vigils, walking tours, parades, temporary exhibits, public

---

912 Susanne Buckley-Zistel und Stefanie Schäfer, „Introduction: Memorials in Times of Transition," in *Memorials in Times of Transition*, hrsg. v. Susanne Buckley-Zistel und Stefanie Schäfer (Cambridge, Antwerp, Portland: Intersentia, 2014), 2.

913 Elizabeth Jelin, „Public Memorialization in Perspective: Truth, Justice and Memory of Past Repression in the Southern Cone of South America," *The International Journal of Transitional Justice* 1, Nr. 1 (2007): 140 (Hervorhebung im Original).

914 Vgl. ebd.

place renaming and apologies)"[915]. Diese Initiativen lassen sich, so Jelin, aus mindestens zwei Gründen als politisch motiviert betrachten: „[T]heir installation is always the result of political struggles and conflicts, and their existence is a physical reminder of a conflictive political past, which may spark new rounds of conflict over meaning in each new historical period or generation"[916].

In welcher Form eine Initiative von Erinnerungspolitik erscheint, hängt von unterschiedlichen Faktoren ab (wer sie initiiert, in welchem Konflikt- stadium die Initiative ergriffen wird, welche Gesellschaftsform nach der Gewalt etabliert wird).[917] Beim Definieren von Erinnerungsformen kommt es oft zu politischen Auseinandersetzungen zwischen denjenigen, die eine angemessene Erinnerung an die Opfer aufrufen möchten, und den rück- wärtsgewandten Schichten einer Gesellschaft, die jede Art von Erinnerung an die Opfer und ihre Leiden denunzieren. Aus diesen Auseinandersetzun- gen können Erinnerungsformen entstehen, die dazu tendieren, die Verant- wortung der Täter zu verringern. Diese Erinnerungsformen können von den Opfern oder ihren Verwandten auch als Mittel weiterer Viktimisierung wahrgenommen werden. Damit wird den Opfern die Wiederherstellung ihrer Würde deutlich erschwert. Wünschenswert wäre, solche Formen von Erinnerungspolitik zu entwickeln, mit denen die Opferrolle vollkommen anerkannt und angemessen dargestellt wird. Diese Erinnerungsformen können sowohl auf der individuellen als auch auf der sozialen Ebene als Impulsgeber der Heilung und moralischen Rehabilitation der Opfer wir- ken.[918] Aufgrund dieser positiven Wirkungsaspekte wird die Erinnerungs-

---

915 Judy Barsalou, „Reflecting the Fractured Past: Memorialisation, Transitional Ju- stice and the Role of Outsiders," in *Memorials in Times of Transition*, hrsg. v. Susanne Buckley-Zistel und Stefanie Schäfer (Cambridge, Antwerp, Portland: Intersentia, 2014), 49.

916 Jelin, Public Memorialization, 147.

917 Vgl. Judy Barsalou und Victoria Baxter, *The Urge to Remember: The Role of Me- morials in Social Reconstruction and Transitional Justice*, Stabilization and Re- construction Series 5 (Washington, DC: United States Institute of Peace, 2007), abrufbar unter http://www.usip.org/sites/default/files/srs5.pdf (Stand: 17.08.2021), 1.

918 „On an individual and broader societal level, memorials may serve as catalysts for healing, since they have the potential to recognize the atrocities experienced by survivors, re-integrate survivors into the social life and set the historical record straight." (Ereshnee Naidu, „Memorialization in Post-conflict Societies in Africa: Potentials and Challenges," in *Memorials in Times of Transition*, hrsg. v. Susanne Buckley-Zistel und Stefanie Schäfer [Cambridge, Antwerp, Portland: Intersentia, 2014], 34 f.).

politik im Rahmen von TJ oft als eine Art der symbolischen Reparation betrachtet.[919]

Je nachdem, in welchem Konfliktstadium die Erinnerungspolitik stattfindet, werden die Ziele und Effekte von Erinnerungsinitiativen unterschiedlich definiert.[920] Die Erinnerungspolitik, die sich z. B. in der Zeit eines schwachen Friedens oder aufkommenden Konfliktes etabliert, kann durch ihre Einseitigkeit zum Ausbrechen von Gewalt beitragen. In diesem Zusammenhang lässt sich von negativen Wirkungen einer Erinnerungspolitik sprechen.

> [T]he dark side of memorialization involves efforts to use memories of the past to fan the flames of ethnic hatred and violence, consolidate a group's identity as victims, demarcate differences among identity groups, and reify grievances. Memorials that help individual survivors feel more at peace may actually promote future conflict. Memorialisation can stir up the worst in a community. Interested parties can use memorial sites to seek absolution for the commission of violent acts, lodge accusations against their enemies, establish competing claims of victimhood or promote ideological agendas.[921]

Wo die Vergangenheit schon durch andere Instrumente von TJ (Tribunale, Wahrheitskommissionen) aufgearbeitet wurde, kann sich die Erinnerungspolitik maßgeblich auf die durch diese Instrumente gesammelten Fakten stützen. Die Initiativen derartiger Erinnerungspolitik können die Anerkennung der Wahrheit durch möglichst vollständige Berichte über Menschenrechtsverletzungen fördern, öffentliche Diskussionen über die Vergangenheit anregen und den kommenden Generationen die Geschichte der gewalttätigen Vergangenheit überliefern. Die Erinnerungspolitik kann andere Instrumente von TJ, wie z. B. Tribunale oder Wahrheitskommissionen, allerdings nicht ersetzen. Ihr Vorteil liegt jedoch in der Tatsache, dass Erinnerungspolitik mehr Menschen über einen längeren Zeitraum einbeziehen kann.[922] Deswegen nimmt die Erinnerungspolitik einen wichtigen Platz im Post-Konflikt-Aufbau von Staaten und Gesellschaften ein.

Der österreichische Schriftsteller Robert Musil konstatierte ein Phänomen, dass es auf der Welt nichts gibt, was so unsichtbar wäre wie Denk-

---

919 Vgl. Buckley-Zistel und Schäfer, Introduction, 9 f.
920 Vgl. Barsalou, Reflecting, 49 f.
921 Ebd., 50.
922 Vgl. Brandon Hamber u. a., „Utopian Dreams or Practical Possibilities? The Challenges of Evaluating the Impact of Memorialization in Societies in Transition," *The International Journal of Transitional Justice* 4, Nr. 3 (2010): 398.

mäler.[923] Um einen solchen Effekt von Unsichtbarkeit zu vermeiden, strebt Erinnerungspolitik die ständige Aktualität der Botschaften an, die durch Denkmäler oder andere Erinnerungsformen vermittelt werden. Es geht dabei nicht nur darum, die Opferperspektive anzuerkennen oder zur moralischen Rehabilitation der Opfer beizutragen. Erinnerungspolitik setzt auch Akzente auf erzieherische und zukunftsorientierte Aspekte ihrer Initiativen, d.h. sie besteht nicht nur für Opfer und Täter, sondern auch für kommende Generationen, Zuschauer oder Touristen. Auch sie müssen durch eine Initiative der Erinnerungspolitik provoziert werden, um kritischer über verbrecherische Vergangenheit zu denken. Der Aufbau eines kritischen Ansatzes zur Vergangenheit ist von großer Bedeutung, weil damit einer Wiederholung von furchtbaren Vorfällen in der Zukunft wirksam vorgebeugt werden kann.

Sich an die Opfer der Menschenrechtsverletzungen zu erinnern, stellt den moralischen Imperativ dar, wobei sich die primäre Verantwortung für das angemessene Gedenken der Opfer den Staaten zuweisen lässt, in denen die Menschenrechtsverletzungen stattfanden.[924] Die Transitionsstaaten und -gesellschaften sind allerdings manchmal aus unterschiedlichen Gründen nicht in der Lage, die Erinnerungspolitik strategisch, selbständig und objektiv zu verfolgen. Das kann auch Anlass zum Engagement internationaler Organisationen und Experten in diesem Bereich geben. Es wurde jedoch empfohlen, dass sie nicht als Initiatoren einbezogen werden, sondern zur technischen und finanziellen Unterstützung. Mit ihrer Außenperspektive können sie auch als Vermittler zum Zweck der Zusammenarbeit von Konfliktparteien beim Definieren der Erinnerungsinitiative auftreten.[925]

4.8 Instrumente und Auswahlkriterien

In der Realität werden die Transitionsstaaten und ihre neugegründeten Regime oft daran gehindert, die Verantwortlichen für eine gewalttätige Vergangenheit strafrechtlich zu verfolgen. Laut dem südafrikanischen Rechtswissenschaftler Paul van Zyl gibt es zwei legitime Gründe, aus de-

923 Vgl. Robert Musil, *Nachlaß zu Lebzeiten*, ungekürzte Ausg., 91.-95. TSD (Reinbek bei Hamburg: Rowohlt, 1976), 59 (Hinweis von Siobhan Kattago, „War Memorials and the Politics of Memory: The Soviet War Memorial in Tallinn," *Constellations* 16, Nr. 1 [2009]: 150).
924 Vgl. Jeffrey Blustein, „Human Rights and the Internationalization of Memory," *Journal of Social Philosophy* 43, Nr. 1 (2012): 20.
925 Vgl. Barsalou und Baxter, The Urge to Remember, 2.

nen es für eine Nachfolgeregierung gerechtfertigt ist, die mittelbaren und unmittelbaren Täter nicht vor Gericht bringen zu müssen.[926] Erstens, trotz des Regimewechsels bleiben oft die Sicherheitskräfte unter der Kontrolle des ehemaligen Regimes. Dementsprechend können sie einen negativen Einfluss auf die Transition eines Staates und einer Gesellschaft ausüben. Konkret sind diese Relikte des ehemaligen Regimes in der Lage, die Transitionsprozesse deutlich zu verlangsamen oder sogar einzufrieren, einen Militärputsch durchzuführen, den Konflikt wieder aufflammen zu lassen, politische Gegner zu verfolgen sowie der Wirtschaft und Infrastruktur eines Staates erhebliche Schäden zuzufügen. Unter solchen Umständen lässt sich das Unterlassen der strafrechtlichen Verfolgung der alten, aber immer noch einflussreichen Machthaber rechtfertigen. Zweitens, die neugegründeten Regierungen setzen sich nach dem Regimewechsel oft mit praktischen Schwierigkeiten auseinander. Zyl zufolge sind es vor allem mangelndes Justizpersonal und ein dysfunktionales Justizsystem, Beweisnot und limitierte finanzielle Kapazitäten, die einen Staat und eine Gesellschaft ernsthaft hindern können, die strafrechtliche Verfolgung von Verantwortlichen durchzuführen.[927] Die Gesetzgebung darf allerdings eine solche Realität nicht negieren, sondern sollte die Anwendung von alternativen Instrumenten fördern. Dadurch lässt sich letztendlich die Unmöglichkeit der strafrechtlichen Vergangenheitsaufarbeitung überbrücken.

Ob ein Tribunal oder ein anderes Instrument bei der Vergangenheitsaufarbeitung eingesetzt wird, hängt Skaar zufolge stark von politischen Umständen ab. Die Parameter, die hierbei als besonders wichtig zu betrachten sind, sind erstens die Souveränität und Entschlossenheit einer neugegründeten Regierung, die Täter vor Gericht zu bringen, und zweitens die Einflüsse des alten Regimes auf das politische Alltagsleben eines Staates und einer Gesellschaft während der Transition.[928] Die Akteure werden

---

926 Vgl. Paul van Zyl, „Justice without punishment: Guaranteeing human rights in transitional societies," in *Looking Back Reaching Forward: Reflections on the Truth and Reconciliation Commission of South Africa,* hrsg. v. Charles Villa-Vicencio und Wilhelm Verwoerd (Cape Town: University of Cape Town Press; London: Zed Books, 2000), 43 f.

927 Zu den praktischen Schwierigkeiten, mit denen sich die Transitionsstaaten im Hinblick auf die strafrechtliche Verfolgung auseinandersetzen, vgl. auch David Gray, „An Excuse-Centered Approach to Transitional Justice," *Fordham Law Review* 74, Nr. 5 (2006): 2624–2626.

928 Zur Machtverteilung während der Transition und zu ihrem Einfluss auf die Vergangenheitsaufarbeitung vgl. auch Melissa Nobles, „The Prosecution of Human Rights Violations," *Annual Review of Political Science* 13 (2010): 165–182.

dabei, so Skaar, von unterschiedlichen Zielen geleitet.[929] So versuchen alle alten, vergehenden Regime (engl. outgoing regimes), die strafrechtliche Verfolgung der für eine gewalttätige Vergangenheit Verantwortlichen, die aus ihren eigenen Reihen kommen, zu vermeiden. Die Straflosigkeit, die für sich in Form von Amnestien zu sichern ist, wird als Hauptziel der alten Machthaber angesehen. Das kurzfristige Ziel der neugegründeten Regierungen ist es, an der Macht zu bleiben und die bereits angefangenen Demokratisierungsprozesse zu bewahren. Langfristig betrachtet streben die neuen Machthaber, so Skaar, Rechtsstaatlichkeit, den Aufbau demokratischer Institutionen und nationale Versöhnung an. Die Opfer werden dabei auch als wichtige Akteure gesehen. Sie plädieren hingegen primär für die Bestrafung der Täter und für die Aufklärung der begangenen Verbrechen. „This may be summed up as a public demand for 'truth' and 'justice', respectively."[930]

		Outgoing regime	
		Strong	Weak
	Strong	Truth Commissions	Trials
Public demand	Weak	Nothing	Unresolved

Abb. 2: Expected policy outcomes (Elin Skaar)[931]

Aus der oben dargestellten Abbildung lässt sich ein Einblick in die möglichen Szenarien gewinnen, die sich Skaar zufolge während einer Transition aufgrund der Auseinandersetzung der möglichen Akteure und ihrer Ziele abspielen können.[932] Je stärker der Einfluss der alten Machthaber ist, desto

---

929 Vgl. Elin Skaar, „Truth Commissions, Trials: Or Nothing? Policy Options in Democratic Transitions," *Third World Quarterly* 20 (1999): 1111.
930 Ebd.
931 Ebd., 1113.
932 „The government's choice of policy depends on the relative strength of demands from the public and the outgoing regime, the choice tending towards trials as the outgoing regime becomes weaker and towards nothing as the outgoing regime becomes stronger, with truth commissions being the most likely outcome when the relative strength of the demands is roughly equal." (Ebd., 1110).

kleiner sind die Chancen für die Bestrafung der Täter.[933] Das folgt daraus, dass es im Interesse der alten Machthaber liegt, die Verantwortung für die begangenen Untaten von sich zu weisen. Für den Fall, dass die neugegründete Regierung die Herrschaft nicht vollkommen souverän ausüben kann, werden Amnestiegesetze verabschiedet, statt einen Gerichtshof zu etablieren.[934] Wenn es ein politisches Equilibrium zwischen dem neuen und dem alten Regime gibt, wird laut Skaar höchstwahrscheinlich eine Wahrheitskommission als eine Art des Kompromisses gegründet.[935] Rechtsprechung durch Tribunale wird als Instrument der Vergangenheitsaufarbeitung genutzt, wenn die neugegründete Regierung über die Kapazitäten verfügt, die Untaten des alten Regimes strafrechtlich zu verfolgen.

Außer den Machtspielen zwischen dem alten und dem neuen Regime kann die Art der Beendigung eines Konfliktes bedeutenden Einfluss auf die Auswahl von Instrumenten der Vergangenheitsaufarbeitung ausüben.

> The manner in which a prolonged violent conflict is brought to an end has a huge impact on the choice of approach to be employed during a transition. A military victory by one side over the other will usually allow for a criminal justice mechanism. A negotiated peace agreement that initiates a transition to democracy on the basis of a voluntary transfer of power will result, in most instances, in a truth commission being established.[936]

---

933 Die norwegische Politikwissenschaftlerin Siri Gloppen ist der gleichen Ansicht. „To prosecute representatives of former regimes is feasible where the former regime is defeated or so severely discredited that it no longer poses a viable threat, military or otherwise. [...] Where the former regime has retained some support, or managed to control the transition process, prosecution is unlikely." (Siri Gloppen, „Roads to Reconciliation: A Conceptual Framework," in *Roads to Reconciliation*, hrsg. v. Elin Skaar, Siri Gloppen und Astri Suhrke [Lanham, Md.: Lexington Books, 2005], 23).

934 Vgl. dazu auch Yasmin Sooka, „Dealing with the past and transitional justice: Building peace through accountability," *International Review of the Red Cross* 88, Nr. 862 (2006): 316 f.

935 Vgl. dazu auch Florian Ranft, „Verspätete Wahrheitskommissionen in Lateinamerika und Afrika im Vergleich," in *Transitional Justice 2.0*, hrsg. v. Stefan Engert u. a., Die Friedens-Warte Bd. 86, H. 1/2 (Berlin: BWV, 2011), 223. Der deutsche Politikwissenschaftler Florian Ranft gibt zwei Hypothesen an, wann die Einrichtung der Wahrheitskommissionen verzögert wird. Erstens, das geschieht aufgrund der politischen Machtverteilung nach der Transition aufseiten der alten Machthaber. Zweitens, die Verzögerung der Einrichtung von Wahrheitskommissionen steht in engem Zusammenhang mit dem Umfang der Menschenrechtsverletzungen. Je geringer der Umfang, desto größer die Wahrscheinlichkeit der Verzögerung (vgl. ebd., 224 f.).

936 Sooka, Dealing with the past, 316.

Die Prinzipien der bestrafenden Gerechtigkeit und die Gerichtshöfe als ihre Verkörperung zeigen sich im Fall von massiven Menschenrechtsverletzungen als unfähig, ein klares Bild über das Geschehene zu bekommen. Wenn angewandt, dann wird die bestrafende Gerechtigkeit selektiv und auf die strafrechtliche Verfolgung eines kleinen Täterkreises ausgerichtet. Es kann auch geschehen, dass die Interessen einiger Gruppen überwiegen, wodurch die strafrechtliche Vergangenheitsaufarbeitung Merkmale einer Siegerjustiz aufweist.[937] Die Nachkriegssituation kann dadurch nur verschlechtert werden. Aufgrund der Gerechtigkeitskluft, die besonders im Falle von massiven Menschenrechtsverletzungen entstehen kann, eröffnen sich Möglichkeiten für den Einsatz alternativer Instrumente der Vergangenheitsaufarbeitung.

TJ etabliert sich als ein höchst politisch-pragmatisches Konzept. TJ wird in der Praxis flexibel, indem sie sich vor allem den politischen Umständen anpasst und nicht von den Idealzielen geleitet wird. Diese Meinung vertritt auch Boraine, dem zufolge TJ mit, nicht zwischen, zwei Imperativen, Gerechtigkeit und Versöhnung, balancieren soll. Als Ziel dieser Anstrengungen sieht er den nachhaltigen Frieden.

> There are enormous difficulties in pursuing justice in a normal situation, but when one attempts to do this in countries undergoing transitions, the problems are intensified. There is a need to balance two imperatives: On the one hand, there is the need to return to the rule of law and the prosecution of offenders. On the other hand, there is a need for rebuilding societies and embarking on the process of reconciliation. In helping to make states work, it is important, therefore, to balance accountability with the shoring up of fragile emerging democracies. The overall aim should be to ensure a sustainable peace, which will encourage and make possible social and economic development. But the answer is not either/or. Once it is agreed that there must be the balancing of imperatives, then it is surely both/and. In other words, we must deal with the past and not dwell in it, but the measures that are taken have to be informed by the nature of each transition and the political space for accountability.[938]

Ein derartiger holistischer TJ-Ansatz zur Vergangenheitsaufarbeitung setzt voraus, dass jeder Konflikt zunächst sui generis zu betrachten ist, und bietet eine Gelegenheit für „at least some accountability, some truth, some reconciliation and healing, some transformation and some reparation for victims"[939].

---

937 Vgl. Engert und Jetschke, Einleitung, 30.
938 Alexander L. Boraine, „Transitional Justice: A Holistic Interpretation," *Journal of International Affairs* 60, Nr. 1 (2006): 26 f.
939 Ebd., 27.

4.9 Die Opfer- und Täterzentriertheit von TJ-Instrumenten

Das untenstehende, durch Engert und Jetschke erstellte Kontinuum schildert das Versöhnungspotential von TJ-Instrumenten. Auf diesem Kontinuum werden die Instrumente zwischen den zwei Polen Gerechtigkeit und Transition verortet. Diese Pole markieren „die beiden Extreme des Spannungsverhältnisses von Unrechtsaufarbeitung"[940], wobei Transition als Minimal- und Gerechtigkeit als Maximalziel von TJ verstanden werden. Einige der auf dem Kontinuum dargestellten Instrumente (Amnesie, Amnestie) setzen sich primär für die Durchsetzung der Transition ein. Hierbei sind die alten Machthaber und Täter als direkt beteiligte Transitionsakteure anzusehen. Der Systemübergang wird oft erst mit der Straffreiheit der alten Machthaber und Täter ermöglicht. Dieses Streben nach Transition kann, so Engert und Jetschke, „als Null-Hypothese von TJ beziehungsweise als extreme Strategie der Täterzentriertheit begriffen werden"[941]. Auf der anderen Seite des Kontinuums werden diejenigen Instrumente positioniert (Tribunale, Reparationen), die sich die Verwirklichung von Gerechtigkeit zum Ziel setzen. Warum dieses Streben auf dem Kontinuum als opferzentriert bezeichnet wird, wurde von den Verfassern nicht erläutert. In der Mitte des Kontinuums werden die vermittelnden Instrumente (Wahrheitskommissionen, Entschuldigungen) verortet, „die mehr auf Freiwilligkeit der einen Seite oder Kooperation von Täter und Opfer setzen"[942].

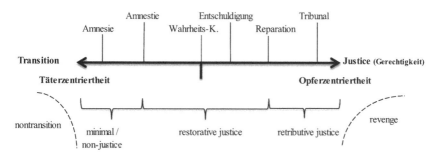

Abb. 3: Versöhnungsinstrumente zwischen den Polen
Übergang und Gerechtigkeit (Stefan Engert und Anja Jetschke)[943]

940 Engert und Jetschke, Einleitung, 27.
941 Ebd.
942 Ebd.
943 Ebd., 28.

Der Begriff Opferzentriertheit (engl. victim-centered approach) wird in der TJ-Theorie mit denjenigen Prozessen und Instrumenten verbunden, die vor allem den Bedürfnissen der Opfer entsprechen sollten. Die TJ-Prozesse und Instrumente zeigen sich allerdings in der Praxis als *top-down*-Initiativen.[944] „Victims and local communities are neither readily consulted on *their* needs nor on their views on the goals of the transitional process or what form it should assume."[945] TJ wird durch politische Eliten gestaltet; ihre Mechanismen werden in der Realität nicht eingerichtet, um die Bedürfnisse der Opfer zu befriedigen.[946] Die Tribunale werden primär dank der internationalen Gemeinschaft konzipiert, etabliert und finanziell unterstützt; die Wahrheitskommissionen resultieren meistens aus politischen Geschäften mit den alten Machthabern.

Was die Opferzentriertheit in der TJ angeht, werden in der Literatur insbesondere die Kapazitäten von Tribunalen und Wahrheitskommissionen thematisiert, und zwar, ob Tribunale und Wahrheitskommissionen den Bedürfnissen der Opfer entsprechen, und wenn ja, dann wie genau. Im Hinblick auf die Opferzentriertheit bzw. auf die Bedürfnisse der Opfer werden unter den Autoren drei wesentliche Funktionen von TJ identifiziert und thematisiert: Wahrheit, Gerechtigkeit und die Heilung der Opfer.[947]

Im Vergleich zu den Tribunalen sind die Wahrheitskommissionen, so die US-amerikanische Rechtswissenschaftlerin Raquel Aldana, effektiver darin, „a superior truth to victims"[948] zu vermitteln. Diesbezüglich werden primär die *truth-telling*- und *truth-seeking*-Aspekte in Betracht gezogen.

---

944 Vgl. dazu Jonathan Doak, „The Therapeutic Dimension of Transitional Justice: Emotional Repair and Victim Satisfaction in International Trials and Truth Commissions," *International Criminal Law Review* 11, Nr. 2 (2011): 264; Simon Robins, „Towards Victim-Centred Transitional Justice: Understanding the Needs of Families of the Disappeared in Postconflict Nepal," *The International Journal of Transitional Justice* 5, Nr. 1 (2011): 76.

945 Doak, The Therapeutic Dimension, 264 (Hervorhebung im Original).

946 Dem britischen Politikwissenschaftler Simon Robins zufolge besteht in der Praxis ein Mangel an Initiativen für die TJ-Prozesse, die durch die sogenannten Graswurzelbewegungen (engl. grassroots) ins Leben gerufen werden (vgl. Robins, Towards Victim-Centred, 76).

947 Vgl. dazu Aldana, A Victim-Centered Reflection, 109–123; Jamie O'Connell, „Gambling with the Psyche: Does Prosecuting Human Rights Violators Console Their Victims?," *Harvard International Law Journal* 46, Nr. 2 (2005): 295–345; David Mendeloff, „Trauma and Vengeance: Assessing the Psychological and Emotional Effects of Post-Conflict Justice," *Human Rights Quarterly* 31, Nr. 3 (2009): 597–615; Doak, The Therapeutic Dimension, 266–286.

948 Aldana, A Victim-Centered Reflection, 109.

Die emotionalen bzw. die persönlichen Geschichten und Wahrheiten der Opfer lassen sich ihres Erachtens erst durch Wahrheitskommissionen aufdecken.[949] Dank diesem Modell der Vergangenheitsaufarbeitung lässt sich eine noch umfassendere Wahrheit darüber erfahren, was genau in der Vergangenheit passierte. „Unlike a criminal trial, a truth commission's finding and conclusions are cast not in terms of individual blame but instead in terms of what was wrong and never justifiable. In so doing, truth commissions help to frame the events in a new national narrative of acknowledgement, accountability, and civil values."[950] Was die Feststellung der Faktizität (*truth-seeking*) von vergangenen Vorfällen angeht, fallen die Wahrheitskommissionen hinter die Tribunale nicht zurück. Die Faktizität wird aber oft durch Amnestien für die Täter geklärt, d. h. um herauszufinden, wie genau die Verbrechen begangen wurden, wird auf die Bestrafungsmechanismen absichtlich verzichtet.

Die Wahrheitskommissionen lassen sich auch vom Vorgang her als opferzentriert verstehen, weil die Opfer und ihre Verletzungen in ihrem Mittelpunkt stehen. Tribunale gehen auf der anderen Seite von den Verletzungen der Rechtsnormen aus, um die potentielle kriminelle Schuld der Einzeltäter festzustellen. Hierbei gelten die Zeugenaussagen der Opfer nur als Informationsquellen für die Feststellung der Rechtsverletzungen und kriminellen Schuld der Einzeltäter. Diesbezüglich stimme ich nicht der Annahme von Engert und Jetschke zu, dass Tribunale opferzentriert seien. Sie sind meines Erachtens vielmehr als täterzentriertes Modell der Vergangenheitsaufarbeitung zu definieren.

Dem *truth-telling*-Aspekt wird in der TJ-Literatur oft eine wiederherstellende Kraft zugeschrieben.[951] Mit dieser Überzeugung wurde auch die südafrikanische Wahrheits- und Versöhnungskommission gegründet.

> The Commission was founded, however, in the belief that this task was necessary for the promotion of reconciliation and national unity. In other words, the telling of the truth about past gross human rights violations, as viewed from different perspectives, facilitates the process of understanding our divided pasts, whilst *the*

---

949 Vgl. ebd., 111.
950 Ebd., 112.
951 Die wiederherstellende Kraft von *truth-telling* identifizierte auch Minow. „'The fundamental premise of the psychotherapeutic work is a belief in the restorative power of truth-telling', [...]. The same premise undergirds a truth commission that affords opportunities for victims to tell their stories. In both settings, the goal is not exorcism but acknowledgment; in both settings, the story of trauma becomes testimony. Know the truth and it will set you free; expose the terrible secrets of a sick society and heal that society." (Minow, Between Vengeance, 66).

public acknowledgement of 'untold suffering and injustice' (Preamble to the Act) *helps to restore the dignity of victims* and afford [sic] perpetrators the opportunity to come to terms with their own past.[952]

Die Annahme, dass Traumata der Opfer durch *truth-telling* geheilt werden können, erfordert den Forschern zufolge systematisch-empirische Studien über die Effekte von *truth-telling* auf die Heilung der Opfer.[953] Dem US-amerikanischen Politikwissenschaftler David Mendeloff zufolge lässt sich nicht mit Sicherheit erwarten, dass *truth-telling* die Traumata der Opfer unbedingt heilen kann. „Victims' responses [m. E. auch Vergebung, P.A.] to truth-telling are highly individualized and idiosyncratic. Truth-telling's psychological impact is occasionally positive, but is often negative."[954]

Was die Realisierung der legitimen Rechte der Opfer auf die bestrafende Gerechtigkeit angeht, bieten die Tribunale, so Aldana, mehr Möglichkeiten als die Wahrheitskommissionen.[955] Durch Feststellung krimineller Schuld und Bestrafung der Einzeltäter werden die Opfergeschichten und -verletzungen öffentlich anerkannt. Ob damit der Ärger der Opfer kanalisiert, ihre Rachegefühle überwunden und Traumata geheilt werden, wird wie beim *truth-telling*-Effekt vor allem individualisiert. Die Heilung der Opfer gilt dementsprechend nicht als ein kalkulierbares Ergebnis.

Der US-amerikanische Rechtswissenschaftler Jamie O'Connell konzipiert eine Typologie der psychologischen Dynamik, mit der die Opfer durch die strafrechtliche Verfolgung der Täter betroffen werden.[956] Er unterscheidet dabei zehn Dynamiken, wobei die ersten fünf alle Opfer betreffen, unabhängig davon, ob sie an Gerichtsprozessen teilnehmen oder nicht. Erstens, durch Gerichtsurteile werden die Verletzungen der Opfer offiziell anerkannt. Zweitens, durch die Inhaftierung der Täter wird den

---

952 Truth and Reconciliation Commission of South Africa, Report, Bd. 1, 49 (Hervorhebung P.A.).

953 „Both popular and academic literature are prone to making claims concerning the healing potential of post-conflict justice but such accounts are often impressionist or anecdotal in nature, and all too often they lack hard empirical evidence to support their assertions." (Doak, The Therapeutic Dimension, 269). Am Beispiel der südafrikanischen Wahrheits- und Versöhnungskommission und des ICTY befasst sich der US-amerikanische Politikwissenschaftler David Mendeloff mit dem Zusammenhang von *truth-telling* und Heilung der Opfer. Aufgrund der bestehenden Studien kommt Mendeloff zu dem Schluss, dass der *truth-telling*-Effekt auf die Opfer keine dauerhafte psychologische Wirkung ausübte (vgl. Mendeloff, Trauma, 602–616).

954 Mendeloff, Trauma, 615.

955 Vgl. Aldana, A Victim-Centered Reflection, 108.

956 Vgl. O'Connell, Gambling, 317–339.

Opfern die physische und psychische Sicherheit ermöglicht. Drittens, die strafrechtliche Verfolgung kann neue Informationen über begangene Verbrechen vermitteln, die die Trauerarbeit erleichtern und die Heilung der Traumata der Opfer anregen können. Viertens, die Gerichtshöfe sind in der Lage, die öffentliche Diskussion über das Vergangene anzustoßen und die Tabuisierung der Opfergeschichten zu thematisieren. Fünftens, „there is some evidence that trials may be psychologically counterproductive if they result in judgments for the alleged human rights violators or in penalties that a victim considers incommensurate with the atrocities"[957]. Die letzten fünf Dynamiken betreffen nur die an den Prozessen teilnehmenden Opfer.

> First, testifying in legal proceedings can be psychologically beneficial, for example by validating a victim's experience. Second, however, testifying can be severely stressful for a variety of reasons. Third, victims who participate in judicial proceedings sometimes suffer new abuses, such as reprisals or harassment through the discovery process, that cause psychological stress. Fourth, some victims find comfort and a sense of empowerment in pursuing justice through law. Finally, however, the long duration of most legal cases may psychologically strain victims involved in them.[958]

Soweit möglich sollte die Opferzentriertheit von TJ, so Aldana, das Zusammenwirken von Tribunalen und Wahrheitskommissionen berücksichtigen, weil jedes von ihnen „distinctive and superior benefits to victims"[959] bieten kann. Allerdings ist zu beachten, dass auch andere Instrumente (Reparationen, Entschuldigungen[960], Erinnerungspolitik) den Bedürfnissen der Opfer (die Milderung von Tatfolgen; die öffentliche moralisch-symbolische Anerkennung der Faktizität von vergangenen Vorfällen; die Bewahrung von Erinnerungen an eine gewalttätige Vergangenheit) merklich entsprechen können.

---

957 Ebd., 300 f.
958 Ebd., 301.
959 Aldana, A Victim-Centered Reflection, 107.
960 Die Zusammenarbeit mit den Opfern kann die Effektivität einer Entschuldigung bedeutend beeinflussen. „Effective apologies take into account what victims are likely to feel and think about what is being said. In fact, the most effective apologies are arguably those that have been agreed on with survivors, families of victims, or their representatives, and which address the future and not just the past. They assure victims – and the rest of society – that victims were not at fault for what happened and emphasize common values shared by everyone in society." (International Center for Transitional Justice, More Than Words, 2).

5 Die Diskussion um Vergebung im Rahmen von *transitional justice*

Die Suche nach Frieden etablierte sich in den 1990er Jahren als wichtiger Parameter von TJ.[961] Seitdem wird auch Vergebung innerhalb von TJ-Kreisen immer mehr als ein potentielles Modell der Vergangenheitsaufarbeitung erörtert. Dieses steigende Interesse für Vergebungspraxis wird besonders stark durch einen kognitiv-psychologisch geprägten Vergebungsdiskurs beeinflusst.[962] Die oftmaligen öffentlichen Entschuldigungen politischer Repräsentanten sowie die rechtswissenschaftlichen Überlegungen über die begrenzte Eignung der Maßnahmen bestrafender Gerechtigkeit im Fall von massiven und organisierten Verstößen gegen die Menschenrechte intensivierten weiterhin die Diskussion um die Rolle von Vergebung innerhalb von TJ und ihren Prozessen. Im Folgenden sollen zunächst die entgegengesetzten Positionen der TJ-Forscher, was den Stellenwert von Vergebung angeht, dargestellt werden (Kapitel 5.1). Im Anschluss daran sollen ein Vergebungsmodell, das im Rahmen der südafrikanischen Versöhnungs- und Wahrheitskommission gefördert wurde (Kapitel 5.2), sowie seine Kritik (Kapitel 5.3) thematisiert werden.

5.1 Transitional justice und Vergebung. Die diametral entgegengesetzten Ansichten

Der US-amerikanische Politikwissenschaftler Daniel Philpott unterscheidet zwei Paradigmen von TJ.[963] Dem liberalen Paradigma zufolge sollten die Täter bestraft und die Opfer rehabilitiert werden. Das religiöse Paradigma zielt hingegen auf Versöhnung und eine möglichst vollkommene Wiederherstellung der durch einen Konflikt betroffenen Gruppen und Individuen.

> Liberal arguments about transitional justice rely upon reason alone, usually a Kantian or utilitarian sort. Religious rationales for reconciliation, at least those in the Abrahamic traditions, derive their prescriptions for horizontal relationships within political communities from the vertical relationship that God forges with

---

961 Vgl. Salah Mosbah, „Verzeihen, Sühne und transitionelle Gerechtigkeit: Jenseits des juridischen Modells?," in *Gerechtigkeit in transkultureller Perspektive*, hrsg. v. Sarhan Dhouib (Weilerswist: Velbrück Wissenschaft, 2016), 233.
962 Vgl. Saunders, Questionable Associations, 121 f.
963 Vgl. Philpott, What Religion Brings, 94 f.

humanity – a relationship whose history and character is recounted in their scrip-
tures.[964]

Entschuldigung, Vergebung, empathische und öffentliche Anerkennung
von Leiden der Opfer durch Täter sowie durch entsprechende politische
Instanzen, und die Transformation der Feindschaft zwischen den Konfliktparteien passen ins religiöse Paradigma von TJ.

Im Hinblick auf die Rolle von Vergebung innerhalb des öffentlichen
Lebens und der TJ-Prozesse kristallisierten sich bisher zwei diametral ent-
gegengesetzte Gruppen von Autoren heraus.[965] Die erste Gruppe, die dem
liberalen Paradigma von TJ nahesteht, fördert den pragmatischen bzw.
„minimalistischen" Ansatz zu den TJ-Prozessen. Die Anhänger dieses Ansatzes treten vor allem für die Durchsetzung bestrafender Gerechtigkeit,
Aufdeckung von Verbrechen, deren öffentliche Anerkennung sowie für
die Feststellung und Übernahme von Verantwortung für ein gewalttätiges
Handeln ein. Dem minimalistischen Ansatz zufolge sollte Vergebung nicht
a priori als eine gute Praxis empfohlen oder als eine unabdingbare Voraussetzung für Versöhnung und Heilung angenommen werden.[966] Vergebung
wird in diesem Zusammenhang primär der Sphäre des zutiefst Intimen
zugeordnet. Ausgehend davon, dass Vergebung als Verzicht auf negative
Emotionen und dementsprechend als Prozess der Identitätstransformation
zu betrachten ist, gilt Vergebung der niederländischen Philosophin Neelke
Doorn zufolge als Ideal, das in der Realität schwer zu erreichen ist.[967] Doorn
bezweifelt die kollektive Vergebung bzw. die Anwendung des emotionalen
Vergebungsmodells auf der Gruppenebene (die emotionale Transformation
des Kollektiven), die Auswirkungen des emotionalen Zustandes der individuellen Opfer auf die öffentlichen Pazifikationsprozesse sowie die Förderung individueller Vergebung durch eine dritte Partei (durch Individuen
oder Institutionen).[968] In den TJ-Prozessen sollte der Fokus ihrer Meinung

---

964 Ebd., 97 f.
965 Vgl. dazu Stokkom u. a., Public Forgiveness, 5–9. Die Ansichten dieser beiden
Gruppen werden einander entgegengesetzt. Der niederländische Philosoph und
Soziologe Bas van Stokkom definiert eine Gruppe als minimalistischen und die
andere als maximalistischen Ansatz zu Vergebung. Diese Bezeichnungen werden
im Folgenden übernommen.
966 Vgl. Saunders, Questionable Associations, 120.
967 Vgl. Neelke Doorn, „Forgiveness, Reconciliation, and Empowerment in Transitional Justice," *International Journal of Humanities and Social Science* 1, Nr. 4
(2011): 13.
968 Vgl. ebd.; Neelke Doorn, „Forgiveness and Reconciliation in Transitional Justice
Practices," *Ethical Perspectives* 15, Nr. 3 (2008): 387–389.

nach vielmehr auf Versöhnungsprozesse und Heilung der Opfer gerichtet werden. Diese könnten sich nämlich ohne Vergebung ereignen.[969] Die Anhänger des minimalistischen Ansatzes zweifeln unter anderem auch an der Fähigkeit der Opfer, die negativen Emotionen vollkommen überwinden zu können. Der Verzicht auf Übelnehmen, Ärger und andere negative Emotionen, der in Form von Vergebung stattfinden sollte, erfolgt oft nur scheinbar, indem die negativen Emotionen lediglich unterdrückt werden. Weiterhin wird auch betont, dass Vergebung den Opfern in den TJ-Prozessen nicht als ein Muss auferlegt werden sollte.

> An overzealous commitment to forgiveness may also encourage a psychological harmful repression of anger or resentment. [...] Repression of traumatic events is often manifested in a dissociation of affect from traumatic events and splitting off of painful memories from ordinary awareness. A central component of treatment thus entails reintegrating painful memories and working through negative affects such as resentment and anger.[970]

Der maximalistische Ansatz zu den TJ-Prozessen räumt Vergebung einen hohen Stellenwert bei den Versöhnungs- und Heilungsprozessen ein.[971] Den überlebenden Opfern und ihrer Wiedergesundung, die zu einem bedeutenden Teil durch Vergebung zu erreichen ist, wird eine wichtige Rolle zugeschrieben. Die innerliche emotionale Transformation der Opfer wird hierbei sogar als wesentliches Element gesellschaftlicher Versöhnung angesehen. Inazu zufolge stützt sich die politische Vergebung auf die Akte der individuellen Vergebung. „Political forgiveness is a rare phenomenon that happens when multiple acts of personal forgiveness occurring within the same community are aggregated under a shared narrative."[972] Auf die

---

969 Doorn zufolge lässt sich eher sagen, dass Versöhnung die Bedingungen für Vergebung schafft, und nicht umgekehrt (vgl. Doorn, Forgiveness, 16). Was die Heilung der Opfer angeht, wird Vergebung nicht als ihre Voraussetzung angesehen. „Recovery from a traumatic past does not require forgiveness but a sense of self-hood that enables people to find a capacity to affect things around them." (Ebd., 17).
970 Saunders, Questionable Associations, 139.
971 Als Beispiel des maximalistischen Ansatzes gilt das Vergebungsmodell der südafrikanischen Wahrheits- und Versöhnungskommission.
972 Inazu, No Future, 311. Außer politischer und individueller Vergebung unterscheidet Inazu auch Gruppenvergebung und juristische Vergebung. „*Group forgiveness* is offered by a group or its designated representative for a wrong that the group has suffered. [...] *Legal forgiveness* is a special case of group forgiveness that can only be extended by the state (the state might also be capable of extending non-legal forms of group forgiveness)." (Ebd., 310 [Hervorhebung P.A.]). Weder

politische Vergebung lässt sich allerdings nur hoffen, weil die individuelle Vergebung, die als Basis von politscher Vergebung gilt, nicht als eine konkret nachvollziehbare Praxis wahrzunehmen ist. Es lässt sich schwer prüfen, ob den Tätern wirklich vergeben wurde. Die politische Vergebung wird weiterhin, so Inazu, nicht als vollkommen betrachtet, wenn die Täter das eigene Tun nicht bereuen. Die wichtigste Rolle beim Definieren eines gemeinsamen Narratives, unter welchem die Akte der individuellen Vergebung zusammengefasst werden, spielt demnach der Staat:

> There are a number of ways that this can be achieved: (1) Extending non-legal group forgiveness when appropriate, (2) extending (and enforcing) legal forgiveness, (3) having high-profile representatives model instances of personal forgiveness, (4) creating institutional structures in which acts of personal forgiveness can be offered, (5) publicizing acts of personal forgiveness to the wider population, (6) helping to identify wrongdoers (including complicity within its own institutional practices), and (7) helping to restore victims (through financial, medical, and psychological assistance). These functions, especially when undertaken in conjunction with one another, can help transform personal forgiveness into political forgiveness.[973]

Ein Vergebungsnarrativ lässt sich, so Inazu, auch durch nichtstaatliche Institutionen und Normen prägen. Am Beispiel der südafrikanischen Wahrheits- und Versöhnungskommission lässt sich von einem teilweise christlich und teilweise durch die südafrikanische *Ubuntu*-Tradition geprägten Vergebungsnarrativ sprechen. Dieses Narrativ wurde durch Desmond Tutu, den anglikanischen Erzbischof und Kommissionsvorsitzenden, sehr eindrucksvoll gefördert. Bei der südafrikanischen Vergangenheitsaufarbeitung wurden Vergebung, Versöhnung, Schuldeingeständnis und Entschuldigung als Werkzeuge praktischer Politik dargestellt.[974] Im Folgenden werden das südafrikanische TJ-Modell und der aus diesem Anlass propagierte Aufruf zur Vergebung thematisiert, aber auch die Kritik dieses Vergebungskonzepts.

Gruppenvergebung noch juristische Vergebung können seiner Meinung nach die politische Vergebung fördern.
973 Ebd., 322.
974 Vgl. dazu Truth and Reconciliation Commission of South Africa, *Report*, Bd. 5, 1998, abrufbar unter http://www.justice.gov.za/Trc/report/finalreport/Volume5. pdf (Stand: 17.08.2021), 351. Für das Eintreten von Versöhnung wird der Zusammenhang von Vergebung der Opfer und Entschuldigung seitens der Täter sowie politischer Repräsentanten benötigt (vgl. dazu Truth and Reconciliation Commission of South Africa, Report, Bd. 1, 108).

5.2 Die südafrikanische Wahrheits- und Versöhnungskommission (1996 – 1998). Das Vergebungskonzept von Desmond Tutu

Außer den *truth-telling-* und *truth-seeking*-Aspekten wurde im Mandat einiger Wahrheitskommissionen auch Versöhnung sehr betont. Die erste Kommission dieser Art wurde in Chile (1990 – 1991) als Nationale Kommission für Wahrheit und Versöhnung (Comisión Nacional de Verdad y Reconciliación) eingerichtet. Die Wahrheits- und Versöhnungskommissionen beruhen auf der Idee, dass Wahrheit als eine wichtige Voraussetzung von Versöhnung anzusehen ist. Es sei nämlich das aufbauende Potential von Wahrheit, das zur gesamtgesellschaftlichen Heilung und Versöhnung führe. Die Aufdeckung und das Dokumentieren von Verbrechen der gewaltsamen Regime sind nicht als Ziele *per se* der Wahrheits- und Versöhnungskommissionen zu verstehen. Das öffentliche „voicing of truth" dient, so Hazan, letztendlich dazu, die Metamorphose der nationalen Identität anzuregen.[975]

An Wahrheits- und Versöhnungskommissionen nehmen nicht nur Anwälte und Richter teil. Bei den Sitzungen wird immer mehr ein der legalistischen Sprache von Gerichtsprozessen fremdes Vokabular von Heilung und Wiederherstellung verwendet.[976] Die Praxis der emotionalen und psychischen Heilung[977], die mit der Etablierung von aufbauender Gerechtigkeit besonders an Bedeutung gewann, eignete sich für den opferzentrierten Ansatz[978], den die Wahrheits- und Versöhnungskommissionen tatsächlich verfolgten. Opfer bekommen eine Chance, eigene persönliche Wahrheiten vor der Kommission, oft auch in der Öffentlichkeit, zum Ausdruck zu bringen. Auf diese Weise werden ihre persönlichen Geschichten sowohl im Kommissionsabschlussbericht als auch im sozialen Gedächtnis bewahrt. Opfer bekommen hierbei das Gefühl der offiziellen Anerkennung ihrer Leiden und werden davon überzeugt, dass ihre narrativen Wahrheiten damit nicht vergessen werden.[979] Durch Zeugenaussagen setzen sich Opfer mit der schmerzhaften Vergangenheit auseinander. Diese Auseinandersetzungen können, so Minow, heilsam wirken. „When the work of knowing

---

975 Vgl. Hazan, Measuring the impact, 26.
976 Vgl. Minow, Between Vengeance, 63.
977 Mehr zu dieser Praxis ebd., 61–66.
978 Zur Opferzentriertheit von Wahrheitskommissionen vgl. Hayner, Unspeakable Truths, 13; United Nations Security Council, The rule of law, 17.
979 Vgl. Avruch, Truth and Reconciliation Commissions, 37.

and telling the story has come to an end, the trauma then belongs to the past; the survivor can face the work of building a future."[980]

Von Methode, Organisation und Leistung her gilt die südafrikanische Wahrheits- und Versöhnungskommission (Truth and Reconciliation Commission [TRC]) als Kommissionsparadigma des 21. Jahrhunderts. Sie war besonders innovativ aufgrund einer neuen Praxis, Amnestien für diejenigen auszusprechen, die an der Ausübung von Gewalt im Zusammenhang mit der Apartheid zwischen 1961 und 1990 beteiligt waren. Den Tätern wurde nämlich die Amnestie bedingt versprochen, und zwar als Gegenleistung für die Zusammenarbeit mit der Kommission, die in Form von Anerkennung der Untaten und Aufdeckung von Verbrechenshintergrund und -umständen geschehen sollte. Den Medien wurde der Zugang zu den Sitzungen der Kommission erlaubt. Dadurch, dass die Sitzungen durch Medien übertragen wurden, wurde der südafrikanischen Öffentlichkeit der Einblick in die Gräueltaten des Apartheid-Regimes ermöglicht.[981]

Die südafrikanische Wahrheits- und Versöhnungskommission wurde stark durch einen religiösen Charakter und entsprechendes Vokabular geprägt. Die Anwesenheit von Desmond Tutu trug zur Verwendung der christlich-theologischen Reue- und Vergebungsterminologie bei. Dieser Vergebungsbefürworter ist der Meinung, dass die Zukunft der südafrikanischen Gesellschaft nach den Verbrechen und Spaltungen, die das Apartheid-Regime hinterließ, ohne Vergebung undenkbar wäre. Im Zusammenhang mit der Anerkennung der Teilnahme an der Ausübung von Untaten durch die Täterseite und Reparation für die erlittenen Schäden, die durch zuständige staatliche Institutionen besorgt wird, bildet die Vergebung der Opfer demnach ein Kontinuum.[982] Dieses Kontinuum trägt zur nationalen Heilung und Versöhnung bei. Vergebung ist dabei weder mit Vergessen noch mit Verharmlosung vergangener Vorfälle gleichzusetzen und soll nicht von sentimentalen Gefühlen geleitet werden.[983] Die Erinnerungen an vergangene Vorfälle sind nützlich, sofern sie der Wiederho-

---

980 Minow, Between Vengeance, 67.
981 Engert und Jetschke zufolge dienen Fernsehübertragungen auch therapeutischen Zwecken. „Die Schuldaufarbeitung mittels eines schriftlichen Abschlussreports oder Fernsehübertragungen der Sitzungen erfolgt daher öffentlich und dient auch therapeutischen Zwecken: Durch Wahrheitsfindung sollen Massentraumata der Opfer vermieden, wieder ein soziales Band zwischen Täter und Opfer geknüpft und Gerechtigkeit und Wahrheit geschaffen werden." (Engert und Jetschke, Einleitung, 33).
982 Vgl. Tutu, No Future, 273.
983 Vgl. ebd., 271.

lung dieser und ähnlicher Vorfälle vorbeugen. Vergebung lässt sich selbst dadurch nicht verhindern, dass zahlreiche Opfer während der Apartheid ums Leben kamen. Tutu wirft die Frage auf, warum es ein Problem sei, im Namen der Toten zu vergeben, wenn lebende Menschen die Reparationen an ihrer Stelle bekommen.[984] In gewissem Maße tragen auch die lebenden Menschen die Verantwortung, weil nur sie und nicht die Toten die Zukunft aufbauen können.[985] Vergebung kann durch Anerkennung und Reue von der Täterseite gefördert werden, aber diese sind nicht als verbindliche Voraussetzungen für Vergebung zu verstehen. Andernfalls wäre der Wille des Opfers dem Willen des Täters untergeordnet. „That would be palpably unjust."[986] Tutu begründet die Bedeutung von Vergebung nicht nur als christlicher Theologe, er bleibt auch der südafrikanischen Lebensphilosophie – *Ubuntu* – treu. Ihr zufolge liegt der größte Wert des Menschen in seiner Zugehörigkeit zur Gemeinschaft („We say, 'A person is a person through other persons.' It is not, 'I think therefore I am.' It says rather: 'I am human because I belong. I participate, I share.'"[987]). Laut dem Ubuntu-Konzept sei es nämlich im Interesse des Menschen, wegen des anderen Mitmenschen bzw. wegen einer Gemeinschaft zu vergeben.[988] Als Theologe der anglikanischen Denomination vertritt Tutu die Ansicht, dass Tod und Auferstehung Jesu als Beweise dafür gelten, wie Liebe stärker als Hass ist.[989] Solcher Glaube gibt Hoffnung, dass das Leben mit Konflikt und Leiden nicht beendet wird und dass es nicht undenkbar wäre, von den Opfern zu erwarten, den Tätern zu vergeben.[990] Wie es Tutu selbst betont: „God wants to show that there is life after conflict and repression – that because of forgiveness there is a future."[991]

---

984 Vgl. ebd., 277 f.
985 „True forgiveness deals with the past, all of the past, to make the future possible. We cannot go on nursing grudges even vicariously for those who cannot speak for themselves any longer. We have to accept that what we do we do for generations past, present, and yet to come. That is what makes a community a community or a people a people – for better or for worse." (Ebd., 279).
986 Ebd., 272.
987 Ebd., 31.
988 Vgl. ebd.
989 Vgl. ebd., 86.
990 Um seine Argumentation für die Rechtfertigung der Vergebungspraxis zu stärken, führt Tutu einige Beispiele von Vergebung der Opfer an (vgl. dazu ebd., 146 f., 148 f., 155–157).
991 Ebd., 282.

5.3 Die Kritik am Vergebungskonzept Tutus

Am südafrikanischen Vergebungskonzept wird starke Kritik geübt, wobei Vergebung, aber auch die Idee der politischen Versöhnung als utopisch wahrgenommen werden. Manche psychiatrischen Studienergebnisse zeigen, dass es zwischen der Teilnahme der Opfer an Kommissionssitzungen, ihren öffentlichen Zeugnissen sowie der Auseinandersetzung mit der Täterseite einerseits und der Vergebungsbereitschaft sowie Verminderung der negativen Gefühle der Opfer andererseits keinen bedeutenden Zusammenhang gibt.[992] Folglich wird auch die interaktive Form der südafrikanischen Kommission, in der die Vergebung der Opferseite mit der Anerkennung der Täterseite als eng (sogar kausal) verbunden angesehen wird, infrage gestellt. Der südafrikanische Journalist und Philosoph Anthony Holiday vertritt eine These über den kausalen Zusammenhang von Reue und Vergebung. Ausgehend davon, dass es unterschiedliche Arten von Erinnern und Vergessen gibt,[993] ist Holiday der Meinung, dass jeder reuige Täter unter bestimmten Erinnerungen an sein eigenes schädliches Tun leidet. Bei den reuigen Tätern sind solche Erinnerungen besonders mit Gewissensbissen beladen. Um diese Bürde der Vergangenheit überwinden zu können, braucht ein Reuiger die Vergebung seines Tuns. Demzufolge stellt Holiday Vergebung als eine besondere Form von Vergessen dar.

> [F]orgiveness [...] is a way of forgetting. *It is not, of course, a forgetting of the fact of a harm done and suffered.* For if someone has injured me by, say, cutting off my right arm, I would be another sort of being entirely if I did not remember every day of my life the injury and who had caused it. Rather, *forgiving is a species of forgetting which severs the remorseful tie fettering authors of evil to those they have harmed, so that the latter no longer haunt the former.* When we say to someone who expresses remorse for a wrong they have done us, 'Let's forget it,' it is a release of this order we afford them. We are offering an absolution – which may or

---

992 Vgl dazu Debra Kaminer u.a., „The Truth and Reconciliation Commission in South Africa: Relation to psychiatric status and forgiveness among survivors of human rights abuses," *British Journal of Psychiatry* 178, Nr. 4 (2001): 373–377; Dan J. Stein u.a., „The impact of the Truth and Reconciliation Commission on psychological distress and forgiveness in South Africa," *Social Psychiatry and Psychiatric Epidemiology* 43, Nr. 6 (2008): 462–468.

993 Vgl. Anthony Holiday, „Forgiving and forgetting: The Truth and Reconciliation Commission," in *Negotiating the past: The making of memory in South Africa*, hrsg. v. Sarah Nuttall und Carli Coetzee (Cape Town: Oxford University Press, 1998), 44.

may not be conditional on retribution or restitution – such that past evils no longer exert a claim on us or those who have visited evil on us.[994]

Indem Gewissensbisse sowie Vergebung intim geschehen, kann nicht mit Sicherheit festgestellt werden, ob sie aus aufrichtigen Gründen initiiert wurden oder nur als leere Phrase gelten. Vor diesem Hintergrund kann man auf Vergebung nur hoffen.[995] Die südafrikanische Kommission betrachtete Reue und Vergebung nicht als Formen von Erinnern bzw. Vergessen. Sie wirkte vielmehr als ein öffentlicher Beichtstuhl. Von den Tätern wurde hierbei jedoch erwartet, die begangenen Taten anzuerkennen, nicht das schädliche Tun zu bereuen. Dementsprechend war die Kommission, so Holiday, nicht in der Lage, die Voraussetzungen für Vergebung zu schaffen.[996]

Im Hinblick auf die Wahrheits-, aber auch auf die Versöhnungskommissionen (besonders die südafrikanische) sowie ihren Beitrag zur Vergebung hebt der indische Politikwissenschaftler Rajev Bhargava vier von den Kritikern meistens angeführte Gründe gegen eine Vergebungspraxis hervor.[997] Ein allgemein bekanntes Argument der Vergebungskritiker lautet, dass Vergebung als eine tief mit der christlichen Ethik verbundene Praxis empfohlen wird.[998] Das südafrikanische TJ-Modell war besonders durch eine solche christliche Perspektive von Vergebung geprägt.[999] Mit der christli-

---

994 Ebd. (Hervorhebung P.A.).

995 Vgl. ebd., 45.

996 Vgl. ebd., 48, 52, 54.

997 Vgl. Rajev Bhargava, „Restoring Decency to Barbaric Societies," in *Truth v. Justice: The Morality of Truth Commissions*, hrsg. v. Robert I. Rotberg und Dennis F. Thompson (Princeton, N. J.: Princeton University Press, 2000), 61–63.

998 Die Arbeit zeigte bisher, besonders im II. Teil (Kapitel 3.2), dass Vergebung nicht nur aus religiösen, d. h. aus christlichen Gründen, gewährt wird. Vergebung wird auch als eine Art emotionaler Transformation aus psychologischer und philosophischer Sicht empfohlen.

999 Es bestehen aber Ansichten, denen zufolge Vergebung im Rahmen der südafrikanischen Kommission auch oft aufgrund der Ubuntu-Tradition gewährt wurde. Die südafrikanische Journalistin Antjie Krog unterscheidet die Positionen der christlichen und der durch *Ubuntu* geprägten Vergebungspraxis. Letztere bezeichnet Krog als *interconnected forgiveness*. „Christian forgiveness says: I forgive you, because Jesus has forgiven me (Forgive us our trespasses as we forgive those who trespassed against us). […] [I]nterconnected forgiveness says: I forgive you so that you can change/heal here on earth, then I can start on my interconnected path towards healing. The effort is towards achieving full personhood on earth. This means that forgiveness can never be without the next step: reconciliation, and reconciliation can not take place without it fundamentally changing the life of the one that forgave as well as the forgiven one. Although it allows for the perpetrator to ask for forgiveness (and in fact prefers the perpetrator's quest for forgiveness

chen Ethik identifizieren sich viele Opfer jedoch nicht. Solche Opfer wären dementsprechend nicht verpflichtet, den Tätern aus religiösen Gründen zu vergeben.[1000] Das zweite Argument bezieht sich auf die intime Natur von Vergebung. Vergebung kommt aus dem tiefen Inneren und entsteht aus der freien Entscheidung eines Opfers. Das bedeutet auch, dass niemand im Namen von Opfern vergeben kann. Zur Unterstützung dieser Meinung werden oft die Worte aus dem Zeugnis einer Südafrikanerin angeführt: „'No government can forgive.' Pause. 'No commission can forgive.' Pause. 'Only I can forgive.' Pause. 'And I am not ready to forgive.'"[1001] Opfer können nicht durch eine Kommission oder ein Individuum zur Vergebung gezwungen werden. Eine manipulierte Vergebung wäre nicht als aufrichtig wahrzunehmen. Drittens, die Vergebungskritiker äußern oft den Vorwurf,

---

to be the beginning of the process), it also allows for the possibility of the victim to move towards wholeness without the perpetrator asking for forgiveness – in other words, the victim may forgive without even being asked and thus the po-wer towards wholeness stays firmly in the hands of the victim. After the act of forgiveness, however, the perpetrator must change." (Antjie Krog, „'This Thing Called Reconciliation...' Forgiveness as Part of an Interconnectedness-towards-Wholeness," *South African Journal of Philosophy* 27, Nr. 4 [2008]: 357).

1000 Vgl. dazu auch Gutmann und Thompson, The Moral Foundations, 29–33; Thomas Brudholm, „On the Advocacy of Forgiveness after Mass Atrocities," in *The Religious in Responses to Mass Atrocity: Interdisciplinary Perspectives*, hrsg. v. Thomas Brudholm und Thomas Cushman (Cambridge: Cambridge University Press, 2009), 145 f. Der US-amerikanische Kommunikationswissenschaftler John Hatch spricht von einer sakral-säkularen Spannung der südafrikanischen Kommission und übt diesbezüglich Kritik besonders an der Rolle von Desmond Tutu. „His [Tutus, P.A.] reconciling ethos and faith were of a fundamentally Christian character; yet he called a nation of deep racial, cultural, economic, and religious disparities to enter into the thick of reconciliation so conceived, laden with the weight of divine grace, messianic promise, redemptive sacrifice, and unconditional forgiveness. It is one thing to call a church congregation, or even a village or clan with a shared religious tradition, to live into the drama of a divine history and destiny. To expect the same of a pluralistic, secular state is another matter. To some extent, Tutu's presence conflated the two; it appeared to go beyond informing transitional politics with a sacred understanding of reconciliation to pressing a model of confession, forgiveness, and transcendence on a watching nation." (John Hatch, „Between Religious Visions and Secular Realities: (Dia) logology and the Rhetoric of Reconciliation," 'Coming to Terms' with Reconciliation: Critical Perspectives on the Practice, Politics, and Ethics of Reconciliation, November 10–11, 2006, University of Wisconsin-Madison, abrufbar unter http://docplayer.net/34595598-Between-religious-visions-and-secular-realities-dia-lo-gology-and-the-rhetoric-of-reconciliation.html [Stand: 17.08.2021], 19).

1001 Gutmann und Thompson, The Moral Foundations, 31.

dass man durch Vergebung die Faktizität eines schädlichen Tuns irgendwie abmildern oder rechtfertigen möchte. Darauf soll Vergebung nicht zielen.

> To forgive is not to convert a wrong into a right. It is not to justify the wrong done. Nor is it identical with excusing the wrong done, as when one excuses a child for causing some harm on the ground that he cannot really be held responsible for it. The process of forgiveness begins only after proper recognition of wrongdoing and is conditional upon it. Since the wrong is not simply whitewashed, to forgive is not to compromise with evil.[1002]

Viertens, Vergebung wird im politischen Bereich oft mit Begnadigungs- und Amnestiepraxis verwechselt. Vergebung ist nicht auf der gleichen Ebene mit Abschaffung oder Abmilderung von Strafe sowie mit der Befreiung von der Strafverfolgung anzusetzen. Durch diese Maßnahmen lässt sich nicht behaupten, dass einem Täter vergeben wurde.

Wahrheit, Versöhnung und Gerechtigkeit wurden durch die südafrikanische Wahrheits- und Versöhnungskommission zwar nicht vollkommen erzielt, aber sie wurden stark gefördert. Die Makro- und Mikro-Ebene hingen hierbei, so der deutsche Theologe Ralf Wüstenberg, eng zusammen.

> Das Beispiel Südafrika zeigt, daß sich der Weg des nationalen Zusammenwachsens über die Geschichten einzelner Opfer vollzieht. [...] Die individuale Ebene erschließt die nationale. Und umgekehrt war das nationale Forum der TRC Voraussetzung für die Heilung auf individueller Ebene, für das "coming to terms with the painful past". Die beiden Ebenen wurden aber in der Arbeit der TRC *symbolisch* miteinander vermittelt. Über die einzelne Geschichte *erschließt* sich das Ganze. Das Forum der Versöhnung der TRC ist das Fenster in die Vergangenheit und zugleich Brücke in die Zukunft.[1003]

Dem Opfer, das aufgrund des schädlichen Tuns selbst zu einem passiven Objekt wurde, wird die Rolle eines aktiven Subjekts in den Transformationsprozessen der südafrikanischen Gesellschaft zugewiesen. Einzelne Opfer, nicht die Gruppen, werden als Subjekte von Vergebung angesehen. Vergebung wird hierbei nicht nur als ein intimes Geschehen wahrgenommen, sondern in den öffentlichen Diskurs als ein wichtiges Heilmittel für den Wiederaufbau der südafrikanischen Gesellschaft eingeführt. Tutus Beitrag liegt darin, dass er den Transfer in die Sphäre des Politischen/Öffentlichen aus der theologischen Perspektive verteidigte und die Kapazitäten von Vergebung, was die Wiederherstellung der Opferwürde angeht, nachdrücklich einbrachte. Oft wurde Vergebung aber als ein Muss dargestellt, weil die

---

1002 Bhargava, Restoring Decency, 62.
1003 Wüstenberg, Die politische Dimension, 197 (Hervorhebung im Original).

Opfer als entscheidende Variable der gesamtgesellschaftlichen Versöhnung postuliert wurden. Hierbei wurde vernachlässigt, dass manche Opfer nicht willens sind, über die Vergangenheit hinauszugehen. Sie sind nicht bereit, ihre eigene Umkehr zu initiieren, aber auch die Rolle des aktiven Subjekts in den Transformationsprozessen zu übernehmen. Eine Gesellschaft soll trotzdem versuchen, alle potentiellen Hindernisse von Vergebung zu beseitigen. Man kann aber auch dann auf Vergebung nur hoffen. Vergebung ist dementsprechend den Opfern nicht aufzuerlegen.

Teil V – Die soziopolitische Dimension von Vergebung und Entschuldigung

Die Frage, inwiefern sich Vergebung und Entschuldigung im soziopolitischen Rahmen etablieren lassen, wurde in Teil III (primär aus theologischer Sicht) und in Teil IV (im Rahmen von TJ) dieser Arbeit teilweise erörtert. Trotzdem lässt sich aufgrund der bisherigen Forschung bereits bemerken, dass sich Entschuldigung in der Sphäre des Öffentlichen und des Politischen unzweideutig als Instrument der Vergangenheitsaufarbeitung positioniert hat. Die politischen Repräsentanten entschuldigen sich heutzutage häufig im Namen der politischen Entitäten und Gruppen, deren legitime Stellvertreter sie sind. Dies ist bei Vergebung jedoch nicht der Fall. Vergebung wird primär mit dem Individuellen, Innerlichen und Intimen des Opfers verbunden. Die Praxis, dass ein politischer Repräsentant im Namen von politischer Entität, Gruppe oder Opfern der anderen Konfliktpartei öffentlich vergibt, wurde bisher nicht eingeführt. Im Folgenden werden die soziopolitischen Perspektiven von Entschuldigung (Kapitel 1) und Vergebung (Kapitel 2) erörtert. Kapitel 3 fragt nach dem Zusammenhang zwischen TJ und Vergebung sowie Entschuldigung im soziopolitischen Rahmen.

1 Entschuldigung – ein Instrument der Vergangenheitsaufarbeitung in der soziopolitischen Wirklichkeit

Seit den 1990er Jahren besteht im politisch-öffentlichen Raum eine Tendenz, dass sich die politischen Akteure für das eigene oder für fremdes Fehlverhalten entschuldigen. Die politischen Entschuldigungen werden nicht nur für die Vorfälle aus der nahen Vergangenheit angeboten, sondern auch für das historische Unrecht aus der fernen Vergangenheit. Wie lässt sich die Praxis der politischen Entschuldigung begründen? Ist Entschuldigung im soziopolitischen genauso wie im interpersonalen Kontext als Akt und Prozess zu betrachten? Wenn ja, was wären dann die Kriterien einer erfolgreichen Entschuldigung seitens eines politischen Repräsentanten, der eine Gruppe vertritt? Im Folgenden soll zunächst (Kapitel 1.1) der Transfer von Entschuldigung aus dem ursprünglich Interpersonalen zum Sozialen diskutiert werden. Danach (Kapitel 1.2) soll die Praxis der politischen Entschuldigung erörtert werden. Zum Schluss werden drei W-Parameter der politischen Entschuldigung dargestellt (Kapitel 1.3 bis 1.5), und zwar *Wer* (die Rolle des Sich-Entschuldigenden), *Wann* (das Timing der politischen Entschuldigung) und *Wie* (die politische Entschuldigung als Sprechakt).

1.1 Entschuldigung – von der interpersonalen zur sozialen Ebene

Heutzutage wird Entschuldigung nicht nur der Sphäre des Interpersonalen zugeordnet. Immer häufiger wird Entschuldigung in der soziopolitischen Realität als Heilmittel verwendet, um die Spannungen und Konflikte zwischen den gegnerischen Gruppen zu entschärfen. Den Forschern zufolge lässt sich gegenwärtig sogar von einer Epoche der Entschuldigung sprechen.[1004] Die Tatsache, dass in dieser Epoche immer häufiger Gruppen als Entschuldigungsakteure (Sprecher und Empfänger) vorkommen, lässt sich, so die US-amerikanischen Historiker Elazar Barkan und Alexander Karn, durch ein steigendes Interesse für das Gruppenleben erklären.

> The "age of apology" is born, in part, of a demand that group identity be given the legitimacy and protections which the individual is granted already (in principle) under most liberal-democratic regimes. Group apology is an extension and deepening of a liberal conception of right behavior which focuses on the individual as the agent and victim of injustice. In an era of rapid globalization, as the boundaries and sovereignty of the nation-state are challenged and the role of multinational and transnational corporations expands, these apologies remind us that individuals have a "group life" for which they demand (and deserve) consideration.[1005]

Tavuchis ist einer der ersten Forscher, der sich nicht nur der Thematik der interpersonalen Entschuldigung widmete. Er befasste sich auch mit

1004 Der US-amerikanische Rechtswissenschaftler Roy Brooks gehört zu den ersten Forschern, die den Ausdruck „Age of Apology" verwendeten (vgl. Roy L. Brooks, „Introduction: The Age of Apology," in *When Sorry Isn't Enough: The Controversy over Apologies and Reparations for Human Injustice*, hrsg. v. Roy L. Brooks [New York, London: New York University Press, 1999], 3).
1005 Elazar Barkan und Alexander Karn, „Group Apology as an Ethical Imperative," in *Taking Wrongs Seriously: Apologies and Reconciliation*, hrsg. v. Elazar Barkan und Alexander Karn (Stanford, Calif.: Stanford University Press, 2006), 25.

dem Transfer dieser ursprünglich interpersonalen Kategorie in den Raum des Kollektiven. Ausgehend vom dyadischen Charakter des Entschuldigungsdiskurses, der primär die Interaktion zwischen „primordial social categories of Offender and Offended"[1006] betrifft, entwickelt Tavuchis eine Typologie der Entschuldigung. Diese Typologie erkennt zwei Akteure (*One* und *Many* bzw. den Einzelnen und die Gruppe), mit denen sich vier Entschuldigungsszenarien erstellen lassen. Hierbei sind die folgenden Kombinationen möglich:

1. Interpersonal apology from one individual to another, or *One* to *One*.
2. Apology from an individual to a collectivity, or *One* to *Many*.
3. Apology from a collectivity to an individual, or *Many* to *One*.
4. Apology from one collectivity to another, or *Many* to *Many*.[1007]

Das relevanteste Szenario für die folgende Bestimmung der Merkmale einer Entschuldigung auf der sozialen Ebene ist das letzte, an dem nur *viele* als Akteure teilnehmen.

Die Verwendung des Gruppenbegriffs in der vorliegenden Arbeit deckt sich mit der begrifflichen Verwendung von *viele* aus dem soziologischen Ansatz Tavuchis'. Was den Akteur *viele* angeht, operiert er mit einem breiten Spektrum sozialer Gebilde, und zwar mit „group, organization, social category, public, or nebulous aggregate for an alleged violation or infraction"[1008]. Im Folgenden wird demnach bei der Darstellung des Entschuldigungskonzeptes Tavuchis' außer *many* bzw. *viele* auch der Begriff Gruppe bedeutungsgleich verwendet.[1009]

Viele lassen sich, so Tavuchis, als Entitäten sui generis verstehen.[1010] Obwohl sie aus Individuen bestehen, sind *viele* von Individuen deutlich abzugrenzen und vor allem als soziale Kreationen („social inventions or creations"[1011]) zu betrachten.

> [T]hey [*many* bzw. *viele*, P.A.] are artificial and intangible bodies formally founded and sustained by human purposes, efforts, and discourse but with an independent existence, history, and identity as defined by custom or law. Such entities may survive beyond the lives of their members, enjoy special rights and privileges,

---

1006 Tavuchis, Mea Culpa, 46.
1007 Ebd., 48 (Hervorhebung im Original).
1008 Ebd., 69.
1009 Zur begrifflichen Definition von Gruppe vgl. Kapitel 2.1.2 im II. Teil der vorliegenden Arbeit.
1010 Vgl. Tavuchis, Mea Culpa, 99.
1011 Ebd.

command vast resources, and wield great power in comparison with individual human actors. In these and other respects, they are as real as anything can be. True enough. But despite all of this, they cannot speak or act on their own.[1012]

Die Entschuldigungspraxis zwischen Gruppen soll sich nicht nach dem Modell der interpersonalen Entschuldigung ausrichten. Diesbezüglich bemerkt Tavuchis erstens, dass sich eine Einzelperson nicht im Namen einer anderen Einzelperson entschuldigen sollte.[1013] Durch den im-Namen-von-Effekt (engl. on behalf of) ändere sich die moralische Kraft einer interpersonalen Entschuldigung:

> [A]n authentic apology cannot be delegated, consigned, exacted, or assumed by the principals, no less outsiders, without totally altering its meaning and vitiating its moral force. This observation seems clear enough when we are dealing with transgressions in the One to One category. As the offender, for example, I cannot have someone apologize on my behalf any more than I, as the offended, can forgive by proxy or have another bestow this gift without my knowledge or consent. At the interpersonal level, therefore, others are not usually empowered to discharge our moral obligations, although they may not be deterred from trying to do so when what we have done or suffered rebounds to their benefit or detriment.[1014]

Was die soziale Ebene angeht, kommunizieren die Gruppen, im Gegensatz zur interpersonalen Entschuldigung, durch eigene Stellvertreter bzw. Repräsentanten miteinander und entschuldigen sich bei einander. Der im-Namen-von-Effekt kommt auf der sozialen Ebene regelmäßig vor und wird zum wesentlichen Merkmal von Gruppenentschuldigungen. Zweitens, die Praxis der Gruppenentschuldigung erfolgt, so Tavuchis, innerhalb der formellen, offiziellen und öffentlich-diskursiven Welt.[1015] Entschuldigung richte sich auf der sozialen Ebene dementsprechend nach den Bedürfnissen der Öffentlichkeit („for the record").[1016] „In contrast to unmediated interpersonal relations, where ephemeral words have the power to seal an apology and thus put an end to something that alienates, unrecorded representative speech has no meaning or authority."[1017] Die Gruppenstellvertreter bzw. -repräsentanten treten in den öffentlichen Diskurs nicht als eigenständige

---

1012 Ebd., 99 f.
1013 Eine Einzelperson kann sich in manchen Fällen im Namen einer anderen Einzelperson entschuldigen. So entschuldigen sich Eltern im Namen ihrer Kinder. Mehr dazu in Kapitel 3.3.1 des II. Teils der Arbeit.
1014 Tavuchis, Mea Culpa, 49.
1015 Vgl. ebd., 100.
1016 Vgl. ebd., 102.
1017 Ebd.

Personen ein, von denen zu erwarten ist, nach ihren eigenen moralischen Prinzipien zu handeln. Sie werden als greifbares Gegenüber wahrgenommen, dessen Funktionen primär durch Gruppenziele und -interessen definiert werden.[1018] „Representation also means that the symbolic efficacy of an apology made by agents ultimately resides in the group 'that authorizes and invests it with authority,' that is, makes it official and binding."[1019]

1.2 Die politische Entschuldigung

Politik wird oft als Konkurrenzkampf betrachtet, in dem das Recht des Stärkeren gilt. Wenn man davon ausgeht, dass in der Politik eine gewisse Aggressivität benötigt wird, erscheint die Entschuldigung eher „als Element des weiblichen Kommunikationsverhaltens"[1020]. Es lassen sich aber auch andere Ansätze zur Politik finden, die das Eigeninteresse der politischen Akteure und das Recht des Stärkeren nicht als Hauptziele der Politik definieren. Ihnen zufolge wird Entschuldigung nicht als Zeichen der Schwäche wahrgenommen. So geht die kanadische Philosophin Alice MacLachlan von der folgenden Definition von Politik aus, um die Entschuldigungspraxis im Rahmen des öffentlichen und politischen Lebens darzustellen:

> By politics, I mean that which is concerned with our common life, the health of the public sphere and relationships between citizens and government, as well as the responsible exercise of authority.[1021]

Dieser Definition zufolge soll sich Politik vor allem nach dem Interesse des Gemeinsamen ausrichten. Vor diesem Hintergrund soll man Entschuldigung, so MacLachlan, als „form of political practice, that is, a mode of doing politics"[1022] verstehen.

Bisher wurde weder eine einheitliche Definition der politischen Entschuldigung etabliert noch lässt sich eine funktionale Theorie finden, „die sich zum Ziel setzt, politische Entschuldigungen in all ihren Facetten und

---

1018 Vgl. ebd., 100.
1019 Ebd.
1020 Henrik Gast, „Wann und wie sich Politiker entschuldigen: Zur Sprachpraxis der Versöhnung," FRP Working Paper 05/2010, Forum Regensburger Politikwissenschaftler, Institut für Politikwissenschaft, Universität Regensburg, 2010, abrufbar unter http://www.uni-regensburg.de/philosophie-kunst-geschichte-gesellschaft/forum-rp/medien/frp_working_paper_05_2010.pdf (Stand: 17.08.2021), 4.
1021 MacLachlan, Beyond the Ideal, 13.
1022 Ebd.

Formen zu beschreiben"[1023]. Zum Ausgangspunkt nehme ich die Definition der politischen Entschuldigung, die die US-amerikanische Philosophin Janna Thompson formulierte:

> A political apology is an official apology given by a representative of a state, corporation, or other organized group to victims, or descendants of victims, for injustices committed by the group's officials or members.[1024]

Als politisch gelten, so MacLachlan, drei Typen von Entschuldigungen.[1025] Erstens bestehen in der Praxis offizielle Entschuldigungen, die vonseiten der Kollektive (z. B. Staaten, politische Organisationen, ethnische Gruppen und Minderheiten) geäußert und empfangen werden. Um diese Entschuldigungen als politische Handlungen wahrzunehmen, müssen Kollektive zunächst als politisch etablierte und organisierte Entitäten anerkannt sein. Die Entschuldigung wird hierbei durch die legitimen Repräsentanten dieser politischen Entitäten geäußert. Zweitens, als politische Handlungen werden diejenigen Entschuldigungen angesehen, die sich zwischen Individuen oder Gruppen vollziehen, deren Verhältnis primär durch politische Motive gestaltet wird. Als solche sind z. B. die Entschuldigungen für politisch motivierte Verbrechen anzusehen. Drittens, die Entschuldigungen, die den Aufbau politischer Gesellschaften zum Ziel haben, werden auch als politisch wahrgenommen. Dadurch werden z. B. der dauerhafte Friede, der Aufbau demokratischer Institutionen sowie die Übernahme von Verantwortung für politisch motivierte Verbrechen gefördert.

Politische Entschuldigungen vollziehen sich im öffentlichen Raum und werden stark durch die Medien vermittelt.[1026] Sie werden zumeist von einer politischen Figur geäußert. In der Praxis entschuldigen sich auch andere öffentliche Akteure, deren Tätigkeitsbereich mit dem Politischen eng verbunden ist. „[A]pologies by corporate, church or NGO leaders can take on tremendous political significance, insofar as they affect and implicate core institutions and relationships in a democratic political society, as can an apology by or to representatives of a particular group whose identity has be-

---

1023 Strübbe, Politische Entschuldigungen, 78.
1024 Thompson, Apology, 31.
1025 Vgl. MacLachlan, Beyond the Ideal, 16.
1026 Vgl. Sandra Harris, Karen Grainger und Louise Mullany, „The pragmatics of political apologies," *Discourse and Society* 17, Nr. 6 (2006): 717; der öffentliche Charakter einer Entschuldigung weist allerdings nicht unbedingt auf ihre politische Dimension hin. Die Entschuldigung eines Prominenten für sein unangemessenes Verhalten in der Öffentlichkeit hat z. B. keine politische Bedeutung (vgl. dazu MacLachlan, Beyond the Ideal, 15).

come politically salient (e.g. an ethnic minority in a pluralistic society).“[1027] Ein politischer Akteur beschränkt sich nicht nur auf seine Amtsausübung in der Politik. Er verliert damit nicht seine Persönlichkeit und kann sich demnach auch für im privaten Zusammenhang getätigte Äußerungen öffentlich entschuldigen. Obwohl im öffentlichen Raum durch politische Akteure geäußert, sind die Entschuldigungsakte dieser Art allerdings nicht als politische Akte zu bezeichnen.[1028]

In einer Typologie politischer Entschuldigungen, die von Karina Strübbe entwickelt wurde, werden individuelle von kollektiven Entschuldigungen abgegrenzt. Als individuelle Entschuldigungen gelten die mündlichen oder schriftlichen Äußerungen einer Person, und zwar eines Amtsträgers. Sie lassen sich mit der persönlichen und stellvertretenden Verantwortungsübernahme in zwei Typen unterteilen. Im erstgenannten Fall entschuldigt sich der Sprecher als Amtsträger für eigene unangemessene Äußerungen. Es gibt andererseits auch individuelle Äußerungen, bei denen sich der Amtsträger für die Verfehlungen eines Mitarbeiters entschuldigt. Ähnlich wie bei den individuellen lassen sich die kollektiven Entschuldigungen in gemeinschaftliche und stellvertretende Verantwortungsübernahme unterteilen. Die Entschuldigungen mit einer gemeinschaftlichen Verantwortungsübernahme beziehen sich auf die Gruppen, denen die Verantwortung für ein Delikt zugeschrieben wird (z. B. die Verantwortung einer Partei für einen Spendenskandal). Diese Entschuldigungen werden durch einen Repräsentanten ausgedrückt. „Die Konsequenz dessen ist, dass der Sprecher zwar stellvertretend agiert, der Sender der Entschuldigung jedoch eine Gruppe ist und die Entschuldigung ergo ebenfalls kollektiv ist.“[1029] Die stellvertretend-kollektiven Entschuldigungen beziehen sich, so Strübbe, primär auf historisches Unrecht. Als Akteure werden Gruppen oder Institutionen angesehen, obwohl sie für ein Delikt nicht direkt verantwortlich sind. Sie werden hierbei als zeitübergreifende Entitäten betrachtet. „Das impliziert, dass eine Institution, wie beispielsweise der Deutsche Bundestag, sich als Institution für zeitlich weit zurückliegende Ereignisse entschuldigen kann.“[1030] Strübbe unterscheidet auch die institutionellen Entschuldigungen, die sich ausschließlich anhand der politischen Kommunikation und innerhalb der institutionellen Rahmenbedingungen verstehen lassen.[1031] Hierbei entschuldigen sich die Akteure, die innerhalb eines institutionellen Kontextes

---

1027 MacLachlan, Beyond the Ideal, 15.
1028 Vgl. dazu Strübbe, Politische Entschuldigungen, 86 f.
1029 Ebd., 88.
1030 Ebd.
1031 Vgl. ebd., 91.

eine bestimmte Funktion (z. B. die des Präsidenten) ausüben. In Anlehnung an die Typologie Strübbes bezieht sich die soziopolitische Dimension von Entschuldigung, die in der vorliegenden Arbeit im besonderen Fokus der Forschung steht, auf die Sphäre des Öffentlichen und des Politischen sowie auf die institutionellen Rahmenbedingungen (institutionelle Entschuldigungen) und kollektiven Akteure (gemeinschaftlich- und stellvertretend-kollektive Entschuldigungen) (siehe die untenstehende Abbildung).

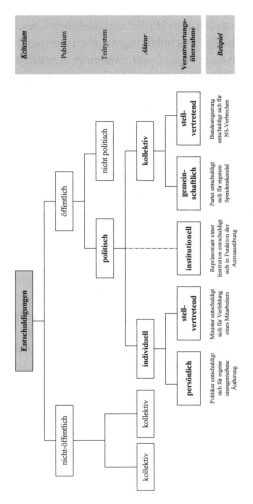

Abb. 4: Typologie politischer Entschuldigungen (Karina Strübbe)[1032]

1032 Ebd., 90.

1.2.1 Die politische Entschuldigung – Ratifikation der faktischen Wahrheit

Die politischen Entitäten können Gewalt- und andere diskriminierende Akte gegeneinander absichtlich verüben. Diese Handlungen werden oftmals vorher von den heimischen Gesetzgebern sowie durch die politische Mehrheit genehmigt. In der Zeit nach dem Konflikt kommt es allerdings häufig zu einem Perspektivenwechsel, in dem die Handlungen, die vorher als legitim bezeichnet wurden, als rechtswidrige Akte angesehen werden. Dadurch ändern sich auch die Rollen – eine der Konfliktparteien begibt sich nun in die Rolle des Opfers. Trotzdem wird auf der für die gewalttätige Vergangenheit verantwortlichen Seite oft versucht, diesen Perspektivenwechsel zu negieren, indem z. B. der Umfang der begangenen Verbrechen heruntergespielt wird. Dies zeigt, wie wichtig es für die Entschuldigung des politischen Repräsentanten wäre, dass es unter den ehemaligen Konfliktparteien eine Übereinstimmung darüber gibt, was genau in der Vergangenheit geschah bzw. wofür es sich zu entschuldigen gilt. Vor diesem Hintergrund sind die einem Entschuldigungsakt vorausgehenden Anstrengungen, die gewalttätige Vergangenheit aufzuarbeiten, von großer Bedeutung für die Effektivität einer politischen Entschuldigung.[1033] Die Vergangenheitsaufarbeitung lässt sich erst durch andere Instrumente erzielen, und zwar durch Instrumente der bestrafenden (Tribunale), örtlichen (Dorftribunale) und aufbauenden Gerechtigkeit (Wahrheits- und Versöhnungskommissionen). Diese Modelle von Vergangenheitsaufarbeitung tragen bedeutend zur Aufklärung der Faktizität vergangener Vorfälle bei. In diesem Zusammenhang etabliert sich die politische Entschuldigung als ein Akt der offiziellen Ratifikation der faktischen Wahrheit.[1034] Als Beispiel einer solchen politischen Entschuldigung gilt diejenige von Patricio Aylwin, des ersten chilenischen Präsidenten (1989–1994) nach der Diktatur

---

1033 Die Entschuldigungen, die ohne vorherige Vergangenheitsaufarbeitung vorgebracht werden, sind Rotberg zufolge nicht als völlig nutzlos zu betrachten. Solche Entschuldigungen nennt er *naked apologies*. Er ist allerdings der Ansicht, dass einer politischen Entschuldigung die Vergangenheitsaufarbeitung vorangehen soll. „[A]pologies deeply founded on exhaustive analyses of the old hurts – of the causes of deep fissures in divided societies – carry more moral and depositive weight even as they doubtless risk reopening national wounds long plastered over." (Rotberg, Apology, 36).

1034 Gill zufolge zielt eine Entschuldigung darauf ab, an der Feststellung der Geschichte teilzunehmen bzw. die „certain version of events as the 'official story'" (Gill, The Moral Functions, 22) zu etablieren.

von Augusto Pinochet (1974–1990), aus dem Jahr 1991.[1035] Als Oberhaupt und legitimer Repräsentant des Staates stellte er öffentlich den Bericht der chilenischen Nationalen Kommission für Wahrheit und Versöhnung vor und bestätigte hierbei die Tatsache, dass Verbrechen durch Militär- und Sicherheitskräfte des vorherigen Regimes begangen worden waren. Aylwin entschuldigte sich bei den Opfern und bat sie symbolisch in dem Stadion, in dem viele Verbrechen während der Diktatur Pinochets verübt worden waren, um Vergebung.

> The state agents caused so much suffering and the responsible bodies of the state could not or did not know how to preclude or sanction it, while the society failed to react properly. The state and society as a whole are responsible by action or by omission. [...] This is why I dare, in my position as President of the Republic, to assume the representation of the whole nation and, in its name, to beg forgiveness from the relatives of the victims. This is why I also ask solemnly of the armed and security forces, who have participated in the excesses committed, that they make gestures to acknowledge the pain they caused [and] to contribute to the lessening of that pain.[1036]

Indem die Faktizität vergangenen Unrechts durch eine politische Entschuldigung ratifiziert wird, zeigen sich Entschuldigungen zweifelsohne als vergangenheitsorientierte Instrumente. Allerdings werden politische Entschuldigungen auch als zukunftsorientierte Praxis betrachtet, indem dadurch die Aufmerksamkeit auf den Aufbau der zukünftigen Beziehungen bzw. auf Versöhnung zwischen den ehemaligen Konfliktparteien gelenkt wird.[1037] Dies erfordert, so Rotberg, die Annahme der Entschuldigung durch „all components of the post-conflict state, victor and defeated alike"[1038]. Um die Versöhnung fördern zu können, muss eine politische Entschuldigung laut dem Bericht des ICTJ mit den anderen Instrumenten

---

1035 Vgl. dazu Teitel, Transitional Justice, 84; International Center for Transitional Justice, More Than Words, 5; Danielle Celermajer, *The Sins of the Nation and the Ritual of Apologies* (Cambridge: Cambridge University Press, 2009), 36 f.

1036 Luis Roniger und Mario Sznajder, *The Legacy of Human-Rights Violations in the Southern Cone: Argentina, Chile, and Uruguay* (Oxford, New York: Oxford University Press, 1999), 101.

1037 Vgl. Ernesto Verdeja, „Official apologies in the aftermath of political violence," *Metaphilosophy* 41, Nr. 4 (2010): 567; Govier, Taking Wrongs, 67; Mark Gibney und Erik Roxstrom, „The Status of State Apologies," *Human Rights Quarterly* 23, Nr. 4 (2001): 938.

1038 Rotberg, Apology, 36.

von Vergangenheitsaufarbeitung (Tribunale, Wahrheitskommissionen, Reparationen usw.) kombiniert werden.[1039]

1.2.2 Die politische Entschuldigung und der Gruppenkonsens

Die offiziellen Entschuldigungen werden im politischen Raum selten spontan bzw. unaufgefordert geäußert.[1040] Sie erfolgen meistens als Antwort auf die anhaltende Nachfrage seitens der Zivilgesellschaft und Opfergruppen. Vor diesem Hintergrund soll einer erfolgreichen politischen Entschuldigung eine breite und öffentliche Debatte über die Vergangenheit bzw. über die Verantwortung der Gruppe vorausgehen, deren Repräsentant sich entschuldigt. Damit wird angestrebt, innerhalb der verantwortlichen Gruppe einen Konsens bezüglich der Notwendigkeit der Entschuldigung aufzubauen. „The process of developing consensus around the need for an apology can help societies to face their past, reaffirm values, and meet their obligations to victims as human beings and citizens in the present and in the future."[1041] Ob sich ein Konsens innerhalb der Gruppe aufbauen lässt bzw. wie homogen dieser Konsens unter den Gruppenmitgliedern überhaupt sein muss, ist die Frage, die unter den Forschern unterschiedlich dargestellt und bewertet wird.

Der US-amerikanische Philosoph Nick Smith führt zwölf Elemente an, die eine interpersonale Entschuldigung beinhalten muss, um als kategorische Entschuldigung („categorical apology") definiert zu werden. Damit wird ein Maßstab für die kategorische Entschuldigung festgelegt.[1042]

1039 Vgl. International Center for Transitional Justice, More Than Words, 19; der gleichen Ansicht ist auch der US-amerikanische Politikwissenschaftler Ernesto Verdeja. „Much more must happen for a society to be reconciled, including commitments to accountability, the elimination of impunity, and the long-term promotion of norms of respect and tolerance among citizens." (Verdeja, Official apologies, 570).
1040 Vgl. International Center for Transitional Justice, More Than Words, 6.
1041 Ebd., 1.
1042 *Categorical apology* wird in der Realität nicht für jede Verletzung oder Beleidigung geäußert. Je nach der Schwere der Handlungen können die Entschuldigungen von ihrer Bedeutung her „more or less apologetic" sein (vgl. Nick Smith, *I Was Wrong: The Meanings of Apologies* [Cambridge: Cambridge University Press, 2008], 143). Zu den nichtkategorischen Entschuldigungen vgl. ebd., 145–152.

Die Elemente einer categorical apology (Nick Smith)[1043]

1. Corroborated Factual Record
2. Acceptance of Blame
3. Possession of Appropriate Standing
4. Identification of Each Harm
5. Identification of the Moral Principles Underlying Each Harm
6. Shared Commitment to Moral Principles Underlying Each Harm
7. Recognition of Victim as Moral Interlocutor
8. Categorical Regret
9. Performance of the Apology
10. Reform and Redress
11. Intentions for Apologizing
12. Emotions

Um von einer kategorischen Entschuldigung auf der sozialen Ebene sprechen zu können, müsste zunächst jedes Gruppenmitglied alle angegebenen
Elemente erfüllen. Im Hinblick auf einige Elemente (z. B. *Acceptance of
Blame, Recognition of Victim as Moral Interlocutor, Categorical Regret*)
zeigt sich eine kategorische Entschuldigung auf der sozialen Ebene, besonders bei Großgruppen, als unerreichbarer Standard. Trotzdem nehmen die
sogenannten *noncategorical apologies*, so Smith, eine bedeutende Rolle
auf der sozialen Ebene ein. „Both offenders and victims have reasons to
overlook obstacles confronting collective apologies, and noncategorical
collective apologies may serve numerous valuable social functions."[1044] Er
zweifelt insbesondere an der Homogenität innerhalb einer Gruppe, was
den Konsens bezüglich der Entschuldigung angeht.[1045] Es lässt sich kaum
erwarten, dass alle Gruppenmitglieder gleicher Meinung hinsichtlich des
Geschehenen sind sowie dass sie alle Reue dafür zeigen. Je größer Gruppen sind, desto größer ist die Wahrscheinlichkeit der Heterogenität unter
den Gruppenmitgliedern im Hinblick auf die Notwendigkeit der Entschuldigung. Dass alle Gruppenmitglieder sich über die Entschuldigung einig
sind, ist, so Gill, oft unmöglich. Eine derartige Einigung muss jedoch nicht
zwangsläufig erreicht werden. „Holding groups to such a standard would,

---

1043 Vgl. ebd., 140–142.
1044 Ebd., 157.
1045 Vgl. dazu ebd., 159–166.

for instance, have prohibited the German government from offering an apology to surviving victims of the Holocaust."[1046]

Was die soziopolitischen Perspektiven von Entschuldigung angeht, wird innerhalb der verantwortlichen Gruppe nicht mit Emotionalität und Homogenität operiert.[1047] Als weitaus wichtiger zeigen sich der öffentliche Diskurs, innerhalb dessen die Notwendigkeit der politischen Entschuldigung diskutiert wird, und der Aspekt der moralisch-faktischen Anerkennung des Geschehenen bzw. das Etablieren der Geschichte vergangener Vorfälle. Aus einem solchen Entschuldigungsakt ergeben sich auch die Haftungen und Verbindlichkeiten der verantwortlichen Gruppe, die sich auf die Beseitigung oder Abmilderung der Folgen vergangener Handlungen beziehen.

1.3 Wer – der politische Repräsentant als der Sich-Entschuldigende

Was die Gruppenentschuldigungen betrifft, bezeichnet Tavuchis die sich entschuldigenden Repräsentanten als „official attendants, executants, agents, or emissaries"[1048] von Gruppen. Das Recht des Sprechers (engl. spokesperson), sich im Namen einer Gruppe zu entschuldigen, verbindet er nicht mit einer konkreten politischen Amtsposition (z. B. Regierungschef, Präsident, Monarch usw.).[1049] Als weitaus wichtiger für eine politische Entschuldigung zeigt sich die Legitimation des Sprechers bzw. sein

---

1046 Gill, The Moral Functions, 19.
1047 Was die politische bzw. institutionelle Entschuldigung angeht, trennen Govier und der südafrikanische Politiker Wilhelm Verwoerd deutlich die Emotionalität der verantwortlichen Gruppe und ihrer politischen Repräsentanten von den Emotionen der Opfer. Während die Gruppen nicht als emotionsfähige Entitäten zu betrachten sind und während die Emotionen des politischen Repräsentanten keine wichtige Rolle beim Entschuldigen spielen, könnten hingegen die Emotionen der Opfer durch eine Entschuldigung angesprochen werden (vgl. Trudy Govier und Wilhelm Verwoerd, „The Promise and Pitfalls of Apology," *Journal of Social Philosophy* 33, Nr. 1 [2002]: 74).
1048 Tavuchis, Mea Culpa, 98.
1049 Auf der anderen Seite thematisiert z. B. Teitel die Rolle der Entschuldigung in der Transitionszeit und verbindet sie vor allem mit der Staatsführung (*state executive*), die als wichtigster Transitionsakteur betrachtet wird. In diesem Zusammenhang ist Entschuldigung als „an independent political power" (Teitel, The Transitional Apology, 102) der Staatsführung anzusehen, die auf dem Schnittpunkt der anderen drei Mächte der Staatsführung („the power of execution of justice; the pardon power, and the foreign policy making power" [ebd.]) liegt.

Mandat, eine Gruppe in dieser Sache zu vertreten.[1050] Dieses Mandat muss die Gruppe selbst dem Sprecher genehmigen.[1051] Der Sprecher muss von seiner Seite glaubhaft machen, so Strübbe, dass die Gruppe die geäußerte Entschuldigung trägt.[1052] Entsprechend dem Konflikttyp, den Bedürfnissen der Opfer sowie dem Umfang der Verbrechen entschuldigen sich heutzutage Akteure aus einem breiten politisch-amtlichen Spektrum (Präsidenten, Regierungschefs, Monarchen, Minister, Polizei-, Militär- und Sicherheitskräftechefs, Anführer von Widerstandsbewegungen usw.).[1053]

Der Sprecher entschuldigt sich oftmals im Namen der von ihm vertretenen Gruppe für Untaten, die er weder beging noch unterstützte. Ihm lässt sich die Verantwortung für das vergangene Unrecht nicht zuschreiben. „[T]here is a crucial distinction to be drawn between the *role* of spokesperson for an institution that is acknowledging institutional wrongdoing and the *role* of an individual wrongdoer. A collectivity can act, and be responsible for acts, without every individual in it being personally implicated."[1054] Der Sprecher ist vor allem auf die Sphäre des Öffentlichen ausgerichtet. Seine Persönlichkeit geht jedoch nicht vollkommen in der Amtsfunktion auf. Er kann zwar hinter den Kulissen private Meinungen und Gefühle äußern und sich sogar inoffiziell bzw. privat (*in camera*) bei einem anderen politischen Repräsentanten entschuldigen, der Raum des Inoffiziellen, Persönlichen und Unverbindlichen („off the record") bleibt jedoch letztendlich irrelevant für die soziopolitische Dimension der Entschuldigung. Ausschlaggebend ist Tavuchis zufolge nur das Offizielle, Verbindliche

---

1050 Dies betont Govier: „As the apology is delivered, one sees an individual who presents himself or herself publicly to issue and perform a 'speech act.' […] He or she is issuing a statement of moral acknowledgment and indicating commitments on behalf of a group. What is needed for an authentic and sincere group apology is not the individual agency of the spokesperson and his or her personal and tearfully expressed remorse. Rather, *the authenticity of the apology requires a valid representational role based on consensus within the collective and the implementation by that collective of the commitments implied in the apology.*" (Govier, Taking Wrongs, 73 [Hervorhebung P.A.]). Vgl. dazu auch Govier und Verwoerd, The Promise and Pitfalls, 76.

1051 „Beyond holding membership and rank, the strongest candidates for standing to apologize for a collective will have undergone a process whereby a consensus of members of the group agree to delegate this authority to their leader to express the content and undertake the actions that are also consensually agreed upon by members." (Smith, I Was Wrong, 217).

1052 Vgl. Strübbe, Politische Entschuldigungen, 84.

1053 Vgl. dazu International Center for Transitional Justice, More Than Words, 13–16.

1054 Govier und Verwoerd, The Promise and Pitfalls, 76 (Hervorhebung im Original).

und Kollektive („on the record").[1055] Im Rahmen des Öffentlichen kann das Prinzip der politischen Repräsentation, so die australische Soziologin Danielle Celermajer, dennoch dazu beitragen, einige Aspekte, die in der Gruppenperspektive nicht greifbar sind (Scham und Reue), durch den politischen Repräsentanten zu äußern.[1056]

> The blurring between the political and the personal bodies of the representative leader is precisely what makes it possible for the nation to apologize in a manner that is at once political (but not institutional) and personal, but without suggesting that the nation is a person; the authentic expression of apology speaks across this personal/subjective and public/institutional divide.[1057]

Die politischen Repräsentanten entschuldigen sich bei den Opfern (primären, sekundären und tertiären) oder ihren Nachfolgern (besonders im Fall des historischen Unrechts), vor der Öffentlichkeit sowie bei den anderen politischen Repräsentanten.

1.4 Wann – das Timing der politischen Entschuldigung

Was das Timing der Entschuldigung betrifft, lässt sich Tavuchis zufolge nicht von einem etablierten Zeitphasenmuster sprechen. Er geht davon aus, dass jede Entschuldigung ihren eigenen *kairos* (gr. καιρός) hat („a time when conditions are right or propitious for the accomplishment of an important act or undertaking"[1058]). *Kairos* gilt nicht als ein fest definierter Parameter. Wann der beste Zeitpunkt, sich zu entschuldigen, eingetreten ist, lässt sich von Fall zu Fall unterschiedlich bestimmen.

Die politischen Entschuldigungen erfolgen oft schon mit dem Regimewechsel, aber sie können auch nach einem längeren Zeitraum, sogar nach mehreren Generationen, wenn die Opfer nicht mehr am Leben sind, ausgesprochen werden. Idealerweise richtet sich eine Entschuldigung, so Kador, primär nach den Bedürfnissen der Opfer, nicht der Täter.[1059] In der Realität muss sich die Opferseite jedoch für die öffentliche Anerkennung des erlebten Unrechts vehement einsetzen.

1055 Vgl. Tavuchis, Mea Culpa, 101.
1056 Vgl. Celermajer, The Sins of the Nation, 257 f.
1057 Ebd., 258.
1058 Tavuchis, Mea Culpa, 88.
1059 Vgl. Kador, Effective apology, 131.

Rarely, if ever, does the mere passage of time create the political dynamic necessary for an apology, although chronological distance from the events may help to erode official, elite, or even popular resistance to making an apology. Instead, active engagement and effort by victims and their associations to organize and advocate for acknowledgment of wrongdoing, that in turn mobilizes a campaign of broader public support, is almost always necessary. Otherwise apologies rarely materialize.[1060]

Das Timing einer Entschuldigung kann durch das Ausmaß der Verbrechen[1061] sowie durch die Bereitschaft der Opferseite, diese Entschuldigung anzunehmen, deutlich verschoben werden. Von der Täterseite wird erwartet, die Schädlichkeit eigener Handlungen gegenüber der Opferseite einzusehen und die Verantwortung für dieses Tun eindeutig zu übernehmen. Dies erfordert die Anwendung anderer Modelle der Vergangenheitsaufarbeitung (z. B. Tribunale, Wahrheitskommissionen). Dadurch lässt sich ein klareres Bild über die vergangenen Vorfälle gewinnen und ein positives Klima im öffentlichen Raum hinsichtlich der Notwendigkeit einer Entschuldigung schaffen.

In Bezug auf den symbolischen Aspekt des Timings einer politischen Entschuldigung kann ein bestimmtes Datum, das die Erinnerungen an Opfer und Verbrechen besonders wachruft, festgesetzt werden.[1062] Diese Entscheidung soll allerdings unter Beteiligung der Opfer oder ihrer Vertreter getroffen werden. Die Auswahl der Stätte, an der eine Entschuldigung zu äußern ist, kann auch, genauso wie das Timing, dazu beitragen, dass sie von den Empfängern positiv aufgenommen wird.

Was die Zeitspanne zwischen dem Unrecht und der Entschuldigung angeht, unterscheidet Celermajer zwei große Gruppen von Entschuldigungen, und zwar *inter-temporal* oder *historical apologies*, die sich auf die Untaten aus der fernen Vergangenheit beziehen, und *transitional apologies*, die sich mit den Verbrechen aus der unmittelbaren Vergangenheit auseinandersetzen.[1063] Im Gegensatz zu den *transitional apologies* sind im Fall der *historical apologies* die unmittelbaren und mittelbaren Opfer und Täter oft nicht mehr am Leben. Dieser Entschuldigungsgruppe können z. B. die diversen Entschuldigungen für den Holocaust (der Kniefall Willy Brandts

---

1060 International Center for Transitional Justice, More Than Words, 7.
1061 „One good rule to remember is that the less serious the incident is, the more immediate the apology must be. But as the incidents become more serious, sometimes a cooling-off period is useful." (Kador, Effective apology, 131).
1062 Vgl. dazu Michael Murphy, „Apology, Recognition, and Reconciliation," *Human Rights Review* 12, Nr. 1 (2011): 51 f.
1063 Vgl. Celermajer, The Sins of the Nation, 15.

[1970], die Entschuldigungen des österreichischen Präsidenten Thomas Klestil beim Israel-Besuch [1994] sowie des österreichischen Regierungschefs Viktor Klima bei der Holocaust-Konferenz in Stockholm [2000]) zugeordnet werden; ebenso die Entschuldigungen von Papst Johannes Paul II. für den Holocaust (1998)[1064] sowie seine anderen historischen Entschuldigungen für die imperialistischen Bestrebungen der Kirche in der fernen Vergangenheit (z. B. seine Entschuldigung an China für das Verhalten der katholischen Kirche in der Geschichte [2001]); die deutsche Entschuldigung (2004) für das Massaker an den Herero in Namibia (1904–1907); die Entschuldigung des britischen Regierungschefs Tony Blair (1997) für die Große Hungersnot in Irland (1845–1852) usw.[1065] *Transitional apologies* ergeben sich aus dem Regimewechsel.

> In this context, apology occurred as one of the novel or transformed strategies that were developed during the last quarter of the twentieth century as Latin American and Eastern European nations and South Africa began to emerge from periods of totalitarian or despotic rule and faced the challenge of reconstituting themselves as viable, stable political communities. Apologies thus appeared in combination with a range of transitional mechanisms including truth commissions, domestic and international criminal trials, public commemorations, reparation schemes, and lustration.[1066]

Im Gegensatz zu den *historical apologies* erfolgen *transitional apologies* unmittelbar nach systematischen Menschenrechtsverletzungen (wie z. B. die Entschuldigung des chilenischen Präsidenten Patricio Aylwin [1991], die Entschuldigung des argentinischen Präsidenten Nestor Kirchner [2004] oder die Entschuldigung des guatemaltekischen Präsidenten Alfonso Portillo [2001]).[1067]

1064 Am 16. März 1998 veröffentlichte die Vatikanische Kommission für die religiösen Beziehungen zu den Juden das Dokument *Nachdenken über die Shoa*. In diesem Dokument beklagte sie die Mitschuld von Christen am Holocaust. Vgl. *Nachdenken über die Shoah: Mitschuld und Verantwortung der Katholischen Kirche; Stellungnahme des Gesprächskreises „Juden und Christen" beim Zentralkomitee der Deutschen Katholiken zur Erklärung der „Vatikanischen Kommission für die religiösen Beziehungen zu den Juden" vom 16. März 1998* (Bonn: Generalsekretariat des Zentralkomitees der Dt. Katholiken, 1998).

1065 Zu diesen und anderen historischen Entschuldigungen vgl. Celermajer, The Sins of the Nation, 16–35.

1066 Ebd., 36.

1067 Zu den *transitional apologies* vgl. ebd., 36–42.

1.5 Wie – politische Entschuldigung als Sprechakt

Politische Repräsentanten tendieren dazu, Entschuldigungen öffentlich auszusprechen. In der Praxis werden jedoch auch öffentliche Handlungen, die sich oftmals rituell vollziehen, als Entschuldigungsakte verstanden.

> Some apologies have been part of larger rituals or ceremonies that acknowledge victims and their suffering. Some have been made in connection with the presentation of a report documenting human rights abuses. Some apologies have been given in letter form; by resolution; or as laws of legislative bodies. […] For victims, it may matter whether an apology is written, handed over on paper, or read or spoken out loud. Likewise, the language spoken, the access to written, spoken or recorded materials, the venue in which it is made, even the body language and appearance of the person delivering the apology are all significant.[1068]

Der Sprechakttheorie zufolge, die in den 1950er Jahren durch den britischen Philosophen John Austin begründet wurde, lassen sich die Satzkonstruktionen mit dem Verb *sich entschuldigen* als performative Äußerungen betrachten.[1069] Performative Äußerungen haben nicht dieselbe Funktion wie Äußerungen der konstatierenden Art, wahr oder falsch zu sein. „Eine solche [performative, P. A.] Äußerung tun, *ist* die Handlung vollziehen, eine Handlung, die man vielleicht kaum, zumindest nicht mit gleicher Präzision, auf andere Weise vollziehen könnte."[1070] Durch performative Äußerungen wird die Wirklichkeit nicht festgestellt, sondern geschaffen. Wenn bestimmte Voraussetzungen (z. B. Prozedur, Ehrlichkeit usw.) fehlen, misslingen solche Äußerungen und werden als verunglückt betrachtet. In Anlehnung an die Sprechakttheorie Austins definiert der US-amerikanische Philosoph John Searle einen Entschuldigungssprechakt als einen illokutionären Akt expressiver Art.[1071] Durch einen solchen Akt wird

---

1068 International Center for Transitional Justice, More than words, 9 f.

1069 Zu den performativen und konstatierenden Äußerungen vgl. John L. Austin, *How to do things with words*, 2. Auflage [nachgedruckt] (Oxford u. a.: Oxford University Press, 1999), 1–11; John L. Austin, „Performative und konstatierende Äußerung," in *Sprachwissenschaft: Ein Reader*, hrsg. v. Ludger Hoffmann, 3., aktualisierte und erw. Auflage (Berlin, New York: de Gruyter, 2010), 163–173.

1070 Austin, Performative und konstatierende Äußerung, 163 (Hervorhebung im Original).

1071 Austin unterscheidet lokutionäre, illokutionäre und perlokutionäre Akte. Der lokutionäre Akt stellt die Handlung des bloßen „saying something" dar. Er besteht aus phonetischem, phatischem und rhetischem Akt. Durch den illokutionären Akt („performance of an act in saying something") werden Handlungen vollzogen. Der perlokutionäre Akt steht für die Handlung, mit der eine bestimmte Wirkung beim Adressaten des Sprechaktes erreicht werden soll (z. B. Beleidigen, Überzeu-

eine Handlung vollzogen, mit der ein psychischer Zustand des Sprechers zum Ausdruck gebracht wird.[1072] Bezogen auf die Entschuldigung operiert Searle mit dem Bedauern (*regret*) als dem psychischen Zustand, den ein Sprecher zum Ausdruck bringt.[1073]

Die linguistischen Analysen Austins und Searles befassen sich nicht detailliert mit dem Inhalt bzw. mit den Elementen einer vollkommenen Entschuldigung. Einer der ersten Versuche dieser Art ist im Ansatz des kanadischen Soziologen Erving Goffman zu finden. Er versteht Entschuldigung als eine Form des korrektiven Tuns (*remedial work*), das sich den Wechsel der Bedeutung eines Tuns zum Ziel setzt. Dadurch wird das Inakzeptable zum Akzeptablen.[1074] Für diese korrektive Handlung stehen außer der Entschuldigung noch andere korrektive Mittel zur Verfügung – Erklärungen (*accounts*) und Ersuchen (*requests*). „An apology is a gesture through which an individual splits himself into two parts, the part that is guilty of an offense and the part that dissociates itself from the delict and affirms a belief in the offended rule."[1075] Goffman beschreibt weiter die Elemente einer vollkommenen Entschuldigung, und zwar im Rahmen der Interaktionen, die von Angesicht zu Angesicht stattfinden.[1076]

gen usw.) (vgl. dazu Austin, How to do things, 94–108). In Anlehnung an Austin unterscheidet Searle vier Elemente, aus denen ein Sprechakt besteht, und zwar Äußerungsakt (*utterance act*), propositionalen (*propositional act*), lokutionären und perlokutionären Akt. Äußerungsakte stehen für die Handlungen, mit denen der Sprecher die Morpheme und Sätze äußert. Der Äußerungsakt entspricht dem phonetischen und phatischen Teil in Austins Unterteilung des lokutionären Aktes. Mit dem propositionalen Akt bezieht sich der Sprecher auf einen bestimmten Gegenstand bzw. ein Objekt und schreibt ihm eine Eigenschaft zu. Searle betrachtet illokutionäre und perlokutionäre Akte wie Austin (vgl. John R. Searle, *Speech Acts: An Essay in the Philosophy of Language* [Cambridge u. a.: University Press, 1980], 23–26) und unterscheidet assertive, direktive, kommissive, expressive und deklarative Sprechakte illokutionärer Art (vgl. dazu John R. Searle, „A Classification of Illocutionary Acts," *Language in Society* 5, Nr. 1 [1976]: 1–23). Searle nennt das deutsche Verb *sich entschuldigen* als Verb, das im Deutschen mit illokutionären Akten verbunden ist. Andere Verben dieser Art sind feststellen, behaupten, beschreiben, warnen, bemerken usw. (vgl. dazu John R. Searle, „Was ist ein Sprechakt?," in *Sprachwissenschaft: Ein Reader*, hrsg. v. Ludger Hoffmann, 3., aktualisierte und erw. Auflage [Berlin u. a.: de Gruyter, 2010], 174).

1072 Vgl. Searle, A Classification, 12.
1073 Vgl. ebd., 4.
1074 Vgl. Goffman, Relations in Public, 109.
1075 Ebd., 113.
1076 Es gibt Versuche, die linguistischen Ansätze Austins und Searles mit dem soziologischen Ansatz Goffmans zu verbinden. Einer dieser Versuche ist der der britischen Linguistin Marion Owen. Sie betrachtet die Entschuldigung vor allem als

In its fullest form, the apology has several elements: expression of embarrassment and chagrin; clarification that one knows what conduct had been expected and sympathizes with the application of negative sanction; verbal rejection, repudiation, and disavowal of the wrong way of behaving along with vilification of the self that so behaved; espousal of the right way and an avowal henceforth to pursue that course; performance of penance and the volunteering of restitution.[1077]

Dem *Cross-Cultural Speech Act Realization Project (CCSARP)* zufolge beinhaltet ein Entschuldigungssprechakt fünf potentielle Strategien, und zwar den Anzeiger der illokutionären Kraft (*illocutionary force indicating device [IFID]*[1078]), der in den Wörtern wie z. b. *ich entschuldige mich* vorkommt, die Erklärung der Ursache einer Tat, die Verantwortungsübernahme für das Geschehene durch den Sprecher, das Wiedergutmachungsangebot und das Versprechen der Nicht-Wiederholung.[1079] „When the speaker decides to express an apology verbally, he or she may choose one of the above-specified strategies or any combination of them."[1080] Der israelischen Linguistin Elite Olshtain zufolge sollen zwei Strategien (*IFID*, Verantwortungsübernahme) in jeder Entschuldigung vorkommen. Die an-

eine Form von Höflichkeit. Ihr Ansatz bezieht sich auf die interpersonale Ebene (vgl. Marion Owen, *Apologies and Remedial Interchanges: A Study of Language Use in Social Interaction* [Berlin, New York, Amsterdam: Mouton, 1983]). Im Deutschen lassen sich auch solche Beispiele finden. Die interpersonale Entschuldigung wird zum Thema der sogenannten Höflichkeitsforschung (vgl. dazu z. B. Willi Lange, *Aspekte der Höflichkeit: Überlegungen am Beispiel der Entschuldigungen im Deutschen*, Europäische Hochschulschriften: Reihe 1, Deutsche Sprache und Literatur 791 [Frankfurt am Main, New York: Lang, 1984]).

1077 Goffman, Relations in Public, 113.

1078 Der deutsche Linguist Helmut Vollmer und die israelische Linguistin Elite Olshtain befassen sich mit den *IFID*-Ausdrücken einer expliziten Entschuldigung im Deutschen. Sie führen hierbei eine Liste von 21 deutschen *IFID*-Ausdrücken an und unterteilen sie in drei Gruppen, je nachdem ob sie Bedauern zum Ausdruck bringen, ob damit um Vergebung gebeten oder eine Entschuldigung geäußert wird. Zu der letzten Gruppe gehören die Ausdrücke *ich entschuldige mich (für)* und *ich möchte mich (bei Dir/Ihnen) entschuldigen für* (vgl. Helmut J. Vollmer und Elite Olshtain, „The Language of Apologies in German," in *Cross-Cultural Pragmatics: Requests and Apologies*, hrsg. v. Shoshana Blum-Kulka u. a. [Norwood, NJ: Ablex Publ. Corp., 1989], 207–211).

1079 Vgl. Shoshana Blum-Kulka u. a., „Investigating Cross-Cultural Pragmatics: An Introductory Overview," in *Cross-Cultural Pragmatics: Requests and Apologies*, hrsg. v. Shoshana Blum-Kulka (Norwood, NJ: Ablex Publ., 1989), 20.

1080 Ebd.

deren drei (Erklärung, Wiedergutmachungsangebot und Versprechen der Nicht-Wiederholung) sind eher kontextabhängig („situation-specific").[1081]

Wie man sich entschuldigen sollte, wurde an dieser Stelle vor allem aufgrund der linguistischen und soziologischen Erkenntnisse erörtert, die sich primär auf die interpersonalen Interaktionen beziehen. Diesbezüglich drängt sich die Frage auf, ob diese Erkenntnisse auf die soziopolitische Realität übertragbar sind. Im Folgenden werden diejenigen Aspekte aufgezeigt, die vonseiten unterschiedlicher Forscher als Elemente politischer Entschuldigungen angeführt wurden.[1082]

1.5.1 Anerkennung des Unrechts und der Täterschaft

Bevor sich der Täter bei dem Opfer entschuldigt, braucht man oft Zeit, in der dem Täter das Unrecht bewusst wird, d. h. der Täter soll seine Handlungen als moralisch nicht annehmbar bewerten und sich als verantwortlich für das falsche Tun ansehen.[1083] Die politische Entschuldigung muss das Unrecht bzw. die Normverletzungen anerkennen, um als glaubwürdig wahrgenommen zu werden. Aufgrund des Verbrechensumfangs und der Gruppengröße kann sich die Erkennung des Unrechts im soziopolitischen Rahmen, so Smith, als ein zeitaufwändiger und besonders anspruchsvoller Prozess zeigen.[1084] Dieser Prozess beginnt mit der detaillierten Feststellung faktischer Wahrheit und dem Aufzählen begangener Verbrechen. Eine derartige Klarstellung des Tatbestands trägt dazu bei, Fakten zu schaffen und Mythen zu eliminieren.[1085]

„An unequivocal statement of apology acknowledges the specific injustices that occurred, recognizes that victims have suffered serious

---

1081 Vgl. Elite Olshtain, „Apologies Across Languages," in *Cross-Cultural Pragmatics: Requests and Apologies*, hrsg. v. Shoshana Blum-Kulka (Norwood, NJ: Ablex Publ. Corp., 1989), 157.

1082 Vgl. dazu z. B. Tavuchis, Mea Culpa; Gill, The Moral Functions; Smith, I Was Wrong; Engert, Die Staatenwelt; Christopher Daase, „Entschuldigung und Versöhnung in der internationalen Politik," *Aus Politik und Zeitgeschichte* 63 (2013): 43–49; Daase u. a., Introduction; Harris, Grainger und Mullany, The pragmatics.

1083 Vgl. Lee Taft, „Apology Subverted: The Commodification of Apology," *The Yale Law Journal* 109, Nr. 5 (2000): 1140.

1084 Vgl. Nick Smith, „Political Apologies and Categorical Apologies," in *On the Uses and Abuses of Political Apologies*, hrsg. v. Mihaela Mihai und Mathias Thaler (London: Palgrave Macmillan, 2014), 33.

1085 Vgl. Engert, Die Staatenwelt, 159.

harm, and takes responsibility for this."[1086] Durch moralisch-faktisches Anerkennen[1087] des Unrechts werden eigene Handlungen als moralisch nicht annehmbar bewertet. Der moralische Status der Opfer wird damit, so Govier und der südafrikanische Politiker Wilhelm Verwoerd, implizit bestätigt.[1088] Die negativen Emotionen, die sich bei den Opfern aufgrund der Untaten entwickelt haben, werden somit als berechtigt angesehen. Das Unrechtsbewusstsein wäre, so Engert, ohne die Anerkennung der Täterschaft bzw. ohne Anerkennung der Beteiligung der sich entschuldigenden Seite an den Untaten unvollkommen. Die Anerkennung der Täterschaft soll Engert zufolge gleichzeitig mit der Anerkennung des Unrechts erfolgen.[1089]

1.5.2 Entschuldigung und Kollektivverantwortung

Bei der Einordnung der Täter verwendet Huyse nicht die zeitliche Dimension, obwohl dieses Einteilungsprinzip wiederum bei den Opfern vorkam („first- and second-generation victims").[1090] Diesbezüglich drängt sich die Frage auf, ob eine politische Entschuldigung für historisches Unrecht als Akt der zweiten Generation der Täter wahrzunehmen ist. Wenn nicht, wie kann man dann die Praxis begründen, dass sich die heutigen Generationen für die Taten entschuldigen, die von ihren Vorvätern vor langer Zeit begangen wurden? Warum entschuldigen sich die politischen Repräsentanten, wenn es keine direkte exekutive Verbindung zwischen ihnen und den begangenen Verbrechen gibt? Aufgrund des Prinzips, dass nur Individuen kriminelle Schuld auf sich laden können, lässt sich diese Schuldkategorie einer Gruppe für die gewalttätige Vergangenheit nicht zuschreiben. In ähnlicher Weise kann auch der neuen Generation nicht die politische Schuld für das historische Unrecht zugeschrieben werden, weil sie die politischen Ideen der Vorgängergeneration nicht unterstützte oder die Gewaltanwendung nicht förderte. Was die Begründung der Entschuldigung in der Sphäre des Politischen angeht, operiert Thompson mit dem kollektiven Verantwortungsbegriff.[1091] Sie nimmt die Entschuldigungen von Staaten

---

1086 International Center for Transitional Justice, More Than Words, 18.
1087 Vgl. ebd., 8.
1088 Vgl. Govier und Verwoerd, The Promise and Pitfalls, 69.
1089 Vgl. Engert, Die Staatenwelt, 160.
1090 Mehr dazu in Kapitel 2.3 des II. Teils der Arbeit.
1091 Vgl. dazu Janna Thompson, *Taking Responsibility for the Past: Reparation and Historical Justice* (Cambridge: Polity Press, 2002), 8–11.

und anderen strukturierten Organisationen in den Blick und versteht sie primär als generationsübergreifende Entitäten.

> Political apologies require that states (and other structured organizations) be transgenerational polities in which members pass on responsibilities and entitlements from one generation to another. Its citizens, through their representatives, must take responsibility for its past injustices, including those of the more distant past, and must be able to make commitments which their successors are also bound to fulfill. They must regard themselves as obliged to participate in and maintain a practice that enables citizens to discharge the responsibilities and fulfil the commitments associated with apology. Only if this practice exists, or if it can be brought into existence, are genuine political apologies possible.[1092]

Diese politischen Entitäten sind demzufolge in der Lage, die Verantwortung für das Unrecht, sogar für ein durch die Vorgängergenerationen begangenes Unrecht, zu übernehmen.

Außer Verantwortungsübernahme wird laut Thompson noch eine weitere Fähigkeit des Staates als unabdingbare Voraussetzung der politischen Entschuldigung angesehen. Die Staaten können sich nämlich langfristig verpflichten und diesen Verpflichtungen treu bleiben.[1093] „If states can make treaties and accept obligations of reparation, then they should also be able to make genuine apologies."[1094] Durch langfristige Verpflichtungen eines Staates werden jedoch nicht nur die politische Stabilität und die individuelle Sicherheit der Bürger gefördert. Dadurch lassen sich auch den kommenden Generationen moralische Forderungen auferlegen, damit sich die geschehenen Verbrechen nicht wiederholen.

> To the extent that individuals value their membership in states and other organizations, they are bound to value a practice which entails respect for transgenerational associations and for the interests of individuals, past, present, and future, that are bound up with their continued existence. They will not only want practices which enable members to make long term commitments. They will think that making such commitments is morally important, given the interests and values of individuals. [...] If commitments of their predecessors are to be trusted, then future citizens will have to regard themselves as morally obligated to keep promises that they had no say in making. Present citizens have a moral entitlement to impose such obligations on future citizens only if they have reason to believe that in making such commitments they are operating in the framework of a practice that

---

1092 Thompson, Apology, 38 f.
1093 Zu den generationsübergreifenden Verpflichtungen der Staaten in Form von Abkommen vgl. Thompson, Taking Responsibility, 4–8.
1094 Ebd., 38.

requires them to take responsibility for the commitments made by past citizens and the injustices that they have committed.[1095]

Im Gegensatz zu Thompson, die sich überwiegend mit staatlichen Entschuldigungen auseinandersetzt, thematisiert Daase die politischen Entschuldigungen kollektiver Akteure. Im Rückblick auf Jaspers' typologische Auffassung von Schuld (kriminelle, politische, moralische und metaphysische)[1096] stellt Daase fest, dass eine Kategorie zu fehlen scheint, mit der sich der Trend zur Entschuldigung verstehen lässt, nämlich die politisch-moralische Schuld von Kollektiven. Die politisch-moralische Schuld lässt sich als eine Art Verantwortung der kollektiven Akteure vor einer höheren Instanz verstehen, und zwar vor der politisch-moralischen normativen Ordnung der Welt.

> Die Instanz, vor der sich dieses Kollektiv zu verantworten hätte, wäre vielleicht mit dem Begriff *human consciousness* aus dem Völkerrecht zu umschreiben. Es ist mehr als das individuelle moralische Räsonieren, und etwas ganz anderes als das vom Sieger dekretierte Verdikt. Es sind die im Rahmen der Weltöffentlichkeit diskursiv hergestellten ethischen und politischen Grundprinzipien, die normative Ordnung der Welt, wenn man so will.[1097]

Die vorliegende Arbeit bringt Entschuldigung in einen engen Zusammenhang mit der Kollektivverantwortung,[1098] die als generationsübergreifende Kategorie zu betrachten ist. Dadurch lässt sich die historische Kontinuität einer Gruppe bestätigen und die Haftung für das vergangene Tun übernehmen. Dementsprechend kann man die Kollektivverantwortung nicht nur als vergangenheitsorientierte Kategorie verstehen. Aus der Kollektivverantwortung entstehen ebenfalls die gegenwarts- und zukunftsorientierten Haftungen der Gruppe und ihrer Mitglieder, das vergangene Fehlverhalten anzuerkennen und aufzuarbeiten, es zu verurteilen, sich von einer gewalttätigen Vergangenheit klar zu distanzieren sowie die Folgen des Fehlverhaltens zu kompensieren, zu beseitigen oder abzumildern. Dadurch werden die Voraussetzungen für eine bessere Zukunft wirksam geschaffen.

1095 Ebd., 39.

1096 Mehr dazu in Kapitel 4.6 des III. Teils der Arbeit.

1097 Daase, Entschuldigung und Versöhnung, 44 (Hervorhebung im Original); die Idee der kollektiven politisch-moralischen Schuld lässt sich, so Daase und Kollegen, auch dadurch verteidigen, dass man von kollektivem Bewusstsein, kollektivem Gedächtnis sowie kollektiver Verantwortung sprechen kann (vgl. Daase u. a., Introduction, 5).

1098 Mehr dazu in Kapitel 4.6 des III. Teils der Arbeit.

1.5.3 Reue und Bedauern

Im interpersonalen Kontext soll eine Entschuldigung, um als vollkommen wahrgenommen zu werden, Reue (engl. remorse) sowie Bedauern (engl. regret) des Sich-Entschuldigenden für die Handlungen zum Ausdruck bringen.[1099] Bezogen auf den soziopolitischen Kontext wird die Bedeutung

1099 Vgl. dazu Tavuchis, Mea Culpa, vi; Gill, The Moral Functions, 12; Thompson, Apology, 32. Die Literatur über das Thema der Entschuldigung kommt primär aus dem englischsprachigen Raum. Es ist bemerkenswert, dass die englischen Begriffe *regret*, *remorse* und *sorrow* unter den Autoren oft unklar und inkonsequent verwendet wurden. Tavuchis operiert z. B. mit den Begriffen *regret* und *sorrow*, wenn er die Elemente einer vollkommenen Entschuldigung anführt (vgl. Tavuchis, Mea Culpa, vi). In Bezug auf die Entschuldigung zwischen Gruppen verwendet er aber die Begriffe *sorrow* und *remorse* (vgl. ebd., 109). Tavuchis gibt keine Erklärung und Abgrenzung dieser beiden Begriffe. Gill unterscheidet beim Definieren der Elemente einer Entschuldigung *attitude of regret,* d. h. die Überzeugung des Täters, dass er nicht hätte tun sollen, was er tat, von *feeling of remorse*, das als eine Reaktion des Täters auf die Leiden des Opfers zu verstehen ist (vgl. Gill, The Moral Functions, 13 f.). Versuche einer klaren und deutlichen Definition sowie einer terminologischen Abgrenzung der Begriffe *regret* und *remorse* lassen sich in der Literatur finden. Die britische Philosophin Margaret Gilbert befasst sich mit der Erklärung dieser Begriffe. Im Gegensatz zu Gill verbindet Gilbert die Überzeugung des Täters, dass er nicht hätte tun sollen, was er tat, mit dem Begriff *remorse* (Gill verwendet hingegen für diese Überzeugung den Begriff *regret*). Der Gesinnungswechsel des Täters wird zur Folge von *remorse*. Der Begriff *regret* wird bei Gilbert aber nicht detailliert definiert (vgl. Margaret Gilbert, „Collective Remorse," in *War Crimes and Collective Wrongdoing: A Reader*, hrsg. v. Aleksandar Jokić [Malden: Blackwell Publishers, 2001], 219 f.). Die US-amerikanische Psychotherapeutin Margalis Fjelstad unterscheidet die Begriffe *regret* und *remorse* deutlicher. Durch *regret* kann man sich wünschen, dass man nicht getan hätte, was man tat. *Regret* wird aber vor allem als selbstorientierter Aspekt betrachtet. „Regret can lead a person to feel sorrow, grief, hurt and anger—but these can be for the pain s/he feels for the self, not necessarily for the other person who was hurt by the behavior." (Margalis Fjelstad, „Regret vs. Remorse: Only remorse leads to a real apology and change," 1. Juli 2015, abrufbar unter https://www.psychologytoday.com/intl/blog/stop-caretaking-the-borderline-or-narcissist/201507/regret-vs-remorse [Stand: 17.08.2021]). Die Effekte von *remorse* sind vielfältiger und können sich auf die Anderen beziehen, denen das Leid angetan wurde. „Remorse involves self-reproof, admitting one's own mistakes, and taking responsibility for your actions. It creates a sense of guilt and sorrow for hurting someone else, and leads to confession and true apology. It also moves the remorseful person to avoid doing the hurtful action again. Regret leads a person to avoid punishment in the future, while remorse leads to avoiding hurtful actions towards others in the future." (Ebd.). Deswegen betrachtet Fjelstad *remorse* als Voraussetzung für eine Entschuldigung. Reue wird im Folgenden als entsprechender deutscher Begriff für das englische *remorse* verwendet. Der Begriff *regret* wird im Folgenden als Bedauern übersetzt und verwendet.

von Reue und Bedauern für die Effektivität einer Entschuldigung unter den Forschern unterschiedlich bewertet. Einige Forscher halten es eher für wichtig, dass die Anerkennung des Unrechts und der Täterschaft, die Übernahme von Verantwortung, die Wiedergutmachungsbereitschaft der Täterseite sowie das Versprechen der Nicht-Wiederholung von Verbrechen in einer Entschuldigung vorhanden sind.[1100] Hierbei werden Gruppenreue und -bedauern aufgrund der Gruppengröße und -heterogenität als schwer erzielbare Aspekte eingeschätzt. Folglich werden Gruppenemotionalität und -bewusstsein problematisiert, demzufolge auch die Möglichkeit einer *Gruppenmetanoia*.

Hinsichtlich der soziopolitischen Verwendung von Entschuldigung übernimmt Daase die These der britischen Philosophin Margaret Gilbert über die Mitglieds-Reue.[1101] Die Mitglieds-Reue (*plural subject account*) besteht, wenn die Gruppe als ganze die Tat bereut (*„A Group G feels re-*

1100 Tavuchis zufolge soll sich eine Entschuldigung, die zwischen Gruppen erfolgt, vor allem auf das Gestalten einer Geschichte des Geschehenen konzentrieren. „[T]he practical and symbolic import of collective apology has to be judged in terms of the remedial and reparative work it accomplishes. To put it another way, interpersonal apology realizes its potential through sorrow and remorse. [...] [T]he major structural requirement and ultimate task of collective apologetic speech is to put things on record, to document as a prelude to reconciliation. And what goes on record [...] does not necessarily express sorrow and, except in a pro forma fashion, need not in order to effect reconciliation between collectivities." (Tavuchis, Mea Culpa, 109). Gill zufolge lassen sich Reue und Bedauern eher einer Einzelperson zuschreiben als einer Gruppe. Das liegt darin begründet, dass die Gruppenmitglieder ein Ereignis bzw. eine Handlung unterschiedlich wahrnehmen können. Mit solcher Heterogenität werden Gruppenreue und -bedauern nicht erzielbar (vgl. Gill, The Moral Functions, 19 f.). In Anlehnung an das Modell der politischen Vergebung von Peter Digeser (vgl. Kapitel 2.1.2 in diesem Teil der Arbeit) betrachtet Thompson die politische Entschuldigung primär als einen öffentlichen Akt, der von Emotionen freigehalten werden soll. Damit sollen die politischen Repräsentanten das Unrecht anerkennen, die Verantwortung für das Getane übernehmen und die Nicht-Wiederholung des Vergangenen versprechen (vgl. Thompson, Apology, 36). Govier und Verwoerd bringen den Aspekt des Bedauerns primär in Verbindung mit dem Sprecher der Entschuldigung (vgl. Trudy Govier und Wilhelm Verwoerd, „Taking Wrongs Seriously: A Qualified Defence of Public Apologies," *Saskatchewan Law Review* 65 [2002]: 142). Govier und Verwoerd geben an, dass die Emotionen im kollektiven und institutionellen Kontext, im Gegensatz zum interpersonalen Kontext, eine untergeordnete Rolle spielen. „In these cases, *acknowledgement* in an official and public statement by the agency responsible that certain acts and policies were wrong takes priority over emotion." (Ebd., 143 [Hervorhebung im Original]).
1101 Vgl. Daase, Entschuldigung und Versöhnung, 46 f.

morse over an act A if and only if the members of G are jointly committed to feeling remorse as a body over act A"[1102]).

> [T]he joint commitment of the parties is (more fully) to *constitute as far as possible by their several actions, including utterances, a single body that feels remorse.* I say that people who are jointly committed to doing something as a body constitute the *plural subject* of the "doing" in question. [...] There is no doubt that the phenomenon characterized by this account is possible. [...] The existence of a joint commitment is a function of the understandings, expressive actions, and common knowledge of the parties.[1103]

Die Mitglieds-Reue lässt sich, so Daase, durch eine politische Entschuldigung kommunizieren.

> Mitglieds-Reue ist offenbar nur als individuelle oder persönliche Entschuldigung für die Taten der Gruppe denkbar. Auch ein Nachgeborener kann sich deshalb noch für die Taten der Gruppe persönlich entschuldigen. Wirklich kollektive Reue als Gruppen-Reue muss dagegen von der ganzen Gruppe vermittelt beziehungsweise durch einen offiziellen Repräsentanten überbracht werden. Dies ist der Grund, warum politische Gruppen-Reue die öffentliche Entschuldigung eines Präsidenten oder einer Präsidentin erfordert (oder einer anderen hohen Persönlichkeit) und zwar nicht in einem persönlichen Bekenntnis, sondern in offizieller Mission und Repräsentanz für die gesamte Gruppe. Erst dann lässt sich von einer internationalen politischen Entschuldigung sprechen.[1104]

Die Idee der Mitglieds-Reue zeigt sich eher als eine ideale Größe, die in der Praxis schwer zu erreichen ist. Das lässt sich besonders am Beispiel der

---

1102 Gilbert, Collective Remorse, 229 (Hervorhebung im Original); Gilbert unterscheidet drei Modelle der kollektiven Reue. Erstens kann eine Gruppe Reue empfinden, wenn alle Mitglieder der Gruppe für die individuellen Taten persönliche Reue empfinden. Kollektive Reue vollzieht sich dann als Summe individueller Reue (*the aggregated personal remorse account*). Diese Vorstellung setzt voraus, dass alle Gruppenmitglieder die Reue persönlich empfinden. Das wäre erzielbar, wenn alle Gruppenmitglieder für die Untaten verantwortlich wären. Das zeigt sich jedoch besonders am Beispiel des historischen Unrechts als unmöglich. Zweitens kann mit dem Begriff der kollektiven Reue so operiert werden, als ob es um die Summe individueller Reue über das Gruppenverhalten geht (*the aggregated membership remorse account*). Demzufolge bereut ein Mitglied das Gruppenverhalten, unabhängig davon, ob es selbst schuldig ist. Hier handelt es sich aber nur um ein Aggregat individueller Mitglieds-Reue. Gilbert schlägt ein anderes Modell der kollektiven Reue (*the plural subject account of group remorse*) vor, dem zufolge die Gruppe als ganze eine Tat bereut. Dementsprechend verspüren die Gruppenmitglieder gemeinsam Reue (vgl. ebd., 218–231; Daase, Entschuldigung und Versöhnung, 46 f.).
1103 Gilbert, Collective Remorse, 229 (Hervorhebung im Original).
1104 Daase, Entschuldigung und Versöhnung, 47.

sich entschuldigenden Großgruppen und Staaten erkennen, bei denen es schwer zu erwarten wäre, dass alle Gruppenmitglieder bzw. Staatsbürger bereit wären, die Vergangenheit zu bereuen.[1105] Vor diesem Hintergrund versuchen manche Autoren, sich von der Vorstellung der Reue als einer kollektiven *metanoia*, die sich auf Gruppenemotionalität oder -bewusstsein stützt, zu distanzieren. Daase und Kollegen gehen davon aus, dass Reue durch kollektive Akteure schwer gezeigt werden kann. Diesbezüglich betonen sie die Bedeutung der Unbedingtheit einer Entschuldigung und aktiven Reue (*active remorse*).

> The unconditional issuance of apologies is important, as it enacts the symbolic transformation of the former perpetrator/victim relationship and renders the apologizer herself vulnerable by risking admitting responsibility for a wrong without being forgiven [...]. Thus, any kind of justification for or qualification of the committed wrong alleviates the apology and the remorse demonstrated through it. [...] An unambiguous and unconditional expression of remorse, and thus also the effect of political apologies, can also be affected by ambiguous gestures. 'Active remorse', apart from the juridical understanding of the term, is understood here as the promise not only not to repeat the wrongful act but also to help overcome its consequences and prevent similar acts by other actors. For instance, a state that has committed genocide in the past can prove its 'active' remorse by promising and indeed trying to prevent genocides from happening again in the future.[1106]

Engert hebt die Idee des Bedauerns über die eigene Verfehlung hervor, die aus einem gesellschaftlichen Diskurs hervorgehen soll. Das Bedauern über die eigene Verfehlung spiegelt sich entsprechend, so Engert, in der Denkmäler- bzw. Gedenkstättenkultur des „Kollektivs der Täter" wider.[1107]

1105 Das lässt sich am Beispiel der Entschuldigungen Deutschlands (Konrad Adenauers [1951], Willy Brandts Kniefall [1970], Richard von Weizsäckers [1985] und Johannes Raus [2000]) an Israel für die NS-Vergangenheit erkennen. Engert erforscht die Effekte und den politischen Hintergrund der staatlichen Entschuldigungen sowie die Bereitschaft der Deutschen, das Unrecht anzuerkennen und die Verantwortung dafür zu übernehmen. Die Bereitschaft der Deutschen, das Unrecht anzuerkennen, war anfangs nicht homogen und ist seit den 1950er Jahren bis heute deutlich gestiegen (vgl. dazu Stefan Engert, „Germany – Israel: A prototypical political apology and reconciliation process," in *Apology and reconciliation in international relations: The importance of being sorry*, hrsg. v. Christopher Daase u. a. [London, New York: Routledge, Taylor & Francis Group, 2016], 29–50). Es lässt sich logischerweise zusammenfassen, dass diejenigen, die nicht bereit waren, das Unrecht anzuerkennen, nicht in der Lage waren, die NS-Vergangenheit zu bereuen. Trotz dieser Tatsache lassen sich diese Entschuldigungen als effektiv betrachten.

1106 Daase u. a., Introduction, 13 f.

1107 Vgl. Engert, Die Staatenwelt, 162.

1.5.4 Wiedergutmachungsbereitschaft

Die Entschuldigung selbst wird als symbolische Form von Wiedergutmachung verstanden.[1108] Im Zusammenhang mit einer politischen Entschuldigung genehmigen die Regierungen oft Reparationszahlungen an die direkten Opfer oder ihre Rechtsnachfolger.[1109] Reparationen werden in der Literatur vornehmlich als ein konstitutives Element der politischen Entschuldigung dargestellt.[1110] Sie sind, so der britische Politikwissenschaftler Michael Cunningham, als konkreter Test der Aufrichtigkeit einer Entschuldigung zu verstehen.[1111] Den symbolischen Worten und Handlungen wird durch Reparationen Gestalt verliehen. Dadurch wird, so der US-amerikanische Rechtswissenschaftler Roy Brooks, die Rhetorik der Entschuldigung in die Wirklichkeit umgesetzt.[1112] Demzufolge ist eine politische Entschuldigung nicht als Alternative zu anderen Reparationsformen zu verstehen. Entschuldigung und Reparationen ergänzen sich in der Praxis wechselseitig. In Verbindung mit Reparationen hinterlässt eine politische Entschuldigung nicht den Eindruck eines leeren Geredes. Hingegen kann

---

1108 Mehr dazu in Kapitel 4.3 des III. Teils und in Kapitel 4.3 des IV. Teils der Arbeit.

1109 Zu den konkreten historischen Fällen der Entschuldigungs- und Reparationspraxis vgl. Roy L. Brooks, Hrsg., *When Sorry Isn't Enough: The Controversy over Apologies and Reparations for Human Injustice* (New York, London: New York University Press, 1999). Brooks unterscheidet reuevolle und reuelose Antworten auf die menschliche Ungerechtigkeit. Die reuevollen Antworten kennzeichnet er als Reparationen und die reuelosen als Ausgleiche (engl. settlements). Es bestehen finanzielle und nicht-finanzielle Formen von Reparationen und Ausgleichen, die beide auf Individuen und Gruppen ausgerichtet sein können. „Usually, a reparation is easily distinguishable from a settlement by the presence or absence of an accompanying statement of apology." (Brooks, Introduction, 9).

1110 Vgl. Minow, Between Vengeance, 117; Richard B. Bilder, „The Role of Apology in International Law," in *The Age of Apology: Facing Up to the Past*, hrsg. v. Mark Gibney u.a. (Philadelphia: University of Pennsylvania Press, 2008), 28; International Center for Transitional Justice, More Than Words, 8; Engert, Die Staatenwelt, 140f.; Daase u.a., Introduction, 4; Barkan ist jedoch der Meinung, dass eine Entschuldigung keinerlei materielle Kompensation beinhalten muss, sondern nur das Eingeständnis eines Fehlverhaltens und das Anerkennen von dessen Auswirkungen (vgl. Elazar Barkan, *Völker klagen an: Eine neue internationale Moral* [Düsseldorf: Patmos Verlag, 2002], 14).

1111 Vgl. Michael Cunningham, „Prisoners of the Japanese and the Politics of Apology: A Battle over History and Memory," *Journal of Contemporary History* 39, Nr. 4 (2004): 566.

1112 Vgl. Roy L. Brooks, „The New Patriotism and Apology for Slavery," in *Taking Wrongs Seriously: Apologies and Reconciliation*, hrsg. v. Elazar Barkan und Alexander Karn (Stanford, Calif.: Stanford University Press, 2006), 224.

eine politische Entschuldigung eine entscheidende moralische Voraussetzung für die Durchführung der Reparationspolitik leisten.

Der US-amerikanischen Politikwissenschaftlerin Melissa Nobles
zufolge sind sowohl Entschuldigungen als auch Reparationen, die in der
Praxis meistens in Form von finanzieller Kompensation für „governmen-
tal or corporate wrongdoing"[1113] geleistet werden, als zukunftsorientierte
Handlungen anerkannt.

> Yet, where reparations provide concrete or tangible benefits to individual members
> of a claimant group, apologies provide symbolic and diffuse benefits to an aggrieved
> group as a whole. If viewed as a payoff, reparations may be seen as "closing the
> books," whereas apologies may be viewed as the beginning of a "new conversation."
> A reparations settlement says, we've settled our debt, whereas an apology says, now
> that you've apologized, what are you going to do next to rectify the matter?[1114]

Die politische Entschuldigung unterscheidet sich deutlich von den Reparationen, weil die politischen Auseinandersetzungen über die Vergangenheit
durch eine Entschuldigung stark angeregt werden können.

Weder durch Entschuldigung noch durch andere Reparationsformen
lassen sich einige Folgen einer gewalttätigen Vergangenheit vollkommen
wiedergutmachen. Diese müssen trotzdem irgendwie abgemildert oder kom-
pensiert werden. Vor diesem Hintergrund betrachten Govier und Verwoerd
Entschuldigungen als eine Art moralischer Wiedergutmachung (*moral
amend*) für die Opfer der Untaten. „A complete apology for serious wrongdoing must include some commitment to *practical amends* – some concrete
practical measures to address the damage brought by these wrongs. When a
public apology is issued with no commitment to practical amends, it rings
hollow and empty. Such an apology may be worse than no apology at all."[1115]

1.5.5 Versprechen der Nicht-Wiederholung

Durch eine politische Entschuldigung muss den Opfern öffentlich versprochen werden, dass sie den Verbrechen und Verletzungen nicht wieder
ausgesetzt werden. Wie sich die Täterseite nach dem Entschuldigungsakt
verhalten wird, zeigt deutlich, ob dieser Akt ernsthaft war.[1116] Wenn die

---

1113 Melissa Nobles, *The Politics of Official Apologies* (Cambridge: Cambridge Uni-
      versity Press, 2008), 140.
1114 Ebd., 140 f.
1115 Govier und Verwoerd, Taking Wrongs, 142 (Hervorhebung P.A.).
1116 Vgl. Gill, The Moral Functions, 14.

Täterseite dem zuvor klar verurteilten Verhaltensmodell treu bleibt, wird eine Entschuldigung als wertlos und fingiert wahrgenommen.

Wie lässt sich die Nicht-Wiederholung des durch eine Entschuldigung anerkannten Unrechts im politischen Kontext überhaupt versprechen? Die Nicht-Wiederholung des Vergangenen kann Gill zufolge dadurch verbindlich versichert werden, dass eine Entschuldigung in der Öffentlichkeit geäußert wird.[1117] Dadurch, dass die Untaten, von denen sich die Täterseite zuvor öffentlich distanzierte, trotzdem wieder begangen werden, wird die Vertrauenswürdigkeit des sich entschuldigenden Akteurs in Frage gestellt.[1118] Aufgrund der Nichterfüllung des öffentlich Ausgesprochenen wird folglich die sich entschuldigende Seite als unzuverlässiger Akteur erkannt. Thompson begründet das Versprechen der Nicht-Wiederholung durch die generationsübergreifende Fähigkeit von Staaten, vertragliche Verpflichtungen einzuhalten und diese folglich auch den kommenden Generationen aufzuerlegen.[1119]

Hinsichtlich der zukunftsorientierten Effekte ist die politische Entschuldigung, so Verdeja, nicht nur als einmaliger Akt zu verstehen, sondern sie wird zum Teil eines vielschichtigen Prozesses, der sich die Aufarbeitung der Vergangenheit zum Ziel setzt. Im Rahmen dieses Prozesses spiegelt sich das Versprechen, das eigene Verhalten zu verändern, in der Durchsetzung institutioneller Reformen, dem Entfernen der Verantwortlichen für Verbrechen aus ihren Ämtern oder Machtpositionen, der Stärkung der Rechtsstaatlichkeit, dem gegenseitigen Respekt usw. wider.[1120] Die politischen Entschuldigungen sollen sich, so Nobles, als moralische Indikatoren etablieren, mit denen das moralisch Gute vom moralisch Bösen im sozialen Verhalten und in den sozialen Interaktionen klar zu unterscheiden ist.[1121] Demzufolge trägt die politische Entschuldigung dazu bei, sich von dem nicht erlaubten Verhaltensmodell öffentlich zu distanzieren und die Interaktionsregeln für die Zukunft festzulegen.

1117 Vgl. ebd., 19 f.
1118 Govier und Verwoerd thematisieren den Aspekt der Vertrauenswürdigkeit. „It makes little sense for a political figure to apologize for lying if he is prepared to go forth and lie again, or for institutions to apologize for tolerating racism or sexual harassment if they are not committed to future reform. Apologizing indicates that what one did was wrong, which implies disassociating oneself from such actions in future." (Govier und Verwoerd, Taking Wrongs, 142).
1119 Vgl. Thompson, Apology, 39.
1120 Vgl. Verdeja, Official apologies, 572.
1121 Vgl. Nobles, The Politics, x.

1.5.6 Entschuldigung und andere korrektive Strategien

Entschuldigung (*apology*) wird in der englischsprachigen Literatur von anderen korrektiven Strategien (*account, excuse, justification, denial*) abgegrenzt.[1122] Durch eine Erklärung (*account*) wird die Verantwortung für ein Fehlverhalten minimiert oder geleugnet. Eine Ausrede (*excuse*) gibt man, wenn die Ausübung einer Handlung als unwissentlich oder unabsichtlich dargestellt wird. Derjenige, der eine Ausrede erfindet, versucht somit, sich von der Schuldigkeit zu befreien. Bei einer Rechtfertigung (*justification*) übernimmt der Handelnde die Verantwortung für das, was geschehen ist, ist aber nicht bereit, die Handlungen als unangemessen zu bewerten. „Instead, an account is offered that explains why the act in question, along with whatever harm it may have caused, should be considered justified."[1123] Durch Leugnung (*denial*) bestreitet der Handelnde den negativen Charakter einer Handlung und lehnt die eigene Verantwortung ab. Im Gegensatz zu den anderen korrektiven Strategien beinhaltet eine Entschuldigung die unabdingbare Übernahme von Verantwortung für das Geschehene sowie die Anerkennung des Unrechts und der Täterschaft.

Aufgrund der in der untenstehenden Tabelle[1124] genannten Indikatoren führt Engert in seiner liberalen Theorie politischer Entschuldigungen drei verschiedene Entschuldigungssprechakte an: Entschuldigung (*apology*), Ausrede (*excuse*) und Leugnung (*denial*).

	1. Denial	*2. Excuse*	*3. Apology*
Anerkennung Unrecht	Nein – Ja	Ja	Ja
Anerkennung Täterschaft	oder Ja – Nein	*nicht* kollektiv	Ja
Politische Verantwortung	Nein	Nein	Ja
Kompensations- bereitschaft	Nein	Eventuell	Ja
Nicht-Wiederholung	Nein	Ja	Ja

1122 Vgl. zu *account* Goffman, Relations in Public, 109–113; zu dem Unterschied zwischen *apology* und *account* vgl. Tavuchis, Mea Culpa, 17 f.; Gill unterscheidet Entschuldigung von Leugnung (*denial*), Ausrede (*excuse*) und Rechtfertigung (*justification*) (vgl. dazu Gill, The Moral Functions, 12).
1123 Gill, The Moral Functions, 12.
1124 Engert, Die Staatenwelt, 162.

Entschuldigt sich eine Regierung vollständig und vorbehaltlos für eine Untat, bedeutet dies, dass das frühere Verhalten des Staates im nationalen Diskurs öffentlich als Verbrechen oder Rechtswidrigkeit identifiziert wird, die Regierung stellvertretend die volle und uneingeschränkte politische Verantwortung für den daraus zugefügten Schaden übernimmt sowie zu einer finanziellen Kompensation als Zeichen der praktischen Verantwortung beziehungsweise zum Zwecke der Leidenslinderung bereit ist („Wir haben gefehlt").[1125]

Opfer sind als Adressaten einer politischen Entschuldigung anzusehen. „Der soziale Gemeinschaftszusammenhang, in den der Täter reintegriert werden möchte, ist zwar auch Adressat des öffentlichen Bußaktes, aber nicht primär."[1126] Engert zufolge kann eine Entschuldigung nicht ohne einen Konsens über die Verurteilung der gewalttätigen Vergangenheit erfolgen. Dieser Konsens ergibt sich aus einer öffentlichen und kritischen Auseinandersetzung mit der Vergangenheit. Ein offizieller Entschuldigungssprechakt wird vollkommen, wenn in ihm alle oben angeführten Elemente (Anerkennung von Unrecht und Täterschaft, politische Verantwortung, Kompensationsbereitschaft und Nicht-Wiederholung) inbegriffen sind.

Durch Leugnung werden eigene Handlungen verteidigt. „Leugnungsstrategien zielen darauf ab, entweder (a) die Täterschaft nicht anzuerkennen (‚Wir waren es nicht'), indem man einen anderen Akteur für das Verbrechen verantwortlich macht, oder (b) den Unrechts- oder Schadenscharakter einer Tat bestreitet (‚Wir haben nichts Falsches getan')."[1127] Dadurch wird angestrebt, das kollektive Selbstbild zu bewahren und eine öffentliche Diskussion über die Vergangenheit zu tabuisieren. „Da normalerweise entweder die Täterschaft oder der Unrechtscharakter geleugnet wird, ist es fraglich ob die vom externen Feld als Kriegsverbrecher identifizierten Täter intern auch als Kriminelle wahrgenommen werden oder nicht sogar als Kriegshelden."[1128] Was die Ausrede betrifft, wird sie als ein Verteidigungsmechanismus verstanden, der sich die Schuldbefreiung zum Ziel setzt. Obwohl der Schadenscharakter von Taten nicht bestritten wird, wird durch eine Ausrede versucht, die volle Übernahme von Verantwortung zu vermeiden. Reparationen können hierbei ausgezahlt werden, jedoch mit dem Ziel, den Vergangenheitsdiskurs abzuschließen. Engert zufolge sind

1125 Ebd.
1126 Ebd.
1127 Ebd., 163.
1128 Ebd.

Reparationen in diesem Fall als eine Art von Schweigegeld wahrzunehmen.[1129]

Die Entschuldigungsbereitschaft eines Staates wird, so Engert, stark durch innenpolitische Konstellationen geprägt, und zwar durch das Verhältnis zwischen Bevölkerung und Regierung.[1130] Wenn sich Regierung und Gesellschaft über die Interpretation der Vergangenheit einig sind, erfolgt entweder Entschuldigung oder Leugnung (*Interessenkonvergenz*). Wenn Regierung und Gesellschaft hinsichtlich des Vergangenen unterschiedlicher Meinung sind, wird die Ausrede zum Kompromiss zwischen den divergierenden Vorstellungen über die Vergangenheit (*Interessendivergenz*).

Diese liberale Theorie politischer Entschuldigungen wird inzwischen geringfügig modifiziert. In Zusammenarbeit mit Daase und Renner betrachtet Engert eine Entschuldigung aus praktischen Gründen eher minimalistisch, und zwar als einen dyadischen Sprechakt zwischen Sprecher und Empfänger, in dem ein schuldhaftes Verhalten öffentlich anerkannt und Bedauern gegenüber der leidenden Partei geäußert wird.

> First, it makes it possible to include all cases in which some kind of public apology can been [sic] observed – no matter whether this apology can be viewed [as] a 'good' apology or not. A highly complex and ambitious ideal type definition of apology would be so 'perfect' and demanding that hardly any empirical apology could meet its standards. Second and relatedly, if the conditions are very high for a speech act to be understood as an apology, we might overlook potentially influential factors regarding the issuance of public apologies as well as their effects. An overly ambitious definition of apology would more or less anticipate its positive influence on reconciliation and might thus render valueless our results concerning the connections between certain aspects of apologies and their success or failure.[1131]

Entschuldigung, Leugnung und Ausrede werden unter anderem als Kategorien von Bedauern verstanden.

> An apology represents a particularly comprehensive statement of regret which comprises not only an identification of the harm caused, an acknowledgment of involvement and an expression of regret, but also an explicit acceptance of responsibility for the act, a promise of non-repetition, a plea for forgiveness and an offer for active atonement to the victim.[1132]

1129 Vgl. ebd., 164.
1130 Vgl. ebd., 165–168.
1131 Daase u. a., Introduction, 3.
1132 Ebd., 4.

Die untenstehende Tabelle zeigt eine teilweise aktualisierte Typologie der Entschuldigungssprechakte.[1133]

	1. Denial	*2. Excuse*	*3. Apology*
Identification of harm	–/+	+	+
Acknowledgement of involvement	–/+	+	+
Expression of regret	–/+	+	+
Acceptance of responsibility	–	–/+	+
Promise of non-repetition	–	–/+	+
Asking for forgiveness	–	–	+
Active atonement (compensation, memorialisation, etc.)	–	–	+

Hierbei werden neue Elemente politischer Entschuldigung eingeführt, und zwar Bitte um Vergebung (*asking for forgiveness*) und aktive Sühne (*active atonement*). Demzufolge sollen Entschuldigung und Vergebung eng zusammenhängen. Erst durch diese positive Korrelation zwischen Entschuldigung und Vergebung lassen sich die zerbrochenen Beziehungen transformieren.

> In order to be successful, an apology needs to be countered with forgiveness or at least be accepted by the victim. However, forgiveness cannot be used as a precondition for issuing an apology; the apologiser has to apologise even though he or she runs the risk of not being forgiven. Only then does the apology offer the possibility of transforming a ruptured relationship and rebuilding lost trust.[1134]

1133 Ebd.
1134 Ebd, 3.

2 Die soziopolitische Dimension von Vergebung. Perspektiven und Barrieren

Vergebung ist, genauso wie Entschuldigung, als eine ursprünglich im interpersonalen Kontext etablierte Kategorie anzusehen. Sie positioniert sich in einem anderen, politisch-öffentlichen Kontext immer noch nicht als ein unbestrittenes Instrument der Vergangenheitsaufarbeitung. Dies zeigt auch die Debatte um den Beitrag der Vergebung zum südafrikanischen Modell der Vergangenheitsaufarbeitung. Zumindest im theoretischen Rahmen sind Versuche von Autoren, nachdrücklich für den Einsatz von Vergebung in der politischen Realität zu argumentieren, weiterhin aktuell. Diese theoretischen Ansätze zur politischen Vergebung beziehen sich weder zwingend auf die soziale Ebene, noch wird dadurch die individuelle Ebene als ein für die politische Realität unbedeutender Aspekt wahrgenommen. In Kapitel 2.1 werden einige dieser theoretischen Perspektiven aufgezeigt. Kapitel 2.2 soll konkrete Barrieren für eine Verwendung von Vergebung im soziopolitischen Kontext erörtern. Als Exkurs wird zum Schluss (Kapitel 2.3) der theoretische Versuch von Alice MacLachlan vorgestellt, der unterschiedliche Ebenen (individuelle, soziale) sowie Perspektiven (kognitiv-emotionale, politisch-öffentliche) durch ein multidimensionales Modell politischer Vergebung in sich zu versöhnen versucht.

2.1 Die politische Vergebung. Die Vielfalt der theoretischen Perspektiven

Einige politische Theoretiker wurden von der Idee inspiriert, Vergebung im politischen Kontext zu verorten. In ihrem Buch „Vita activa oder Vom tätigen Leben" befürwortet Hannah Arendt die Kompatibilität von Vergebung mit dem Politischen und bezeichnet politische Vergebung als Korrektiv des menschlichen Handelns. Aufgrund dessen wird ihre Idee als innovativ in der politischen Theorie wahrgenommen und seitens anderer Theoretiker der politischen Vergebung als Ausgangspunkt aufgerufen. Arendts Idee zu diesem Thema wird in Kapitel 2.1.1 vorgestellt. In Kapitel 2.1.2 wird die Theorie von Peter Digeser dargestellt, der zufolge die politische Vergebung in konkreten Handlungen besteht. Anders als in der Theorie Digesers wird politische Vergebung in den Vorstellungen von Mark Amstutz (Kapitel 2.1.3) nicht nur aus handlungsorientierter Perspektive wahrgenommen.

Der emotionalen Transformation wird in der Theorie Amstutz' auch eine bedeutende Rolle zugewiesen.

2.1.1 Hannah Arendt – die politische Vergebung als Korrektiv des menschlichen Handelns

Hannah Arendt definiert Handeln als Tätigkeit, „die sich ohne die Vermittlung von Materie, Material und Dingen direkt zwischen Menschen abspielt"[1135]. Die Idee des menschlichen Handelns beruht auf dem Prinzip der Pluralität. Diesem Prinzip zufolge wird der Mensch als ein gesellschaftliches Wesen angesehen, das auf Interaktion mit anderen Menschen ausgerichtet ist. Die Pluralität widerspricht, so Arendt, der Idee der menschlichen Souveränität. „Kein Mensch ist souverän, weil Menschen, und nicht der Mensch, die Erde bewohnen, und dieses Faktum der Pluralität hat nichts damit zu tun, daß der Einzelne, auf Grund seiner nur begrenzten Kraft, abhängig ist von Anderen, die ihm gewissermaßen helfen müssen, überhaupt am Leben zu bleiben."[1136]

Handeln wird zum wesentlichen Merkmal der sozialen Interaktion und zeigt sich deutlich im politischen Raum. Die Prozesse des menschlichen Handelns gelten generell als unwiderruflich und unabsehbar. Als korrektive Strategien gegen diese beiden Effekte des menschlichen Handelns stellt Arendt Verzeihung (Vergebung) und die Macht des Versprechens fest.

> Diese beiden Fähigkeiten gehören zusammen, insofern die eine sich auf die Vergangenheit bezieht und ein Geschehenes rückgängig macht, dessen „Sünde" sonst, dem Schwert des Damokles gleich, über jeder neuen Generation hängen und sie schließlich unter sich begraben müßte; während die andere ein Bevorstehendes wie einen Wegweiser in die Zukunft aufrichtet, in der ohne die bindenden Versprechen, welche wie Inseln der Sicherheit von den Menschen in das drohende Meer des Ungewissen geworfen werden, noch nicht einmal irgendeine Kontinuität menschlicher Beziehungen möglich wäre, von Beständigkeit und Treue ganz zu schweigen.[1137]

Ohne Vergebung wären Menschen unfähig, sich gegenseitig von den Folgen ihres Handelns zu befreien. Sie würden mit dieser einzigen Tat bis an

---

1135 Arendt, Vita activa, 14. Außer Handeln bezeichnet Arendt noch Arbeiten und Herstellen als menschliche Tätigkeiten.
1136 Ebd., 229 f. Arendt zufolge kann nur der einzige Gott souverän sein.
1137 Ebd., 231 f.

ihr Lebensende gleichgesetzt.[1138] Arendt geht davon aus, dass sich Verfehlungen im Alltagsleben erst durch Vergebung beseitigen lassen.

Arendt hält es Jesus von Nazareth zugute, Vergebungsvermögen im Bereich menschlicher Angelegenheiten entdeckt zu haben.[1139] Für Arendt ist der religiöse Hintergrund von Vergebung nicht problematisch, sie erkennt innerhalb dessen sogar Anwendungsmöglichkeiten im säkular-politischen Kontext. Vergebung wird nämlich nicht nur als göttliche Kategorie verstanden. Im politischen Rahmen wird ihr eine wichtige Rolle zugeordnet, wobei als Akteure nur Individuen angesehen werden.[1140]

Vergebung gilt, so Arendt, als natürlicher Gegensatz von Rache. Rache wirkt nämlich als Reaktion, indem der rachsüchtige Mensch auf eine verfehlende Handlung, d.h. auf etwas Vergangenes, reagiert und dementsprechend daran gebunden bleibt. Folglich ist ein rachsüchtiger Mensch dem Vergangenen unterworfen und kann keine von den vergangenen Handlungen unabhängige Gegenwart bzw. keinen Neuanfang aufbauen. Im Gegensatz zur Rache „stellt der Akt des Verzeihens in seiner Weise einen neuen Anfang dar und bleibt als solcher unberechenbar"[1141]. Arendt zufolge gilt Vergebung als ein Handeln, das „von einem Vergangenen provoziert, aber von ihm nicht bedingt ist"[1142]; das von den Folgen dieser Vergangenheit befreit, sowohl denjenigen, der vergibt, als auch denjenigen, dem vergeben wird. Dadurch werden Gegenwart und Zukunft des handelnden Menschen von seiner Vergangenheit entlastet. In der politischen Praxis beinhaltet Vergebung keine sentimentalen oder emotionalen Elemente.

Im Gegensatz zur Vergebung hatte das Vermögen, Versprechen zu geben und zu halten, immer einen hohen Stellenwert in der Politik. Die Unabsehbarkeit des menschlichen Handelns wird durch Verträge und Abkommen überwunden.[1143] Damit wird die politische Zukunft gesichert.

1138 Vgl. ebd., 232.
1139 Vgl. ebd., 234.
1140 Der US-amerikanische Philosoph Glen Pettigrove sucht nach Möglichkeiten, Arendts Modell der politischen Vergebung auf der kollektiven Ebene anzuwenden, und stellt hierbei die potentiellen Einwände gegen einen solchen Versuch fest (vgl. Glen Pettigrove, „Hannah Arendt and Collective Forgiving," *Journal of Social Philosophy* 37, Nr. 4 [2006]: 483–500).
1141 Arendt, Vita activa, 235.
1142 Ebd.
1143 Arendt zufolge steigt die Unabsehbarkeit des Zukünftigen einerseits aus der Unergründbarkeit des menschlichen Herzens auf; andererseits geht die Unabsehbarkeit aus der Pluralität hervor. „Daß Menschen nicht fähig sind, sich auf sich selbst zu verlassen oder, was auf dasselbe herauskommt, sich selbst vollkommen zu vertrauen, ist der Preis, mit dem sie dafür zahlen, daß sie frei sind; und daß sie

Vergebung und Versprechen sollen in der politischen Praxis, so die Ansicht Arendts, einander ergänzen. Sie zielen gemeinsam darauf ab, die Fortsetzung des politischen Lebens trotz des Fehlhandelns zu gewährleisten.

2.1.2 Peter Digeser – die handlungsorientierte Theorie von politischer Vergebung

Erst im Zusammenhang mit einer handlungsorientierten Vorstellung von Politik zeigt sich politische Vergebung, so Peter Digeser, als eine realisierbare Idee. Die psychologischen und religiösen Vorstellungen von Vergebung werden als unbedeutend bewertet. Was die politische Vergebung konkret angeht, werden Handlungen bzw. ziviles Verhalten deutlich bevorzugt.[1144] Die Emotionen und Vergebungsmotive der Opfer sind nicht von Bedeutung. Das Gelingen politischer Vergebung setzt die folgenden Bedingungen voraus: „(1) the existence of a relationship between at least two parties in which (2) there is a debt owed to one party by the other (3) that is relieved by a party with appropriate standing, (4) conveying the appropriate signs or utterances, (5) whose success does not depend on the emotional or internal states of the forgivers, (6) even though it is generally thought good to receive what is due because (7) the effect of inviting the restoration of the offender or the debtor is somehow also thought to be good"[1145].

Digeser stellt politische Vergebung als Erlassen finanzieller und moralischer Schulden dar.[1146] Dieses Erlassen zielt darauf, die Vergangenheit zu überwinden sowie die bürgerliche und moralische Gleichheit der Täter und der Opfer (moralische Schulden) herzustellen oder das Gläubiger-Schuldner Verhältnis (finanzielle Schulden) zu dem Status quo ante zurückzuführen.[1147] Die Überwindung von negativen Emotionen der Opfer wird hierbei nicht angestrebt. „Perhaps the most striking difference between the condi-

---

nicht Herr bleiben über das, was sie tun, daß sie die Folgen nicht kennen und sich auf die Zukunft nicht verlassen können, ist der Preis, den sie dafür zahlen, daß sie mit anderen ihresgleichen zusammen die Welt bewohnen, der Preis mit anderen Worten für die Freude, nicht allein zu sein, und für die Gewißheit, daß das Leben mehr ist als nur ein Traum." (Ebd., 239).

1144 Vgl. Digeser, Political Forgiveness, 17.
1145 Ebd., 35.
1146 Begnadigungspraxis gilt, so Digeser, als Beispiel politischer Vergebung. Vgl. dazu ebd., 109–145.
1147 Vgl. ebd., 28.

tions of political forgiveness and religious or personal uses of forgiveness is that the success of the former does not require an examination into the sentiments of the forgiver."[1148] Politische Vergebung gilt, so Digeser, vor allem als ein Akt der Selbstauskunft („act of self-disclosure"). „Its success depends not on the sentiments that may motivate it but on whether one lives up to the public rules that govern its practice."[1149] Digeser erkennt politische Vergebung weiter als einen illokutionären Akt. Die Illokution besteht darin, dass die Schulden wirklich erlassen werden.[1150]

Die höchste Spannung in seiner Theorie findet Digeser im Verhältnis zwischen politischer Vergebung und ausgleichender Gerechtigkeit (engl. rectificatory justice).[1151] Der Grundvoraussetzung ausgleichender Gerechtigkeit zufolge verdient jeder Täter eine der Untat proportional entsprechende Strafe. Der Täter soll zusätzlich eine angemessene Kompensation für den angerichteten Schaden leisten. Diese arithmetische Gerechtigkeitslogik widerspricht der Idee politischer Vergebung, der zufolge gerade diese Schulden erlassen werden sollten. In diesem Zusammenhang etabliert sich politische Vergebung in der Praxis als eine „intervention in the moral economy of rectificatory justice"[1152]. Das bedeutet aber nicht, dass ausgleichende Gerechtigkeit und politische Vergebung einander völlig entgegengesetzt wären. Politische Vergebung ist nämlich stark auf ausgleichende Gerechtigkeit angewiesen, indem die Schulden vor ihrem Erlassen erst durch ausgleichende Gerechtigkeit festgestellt werden können. Vor diesem Hintergrund wird ausgleichender Gerechtigkeit eine gewisse Priorität gewährt. „One could conceive of a practice of rectificatory justice without a practice of forgiving, but not vice versa."[1153] In manchen Fällen (historisches Unrecht, massive Menschenrechtsverletzungen) zeigt sich die ausgleichende Gerechtigkeit als mangelhaft und in der Realität nicht vollkommen durchsetzbar. Hierbei wirkt politische Vergebung als Ergänzung zur ausgleichenden Gerechtigkeit, wobei politische Vergebung die Forderungen nach Gerechtigkeit, so Digeser, nie ersetzen kann.[1154]

Die Tatsache, dass die Schulden erlassen sind, muss zunächst in der Öffentlichkeit rezipiert werden, um als politische Vergebung bewertet zu

---

1148 Ebd., 21.
1149 Ebd., 24.
1150 Zur illokutionären Kraft politischer Vergebung vgl. ebd., 28–30.
1151 Digeser beruft sich auf Aristoteles' Gerechtigkeitstheorie. Vgl. dazu ebd., 37.
1152 Ebd., 38.
1153 Ebd., 63.
1154 Vgl. ebd., 40.

werden.[1155] Die öffentliche Rezeption betrifft auch das Feststellen des Geschehenen bzw. die Wahrheitsfindung, die als Voraussetzung für politische Vergebung gilt.

> Political forgiveness requires more than an agreement between the victim and transgressor, or the creditor and the debtor. It requires that the account of the debt be based on publicly accessible evidence that can be contested and defended. The implication of this publicity requirement is that political forgiveness is never merely a relationship between a victim and a transgressor, or creditors and debtors. There must be a way publicly to corroborate or verify the story. […] [I]n order for political forgiveness to be political, the transgressor must be publicly identified and the story publicly confirmable. The private confession of a transgressor to his victim is not, on this account, sufficient for political forgiveness.[1156]

Digeser unterscheidet Versöhnungsprozess und Versöhnungszustand. Aus dem Versöhnungsprozess, der sich auf die Überwindung von Konflikten, Einteilungen und Feindschaft bezieht, kann sich der Versöhnungszustand bzw. die Wiederherstellung von Harmonie, Einheit und Frieden ergeben. „This general distinction between process and state opens the possibility of talking about a process of reconciliation without being committed to a claim that a state of reconciliation has been or even can be ultimately reached."[1157] Ein Versöhnungsprozess kann auch politische Vergebung beinhalten, muss dies jedoch nicht unbedingt. Dank der illokutionären Kraft, die Schulden wahrhaft zu erlassen, wird politische Vergebung allerdings zum wesentlichen Bestandteil des Versöhnungszustandes („state of reconciliation").[1158] „Political forgiveness ultimately entails a settlement with the past such that its effects should no longer reverberate into the future. This state of reconciliation, of course, is not a grand vision of harmony, unity, and friendship, but a state in which it becomes possible to start again."[1159]

1155 Vgl. ebd., 4.
1156 Ebd., 57.
1157 Ebd., 67.
1158 Der Versöhnungszustand lässt sich, so Digeser, nicht ohne vorherige Aufarbeitung der Vergangenheit erreichen. Das offizielle Vergessen, das in Form von bedingungsloser Amnestie angestrebt wird, gilt nicht als ein Weg zum Versöhnungszustand (vgl. ebd., 5).
1159 Ebd., 67 f.

2.1.3 Mark Amstutz – eine gemischte handlungs- und emotionsbezogene Vorstellung politischer Vergebung

Ausgehend von der kommunitaristischen politischen Philosophie begründet Mark Amstutz einen Bedarf nach Vergebung in der Politik.[1160] Im Gegensatz zu den Weltvorstellungen des politischen Liberalismus, der die individuellen Rechte gegenüber gemeinnütziger Wohlfahrt bevorzugt, gibt Kommunitarismus die Priorität einer gemeinwohlorientierten Politik. In den Wirkungsbereich einer derartigen Politik fällt auch die Wiederherstellung der sozialen Bindungen.

Amstutz entwirft einen umfassenderen Ansatz zur politischen Vergebung und versteht sie primär als einen Prozess, der die Heilung von Individuen und die Wiederherstellung der sozialen Beziehungen fördert.[1161] Der Prozess der politischen Vergebung umfasst den Konsens über vergangenes Fehlverhalten, der unter den Konfliktparteien erreicht werden sollte; Reue und Bedauern der Täterseite, die sich in der politischen Sphäre meistens in Form von öffentlichen Entschuldigungen äußern; Verzicht auf Rache, die Feindschaft und Hass aufrechterhalten kann; Empathie für den Anderen, um ihn als Mitmenschen wahrzunehmen; sowie Strafmilderung, um die Heilung der Täter und die Wiederherstellung gebrochener Beziehungen zu fördern.[1162] Die primäre Herausforderung, den Prozess der politischen Vergebung umzusetzen, ist von praktischer Art, nicht konzeptueller oder philosophischer.[1163] Die Akteure können sich nämlich als unwillig zeigen, die Anforderungen der politischen Vergebung zu erfüllen. Ein Prozess der politischen Vergebung hängt stark von der Bereitschaft politischer Repräsentanten ab, auf der einen Seite das vergangene Fehlverhalten anzuerkennen und Reue für das Getane zu äußern, auf der anderen Seite auf Rache zu verzichten sowie Strafe abzumildern. Durch diese politischen Entscheidungen wird ein politischer Vergebungsprozess aber erst eröffnet. Um abgeschlossen zu werden, bedarf politische Vergebung auch eines aktiven Engagements der Bürger, sowohl der Opfer als auch der Täter.

> While public officials can lead the process, communal forgiveness and reconciliation are only completed when citizens of both the offended and offender commu-

---

1160 Vgl. Amstutz, The Healing of Nations, 212 f., 225–227.
1161 Vgl. ebd., 77–79. Vergebung als Akt bezeichnet hingegen die Entscheidung, Individuen und Gruppen von ihren moralischen Schulden und einer verdienten Strafe zu entlasten.
1162 Vgl. ebd., 157–159.
1163 Vgl. ebd., 226.

nities transform their attitudes and behaviors toward the other. In short, political leaders can encourage a people in the steps of forgiveness by acknowledging and repenting of wrongdoing, avoiding vengeance, and renewing social and political relationships.[1164]

Die politische Vergebung vereint in sich die politische, die soziale und die individuelle Ebene.

Je nachdem, wie Gruppen betrachtet werden, sind sie als moralisch handelnde Entitäten anzusehen.

If a group or community is simply a random collection of participants, it will be incapable of independent moral action. If, on the contrary, a group or community is a purposive association that seeks to advance shared interests through established decision-making structures, then such groups are likely to possess moral agency and will therefore be capable of carrying out collective moral actions, including the offering and receiving of political forgiveness.[1165]

Eine kollektive moralische Handlung sei unabhängig vom Verhalten der einzelnen Gruppenmitglieder und umgekehrt.

Es besteht keine feste Formel oder Reihenfolge, die politische Vergebung in der Praxis umzusetzen. Politische Vergebung gilt als ein interaktiver Prozess,[1166] der generell durch eine schuldige Täterseite initiiert wird, indem die Schuldhaftigkeit für das vergangene Fehlverhalten anerkannt wird. Die öffentliche Übernahme von Verantwortung für das kollektive Fehlverhalten und Reue für dieses Tun, nicht jedoch die Bestrafung der Täter, zeigen sich, so Amstutz, als Quintessenz politischer Vergebung.[1167]

Politische Vergebung beruht ihm zufolge auf der individuellen Vergebung. „This means that political forgiveness will depend on interaction between victims and offenders, attitudinal changes that contribute to empathy, and personal moral virtues that foster the healing and restoration of relationships."[1168] Obwohl in der individuellen Vergebungspraxis begründet, wird die politische Vergebung zur Angelegenheit der ganzen

---

1164 Ebd., 86.
1165 Ebd., 84.
1166 Vgl. ebd., 85.
1167 Vgl. ebd., 227.
1168 Ebd., 75. Die individuelle Vergebung beeinflusst die soziale Ebene. „Political forgiveness represents an extension of interpersonal forgiveness to the actions of collectives. Such forgiveness is possible because groups and communities, like individuals, commit moral offenses that result in anger, distrust, and ruptured communal relationships." (Ebd., 224).

Gemeinschaft, indem sie sich das Gemeinwohl zum Ziel setzt.[1169] Amstutz bietet in seiner Theorie politischer Vergebung keine Reihenfolge und kein bestimmtes Normenset für die Behebung eines kollektiven Fehlverhaltens an.

2.2 Die Barrieren für die Verwendung von Vergebung im soziopolitischen Kontext

Unter den Autoren werden verschiedene Gründe angegeben, warum Vergebung mit der Politik nicht kompatibel sei. Außer einem oft angeführten Argument, dem zufolge Vergebung primär als eine religiöse Kategorie anzusehen und deswegen in einen säkularisierten Kontext nicht integrierbar ist, kann man in der Literatur auch andere Begründungen finden, warum Vergebung als ein mangelhaftes Modell von Vergangenheitsaufarbeitung gilt.[1170] Die erste bezieht sich auf die Möglichkeiten von Gruppenvergebung. In Kapitel 2.2.1 wird über den Transfer von der ursprünglich interpersonalen zur sozialen Ebene diskutiert. Ob Vergebung als exklusives Recht von Opfern zu verstehen ist, wird in Kapitel 2.2.2 zum Thema. Hierbei wird ein besonderer Schwerpunkt auf die stellvertretende Vergebung bzw. auf den im-Namen-von-Effekt (*on behalf of*) von Vergebung gelegt. In Kapitel 2.2.3 werden die Grenzen von Vergebung erörtert. Dieses Thema ist von grundlegender Bedeutung im Hinblick auf schwere Menschenrechtsverletzungen. Sind solche Handlungen vergebbar oder nicht? Das letzte Kapitel 2.2.4 thematisiert das Verhältnis zwischen politischer Entschuldigung und Vergebung. Unter Berücksichtigung der Tatsache, dass Opfer als Adressaten von Entschuldigung vorkommen, stellt sich die Frage, ob sie aufgrund dessen zur Vergebung verpflichtet sind.

2.2.1 Vergebung – von der interpersonalen zur sozialen Ebene

Ob Gruppen als Akteure von Vergebung angesehen werden können, wird in wissenschaftlichen Kreisen unterschiedlich wahrgenommen. Digeser prüft die Möglichkeiten der Gruppenvergebung und setzt voraus, dass Gruppen zunächst fähig sein müssen, Unrecht zu erleiden (um vergeben zu können) sowie Unrecht anzutun (um Vergebung zu erhalten), damit die

---

1169 Vgl. ebd., 225.
1170 Vgl. dazu z. B. Stokkom, Public Forgiveness.

Idee von Gruppenvergebung in der Praxis durchgesetzt werden kann.[1171] Er unterscheidet zunächst die zufällig (*random aggregates*) und die nicht-zufällig (*nonrandom aggregates*) zusammengesetzten Gruppen. Die zufällig zusammengesetzte Gruppe bezeichnet eine Menge von Individuen, die sich zur falschen Zeit am falschen Ort versammelten und aufgrund dessen absichtlich oder unabsichtlich ungerecht behandelt wurden.[1172] Bis auf dieses Ereignis besteht keine andere Verbindung zwischen den Gruppenmitgliedern. Bei den nicht-zufällig zusammengesetzten Gruppen sind die Mitglieder durch eine Kategorie (Ethnizität, Religionszugehörigkeit usw.) oder Identität verbunden. Das Unrecht, das die Gruppenmitglieder erleiden, wird als Unrecht gegen dieses vereinende Gruppenmerkmal wahrgenommen (z. B. Rassismus, Antisemitismus, Sexismus usw.). „[W]hen the wrong focuses on the shared characteristic or identity that defines the aggregate, there is a sense in which the wrong is distributed throughout the group. A wrong against a member of a nonrandom aggregate reverberates to all those who share the ascribed characteristic or identity."[1173] Digeser problematisiert die Möglichkeit der Gruppenvergebung bei diesen beiden sozialen Gebilden. Um einen solchen Vergebungsprozess in der Realität umzusetzen, bedarf es der Vergebung jedes einzelnen Gruppenmitgliedes, was wiederum nahezu unmöglich ist, besonders im Falle von Großgruppen und eines sehr verbreiteten und systematisch ausgeübten Unrechts. Digeser berücksichtigt auch die sogenannten Konglomerate, die genauso als Gruppen gelten. Im Gegensatz zu den zufällig und nicht-zufällig zusammengesetzten Gruppen werden die Konglomerate primär durch „decision-making process and an identifiable set of purposes"[1174] festgelegt. Die Regierungen, die als Konglomerate gelten, können Digeser zufolge Unrecht erleiden, aber auch Unrecht antun sowie Verantwortung für ein schädliches Tun übernehmen. Dementsprechend seien Regierungen als potentielle Akteure politischer Vergebung anzusehen.[1175]

Govier ist hingegen eindeutig der Auffassung, dass Gruppen genauso wie Individuen vergeben können. Sie versteht Vergebung als Überwindung von negativen Emotionen, die sich auch in einer geänderten Einstellung gegenüber den Tätern zeigt. Durch diese Transformation wird darauf gezielt,

---

1171 Vgl. Digeser, Political Forgiveness, 110.
1172 Vgl. ebd., 111 f.
1173 Ebd., 112.
1174 Ebd., 116.
1175 Zu den Voraussetzungen der Teilnahme von Regierungen an den Prozessen politischer Vergebung vgl. ebd., 116–145.

die Beziehungen mit den Tätern wiederaufzubauen.[1176] Die vergebende Seite (sowohl Individuen als auch Gruppen) entlastet sich durch Vergebung von der Bürde der Vergangenheit. Vergebung, die nicht nur auf der personalen Ebene, sondern auch im soziopolitischen/öffentlichen Kontext vorkommt, lässt sich, so Govier, nicht als ein Akt ansehen. „[I] am envisaging forgiveness *not as an act or single event, but rather as a process.* […] To the extent that there is public forgiveness, attitudes in society will have shifted away from resentment and bad feelings in the direction of acceptance and an anticipation of constructing decent relationships."[1177] Govier stellt sich den drei Arten von Skeptizismus gegenüber Gruppenvergebung entgegen, und zwar dem fundamentalen (Gruppen haben keine Gefühle und Einstellungen), dem moralischen (nur einzelne Opfer können vergeben) sowie dem Skeptizismus gegenüber dem Vergebungspotential der menschlichen Natur (nach schweren Untaten ist Vergebung außerhalb der Reichweite der meisten Menschen).[1178] Täterschaft und Opferrolle können den Gruppen zugeschrieben werden, weil sie Unrecht antun[1179] und erleiden[1180] können. Die Idee von Gruppenemotionalität, -einstellungen sowie -ansichten wird durch Govier vehement verteidigt.

[A] group that forgives will relinquish its resentment and *sense* of grievance and shift to an attitude of empathy and good-will. If it were a logical mistake to attribute attitudes to groups, groups could not have attitudes to overcome or amend, and it would make no sense to think that groups could either forgive or fail to forgive. But it is not a logical mistake; we can legitimately attribute attitudes to groups. Groups deliberate about policies and actions, and when those deliberations culminate in decisions, we are able to make attributions on the basis of those

---

1176 Vgl. dazu Trudy Govier, „Public forgiveness: A modest defence," in *Public Forgiveness in Post-Conflict Contexts*, hrsg. v. Bas van Stokkom, Neelke Doorn und Paul van Tongeren, Series on Transitional Justice 10 (Cambridge: Intersentia, 2012), 26.

1177 Ebd. (Hervorhebung P.A.).

1178 Vgl. Govier, Forgiveness, 79.

1179 „What we can do in groups is different from what we can do as individuals – which is a major reason for joining groups. Many actions cannot be performed by individuals acting alone. […] [C]oming closer to issues of political conflict and reconciliation, a national government can initiate and implement a widespread and officially sanctioned campaign of harassment against an ethnic minority, which again is something no individual can do." (Ebd., 87).

1180 Vgl. ebd., 88–90. Govier nimmt den Völkermord und die Gewalttaten gegenüber der Tutsi-Minderheit in Ruanda als Beispiel dafür, dass Gruppen Unrecht erleiden können.

decisions. Groups can also deliberate about what to believe and what attitude to adopt. Fundamental scepticism about group forgiveness can be answered.[1181]

Die Idee der kollektiv-emotionalen Transformation zeigt sich in der Praxis als mangelhaft. Eine solche Transformation, besonders wenn große Gruppen massiv durch systematische Gewaltausübung betroffen wurden, ist schwer zu greifen und zu prüfen. Es ist nicht einfach zu erwarten, dass alle Gruppenmitglieder gleichermaßen bereit zur Vergebung seien. Damit wird jedoch nicht bestritten, dass Gruppen als Täter oder als Opfer betrachtet werden können. Hierbei wird in Frage gestellt, ob ein Modell der emotionalen Transformation, das auf der personalen Ebene einsetzbar ist, auf die soziale Ebene zu übertragen ist.[1182]

2.2.2 Vergebung als moralisches Recht von Opfern

In seinem Buch *The Sunflower* beschreibt Simon Wiesenthal, österreichisch-jüdischer Schriftsteller und Überlebender des Holocaust, ein Treffen aus dem Jahr 1943 in Lemberg (Ukraine) mit dem einundzwanzigjährigen SS-Soldaten Karl. Karl liegt auf seinem Sterbebett im Krankenhaus und bittet eine Krankenschwester darum, einen Juden aus der Gruppe von Juden, die im Innenhof des Krankenhauses arbeiteten, zu ihm ins Krankenzimmer zu bringen. Hierbei erzählt Karl Simon von seiner Beteiligung

---

1181 Ebd., 92 (Hervorhebung im Original).
1182 Das betonen auch andere Forscher. MacLachlan ist der Meinung, dass Gruppen Unrecht erleiden können, sie stellt aber die Vergebungsbereitschaft einer Gruppe, und zwar die Vergebungsbereitschaft der Gesamtheit der Gruppenmitglieder, in Frage. „Our hesitation over ascribing collective forgiveness is, I suspect, not so much a matter of rejecting collective attitudes in general, but difficulties imagining a collective readiness to forgive. More than with many attitudes, forgiving seems to be something that people (rightly) do at very different paces and for different reasons, and about which a general reluctance to disrupt the victims' prerogative makes it difficult to imagine how, in a large group, all the affected individuals could come to the decision to forgive without some level of coercion." (MacLachlan, The philosophical controversy, 52). Der US-amerikanische Anthropologe und Soziologe Kevin Avruch übt Kritik an der Idee der kollektiven Identitätstransformation, die in der Gruppenvergebung oft vorkommt. Ihm zufolge werden im Hinblick auf die Vergebung die unterschiedlichen Ebenen verschmolzen, und zwar die individuelle mit der kollektiven, die persönliche mit der politischen. Die Idee der therapeutischen Wiedergesundung wird folglich mit dem Aspekt des politischen Wandels verwechselt (vgl. Avruch, Truth and Reconciliation Commissions, 42).

an der Ermordung von hundertfünfzig bis zweihundert Juden, die in einem Haus in Dnjepropetrowsk vor den Augen Karls lebendig verbrannt wurden. Verfolgt von den Schreien und Bildern der getöteten Juden bittet Karl Simon als einen Juden um Vergebung.

> „I want to die in peace, and so I need ..." I saw that he could not get the words past his lips. But I was in no mood to help him. I kept silent. „I know that what I have told you is terrible. In the long nights while I have been waiting for death, time and time again I have longed to talk about it to a Jew and beg forgiveness from him. Only I didn't know whether there were any Jews left ..." „I know that what I am asking is almost too much for you, but without your answer I cannot die in peace."[1183]

Simon verlässt das Krankenzimmer ohne Antwort. Karl stirbt einen Tag später. Ob er anders hätte handeln können, fragt sich Simon später nach dem Krieg vor einem Symposium. Die Vielfalt von Antworten[1184], die er bei dieser Gelegenheit bekommt, zeigt, wie unterschiedlich Vergebung verstanden wird. Einige Teilnehmer, wie z. B. der US-amerikanisch-katholische Pfarrer Edward Flannery, würden Vergebung von Simon Wiesenthal an Karls Sterbebett rechtfertigen („It is a cardinal principle of Judeo-Christian ethics that forgiveness must always be granted to the sincerely repentant"[1185]). Andere, wie z. B. der polnisch-US-amerikanische Rabbiner Arthur Hertzberg, unterstützen aufgrund des Verbrechensumfangs die Entscheidung Wiesenthals, nicht zu vergeben („Wiesenthal said nothing, and he was right. The crimes in which this SS man had taken part are beyond forgiveness by man, and even by God, for God Himself is among the accused"[1186]).

Im 19. Grundsatz des Dokuments der UN-Kommission für Menschenrechte zum Thema der Straflosigkeit wird Vergebung als privater Akt definiert. „There can be no just and lasting reconciliation without an effective response to the need for justice; an important element in reconciliation is forgiveness, a private act which implies that the victim knows the perpetrator of the violations and that the latter has been able to show

---

1183 Simon Wiesenthal, *The sunflower: On the possibilities and limits of forgiveness; with a symposium*, 2., Rev. and expanded ed. (New York: Schocken, 1997), 54.
1184 Am Symposium nahmen circa 50 Personen mit unterschiedlichen Berufs- und Lebenshintergründen (Theologen, Politiker, Psychiater, Überlebende des Holocaust usw.) teil.
1185 Wiesenthal, The sunflower, 136.
1186 Ebd., 167.

repentance."[1187] Vergebung kann nicht befohlen oder erzwungen werden und kann demzufolge nur vom Opfer gewährt werden.[1188] Vergebung kann durch politische Instanzen zwar gefördert, darf den Opfern aber nicht als ein Muss aufgedrängt werden.[1189] Es ist umstritten, ob ein politischer Repräsentant im Namen von Opfern vergeben darf. Minow ist der Meinung, dass sogar ein Opfer im Namen von anderen Opfern nicht richtig vergeben kann.[1190] Das Recht, im Namen anderer zu vergeben, muss, so Digeser, direkt und eindeutig von dem Opfer übertragen werden.[1191] Diese Rechtsübertragung wäre eine Möglichkeit, dass ein Anderer die Opfer auch in Fragen der Vergebung legitim vertreten könnte. Eine solche Vertretung zeige sich im Hinblick auf moralisches Unrecht als eine schwer durchsetzbare Praxis.[1192] Wenn mit Vergebung im politischen Kontext operiert wird und wenn sie durch einen politischen Repräsentanten, dem kein Unrecht zugefügt wurde, gewährt wird, dann gilt diese politische Handlung, so Minow, vielmehr als ein „call to forgetting or putting aside the memories, not the act of forgiveness itself"[1193]. Es gibt auch politische Repräsentanten, die selbst von einem schädlichen Tun betroffen waren und dementsprechend auch als Opfer anzusehen sind. Wenn Vergebung durch solche Akteure

---

1187 UN Sub-Commission on the Promotion and Protection of Human Rights, *Question of the impunity of perpetrators of human rights violations (civil and political)*, E/CN.4/Sub.2/1997/20, 26. Juni 1997, abrufbar unter http://www.refworld.org/docid/3b00f1a124.html (Stand: 17.08.2021), 7.

1188 Vgl. dazu Minow, Between Vengeance, 17, 20; Kador, Effective apology, 172; Panu Minkkinen, „Ressentiment as Suffering: On Transitional Justice and the Impossibility of Forgiveness," *Law and Literature* 19, Nr. 3 (2007): 515 f.; dass Opfer allein die Traumata verarbeiten sollten, ist auch Goviers Meinung. Sie betrachtet aber Opfer nicht als moralische Autoritäten, deren Verarbeitung von Traumata sich als entscheidend für die Versöhnungsprozesse erweise. „They [Opfer, P.A.] can be unreasonable, belaboring their grievances, refusing to move forward, and handicapping processes of political reconciliation and social reconstruction." (Govier, Public forgiveness, 32).

1189 Vgl. Philpott, What Religion Brings, 100; dem finnischen Rechtswissenschaftler Panu Minkkinen zufolge bestehen grundsätzlich keine strukturellen und politischen Bedingungen für Vergebung. „[I]t is only the victim that can initiate – himself or through his representatives – any conditional requirements of forgiving, any legal or political framework within which unconditional forgiveness will eventually acquire its conditional framework and its concrete and historical relevance." (Minkkinen, Ressentiment, 515 f.).

1190 Vgl. Minow, Between Vengeance, 17.

1191 Vgl. Digeser, Political Forgiveness, 103–106.

1192 Digeser zufolge ist dieser Transfer wahrscheinlicher beim Erlassen von finanziellen Schulden (vgl. ebd., 108).

1193 Minow, Between Vengeance, 20.

im Öffentlichen gewährt wird, muss dies allerdings nicht bedeuten, dass hierbei im Namen von anderen Opfern vergeben wird.

Govier erkennt noch eine Form unilateraler Vergebung, und zwar *invitational forgiveness*, die im Bereich des Öffentlichen vorkommt. Sie ist als eine Initiative für die bilaterale Vergebung anzusehen. *Invitational forgiveness* vollzieht sich ohne vorherige Anerkennung der Täterschaft und Umkehr des Täters. Damit erhofft sich die vergebende Seite, Anerkennung und Umkehr des Täters hervorzurufen. *Invitational forgiveness* findet Govier auch in der politischen Praxis, und zwar beim ehemaligen südafrikanischen Präsidenten Nelson Mandela (1994–1999). Mandelas *invitational forgiveness* galt nicht als ein Aufruf an die Opfer, Vergebung zu gewähren, sondern war vielmehr ein Aufruf an die Täter, an bilateraler Vergebung aktiv teilzunehmen:

> Mandela's forgiveness of white South Africans is best described as invitational forgiveness in this sense. It was clearly not bilateral, given the absence of general acknowledgment of the wrongs of apartheid South Africa. Nor was it unconditional forgiveness in any straightforward sense; it was a unilateral initiative made in anticipation of a bilateral relationship based on acknowledgment. I believe that Mandela's announcements of forgiveness can best be understood as invitations to white South Africans to recognize the past for what it was, acknowledge their wrongdoing and resolve to move forward to develop and support new non-racist institutions. Invitational forgiveness is not an invitation *to forgive*; it is already forgiveness. Rather, invitational forgiveness is an invitation *to acknowledge and reform.* It is one way of urging moral change in those responsible for past wrongs.[1194]

Moralisch betrachtet steht allen Kategorien der Opfer (direkte/indirekte; primäre/sekundäre/tertiäre) zu, Vergebung zu gewähren.[1195] Jeder kann aber nur das vergeben, was auf ihn zutrifft. Aufgrund der Annahme, dass Vergebung primär als ein intimer, kognitions- und emotionsbezogener Prozess gilt, zeigt es sich in der politischen Praxis als schwer, mit stellvertretender Vergebung zu operieren. Bei den toten Opfern drängt sich noch eine Frage auf, und zwar, wer ein solches Recht überhaupt ausüben könnte, im Namen der Toten zu vergeben.[1196]

1194 Govier, Public forgiveness, 27 (Hervorhebung im Original).
1195 Vgl. dazu Govier, Forgiveness, 93 f.
1196 Der schottische Theologe Alan Torrance findet die Lösung der oben gestellten Fragen in der Christologie. Laut Torrance ist die stellvertretende Vergebung, sogar im Namen von toten Opfern, nur durch Christus möglich. Jede Sünde gegen einen Menschen (horizontale Sünde) gilt als Sünde gegen Gott (vertikale Sünde). „[T]he sin against the human victim must be seen as sin against God conceived

2.2.3 Vergebung und das Unvergebbare

Ein französischer Philosoph, Vladimir Jankélévitch, wurde stark durch den Holocaust betroffen, als er sich mit dem Thema Vergebung in einer Debatte um die Verjährung von Kollaborationsverbrechen auseinandersetzte. Verbrechen gegen die Menschlichkeit sind, so Jankélévitch, unverjährbar. Demzufolge können sie nicht abgebüßt werden; „die Zeit hat keinen Einfluß auf sie"[1197]. Die Ausrottung der Juden wird dezidiert als metaphysisches Verbrechen dargestellt und wird in eine direkte Verbindung mit der ontologischen Bosheit gebracht.[1198] Die Vernichtungsintention, der Umfang, in dem Verbrechen gegen die Juden begangen wurden, sowie das Unterlassen der Bitte[1199] um Vergebung werden als Hauptgründe angesehen, warum Vergebung „in den Todeslagern gestorben ist"[1200]. Die überlebenden Opfer können nicht zum Vergeben verpflichtet werden, auch darf niemand im Namen der Opfer vergeben. „[E]s steht uns nicht zu, für kleine Kinder zu verzeihen, an deren Todesmarter die Bestien sich vergnügten. Die kleinen Kinder selbst müßten verzeihen. Wenden wir uns also den Bestien zu und den Freunden dieser Bestien und sagen wir ihnen: Die kleinen Kinder, bittet sie selbst um Verzeihung."[1201] Jankélévitch zufolge lässt sich der Holocaust nicht entschädigen; „es gibt keine Wiedergutmachung für das

---

as one and the same object as the victim. And it also must be seen as the same sin against both. In short, the sin against the victim, christologically and pneumatologically conceived, is identical – both as the particular act that it is and with respect to its particular human object – with sin against God. *The vicarious humanity of Christ effects an appropriate and valid forgiveness on both the horizontal and the vertical plane.*" (Alan J. Torrance, „The Theological Grounds for Advocating Forgiveness and Reconciliation in the Sociopolitical Realm," in *The politics of past evil: Religion, reconciliation, and the dilemmas of transitional justice*, hrsg. v. Daniel Philpott [Notre Dame, Ind.: University of Notre Dame Press, 2006], 74 [Hervorhebung P.A.]).

1197 Vladimir Jankélévitch, *Verzeihen?* (Frankfurt am Main: Suhrkamp, 2006), 17.

1198 Vgl. ebd., 16 f. Die Verantwortung für den Holocaust trägt, so Jankélévitch, das gesamte deutsche Volk (vgl. ebd., 39 f.). In ähnlicher Weise erkennt Arendt in Anlehnung an Kant das sogenannte radikale Böse. Dieses Böse lässt sich daran erkennen, „daß wir es weder bestrafen noch vergeben können, was nichts anderes heißt, als daß es den Bereich menschlicher Angelegenheiten übersteigt und sich den Machtmöglichkeiten des Menschen entzieht" (Arendt, Vita activa, 236).

1199 Die Bitte um Vergebung setzt das Schuldeingeständnis voraus. Es sollte ohne Vorbehalte stattfinden. Jankélévitch zufolge baten weder Täter noch die deutschen Intellektuellen die Opfer um Vergebung (vgl. ebd., 47 f.).

1200 Ebd., 46.

1201 Ebd., 53.

Nichtwiedergutzumachende"[1202]. Vor diesem Hintergrund gilt der Holocaust als unvergebbares Verbrechen.

Anders als Jankélévitch ist der französische Philosoph Jacques Derrida der Ansicht, dass Vergebung sich primär damit auseinandersetzen soll, was *per se* nicht zu vergeben ist.[1203] „[F]orgiveness forgives only the unforgivable. One cannot, or should not, forgive; there is only forgiveness, if there is any, where there is the unforgivable. That is to say that forgiveness must announce itself as impossibility itself. It can only be possible in doing the impossible."[1204] Dementsprechend lassen sich keine Grenzen von Vergebung festlegen. Vergebung ist mit den anderen verwandten Begriffen (Reue, Amnestie) nicht zu verwechseln und soll sich nicht auf Strafrecht reduzieren. „Forgiveness is not, it should not be, normal, normative, normalising. It should remain exceptional and extraordinary, in the face of the impossible: as if it interrupted the ordinary course of historical temporality."[1205] Vergebung wirkt in Derridas Vorstellung autonom von Politik und irgendwelchen Zielen oder Bedingungen.[1206]

Eine der Unklarheiten, was das Potential von Vergebung angeht, bezieht sich darauf, was genau als Objekt von Vergebung angesehen wird. Vergibt ein Opfer eine Untat oder vergibt es einem Täter? Diese Unklarheit war auch Derrida bewusst:

> What do I forgive? And whom? What and whom? Something or someone? This is the first syntactic ambiguity which will, be it said, occupy us for a long time. Between the question 'whom?' and the question 'what?'. Does one forgive something, a crime, a fault, a wrong, that is to say, an act or a moment which does not exhaust the person incriminated, and at the limit does not become confused with the guilty, who thus remains irreducible to it? Or rather, does one forgive someone, absolutely, no longer marking the limit between the injury, the moment of the fault, and on the other side the person taken as responsible or culpable? And in the latter case (the question 'whom?') does one ask forgiveness of the victim,

---

1202 Ebd., 57.
1203 Derrida zufolge gehört Vergebung zur abrahamischen Tradition und betrifft dementsprechend Judentum, Christentum und Islam. Trotzdem wird Vergebung zu einer internationalen bzw. globalen Norm und Praxis (vgl. Jacques Derrida, *On cosmopolitanism and forgiveness* [London, New York: Routledge, 2009], 27 f.).
1204 Ebd., 32 f.
1205 Ebd., 32.
1206 „What I dream of, what I try to think as the 'purity' of a forgiveness worthy of its name, would be a forgiveness without power: unconditional but without sovereignty. The most difficult task, at once necessary and apparently impossible, would be to dissociate unconditionality and sovereignty." (Ebd., 59).

or some absolute witness, of God, of such a God, for example, who prescribed forgiving the other (person) in order to merit being forgiven in turn?[1207]

Als Vergebungsobjekt wird das Handlungssubjekt angesehen. Obwohl es sich in seiner Handlung zeigt, wäre Vergebung unmöglich, „wenn sie nicht zugleich eine Differenzierung zwischen der Person einerseits und ihrem Tun andererseits vornähme"[1208]. Vergebung benennt, so der deutsche Theologe Matthias Schleiff, Schuld und erfolgt in Gestalt einer Zusage an den schuldig Gewordenen. „Der Vergebende spricht dem schuldig Gewordenen zu, ihn nicht auf seine Vergangenheit festzulegen, und schenkt so der Beziehung zwischen zwei Personen eine neue Zukunft."[1209] Govier gibt einen anderen Grund an, warum den Tätern vergeben wird und nicht die Untaten vergeben werden, und zwar, weil nur die Täter als moralisch verantwortliche Wesen zu betrachten sind.

> We forgive, or do not forgive, persons, the moral agents who have committed those deeds. No deed ever expressed remorse, apologized, asked for forgiveness, or faced the challenge of moral transformation. No deed ever had to decide whether to take part in collaboration with a former enemy, or engage in a criminal process or a program of transitional justice. It is not with deeds that we could, or could not, co-exist or reconcile. All these things involve persons: *it is persons who are the subjects and objects of forgiveness; persons who forgive or do not forgive.*[1210]

Die Idee des Unvergebbaren beruht auf der Irreversibilität des Vergangenen und der Unersetzlichkeit des Geschädigten. Die Vergebungsbereitschaft des Opfers sowie die Idee der moralischen Transformation des Täters werden hierbei vernachlässigt. Dadurch werden Opfer und Täter zu Gefangenen der Vergangenheit. Opfern und Tätern wird hierbei keine Gelegenheit gegeben, über die Vergangenheit hinauszugehen. Wenn Vergebung aber als autonomes Recht des Opfers angesehen wird, so bedeutet das auch, dass es vor allem an den Opfern liegt, trotz allem Vergebung zu gewähren oder sie aufgrund der eigenen Nichtvergebungsbereitschaft abzulehnen.

Die Idee des Unvergebbaren, aber auch des damit eng verbundenen Nicht-Strafbaren sowie des Nicht-Versöhnlichen soll den Akteuren in der Konfliktfolgezeit nicht aufgedrängt werden. Dadurch kann nur eine passive Rezeption des Vergangenen gefördert werden, ohne den Akteuren Gele-

---

1207 Ebd., 38.
1208 Matthias Schleiff, „Paradox und Praxis der Vergebung," in *Schuld und Vergebung: Festschrift für Michael Beintker zum 70. Geburtstag*, hrsg. v. Hans-Peter Großhans u. a. (Tübingen: Mohr Siebeck, 2017), 367.
1209 Ebd., 369.
1210 Govier, Forgiveness, 109 (Hervorhebung P.A.).

genheit zu bieten, an der zukunftsorientierten Reaktion, die sich aus der Vergangenheitsaufarbeitung durch unterschiedliche Instrumente (Tribunale, Wahrheitskommissionen, Erinnerungspolitik, Entschuldigung usw.) ergeben kann, aktiv teilzunehmen. In diesem Zusammenhang zeigt sich hingegen ein *Un-* bzw. ein *Nicht-* als besonders hilfreich, und zwar das Unvergessliche bzw. das Nichtzuvergessende. Im Post-Konflikt-Kontext sollen Akteure angeregt und weiter gefördert werden, die Erinnerungen an Verbrechen und Opfer wach zu halten. Dementsprechend zeigt sich das politische Motto *vergib und vergiss* als besonders problematisch.[1211] Selbst Jankélévitch, der sich für die Idee des Unvergebbaren sehr engagiert einsetzt, bezeichnet das Vergessen von Verbrechen als eine Sünde. Das Erinnern bzw. das Nicht-Vergessen wird zur Pflicht der überlebenden Akteure.

> Das Vergessen wäre in diesem Fall eine schwere Beleidigung gegenüber denen, die in den Lagern gestorben sind und deren Asche für immer mit der Erde vermengt ist; es wäre ein Mangel an Ernsthaftigkeit und an Würde, eine schändliche Frivolität. Ja, die Erinnerung an das, was geschehen ist, ist in uns unauslöschlich, unauslöschlich wie die Tätowierung, welche die aus den Lagern Davongekommenen noch auf dem Arm tragen.[1212]

2.2.4 Politische Entschuldigung und Vergebung

Der Wille des Opfers wäre dem Willen des Täters tatsächlich untergeordnet, wenn Vergebung eine Entschuldigung voraussetzte. Vergebung ist im Gegenteil zunächst als eine unbedingte Gabe des Opfers zu verstehen. Vor diesem Hintergrund vollzieht sich Vergebung unaufgefordert. Die unilaterale Form von Vergebung lässt sich in der Praxis durch religiöse Überzeugungen begründen oder durch den Bedarf der Opferseite an psychischer Genesung, die sich in der Überwindung von negativen Emotionen widerspiegelt. Durch eine Entschuldigung wendet sich der Sich-Entschuldigende

---

1211 Govier zufolge wird durch Vergebung das, was erlebt wurde, nicht vergessen. Dadurch beginnt der Vergebende, sich an die erlebten Untaten anders zu erinnern. „Reflecting on 'forgive and forget' we can see that it is silly if interpreted literally. It is surely not correct to think that all who forgive will forget, just because they have forgiven. It is not forgetting that is a corollary of forgiveness; rather, it is the cessation of a particular kind of remembering – remembering in a bitter, grudging, and grievance-cultivating way. Clearly, a person can forgive something without forgetting it." (Govier, Taking Wrongs, 99).
1212 Jankélévitch, Verzeihen, 61 f.

direkt an das Opfer, ohne damit eine Ausrede oder Rechtfertigung für sein falsches Tun zu suchen. Entschuldigung ist demnach als eine Art Dialog anzusehen, oder zumindest als Einladung zum Dialog seitens der Täter-seite an die Opferseite. Der Täter erkennt durch die Entschuldigung das Unrecht und die Täterschaft an; bringt Reue über das Fehlverhalten zum Ausdruck; er leistet Wiedergutmachung für die dem Opfer zugefügten Schäden; und verspricht, das Fehlverhalten nicht zu wiederholen. Obwohl es dem Opfer leichter wäre, dem bereuenden und sich entschuldigenden Täter zu vergeben, ist eine derartige Reaktion vonseiten des Opfers nicht unbedingt zu erwarten. Wenn sich die Vergebung der Opferseite als eine Art Antwort auf die Entschuldigung der Täterseite vollzieht, handelt es sich um die bilaterale Form von Vergebung.[1213]

> A proper and successful apology is the middle term in a moral syllogism that commences with a *call* and ends with *forgiveness*. The social processes that ge-nerate the sequence cannot be activated until there is a call: the attribution and nomination of an offense that can be negotiated not by an account or appeal to reason(s), but only through the faculty of forgiving. In other words, until the ac-tion in question is semantically and symbolically transformed into "apologizable" discourse, it remains subject to other formulations and interpretations. These may or may not be concerned with apology's fundamental tasks of reaccrediting membership and stabilizing precarious relations, but what they share is indiffe-rence to or incapacity for forgiveness. Thus, depending upon the relative status, interests, resources, moral assumptions, etc., of the participants (and concerned others), different consequences can follow a transgression. It may be punished, avenged, admonished, excused, ignored, denied, defined as venial, or fall outside the boundary of forgiveness altogether.[1214]

Tavuchis zeigt Entschuldigung und Vergebung als Stufen auf dem Weg zur Versöhnung auf. Diesem dreistufigen Prozess soll die Auseinanderset-zung mit der Vergangenheit vorausgehen. „If there is no call, no urgency to remember, no struggle against the natural tendency to forget, then there is no occasion for apology [...], and the process of call, apology, forgive-

---

1213 Govier beschreibt bilaterale Vergebung wie folgt: „Bilateral forgiveness is groun-ded on the wrongdoer's acknowledgement of wrongdoing. Offender and victim agree that what was done was wrong, so there is moral accord at this level. For-giveness presupposes wrongdoing. A person who communicates his forgiveness to another presumes that that other needs to be forgiven. If a person thinks he has done nothing wrong, he will obviously not apologize or express remorse; nor will he accept forgiveness if it is offered to him. The offer will strike him as out of place – presumptuous and insulting." (Govier, Forgiveness, 46).

1214 Tavuchis, Mea Culpa, 20.

ness, and reconciliation is aborted."[1215] Der Täter solle das Opfer von der Aufrichtigkeit seiner Umkehr überzeugen, damit es Vergebung gewähren kann. Dieser moralische Syllogismus passt in die Idee der bilateralen Vergebung. Die Frage drängt sich auf, ob sich Vergebung durch eine politische Entschuldigung fördern lässt. Wenden sich politische Repräsentanten als sich entschuldigende Akteure direkt an die Opfer, und wenn ja, erwarten sie hierbei die Vergebung der Opfer?

Die israelische Politikwissenschaftlerin Nava Löwenheim erarbeitete eine Typologie der sprachlichen Äußerungen, was die Formen der Bitte um Vergebung in der Sphäre des Politischen betrifft. Diesbezüglich unterscheidet sie drei Aussagen: *We are sorry* (es tut uns Leid), *Apology* (Entschuldigung) und *Forgive us* (vergebt uns).[1216] Die erste Sprachäußerung (*es tut uns leid*) muss nicht zwangsläufig die Anerkennung der Täterschaft beinhalten. Dadurch wird Bedauern nur teilweise vermittelt. Politiker benutzen häufig diese Sprachäußerungsform, um die Übernahme von Verantwortung zu vermeiden. Auch durch *Entschuldigung* muss die Verantwortung für das Fehlverhalten nicht unbedingt übernommen werden. In diesem Fall versteht man Entschuldigung vielmehr als eine Form von Ausrede oder Erklärung.[1217] Wenn der sich entschuldigende Repräsentant die Verantwortung für ein gewisses Fehlverhalten übernimmt und Bedauern äußert, muss dies allerdings nicht bedeuten, dass er die Opfer um Vergebung bittet. „Therefore, although it can increase the victim group's willingness to forgive[,] an apology between international actors may be successful even if explicit forgiveness is not forthcoming. Thus, an expression of sorrow or an apology carries no inherent expectation that the victim will respond by forgiving."[1218] Durch die Sprachäußerung *vergebt uns* werden hingegen die Opfer direkt angesprochen. Der Sich-Entschuldigende erwartet somit, dass die Opfer die materiellen und emotionalen Schulden vergeben. Diese Art uneingeschränkter Bitte um Vergebung kommt in der politischen Praxis jedoch selten vor. „The stakes are highest here because uttering 'forgive us' involves a direct appeal to the victim which [sic] may simply refuse

---

1215 Ebd., 21 f.

1216 Vgl. Nava Löwenheim, „A Haunted past: Requesting Forgiveness for Wrongdoing in International Relations," *Review of International Studies* 35, Nr. 3 (2009): 536–538.

1217 Mehr zu den Nuancen der Sprachausdrücke von Entschuldigung in Kapitel 1.5.6 dieses Teils der Arbeit.

1218 Löwenheim, A Haunted past, 537.

to forgive."[1219] Löwenheim führt die Elemente des Idealtyps der Bitte um Vergebung an.

> It entails an explicit request for forgiveness; follows a wrong that the applicant committed with malice aforethought; and contains the following five elements: (1) public acknowledgement that an injustice took place; (2) public admission of responsibility for the injustice perpetrated by the state asking for forgiveness; (3) an expression of regret or remorse (the perpetrator declares that the wrong should not have occurred in general and by it in particular and promises that it will not happen again); (4) the provision of material compensation; and (5) an expectation to be forgiven (a desire to make amends and reconcile).[1220]

Je mehr Elemente von den oben angeführten eine Bitte um Vergebung beinhaltet, umso aussagekräftiger, relevanter und aufrichtiger scheint sie zu sein. Welches von diesen Elementen ein Staat auswählt, hängt vornehmlich von den Strategien dieses Staates ab, sich mit dem Unrecht auseinanderzusetzen. „The types of request located along the continuum include expressions of sorrow, apologies, explanations, excuses, justifications, non-apologies, and vague (or explicit) requests for forgiveness."[1221]

Der niederländischen Soziologin Sanderijn Cels zufolge lässt sich die politische Entschuldigung als Akt öffentlicher Vergebung betrachten, wenn sich Vergebung als Prozess der gegenseitigen Transformation ereignet.[1222] Das bedeutet, dass der Opfer- und Täterseite ermöglicht werden soll, an diesem Prozess aktiv teilzunehmen. Um als erfolgreich wahrgenommen zu werden, braucht eine politische Entschuldigung die Antwort seitens der Opfer.

> [I]f the apology event does not provide for room for the victims to respond to the official statement, for example because separate forums do not provide them with the opportunity to do so on the public stage, official apologies run the risk of failing to deliver on one of their promises: the establishment of a designated moral community to which both offender and victim belong.[1223]

1219 Ebd., 538
1220 Ebd.
1221 Ebd.
1222 Vgl. Sanderijn Cels, „Forums of Apology and Forgiveness," in *Public Forgiveness in Post-Conflict Contexts*, hrsg. v. Bas van Stokkom, Neelke Doorn und Paul van Tongeren, Series on Transitional Justice 10 (Cambridge: Intersentia, 2012), 191. Die Idee, dass Vergebung als gegenseitige Transformation der Opfer- und Täterseite zu verstehen ist, übernimmt Cels vom US-amerikanischen Philosophen Charles L. Griswold (vgl. Charles L. Griswold, *Forgiveness: A Philosophical Exploration* [Cambridge u. a.: Cambridge University Press, 2007], 47 f.).
1223 Cels, Forums, 191.

2.3 Exkurs: Alice MacLachlan und ein multidimensionales Modell politischer Vergebung

Im Bewusstsein der Vielschichtigkeit politischer Realität sowie der Viel-fältigkeit potentieller Akteure distanziert sich Alice MacLachlan davon, einen neuen normativen Ansatz zur politischen Vergebung zu erarbeiten. Sie vertritt eine multidimensionale Vorstellung von politischer Vergebung. Der Vergebung lässt sich, so MacLachlan, eine politische Konnotation in folgenden drei Fällen verleihen:[1224] Erstens sind Gruppen als Akteure po-litischer Vergebung anzusehen, wenn sie als politische Einheiten (Staaten, Organisationen, ethnische Gruppen und Minderheiten usw.) gegründet oder organisiert sind. In diesem Zusammenhang nehmen die politischen Repräsentanten ebenfalls eine wichtige Rolle ein. Zweitens sind Individuen und Gruppen als Akteure politischer Vergebung anzusehen, wenn ihre Beziehungen politisch geprägt sind. So lässt sich Vergebung z. B. in Ver-bindung mit politisch motivierter Gewaltausübung als politische Handlung wahrnehmen. Drittens wird Vergebung als politisch verstanden, wenn sie zum Teil eines breiteren Prozesses wird, der die Etablierung einer poli-tischen Gesellschaft zum Ziel hat. Durch einen solchen Prozess werden z. B. dauerhafter Frieden, der Aufbau demokratischer Institutionen usw. angestrebt.

Was die Multidimensionalität politischer Vergebung betrifft, führt MacLachlan zunächst fünf Phänomene an, die in der Literatur als Betrach-tungen zur politischen Vergebung seitens der Forscher auftauchen.

i)   A specific act or government policy of reconciliation or peace-making: for example, the decision to implement truth commissions, to grant collective am-nesty to perpetrators, to offer an individual political pardon, to issue a public apology or to make (or accept) an offer of reparation following harm.

ii) Individual acts or events that take place within the context of such policies: for example, the actual ceremony of apology between two heads of state, or the 'scenes' of forgiveness between individual victims and wrongdoers that Desmond Tutu describes as taking place in the context of South African Truth and Reconciliation Commission.

iii) The goal or end result of such policies; this third category treats political forgiveness as a synonym for a rich notion of political reconciliation. Thus, political forgiveness – in this sense – is achieved when such acts or policies are concluded with some standard or success, or to the satisfaction of those involved.

1224 Vgl. MacLachlan, The philosophical controversy, 42.

iv) A side effect of these policies, such as a widespread shift in general social attitudes and behaviors between former victims and perpetrators, including media reports, polling, records of inter-community incidents and police reports, success of integrated schooling, and through cultural artifacts like novels, films, plays and songs.

v) A value governing policies and process of social reconciliation, a value usually listed alongside truth telling, justice and peace. Such values function as reference points for the mandates and commitments of specific committees, task forces, commissions, and so on.[1225]

MacLachlan sieht keinen Grund, irgendeines dieser Phänomene unbedingt als unvollkommen zu betrachten. Das bedeutet aber nicht, dass diese zwingend als „partial fragments of a larger, unified *real* 'political forgiveness'"[1226] angesehen werden müssen. Hierbei drängt sich die Frage auf, ob diese Phänomene miteinander zusammenhängen können. Ein Vergebungsmodell, das alle angeführten Phänomene in sich enthalten würde, ist in der Praxis jedoch unmöglich zu erreichen. Dies ist kein Grund, die Idee der politischen Vergebung für ungültig zu erklären. Es ist nur die Frage, welches von diesen Phänomenen in einem bestimmten Kontext geeignet wäre.

Once we accept that forgiveness is already a multidimensional set of overlapping acts and practices, the appropriate questions shift from "whether political forgiveness?" to "which act of political forgiveness, if any, is appropriate here and now?" We can focus on how these different acts and occasions of political forgiveness intersect, cause and react with one another, which (if any) are most politically valuable in a particular situation, and how we can best understand the political grounds for these acts of forgiveness and the conditions under which they are morally, as well as politically, appropriate.[1227]

Die direkten bzw. primären Opfer sind nicht als einzige Subjekte politischer Vergebung anzusehen, die Vergebung der sekundären und tertiären Opfer kann in der Konfliktfolgezeit auch sehr wirksam sein. Die Akte politischer Vergebung vollziehen sich nicht im Namen der Opfer, sie werden oftmals zum Teil eines „wider political peace making".[1228]

Cultures of enmity and resentment can become so deeply entrenched that it appears impossible to imagine a resolution to longstanding social and political conflict. Political decisions to forgive – *manifested as the cessation of hostility,*

1225 Ebd., 43 f.
1226 Ebd., 44 (Hervorhebung im Original).
1227 Ebd., 45.
1228 Ebd., 47.

promotion of better relations, or agreements to power-share, to hold truth hearings instead of trials, or to grant amnesty for moral-political reasons – may play an important role in shifting the broader culture.[1229]

Die Vergebung der Opfer, die sich in ihrer kognitiv-emotionalen Transformation widerspiegelt, kann durch politische Instanzen zwar nicht erzwungen werden, lässt sich aber durch diese deutlich fördern. Politische Instanzen können, so MacLachlan, das Forum für die individuellen Akte der emotional geprägten Vergebung seitens der Opfer herstellen und sind folglich in der Lage, diese als Teil einer breiteren Kultur zu fördern.[1230]

Vergebung ist kein exklusives Recht der Opfer. Zu diesem Schluss kommt MacLachlan, indem sie das sogenannte emotionale Modell von Vergebung nicht als einzig mögliches berücksichtigt. Diesem Modell zufolge kann Vergebung nur das innere Leben des vergebenden Individuums betreffen. Das emotionale Modell in die politische Realität zu transferieren zeigt sich als problematisch.

Viewing forgiveness according to the Emotional Model demands either that we choose between all or nothing: either we always appeal rich emotional attitudes and personal responses to explain an act of political forgiveness or we create a separate, restricted notion of political forgiveness that merely resembles its interpersonal cousin, excluding affective dimensions altogether. The former sits uneasily with liberals, and while the latter could account for policies of pardon, collective amnesty and – arguably – decisions not to retaliate violently against aggression, it cannot explain many political practices of truth-telling and reconciliation, institutional apologies and their acceptances, or more general political exhortations to forgive collectively.[1231]

Die politische Vergebung verzichtet trotzdem nicht vollkommen auf ein emotionales Modell von Vergebung. Sie bezieht auch die handlungsorientierte Vorstellung von Vergebung mit ein. Dies liegt darin begründet, dass politische Vergebung nicht nur die Interessen der einzelnen Opfer im Fokus behält, sondern auch die Interessen der gesamten Gesellschaft. Das bedeutet nicht, dass sich die Akte politischer Vergebung (in Gestalt von Amnestien, Annahme von Entschuldigung, Etablierung von Wahrheitskommissionen als Instrument der Vergangenheitsaufarbeitung usw.) unabhängig von den Opfern und ihren Bedürfnissen vollziehen sollten.

1229 Ebd. (Hervorhebung P.A.).
1230 Vgl. ebd., 48.
1231 Ebd., 49.

„[A] successful (constructive) policy of forgiveness must be combined with more general policies of social justice and reparations to victims."[1232]

Die politische Vergebung betrifft die soziale Ebene, ist aber nicht zwangsläufig mit ihr gleichzusetzen. Wenn man vom emotionalen Modell von Vergebung ausgehen würde, ließe sich an kollektiver Vergebungsbereitschaft zweifeln, weil dies die Bereitschaft jedes einzelnen Gruppenmitgliedes voraussetzen würde. „The intransigence of groups would be an insurmountable barrier to forgiveness, if all acts of forgiveness required spontaneous, unanimous, and whole-hearted group decision. And given that such a happy event is unlikely, there are certainly limits to the kind of forgiveness we can ascribe to groups."[1233] Das bedeutet aber nicht, dass Gruppen durch politische Vergebung nicht betroffen werden können. MacLachlan ist der Ansicht, dass politische Vergebung nicht nur mit individuellen Strategien und Ereignissen zusammenhängt, sondern auch in das Paradigma sozialen Wandels und sozialer Anstrengungen passt.

MacLachlan unterscheidet deutlich die Ebenen innerhalb politischer Vergebung – individuelle, politisch-öffentliche und soziale. Sie sind nicht zu idealisieren oder als einander entgegengesetzt zu betrachten.

> Failing to acknowledge the extent to which our interpersonal conflicts are politicized risks idealizing interpersonal forgiveness as a spontaneous, unmeasured act of utterly disinterested generosity, even while caricaturing political forgiveness: either as a radically illiberal effort to impose emotional states on large groups of people or as a cynical calculation of power. This caricature not only fails to be faithful to the multiple meanings of forgiveness, but also ignores many ways in which political leaders, institutions, and even collectivities, *are* capable of assuming the role of forgiver: in individual acts and ceremonies, in policy choices, in the values governing widespread policy, and the social consequences of political change.[1234]

MacLachlans multidimensionale Vorstellung politischer Vergebung zeigt sich als kontextangepasst und flexibel. Sie geht über die individualisierte und emotionsorientierte Idee von Vergebung hinaus, ohne auf diese vollkommen zu verzichten. Die kognitiv-emotionale Transformation der Opfer wird aber nicht als oberstes Ziel politischer Vergebung angesehen. Als dieses gilt die politische Wiederherstellung des Vertrauens zwischen den ehemaligen Konfliktparteien.

1232 Ebd., 51.
1233 Ebd., 52.
1234 Ebd., 62 (Hervorhebung im Original).

3 *Transitional justice* – Vergebung – Entschuldigung: die Möglichkeit einer Korrelation?

TJ etablierte sich als Forschungsfeld im Kontext von weltweit wachsenden Demokratisierungsprozessen. Die Transitionsstaaten und -gesellschaften stellten sich nämlich einer großen Herausforderung, die Gerechtigkeit nach einem Regimewechsel durchzusetzen, ohne dadurch die Stabilität der neu etablierten demokratischen Regierung zu gefährden. Die Bewahrung von Demokratisierungsprozessen galt als oberstes Ziel von TJ. Heutzutage wird TJ vornehmlich von einem Übergang (*transition*) zu Frieden und Sicherheit geleitet, den eine gespaltene Gesellschaft oder die ehemaligen Konflikt-staaten nach einer gewalttätigen Vergangenheit anstreben. TJ gilt als ein immer noch zu entwickelndes Forschungsfeld, das über keinen festen wissenschaftlichen Kanon verfügt. In der Realität wirkt TJ als eine Fähigkeit, sich mit einer gewalttätigen Vergangenheit auseinanderzusetzen. Aufgrund dessen besteht TJ im Plural, bzw. jeder Staat und jede Gesellschaft können sich einen eigenen Ansatz zur Vergangenheitsaufarbeitung aussuchen.

TJ zeigt in der Praxis eine gewisse Flexibilität, indem sie sich den konkreten Umständen anpasst, in denen sich eine Gesellschaft oder ein Staat befindet. In diesem Zusammenhang ist TJ als ein höchst politisch-pragmatisches Konzept zu verstehen. Jeder TJ-Fall ist nämlich sui generis zu verstehen, weil sich ein Übergang zu Frieden und Sicherheit nicht auf eine normative Art und Weise empfehlen lässt. Die Strategien bzw. die Auswahl von Instrumenten, mit denen eine gewalttätige Vergangenheit aufgearbeitet wird, werden durch verschiedene äußere und innere Umstände beeinflusst (Machtinteressen verschiedener Akteure, Versöhnungsbereitschaft, Art und Weise der Konfliktbeendigung, das Ausmaß von Verbrechen, Stabilität und Politik der neuen Regierung usw.). Gleichzeitig verfolgt TJ ein breites Spektrum von Zielen, das von psychologischer Genesung der einzelnen Opfer bis zur nationalen Versöhnung variiert. Vor diesem Hintergrund wirkt TJ nicht nur retrospektiv, sie ist auch auf die Zukunft einer Gesellschaft gerichtet.

Politische Entschuldigung und politische Vergebung lassen sich als konkrete Akte wahrnehmen, sie dürfen aber nicht auf eine derartige handlungsorientierte Vorstellung reduziert werden. Sie sind auch als vielschichtige und auf Frieden und Versöhnung hin orientierte Prozesse zu verstehen. Wie sind sie als solche in Verbindung mit TJ zu bringen? Der Korrelationsgrad zwischen politischer Entschuldigung und Vergebung mit

TJ hängt davon ab, wie transformativ ein Übergang (*transition*) zu Frieden und Sicherheit wird. Die australische Politikwissenschaftlerin Wendy Lambourne entwickelt ein transformatives Modell von TJ, „that requires rethinking our focus on 'transition' as interim process that links the past and the future, to 'transformation' that implies long-term, sustainable processes embedded in society"[1235]. Lambourne verbindet TJ mit der Idee von „sustainable peacebuilding and conflict transformation"[1236]. Ein derartiges transformatives Modell soll holistisch wirken. Es setzt einen Akzent nicht nur auf die Transformation von Strukturen und Institutionen, sondern auch auf die Transformation der Beziehungen zwischen den Menschen.[1237] Vor diesem Hintergrund soll sich Transformation auf verschiedenen Ebenen (politische, institutionelle, strukturelle, sozioökonomische, individuelle, soziale usw.) des gesamtgesellschaftlichen Lebens vollziehen. Das transformative Modell von TJ integriert in sich vier Aspekte von Gerechtigkeit: „accountability, or legal justice; psychosocial justice, including truth and healing; socioeconomic justice; and political justice"[1238] (zu der ausführlichen Darstellung von Elementen und Prinzipien des transformativen Modells von TJ siehe die untenstehende Abbildung).

Elements or aspects of transformative justice	*Principles of transformative justice*
1. accountability, or legal justice, that reconciles retributive and restorative justice (rectificatory justice, restores public order and rule of law, removes culture of impunity)	1. symbolic and ritual, as well as substantive, aspects of justice
2. 'truth' and healing, or psychosocial justice: knowledge and acknowledgement (factual/forensic truth, personal/narrative truth, social/dialogical truth, healing/restorative truth)	2. prospective (future oriented, long term) as well as present (including procedural) and historical justice (dealing with the past)
3. socioeconomic justice (reparation, restitution, compensation, distributive justice)	3. local ownership and capacity-building
4. political justice (political reform, governance, democratisation)	4. structural transformation and institutional reform
	5. relationship transformation and reconciliation
	6. holistic, integrated and comprehensive

Abb. 5: Transformative Justice Model of Transitional Justice
(Wendy Lambourne)[1239]

1235 Lambourne, Transformative justice, 19.
1236 Wendy Lambourne, „Transitional Justice and Peacebuilding after Mass Violence," *The International Journal of Transitional Justice* 3, Nr. 1 (2009): 34.
1237 Vgl. Lambourne, Transformative justice, 23.
1238 Ebd., 24.
1239 Ebd., 33.

Das transformative Modell von TJ beruht auf einem synkretistischen Ansatz zur Gerechtigkeit.[1240] Demzufolge soll man in der Praxis die Elemente bestrafender und aufbauender Gerechtigkeit kombinieren. Erst daraus kann sich eine vielfältige Transformation ergeben.

> Transitional justice mechanisms that do not seek to reconcile the retributive and restorative aspects of justice and to promote some form of acknowledgement or truth and healing, in addition to transforming political institutions and socioeconomic distribution, will most likely not create the required transformation in relationships necessary to support sustainable peace. A concept of transformative justice that links the past and the future through locally relevant mechanisms and processes that provide accountability, acknowledgment, political and socioeconomic justice should be the basis for an integrated and comprehensive peacebuilding process.[1241]

Die Transformationseffekte sind nicht nur institutionell-politischer Art. Sie sollen tief ins gesamtgesellschaftliche Leben eindringen. Vor diesem Hintergrund sind auch Einzelopfer und -täter sowie Gruppen als Objekte der transformativen Anstrengungen anzusehen. Die Idee der politischen Entschuldigung und Vergebung, die selbst auch als Prozesse transformativen Charakters zu verstehen sind, passt in dieses transformative Paradigma von TJ. Ob diese Prozesse zusammen in der Praxis mit TJ korrelieren würden, ist in jedem TJ-Fall *per se* zu beurteilen. In der Realität können TJ und ihre potentiellen transformativen Effekte, aber auch die soziopolitischen Perspektiven von Entschuldigung und Vergebung, durch konkrete politische Umstände und Akteure gestört werden.

1240 Vgl. ebd., 20 f.
1241 Ebd., 34.

Teil VI – Schluss

Die christliche Anthropologie beruht auf der Annahme, dass der Mensch ein soziales Wesen ist bzw. dass er für die Gemeinschaft mit anderen Mitmenschen bestimmt ist. Obwohl das Dasein bzw. die Erlösung eines Einzelnen in engen Zusammenhang mit den Verhältnissen gebracht wird, die er mit der Welt um sich herum aufbaut, sind seine Verhältnisse mit den Mitmenschen aufgrund der Fehlhandlungen, die sie gegeneinander begehen, oft belastet und dauerhaft gestört. Aus der Fehlhandlung ergibt sich ein Schuldkreis, in dem der Täter als der Verursacher einer Fehlhandlung und das Opfer als die betroffene, d.h. verletzte Seite gefangen sind. Vor diesem Hintergrund gilt ein Opfer als passive Konfliktpartei, die die Fehlhandlung am eigenen Leib erlebt. Opfer müssen nach der erlebten Fehlhandlung mit den unangenehmen und oft schmerzhaften Emotionen und Erinnerungen weiterleben, wobei viele oft nicht genug Kraft haben, diese für ihre eigene psychische Genesung zu verarbeiten. Durch eine Fehlhandlung wird eben zwischen Täter und Opfer eine Symmetrie im Sinne der moralischen Würde, die allen Menschen gleichermaßen zukommt, gestört, jedoch aufgrund der möglichen Vergebung nicht unwiderruflich. Theologisch gesehen korreliert Vergebung im interpersonalen Kontext primär mit der Schuldkategorie und ist als ein Mittel der Schuldauflösung anzusehen. Das Vorbild für die zwischenmenschliche Vergebungspraxis ist die Sündenvergebung Gottes, die als Akt der bedingungslosen Liebe Gottes dem Menschen gegenüber auf die Wiederherstellung einer Gemeinschaft zwischen Gott und Mensch abzielt, die aufgrund der Sünde gebrochen wurde. Im interpersonalen Kontext kann Vergebung jedoch die Wiederherstellung der früheren Verhältnisse nicht gewährleisten. Da die Verhältnisse unter den Menschen wechselseitig sind, ist für ihre Wiederherstellung nicht nur die Vergebung seitens des Opfers erforderlich, sondern genauso wichtig ist auch die Umkehr der Täterseite. Die bereuenden Handlungen von Seiten des Täters (diese können auch in Form einer Entschuldigung geschehen) können in der Praxis zwar der Vergebung vorangehen, sie sind jedoch nicht als bindende Voraussetzungen für Vergebung zu betrachten. Insgesamt ermöglicht Vergebung einem Opfer den Aufbau einer neuen Realität, in der es die Bürde seiner Vergangenheit loswird und die moralische Würde wiedergewinnt. Ein dadurch erreichter Perspektivenwechsel des Vergebenden spiegelt sich in seiner kognitiv-emotionalen Umkehr wider. In dem Punkt der innerlichen Transformation bzw. der psychischen Gesundung der Opferseite stimmen die theologischen und nichttheologischen Sichtweisen, die hingegen keine höheren Instanzen oder Ideale als Quelle und Vorbild für die zwischenmenschliche Vergebung annehmen, überein.

Interpersonale Entschuldigung wird in theologischen Kreisen am Rande der Versöhnungs- und Vergebungstheologie thematisiert. Das Wissen darüber, was eine Entschuldigung bedeutet, stützt sich vor allem auf die linguistischen, psychologischen und soziologischen Forschungsergebnisse. Diesen zufolge gilt Entschuldigung als ein Heilmittel für gestörte zwischenmenschliche Verhältnisse. Entschuldigung ereignet sich als ein konkreter Ausdruck der innerlichen Umkehr bzw. der Reue des Täters. In diesem relationsbezogenen Akt werden Täter als Sprecher und Opfer als Empfänger einer Entschuldigung erkannt. Eine Entschuldigung sollte die Anerkennung des Unrechts, die unzweideutige Verantwortungsübernahme, den Ausdruck der Reue, die Wiedergutmachung für das Unrecht sowie das Versprechen der Nicht-Wiederholung der Untat beinhalten. Demzufolge soll sich ein Sich-Entschuldigender dem eigenen schädlichen Tun persönlich stellen, Schuld anerkennen und sich dadurch von seiner Fehlhandlung eindeutig distanzieren. Entschuldigung ist aber nicht nur auf einen Sprechakt oder eine Geste zu reduzieren. Sie ist ebenfalls als ein Prozess zu verstehen, weil einem Sprechakt oder einer Geste die innerliche Umkehr des Täters vorangehen muss. Die Umkehr und die sich aus einer Entschuldigung ergebenden Verpflichtungen, ein Fehlverhalten nicht zu wiederholen sowie die Folgen des Unrechts zu kompensieren, zu beseitigen oder abzumildern, machen Entschuldigung zu einem Prozess. Theologisch betrachtet ist dieser Prozess schmerzhaft, wirkt aber zugleich auch kathartisch. Einem Täter wird durch die Überwindung von Scham über seine Fehlhandlung die Befreiung von einer unangenehmen Vergangenheit ermöglicht. Die Ermöglichung einer neuen Realität für die Täterseite hängt wesentlich von der Opferseite ab. Anders als bei der Vergebung, die intim erfolgt, kann sich die Entschuldigung nur in dialogischer Form vollziehen, indem ein Opfer vonseiten des Täters direkt angesprochen wird. Die Rezeption einer Entschuldigung durch ein Opfer weist nicht auf die formelle Richtigkeit eines Entschuldigungsaktes hin. Sie bestimmt allerdings die Richtung weiterer Prozesse der Wiederherstellung gebrochener Verhältnisse zwischen den Konfliktparteien. Die Ablehnung einer Entschuldigung erhält den bestehenden Status quo aufrecht, die Annahme in Gestalt von Vergebung kann zur Versöhnung führen. Entschuldigung muss nicht, formell gesehen, eine Bitte um Vergebung beinhalten – durch eine geäußerte Bitte würde ein Opfer aber aktiv in diesen Prozess einbezogen. Indem ein Opfer direkt angesprochen und um Vergebung gebeten wird, würde die Passivität, die ihm aufgrund der Fehlhandlung zugewiesen wurde, aufgelöst.

Vergebung und Entschuldigung, die sich ursprünglich als interpersonale Kategorien etablierten, lassen sich, theologisch betrachtet, nicht ideal in den soziopolitischen Rahmen transferieren. Der Grund liegt vornehmlich darin, dass Vergebung und Entschuldigung in einem solchen Rahmen die politischen Entitäten betreffen würden, die von kollektivem Charakter sind. Schuld und Umkehr, mit denen Vergebung und Entschuldigung im interpersonalen Kontext korrelieren, sind mit Kollektivität nicht zu verbinden. Gruppen gelten, anders als Einzelne, nämlich nicht als frei handelnde Entitäten, die Verantwortung für ein Tun vollkommen übernehmen können. Deswegen kann Schuld den Gruppen nicht zugewiesen werden, oder zumindest nicht auf eine Art und Weise, wie dies bei den Einzelnen wahrzunehmen ist; das Gleiche gilt für die Umkehr. Die Kollektivität muss nicht zwangsläufig eine Homogenität unter den Mitgliedern einer sozialen Einheit in Bezug auf Schuld und Umkehr implizieren. Wenn im soziopolitischen Kontext die Begriffe Schuld und Umkehr verwendet werden, dann nicht als ideale Größen, sondern eher deskriptiv, und zwar im Rahmen der Prozesse, die sich den Aufbau einer besseren Zukunft für die ehemals verfeindeten Seiten zum Ziel setzen.

In fragilen Prozessen der Vergangenheitsaufarbeitung kommen Gruppen nicht als greifbare Gegenüber vor. Sie werden im politischen Kontext als eine variable Größe betrachtet, weil sie wesentlich auf die Entscheidungen einer politischen Elite angewiesen sind. Die politischen Repräsentanten, die als vorstehende und sichtbare Akteure in den gruppenbezogenen Prozessen auftreten, vertreten in der Tat nicht jeden Einzelwillen, noch sind sie durch das Prinzip der politischen Repräsentation beauftragt, sich im Namen jedes Einzeltäters zu entschuldigen oder im Namen jedes Einzelopfers zu vergeben. Die Politik, insbesondere in empfindlichen historischen Zeiten, führen die politischen Repräsentanten, indem die Entscheidungen pragmatisch getroffen werden, oft ohne Rücksicht auf die Einstellungen und Interessen der Einzelnen, seien es Opfer oder Täter.

In ein solches Paradigma passt auch *transitional justice* (TJ), ein höchst politisch-pragmatisches Konzept. Sie erarbeitet keine immer anwendbaren Modelle der Vergangenheitsaufarbeitung; TJ ist vor allem kontextabhängig – jeder politische Kontext wird nämlich *per se* betrachtet, wobei der Übergang bzw. die Transition in eine sichere Zukunft als Ziel angestrebt wird. In der Praxis operiert TJ vor allem mit den institutionalisierten Maßnahmen, die durch politische Eliten initiiert werden. Gruppen und Individuen werden hierbei als abhängige Variable angesehen. Bemerkenswert in diesem Zusammenhang ist ein Mangel an opferzentrierten Instrumenten und Initiativen, die primär die Graswurzelebene betreffen. Vor diesem Hintergrund ist ein Paradigmenwechsel von TJ erforderlich. Sie soll nicht nur politisch-pragmatisch wirken, sondern auch transformativ. Diese Transformation soll sich nicht nur institutionell ereignen, sondern dadurch sollen auch unterschiedliche Ebenen (individuelle, soziale) einer Gesellschaft oder einer politischen Entität erreicht werden.

Entschuldigung wird in der Sphäre des Öffentlichen und des Politischen als ein Korrektiv des Fehlverhaltens eingesetzt. Als Sprecher und Empfänger politischer Entschuldigungen treten nicht nur die Einzelnen auf. Gruppen und andere politisch strukturierte Einheiten (Staaten, Organisationen) kommen in der Theorie und in der Praxis auch als Entschuldigungsakteure vor. Im politischen Rahmen werden sie als generationsübergreifende Entitäten wahrgenommen. Diese sind in der Lage, die Verantwortung für ein Unrecht, sogar für ein historisches Unrecht, das im Namen dieser politischen Entitäten begangen wurde, zu übernehmen. Die Verantwortungsübernahme hängt eng mit ihrer Fähigkeit zusammen, sich in Form von Verträgen zu verpflichten und diesen Verpflichtungen treu zu bleiben. Die Verantwortung einer politischen Entität ergibt sich nämlich aus ihren Haftungen. Was die politische Entschuldigung angeht, brauchen diese politischen Entitäten einen Sprecher bzw. einen Sich-Entschuldigenden. Entscheidend für die Geltung einer politischen Entschuldigung ist die Legitimation des Sprechers, eine politische Entität in dieser Sache zu vertreten. Im Gegensatz zum interpersonalen Kontext, in dessen Rahmen sich Entschuldigung aus der Umkehr bzw. aus der innerlichen Transformation des Täters ergibt, positioniert sich Entschuldigung im soziopolitischen Kontext als ein Akt der Ratifikation faktischer Wahrheit. Diesbezüglich soll eine Entschuldigung eng mit den anderen Modellen von Vergangenheitsaufarbeitung (Tribunalen, Wahrheitskommissionen) zusammenhängen, die sich unter anderem die Feststellung der Faktizität einer gewalttätigen Vergangenheit zum Ziel setzen. Die Ratifikation einer festgestellten Faktizität in Form von Entschuldigung impliziert die Verantwortungsübernahme für das Fehlverhalten. Vor diesem Hintergrund setzt die politische Entschuldigung einen öffentlichen Diskurs über eine gewalttätige Vergangenheit voraus. Das ist der Weg zum Aufbau eines Gruppenkonsenses hinsichtlich der Notwendigkeit einer politischen Entschuldigung, wobei ein idealer Gruppenkonsens aufgrund der Heterogenität von Gruppen als schwer erreichbares Ziel gilt.

Entschuldigung ereignet sich im soziopolitischen Kontext als eine *top-down*-Initiative; diese gilt im engeren Sinne als ein konkreter Akt, der in mündlicher, schriftlicher oder in Form einer Geste geäußert wird. Entschuldigung lässt sich jedoch auch als ein komplexer Prozess verstehen, in dem mehrere Ziele (Gerechtigkeit, Wahrheit, Versöhnung) eng miteinander verwoben sind; in dem mit vielen Instrumenten der Vergangenheitsaufarbeitung (Tribunale, Wahrheitskommissionen, Erinnerungspolitik, Wiedergutmachung, institutionelle Reformen usw.) im Zusammenspiel operiert wird. Einerseits gehen einem Entschuldigungsakt institutionalisierte Anstrengungen voraus, das begangene Unrecht sowie die Täterschaft anzuerkennen und zu verurteilen. Andererseits ergeben sich aus dem Entschuldigungsakt die Verpflichtungen, ein Fehlverhalten nicht zu wiederholen und die Folgen einer gewalttätigen Vergangenheit zu beseitigen, zu kompensieren oder abzumildern. All dies zielt auf die Transformation der Beziehungen zwischen den ehemaligen Konfliktparteien ab.

Eine politische Entschuldigung kann nicht die moralische Transformation jedes einzelnen Täters oder jedes einzelnen Gruppenmitglieds erfordern – darauf wird der Akzent nicht gesetzt. Da die moralische Umkehr einer politischen Entität nicht zu erreichen ist, wird hingegen einem Perspektivenwechsel Priorität gegeben. Dieser Wechsel spiegelt sich in der öffentlichen Äußerung der Diskontinuität mit einer gewalttätigen Vergangenheit und mit den Narrativen wider, die diese Vergangenheit relativieren und die Rolle der Täterseite nicht berücksichtigen. Politische Entschuldigung wird als eines der TJ-Instrumente angesehen und ist zugleich selbst wesentlich auf andere TJ-Instrumente und -Ziele angewiesen. Die Wirksamkeit einer politischen Entschuldigung hängt dabei von der Intensität ihres Zusammenspiels mit anderen TJ-Instrumenten (Tribunalen, Wahrheitskommissionen, Reparationen) ab, die sich die Durchsetzung von Gerechtigkeit, Wahrheitsfindung und Abmilderung der Folgen einer gewalttätigen Vergangenheit zum Ziel setzen. Je intensiver dieser Zusammenhang ist, desto effizienter ist die Wirkung einer politischen Entschuldigung.

Formell gesehen werden Opfer durch eine politische Entschuldigung angesprochen und ihre Opferrolle wird dadurch offiziell anerkannt. Einzelopfer sind in der Praxis des Öfteren nur passive Beobachter dieses Prozesses. Aufgrund dessen kann eine Entschuldigung als korrekt vollzogener

Akt gelten, ohne dass die Perspektiven von Einzelopfern vorab aktiv in Betracht gezogen wurden. Ob Vergebung bzw. die innerliche Transformation der Opfer und die Wiederherstellung ihrer Würde durch eine politische Entschuldigung angeregt werden können, ist ein individuelles und nicht kalkulierbares Ergebnis. Die Vergebung der Einzelopfer wird allerdings nicht zum obersten Ziel einer politischen Entschuldigung. Dies stellt aus der theologischen Perspektive einen Mangel am Entschuldigungsprozess dar.

Im Gegensatz zu politischer Entschuldigung, die sowohl in der Theorie als auch in der Praxis ihren Ort findet, gilt politische Vergebung als ein immer noch umstrittenes Konzept, ohne eine einheitliche und klar profilierte Definition. Der Begriff der politischen Vergebung wird derzeit unterschiedlich verwendet. Dem *bottom-up*-Ansatz der politischen Vergebung zufolge erkennt man die politischen Potenziale in der interpersonalen Vergebung. In diesem Zusammenhang wird Vergebung vor allem als moralisches Recht der Opfer angesehen; daraus folgt, dass Vergebung den Opfern keinesfalls durch politische Instanzen als ein Muss auferlegt werden darf. Desgleichen sind die politischen Repräsentanten nicht in der Lage, im Namen von Opfern zu vergeben. Obwohl interpersonale Vergebung vor allem als ein Prozess der kognitiv-emotionalen Transformation der Einzelopfer angesehen wird, kann dieser, so die Befürworter des *bottom-up*-Ansatzes, zu einer breiteren soziopolitischen Perspektive beitragen. Um diesen Beitrag zu leisten, wird für die vergebenden Einzelopfer eine Art öffentliches Forum benötigt, im Rahmen dessen sie eigene persönliche Wahrheiten und Vergebungsentscheidungen äußern können. Ihre intimen Entscheidungen, die negativen Emotionen und unangenehmen Erinnerungen, die mit einem erlebten Unrecht verbunden sind, zu überwinden, sind als politische Akte wahrzunehmen, wenn sie sich in der Öffentlichkeit ereignen. Diese Art der Vergebung soll darauf abzielen, andere Opfer zur Vergebung aufzurufen und somit die Versöhnung unter den Konfliktparteien zu initiieren. Vergebung kommt hierbei nicht nur primären bzw. direkten Opfern zu, sondern auch sekundären/tertiären bzw. indirekten Opfern. Die Theoretiker verstehen oftmals den *bottom-up*-Ansatz zur politischen Vergebung als Voraussetzung gesamtgesellschaftlicher Versöhnung. Der interpersonalen Vergebung diese Art von Bedeutung zu geben und gesellschaftliche Versöhnung ausschließlich in Zusammenhang mit einem intimen und nicht kalkulierbaren Prozess zu bringen, ist jedoch prätentiös – vor allem aufgrund der Tatsache, dass die Organisation eines öffentlichen Forums für Opfer, die gewillt sind, öffentlich zu vergeben (es stellt sich auch die Frage nach der Bestimmung einer genügenden Zahl von Opfern), ein äußerst komplexes Vorhaben darstellt, wobei sich die Wirkung auf die Prozesse der gesellschaftlichen Versöhnung nicht garantieren lässt.

Der Begriff der politischen Vergebung steht auch für politische Akte und Strategien, mit denen vornehmlich eine Friedensperspektive angestrebt wird. Diese setzt oftmals die soziale Rehabilitation und Integration von Tätern voraus. Die Wiederherstellung der Würde von Opfern und die Bestrafung von Tätern werden hierbei nicht als Hauptziele politischer Vergebung betrachtet. Diese Art politischer Vergebung nimmt man als eine *top-down*-Initiative wahr, wobei die politischen Repräsentanten die wichtigste Rolle spielen. Als Entscheidungsträger sind sie nämlich in der Lage, diesen vielschichtigen Prozess zu initiieren und wesentlich zu unterstützen. Als solche Akte und Strategien politischer Vergebung gelten Wahrheitskommissionen, Amnestien, Begnadigungen, Reparations- und Erinnerungspolitik. Obwohl die Prinzipien bestrafender Gerechtigkeit sowie die faktische Wahrheit dadurch nicht unbedingt zu vernachlässigen sind, wird die Priorität einem Übergang zum Frieden gegeben, nicht der psychischen Gesundung der Opfer.

Politische Vergebung und Gruppenvergebung werden oft bedeutungsgleich verwendet. Die Theoretiker begründen Gruppenvergebung ausgehend von einem emotionalen Modell, das sich zwar auf der individuellen Ebene durchsetzen lässt, aber auf der sozialen Ebene schwer zu greifen ist, weil eine Gruppenvergebung, hypothetisch gesehen, die Vergebung jedes einzelnen Gruppenmitgliedes voraussetzen würde. Tatsächlich lassen sich Gruppen nicht als direkte Akteure politischer Vergebung ansehen; sie können jedoch sowohl durch *bottom-up-* als auch durch *top-down*-Initiativen politischer Vergebung mittelbar betroffen werden. Die Transformation, die dadurch auf der sozialen Ebene hervorgerufen wird, bezieht sich auf den Wandel der sozialen Haltungen und des sozialen Verhaltens gegenüber der ehemaligen Konfliktpartei.

Einige Kategorien, die auf der Mikroebene in engen Zusammenhang mit Entschuldigung und Vergebung gebracht werden, wie Schuld, Reue, Umkehr und Empathie, sind im theologischen Kontext anthropologisch geprägt. Auf der Makroebene sind diese Kategorien aufgrund des kollektiven Charakters der politischen Entitäten nicht als messbare Größen anzusehen; dies wirkt sich weiter auf die Verwendung von Entschuldigung und Vergebung im soziopolitischen Kontext aus. Aus theologischer Sicht ist eine politische Entschuldigung nicht als ein Akt der kollektiven Reue zu betrachten, noch gilt politische Vergebung als ein Mittel der kollektiven Schuldauflösung. Die Ebenen des Persönlichen und des Sozialen unterscheiden sich voneinander und müssen in der Praxis nicht aufeinander angewiesen sein. Vor diesem Hintergrund sind Einzelne nicht aufgefordert, ihre inneren Einstellungen an die Entscheidungen politischer Vertreter anzupassen; das gilt aber auch umgekehrt. Obwohl im Kontext der Vergangenheitsaufarbeitung ein Zusammenwirken dieser beiden Realitäten, von denen eine auf die Sphäre des Intimen und die andere auf die Sphäre des Öffentlichen und des Kollektiven bezogen ist, ein wünschenswertes Szenario wäre, ist dieses Ziel in der Praxis kaum erreichbar.

In den theologischen Annäherungen an eine soziopolitische Theologie von Vergebung lässt sich nicht von einer kollektiven Schuldbefreiung sprechen. Es handelt sich vielmehr um einen Prozess, der auf den Aufbau einer gemeinsamen politischen Zukunft der ehemaligen Konfliktparteien abzielt. Dies kann sich auf der Makroebene nicht als eine bedingungslose Gabe der Opferseite ereignen, sondern impliziert die Teilnahme aller Konfliktparteien, wobei in diesen Prozess auch andere Kategorien (Gerechtigkeit, Versöhnung, Wahrheit, Erinnerungen, Wiedergutmachung, Empathie) einbezogen werden. Zu einem politischen Zusammen- oder Nebeneinanderleben trägt auch die Täterseite durch politische Entschuldigung bei. Die unzweideutige Übernahme von Verantwortung für das Getane stellt ein Zeichen des Perspektivenwechsels und der Bereitschaft für den Aufbau einer gemeinsamen politischen Zukunft dar. Vor diesem Hintergrund können die Prozesse der politischen Vergebung und Entschuldigung miteinander in einer wechselseitigen Beziehung stehen. Alle diese Prozesse können schließlich mit *transitional justice* korrelieren, vor allem wenn diese nach dem transformativen Paradigma operiert, bzw. wenn TJ nicht nur institutionell wirkt und politisch-pragmatisch denkt, sondern auch tief in alle Schichten einer Gesellschaft eindringt.

Die vorliegende Arbeit hat eine theologische Reflexion über Vergebung und Entschuldigung im soziopolitischen Rahmen unternommen, wobei diese beiden Kategorien im Idealfall dargestellt wurden. Diese Untersuchung weist auf einen engen Zusammenhang von Mikro- und Makroebene hin, sowie auf den hohen Stellenwert politischer Entscheidungsträger und institutionalisierter Maßnahmen in Prozessen der Vergangenheitsaufarbeitung. Es handelt sich um einen theoretischen Ansatz, der jedoch kein normatives Konzept formuliert. Trotzdem betont die vorliegende Arbeit die Vorteile des Wandels sozialer Haltungen und sozialen Verhaltens gegenüber der ehemaligen Konfliktpartei, der durch Vergebung und Entschuldigung im soziopolitischen Rahmen angeregt werden kann.

Literaturverzeichnis

Aeschylus. *Die Orestie.* Herausgegeben von Bernd Seidensticker. Übersetzt von Peter Stein. München: Beck, 1997.

Aiken, Nevin T. „Rethinking reconciliation in divided societies: A social learning theory of transitional justice." In: *Transitional Justice Theories,* hrsg. von Susanne Buckley-Zistel u. a., 40–65. London: Routledge, 2014.

Akhavan, Payam. „The Yugoslav Tribunal at Crossroads: The Dayton Peace Agreement and beyond." *Human Rights Quarterly* 18, Nr. 2 (1996): 259–285.

Aldana, Raquel. „A Victim-Centered Reflection on Truth Commissions and Prosecutions as a Response to Mass Atrocities." *Journal of Human Rights* 5, Nr. 1 (2006): 107–126.

Ambos, Kai. *Internationales Strafrecht: Strafanwendungsrecht, Völkerstrafrecht, Europäisches Strafrecht; Ein Studienbuch.* 2., völlig überarb. und erw. Auflage. München: Beck, 2008.

Amstutz, Mark R. „Restorative Justice, Political Forgiveness, and the Possibility of Political Reconciliation." In: *The politics of past evil: Religion, reconciliation, and the dilemmas of transitional justice,* hrsg. von Daniel Philpott, 151–188. Notre Dame, Ind.: University of Notre Dame Press, 2006.

Amstutz, Mark R. *The Healing of Nations: The Promise and Limits of Political Forgiveness.* Lanham, Maryland: Rowman & Littlefield, 2005.

Ansorge, Dirk. *Gerechtigkeit und Barmherzigkeit Gottes: Die Dramatik von Vergebung und Versöhnung in bibeltheologischer, theologiegeschichtlicher und philosophiegeschichtlicher Perspektive.* Freiburg im Breisgau: Herder, 2009.

Appel, Hilary. „Anti-Communist Justice and Founding the Post-Communist Order: Lustration and Restitution in Central Europe." *East European Politics & Societies* 19, Nr. 3 (2005): 379–405.

Arendt, Hannah. *Vita activa oder Vom tätigen Leben.* Neuausg., 3. Auflage. München u. a.: Piper, 1983.

Arthur, Paige. „How 'Transitions' Reshaped Human Rights: A Conceptual History of Transitional Justice." *Human Rights Quarterly* 31, Nr. 2 (2009): 321–367.

Askani, Hans-Christoph. Art. Vergebung der Sünden. IV. Systematisch-theologisch. In: *TRE* 34 (2002): 678–686.

Augustinus, Aurelius. *Der Gottesstaat*. Bd. 2, Buch XIV. Übersetzt von Carl Johann Perl. Reihe Wort und Antwort 1. Salzburg: Müller, 1952.

Austin, John L. *How to do things with words*. 2. Auflage [nachgedruckt]. Oxford u. a.: Oxford University Press, 1999.

Austin, John L. „Performative und konstatierende Äußerung." In: *Sprachwissenschaft: Ein Reader*, hrsg. von Ludger Hoffmann, 163–173. 3., aktualisierte und erw. Auflage. Berlin, New York: de Gruyter, 2010.

Avruch, Kevin. „Truth and Reconciliation Commissions: Problems in Transitional Justice and the Reconstruction of Identity." *Transcultural Psychiatry* 47, Nr. 1 (2010): 33–49.

Bammé, Arno. Art. Individuum. In: *Wörterbuch der Soziologie*, hrsg. von Günter Endruweit, Gisela Trommsdorff und Nicole Burzan, 183 f. 3., völlig überarb. Auflage. Konstanz: UVK-Verl.-Ges. u. a., 2014.

Barkan, Elazar. *Völker klagen an: Eine neue internationale Moral*. Düsseldorf: Patmos Verlag, 2002.

Barkan, Elazar und Alexander Karn. „Group Apology as an Ethical Imperative." In: *Taking Wrongs Seriously: Apologies and Reconciliation*, hrsg. von Elazar Barkan und Alexander Karn, 3–30. Stanford, Calif.: Stanford University Press, 2006.

Barkan, Elazar und Alexander Karn, Hrsg. *Taking Wrongs Seriously: Apologies and Reconciliation*. Stanford, Calif.: Stanford University Press, 2006.

Barsalou, Judy. „Reflecting the Fractured Past: Memorialisation, Transitional Justice and the Role of Outsiders." In: *Memorials in Times of Transition*, hrsg. von Susanne Buckley-Zistel und Stefanie Schäfer, 47–67. Cambridge, Antwerp, Portland: Intersentia, 2014.

Barsalou, Judy und Victoria Baxter. *The Urge to Remember: The Role of Memorials in Social Reconstruction and Transitional Justice*. Stabilization and Reconstruction Series 5. Washington, DC: United States Institute of Peace, 2007. Abrufbar unter http://www.usip.org/sites/default/files/srs5.pdf (Stand: 17.08.2021).

Bar-Siman-Tov, Yaacov. „Dialectics between Stable Peace and Reconciliation." In: *From Conflict Resolution to Reconciliation*, hrsg. von Yaacov

Bar-Siman-Tov, 61–80. Oxford, New York: Oxford University Press, 2004.

Bar-Tal, Daniel. „From Intractable Conflict Through Conflict Resolution to Reconciliation: Psychological Analysis." *Political Psychology* 21, Nr. 2 (2000): 351–365.

Bash, Anthony. *Forgiveness and Christian Ethics*. New Studies in Christian Ethics 29. Cambridge: Cambridge University Press, 2007.

Bassiouni, M. Cherif. „Assessing Conflict Outcomes: Accountability and Impunity." In: *The Pursuit of International Criminal Justice: A World Study on Conflicts, Victimization, and Post-Conflict Justice*, Bd. 1, hrsg. von M. Cherif Bassiouni, 3–39. Antwerp; Portland, Or.: Intersentia, 2010.

Bassiouni, M. Cherif. „From Versailles to Rwanda in Seventy-Five Years: The Need to Establish a Permanent International Criminal Court." *Harvard Human Rights Journal* 10 (1997): 11–62.

Bassiouni, M. Cherif. „Searching for Peace and Achieving Justice: The Need for Accountability." *Law and Contemporary Problems* 59, Nr. 4 (1996): 9–28.

Batson, Daniel C. u. a. „Empathy and Attitudes: Can Feeling for a Member of a Stigmatized Group Improve Feelings Toward the Group?" *Journal of Personality and Social Psychology* 72, Nr. 1 (1997): 105–118.

Baumann, Jürgen. *Alternativ-Entwurf Wiedergutmachung (AE-WGM): Entwurf eines Arbeitskreises deutscher, österreichischer und schweizerischer Strafrechtslehrer (Arbeitskreis AE)*. München: Beck, 1992.

Baumann, Rolf. „'Gerechtigkeit' – Gottes und der Menschen." *Bibel und Kirche* 47 (1992): 125–134.

Baumann, Rolf. *„Gottes Gerechtigkeit" – Verheißung und Herausforderung für diese Welt*. Herder Taschenbuch 1643. Freiburg im Breisgau: Herder, 1989.

Baumgartner, Konrad. Art. Versöhnung. VII. Praktisch-theologisch. In: *LThK* 10 (³2001): Sp. 726 f.

Bayer, Oswald. *Martin Luthers Theologie: Eine Vergegenwärtigung*. 3., erneut durchges. Auflage. Tübingen: Mohr Siebeck, 2007.

Bell, Christine. „Transitional Justice, Interdisciplinarity and the State of the 'Field' or 'Non-Field'." *The International Journal of Transitional Justice* 3, Nr. 1 (2009): 5–27.

Bellebaum, Alfred. *Soziologische Grundbegriffe: Eine Einführung für Soziale Berufe*. 13., aktualisierte Auflage. Stuttgart, Berlin, Köln: Kohlhammer, 2001.

Bezzel, Ernst. Art. Beichte. III. Reformationszeit. In: *TRE* 5 (1980): 421−425.

Bhargava, Rajev. „Restoring Decency to Barbaric Societies." In: *Truth v. Justice: The Morality of Truth Commissions*, hrsg. von Robert I. Rotberg und Dennis F. Thompson, 45−67. Princeton, N. J.: Princeton University Press, 2000.

Bierhoff, Hans Werner. *Psychologie prosozialen Verhaltens: Warum wir anderen helfen.* 2., vollst. überarb. Auflage. Kohlhammer-Urban-Taschenbücher 418: Psychologie. Stuttgart: Kohlhammer, 2010.

Bilder, Richard B. „The Role of Apology in International Law." In: *The Age of Apology: Facing Up to the Past*, hrsg. von Mark Gibney u. a., 13−30. Philadelphia: University of Pennsylvania Press, 2008.

Bloomfield, David. „Reconciliation: An Introduction." In: *Reconciliation After Violent Conflict: A Handbook*, hrsg. von David Bloomfield u. a., 10−18. Stockholm: International IDEA, 2003.

Bloomfield, David. *On Good Terms: Clarifying Reconciliation.* Berghof Report 14. Berlin: Berghof Research Center for Constructive Conflict Management, 2006. Abrufbar unter http://edoc.vifapol.de/opus/volltexte/2011/2521/pdf/br14e.pdf (Stand: 17.08.2021).

Blum-Kulka, Shoshana und Elite Olshtain. „Requests and Apologies: A Cross-Cultural Study of Speech Act Realization Patterns (CCSARP)." *Applied Linguistics* 5, Nr. 3 (1984): 196−213.

Blum-Kulka, Shoshana u. a. „Investigating Cross-Cultural Pragmatics: An Introductory Overview." In: *Cross-Cultural Pragmatics: Requests and Apologies*, hrsg. von Shoshana Blum-Kulka, 1−34. Norwood, NJ: Ablex Publ., 1989.

Blustein, Jeffrey. „Human Rights and the Internationalization of Memory." *Journal of Social Philosophy* 43, Nr. 1 (2012): 19−32.

Boed, Roman. „An Evaluation of the Legality and Efficacy of Lustration as a Tool of Transitional Justice." *Columbia Journal of Transnational Law* 37, Nr. 2 (1999): 357−402.

Boethius, Anicius Manlius Severinus. *Die Theologischen Traktate: Lateinisch-deutsch.* Übers., eingeleitet u. mit Anm. vers. von Michael Elsässer. Philosophische Bibliothek 397. Hamburg: Meiner, 1988.

Bohnhoeffer, Dietrich. *Ethik.* Zusammengestellt und herausgegeben von Eberhard Bethge. 6. Auflage. München: Kaiser, 1963.

Boraine, Alex. *A Country Unmasked.* Oxford, New York: Oxford University Press, 2000.

Boraine, Alex. „The Societal and Conflictual Conditions That are Necessary or Conducive to Truth Commissions." World Peace Foundation and South African Truth and Reconciliation Commission Conference, Somerset West, South Africa, 28–30 May 1998.

Boraine, Alexander L. „Transitional Justice: A Holistic Interpretation." *Journal of International Affairs* 60, Nr. 1 (2006): 17–27.

Bos, Ellen. „Die Rolle von Eliten und kollektiven Akteuren in Transitionsprozessen." In: *Theorien, Ansätze und Konzepte der Transitionsforschung*, hrsg. von Wolfgang Merkel, 81–109. 2., rev. Auflage. Opladen: Leske + Budrich, 1996.

Bossmeyer, Carolin und Tobias Trappe. Art. Verzeihen; Vergeben. In: *Historisches Wörterbuch der Philosophie* 11 (2001): Sp. 1020–1026.

Brahm, Eric. „Uncovering the Truth: Examining Truth Commission Success and Impact." *International Studies Perspectives* 8, Nr. 1 (2007): 16–35.

Bright, Pamela. „Augustin im Donatistischen Streit." In: *Augustin-Handbuch*, hrsg. von Volker Henning Drecoll, 171–178. Tübingen: Mohr Siebeck, 2014.

Bright, Pamela. „Das Donatistische Schisma bis 390 n. Chr." In: *Augustin-Handbuch*, hrsg. von Volker Henning Drecoll, 98–104. Tübingen: Mohr Siebeck, 2014.

Brooks, Roy L. „Introduction: The Age of Apology." In: *When Sorry Isn't Enough: The Controversy over Apologies and Reparations for Human Injustice*, hrsg. von Roy L. Brooks, 3–12. New York, London: New York University Press, 1999.

Brooks, Roy L. „The New Patriotism and Apology for Slavery." In: *Taking Wrongs Seriously: Apologies and Reconciliation*, hrsg. von Elazar Barkan und Alexander Karn, 213–233. Stanford, Calif.: Stanford University Press, 2006.

Brooks, Roy L., Hrsg. *When Sorry Isn't Enough: The Controversy over Apologies and Reparations for Human Injustice*. New York, London: New York University Press, 1999.

Brounéus, Karen. *Reconciliation and Development*. Dialogue on Globalization 36. Berlin: Friedrich-Ebert-Stiftung, 2007. Abrufbar unter http://library.fes.de/pdf-files/iez/04999.pdf (Stand: 17.08.2021).

Bruderrat der EKD in Darmstadt. *Wort des Bruderrats der EKD zum politischen Weg unseres Volkes*. 8. August 1947. Abrufbar unter http://www.dfg-vk-darmstadt.de/Lexikon_Auflage_2/DarmstaedterWort.htm (Stand: 17.08.2021).

Brudholm, Thomas. „On the Advocacy of Forgiveness after Mass Atrocities." In: *The Religious in Responses to Mass Atrocity: Interdisciplinary Perspectives*, hrsg. von Thomas Brudholm und Thomas Cushman, 124–153. Cambridge: Cambridge University Press, 2009.

Buckley-Zistel, Susanne. „Einleitung: Nach Krieg, Gewalt und Repression." In: *Nach Krieg, Gewalt und Repression: Vom schwierigen Umgang mit der Vergangenheit*, hrsg. von Susanne Buckley-Zistel und Thomas Kater, 7–20. AFK-Friedensschriften 36. Baden-Baden: Nomos, 2011.

Buckley-Zistel, Susanne. *Transitional Justice als Weg zu Frieden und Sicherheit: Möglichkeiten und Grenzen*. SFB-Governance working paper series 15. Berlin: Freie Universität, 2008. Abrufbar unter https://www.sfb-governance.de/en/publikationen/sfb-700-working_papers/wp15/SFB-Governance-Working-Paper-15.pdf (Stand: 17.08.2021).

Buckley-Zistel, Susanne. *Transitional Justice: Handreichung der Plattform Zivile Konfliktbearbeitung*. Berlin: Plattform Zivile Konfliktbearbeitung, 2007. Abrufbar unter http://www.konfliktbearbeitung.net/downloads/file889.pdf (Stand: 17.08.2021).

Buckley-Zistel, Susanne. „Vergangenes Unrecht aufarbeiten: Eine globale Perspektive." *Aus Politik und Zeitgeschichte* 63 (2013): 31–42.

Buckley-Zistel, Susanne und Anika Oettler. „Was bedeutet: *Transitional Justice?*" In: *Nach Krieg, Gewalt und Repression: Vom schwierigen Umgang mit der Vergangenheit*, hrsg. von Susanne Buckley-Zistel und Thomas Kater, 21–37. AFK-Friedensschriften 36. Baden-Baden: Nomos, 2011.

Buckley-Zistel, Susanne und Stefanie Schäfer. „Introduction: Memorials in Times of Transition." In: *Memorials in Times of Transition*, hrsg. von Susanne Buckley-Zistel und Stefanie Schäfer, 1–27. Cambridge, Antwerp, Portland: Intersentia, 2014.

Buckley-Zistel, Susanne u. a. „Transitional justice theories: An introduction." In: *Transitional Justice Theories*, hrsg. von Susanne Buckley-Zistel u. a., 1–16. London: Routledge, 2014.

Burbach, Christiane. „Seelsorge zwischen Empathie und Autorität: Eine Rechenschaft mit innovatorischem Ausblick." *Wege zum Menschen* 66, Nr. 2 (2014): 218–229.

Butler, Joseph. *Fifteen Sermons*. Charlottesville, Va.: Ibis Publishing, 1987.

Calian, Carnegie Samuel. „Christian faith as forgiveness." *Theology Today* 37, Nr. 4 (1981): 439–444.

Call, Charles T. „Is Transitional Justice Really Just?" *The Brown Journal of World Affairs* 11, Nr. 1 (2004): 101–113.

Cannon, Lou. *Official Negligence: How Rodney King and riots changed Los Angeles and the LAPD.* New York: Times Book, 1997.

Celermajer, Danielle. *The Sins of the Nation and the Ritual of Apologies.* Cambridge: Cambridge University Press, 2009.

Cels, Sanderijn. „Forms of Apology and Forgiveness." In: *Public Forgiveness in Post-Conflict Contexts,* hrsg. von Bas van Stokkom, Neelke Doorn und Paul van Tongeren, 189–202. Series on Transitional Justice 10. Cambridge: Intersentia, 2012.

Chapman, Audrey R. „Truth Commissions as Instruments of Forgiveness and Reconciliation." In: *Forgiveness and Reconciliation: Religion, Public Policy, and Conflict Transformation,* hrsg. von Raymond G. Helmick und Andrea Bartoli, 257–277. Philadelphia: Templeton Foundation Press, 2002.

Clark, Phil und Nicola Palmer. „Introduction: Challenging Transitional Justice." In: *Critical Perspectives in Transitional Justice,* hrsg. von Nicola Palmer u. a., 1–16. Series on Transitional Justice 8. Cambridge: Intersentia, 2012.

Coke, Jay S., C. Daniel Batson und Katherine Mcdavis. „Empathic Mediation of Helping: A Two-stage Model." *Journal of Personality and Social Psychology* 36, Nr. 7 (1978): 752–766.

Conzelmann, Hans. *Grundriß der Theologie des Neuen Testaments.* 5., verb. Auflage. UTB 1446: Theologie. Tübingen: Mohr, 1992.

Cooley, Charles H. *The Two Major Works of Charles H. Cooley.* Glencoe, Ill.: Free Press, 1956.

Crocker, David A. „Truth Commissions, Transitional Justice, and Civil Society." In: *Truth v. Justice: The Morality of Truth Commissions,* hrsg. von Robert I. Rotberg und Dennis F. Thompson, 99–121. Princeton, N. J.: Princeton University Press, 2000.

Cunningham, Michael. „Prisoners of the Japanese and the Politics of Apology: A Battle over History and Memory." *Journal of Contemporary History* 39, Nr. 4 (2004): 561–574.

Čehajić, Sabina, Rupert Brown und Roberto González. „What do I Care? Perceived Ingroup Responsibility and Dehumanization as Predictors of Empathy Felt for the Victim Group." *Group Processes & Intergroup Relations* 12, Nr. 6 (2009): 715–729.

Daase, Christopher. „Entschuldigung und Versöhnung in der internationalen Politik." *Aus Politik und Zeitgeschichte* 63 (2013): 43–49.

Daase, Christopher u. a. „Introduction: guilt, apology and reconciliation in International Relations." In: *Apology and reconciliation in international relations: The importance of being sorry*, hrsg. von Christopher Daase u. a., 1–28. London, New York: Routledge Taylor & Francis Group, 2016.

Dahl, Robert A. *Democracy and its critics*. New Haven, London: Yale University Press, 1989.

Dahl, Robert A. *Polyarchy: Participation and Opposition*. New Haven, London: Yale University Press, 1971.

Das Stuttgarter Schuldbekenntnis der Evangelischen Kirche in Deutschland. 18./19. Oktober 1945. Abrufbar unter https://www.1000dokumente. de/index.html/index.html?c=dokument_de&dokument=0131_ ekd&object=translation&st=&l=de (Stand: 17.08.2021).

Das Tübinger Memorandum der Acht: Zu seinen aussenpolitischen Thesen. Der Göttinger Arbeitskreis: Veröffentlichung 257. Würzburg: Holzner, 1962.

David, Roman. „From Prague to Baghdad: Lustration Systems and their Political Effects." *Government and Opposition* 41, Nr. 3 (2006): 347–372.

Derrida, Jacques. *On cosmopolitanism and forgiveness*. London, New York: Routledge, 2009.

Deutsche Kommission Justitia et Pax / Projektgruppe Versöhnung. *Reconciliation between East and West? Christian Reconciliatory Activity – Opportunities and Conditions; a handout by the Reconciliation Project Group of the German Commission for Justice and Peace.* Series of Publications on Justice and Freedom by the German Commission for Justice and Peace: Working paper 86e. Bonn: Justitia et Pax, 1998.

Dietrich, Jan. *Kollektive Schuld und Haftung: Religions- und rechtsgeschichtliche Studien zum Sündenkuhritus des Deuteronomiums und zu verwandten Texten.* Orientalische Religionen in der Antike 4. Tübingen: Mohr Siebeck, 2010.

Digeser, Peter. *Political Forgiveness*. Ithaca, NY; London: Cornell University Press, 2001.

Dillon, Robin S. „Self-Forgiveness and Self-Respect." *Ethics* 112, Nr. 1 (2001): 53–83.

Doak, Jonathan. „The Therapeutic Dimension of Transitional Justice: Emotional Repair and Victim Satisfaction in International Trials and Truth Commissions." *International Criminal Law Review* 11, Nr. 2 (2011): 263–298.

Doorn, Neelke. „Forgiveness and Reconciliation in Transitional Justice Practices." *Ethical Perspectives* 15, Nr. 3 (2008): 381–398.

Doorn, Neelke. „Forgiveness, Reconciliation, and Empowerment in Transitional Justice." *International Journal of Humanities and Social Science* 1, Nr. 4 (2011): 13–22.

Downie, R. S. „Forgiveness." *The Philosophical Quarterly* 15 (1965): 128–134.

Doxtader, Erik. „Easy to Forget or Never (Again) Hard to Remember?" In: *The Provocations of Amnesty: Memory, Justice and Impunity*, hrsg. von Erik Doxtader und Charles Villa-Vicencio, 121–155. Trenton, NJ: Africa World Press, 2003.

Dugard, John. „Dealing With Crimes of a Past Regime: Is Amnesty Still an Option?" *Leiden Journal of International Law* 12, Nr. 4 (1999): 1001–1015.

Duso, Giuseppe. „Repräsentative Demokratie: Entstehung, Logik und Aporien ihrer Grundbegriffe." In: *Herausforderungen der repräsentativen Demokratie*, hrsg. von Karl Schmitt, 11–36. Veröffentlichungen der DGfP 20. Baden-Baden: Nomos, 2003.

du Toit, André. „The Moral Foundations of the South African TRC: Truth as Acknowledgment and Justice as Recognition." In: *Truth v. Justice: The Morality of Truth Commissions*, hrsg. von Robert I. Rotberg und Dennis F. Thompson, 122–140. Princeton, N. J.: Princeton University Press, 2000.

Dzur, Albert W. und Albert Wertheimer. „Forgiveness and Public Deliberation: The Practice of Restorative Justice." *Criminal Justice Ethics* 21, Nr. 1 (2002): 3–20.

Ellis, Mark S. „Purging the past: The Current State of Lustration Laws in the Former Communist Bloc." *Law and Contemporary Problems* 59, Nr. 4 (1996): 181–196.

Elsässer, Antonellus. „Sünde und Schuld – Umkehr und Versöhnung." In: *Leben aus christlicher Verantwortung: Ein Grundkurs der Moral*, Bd. 1, *Grundlegungen*, hrsg. von Johannes Gründel, 162–185. Düsseldorf: Patmos, 1991.

Elster, Jon. *Closing the Books: Transitional Justice in Historical Perspective*. Cambridge: Cambridge University Press, 2004.

Engert, Stefan. „Die Staatenwelt nach Canossa: Eine liberale Theorie politischer Entschuldigungen." In: *Transitional Justice 2.0*, hrsg. von Stefan Engert u. a., 155–189. Die Friedens-Warte Bd. 86, Nr. 1/2. Berlin: BWV, 2011.

Engert, Stefan. „Germany – Israel: A prototypical political apology and reconciliation process." In: *Apology and reconciliation in international relations: The importance of being sorry*, hrsg. von Christopher Daase u. a., 29–50. London, New York: Routledge, Taylor & Francis Group, 2016.

Engert, Stefan und Anja Jetschke. „Einleitung: Transitional Justice 2.0 – zur konzeptionellen Erweiterung eines noch jungen Forschungsprogramms." In: *Transitional Justice 2.0*, hrsg. von Stefan Engert u. a., 15–43. Die Friedens-Warte Bd. 86, H. 1/2. Berlin: BWV, 2011.

Enright, Robert D. und Richard P. Fitzgibbons. *Helping Clients Forgive: An Empirical Guide for Resolving Anger and Restoring Hope*. Washington, DC: American Psychological Association, 2000.

Enright, Robert D. und The Human Development Study Group. „Counseling Within the Forgiveness Triad: On Forgiving, Receiving Forgiveness, and Self-Forgiveness." *Counseling and Values* 40, Nr. 2 (1996): 107–126.

Enright, Robert D. und The Human Development Study Group. „The Moral Development of Forgiveness." In: *Handbook of Moral Behavior and Development*, Bd. 2, *Research*, hrsg. von William M. Kurtines, 219–247. Hillsdale, NJ: L. Erlbaum, 1991.

Ernst, Heiko. „Empathie: die Kunst, sich einzufühlen." *Psychologie heute* 28 (2001): 20–26.

Evangelische Kirche in Deutschland / Kirchenkanzlei. *Die Lage der Vertriebenen und das Verhältnis des deutschen Volkes zu seinen östlichen Nachbarn: Eine evangelische Denkschrift*. Hannover: Verlag des Amtsblattes der Evangelischen Kirche in Deutschland, 1965.

Faber, Eva-Maria. Art. Vergebung, Vergebung der Sünden. II. Systematisch-theologisch. In: *LThK* 10 (³2001): Sp. 652 f.

Falconer, Alan. „Erinnerungen zur Versöhnung führen." *Ökumenische Rundschau* 45, Nr. 4 (1996): 468–478.

Falconer, Alan. „Remembering." In: *Reconciling Memories*, hrsg. von Alan Falconer und Joseph Liechty, 11–19. 2. Auflage. Blackrock, Co. Dublin: Columba Press, 1998.

Fenske, Hans. *Der Anfang vom Ende des alten Europa: Die alliierte Verweigerung von Friedensgesprächen*. München: Olzog, 2013.

Ferencz, Benjamin. „A Prosecutor's Personal Account: From Nuremberg to Rome." *Journal of International Affairs* 52, Nr. 2 (1999): 455–469.

Fischer, Martina. „Transitional Justice and Reconciliation: Theory and Practice." In: *Advancing Conflict Transformation*, hrsg. von Beatrix Austin, Martina Fischer und Hans J. Gießmann, 405–430. The Berghof Handbook 2. Opladen u. a.: Budrich, 2011.

Fitzgibbons, Richard P. „Anger and the Healing Power of Forgiveness: A Psychiatrist's View." In: *Exploring Forgiveness*, hrsg. von Robert D. Enright und Joanna North, 63–74. Madison: The University of Wisconsin Press, 1998.

Fitzgibbons, Richard P. „The cognitive and emotive uses of forgiveness in the treatment of anger." *Psychotherapy: Theory, Research, Practice, Training* 23, Nr. 4 (1986): 629–633.

Fjelstad, Margalis. „Regret vs. Remorse: Only remorse leads to a real apology and change." 1. Juli 2015. Abrufbar unter https://www.psychologytoday.com/intl/blog/stop-caretaking-the-borderline-or-narcissist/201507/regret-vs-remorse (Stand: 17.08.2021).

Flierl, Alexander. *Die (Un-)Moral der Alltagslüge?!: Wahrheit und Lüge im Alltagsethos aus Sicht der katholischen Moraltheologie.* Studien der Moraltheologie 32. Münster: LIT, 2005.

Fraenkel, Ernst. *Deutschland und die westlichen Demokratien.* Herausgegeben und eingeleitet von Alexander von Brünneck. 9., erw. Auflage. UTB 3529: Politikwissenschaft. Baden-Baden: Nomos, 2011.

Frankemölle, Hubert. Art. Vergebung der Sünden. III. Neues Testament. In: *TRE* 34 (2002): 668–677.

Freytag, Norbert. Art. Gruppe. In: *Katholisches Soziallexikon*, hrsg. von Alfred Klose u. a., 1063–1069. 2., gänzlich überarb. und erw. Auflage. Innsbruck u. a.: Verl. Tyrolia u. a., 1980.

Friese, Sebastian. *Politik der gesellschaftlichen Versöhnung: Eine theologisch-ethische Untersuchung am Beispiel der Gacaca-Gerichte in Ruanda.* Theologie und Frieden 39. Stuttgart: Kohlhammer, 2010.

Fuchs, Katharina Anna. *Emotionserkennung und Empathie: Eine multimethodale psychologische Studie am Beispiel von Psychopathie und sozialer Ängstlichkeit.* Wiesbaden: Springer VS, 2014.

Gamlund, Espen. „The Duty to Forgive Repentant Wrongdoers." *International Journal of Philosophical Studies* 18, Nr. 5 (2010): 651–671.

Gassin, Elizabeth A. „Interpersonal forgiveness from an Eastern Orthodox Perspective." *Journal of Psychology and Theology* 29, Nr. 3 (2001): 187–200.

Gast, Henrik. „Wann und wie sich Politiker entschuldigen: Zur Sprachpraxis der Versöhnung." FRP Working Paper 05/2010. Forum Regensburger Politikwissenschaftler, Institut für Politikwissenschaft, Universität Regensburg, 2010. Abrufbar unter http://www.uni-regensburg.de/philosophie-kunst-geschichte-gesellschaft/forum-rp/medien/frp_working_paper_05_2010.pdf (Stand: 17.08.2021).

Gibney, Mark und Erik Roxstrom. „The Status of State Apologies." *Human Rights Quarterly* 23, Nr. 4 (2001): 911–939.

Gilbert, Margaret. „Collective Remorse." In: *War Crimes and Collective Wrongdoing: A Reader,* hrsg. von Aleksandar Jokić, 216–235. Malden: Blackwell Publishers, 2001.

Gill, Kathleen. „The Moral Functions of an Apology." *The Philosophical Forum* 31, Nr. 1 (2000): 11–27.

Gloppen, Siri. „Roads to Reconciliation: A Conceptual Framework." In: *Roads to Reconciliation,* hrsg. von Elin Skaar, Siri Gloppen und Astri Suhrke, 17–50. Lanham, Md.: Lexington Books, 2005.

Goffman, Erving. *Relations in Public: Microstudies of the Public Order.* New York: Harper & Row, 1972.

Gollwitzer, Walter. Art. Amnestie. In: *Deutsches Rechts-Lexikon* 1 (³2001): 152 f.

Govier, Trudy. *Forgiveness and Revenge.* London: Routledge, 2002.

Govier, Trudy. „Public forgiveness: A modest defence." In: *Public Forgiveness in Post-Conflict Contexts,* hrsg. von Bas van Stokkom, Neelke Doorn und Paul van Tongeren, 25–36. Series on Transitional Justice 10. Cambridge: Intersentia, 2012.

Govier, Trudy. *Taking Wrongs Seriously: Acknowledgment, Reconciliation, and the Politics of Sustainable Peace.* Amherst: Humanity Books, 2006.

Govier, Trudy. *Victims and Victimhood.* Peterborough: Broadview Press, 2015.

Govier, Trudy und Wilhelm Verwoerd. „Taking Wrongs Seriously: A Qualified Defence of Public Apologies." *Saskatchewan Law Review* 65 (2002): 139–162.

Govier, Trudy und Wilhelm Verwoerd. „The Promise and Pitfalls of Apology." *Journal of Social Philosophy* 33, Nr. 1 (2002): 67–82.

Gray, David. „An Excuse-Centered Approach to Transitional Justice." *Fordham Law Review* 74, Nr. 5 (2006): 2621–2693.

Grimm, Jacob und Wilhelm Grimm. Art. entschuldigen. In: *Deutsches Wörterbuch*, Bd. 3, hrsg. von der Akademie der Wissenschaften der DDR, Sp. 611 f. Leipzig: Hirzel, 1862.

Grimm, Jacob und Wilhelm Grimm. Art. vergeben, vb. In: *Deutsches Wörterbuch*, Bd. 12, hrsg. von der Deutschen Akademie der Wissenschaften zu Berlin, Sp. 381–388. Leipzig: Hirzel, 1956.

Grimm, Jacob und Wilhelm Grimm. Art. verzeihen, vb. In: *Deutsches Wörterbuch*, Bd. 12, hrsg. von der Deutschen Akademie der Wissenschaften zu Berlin, Sp. 2512–2540. Leipzig: Hirzel, 1956.

Griswold, Charles L. *Forgiveness: A Philosophical Exploration.* Cambridge u. a.: Cambridge University Press, 2007.

Gründel, Johannes. *Schuld und Versöhnung.* Topos-Taschenbücher 129. Mainz: Matthias-Grünewald-Verlag, 1985.

Gustafson Affinito, Mona. „Forgiveness in Counseling: Caution, Definition, and Application." In: *Before Forgiving: Cautionary Views of Forgiveness in Psychotherapy,* hrsg. von Sharon Lamb und Jeffrie G. Murphy, 88–111. New York, Oxford: Oxford University Press, 2002.

Gutmann, Amy und Dennis Thompson. „The Moral Foundations of Truth Commissions." In: *Truth v. Justice: The Morality of Truth Commissions,* hrsg. von Robert I. Rotberg und Dennis F. Thompson, 22–44. Princeton, N.J.: Princeton University Press, 2000.

Halpern, Jodi und Harvey M. Weinstein. „Rehumanizing the Other: Empathy and Reconciliation." *Human Rights Quarterly* 26, Nr. 3 (2004): 561–583.

Hamber, Brandon u. a. „Utopian Dreams or Practical Possibilities? The Challenges of Evaluating the Impact of Memorialization in Societies in Transition." *The International Journal of Transitional Justice* 4, Nr. 3 (2010): 397–420.

Hankel, Gerd. „Die Gacaca-Justiz in Ruanda – ein kritischer Rückblick." In: *Nach Krieg, Gewalt und Repression: Vom schwierigen Umgang mit der Vergangenheit,* hrsg. von Susanne Buckley-Zistel und Thomas Kater, 167–183. AFK-Friedensschriften 36. Baden-Baden: Nomos, 2011.

Hansen, Thomas Obel. „The vertical and horizontal expansion of transitional justice: Explanations and implications for a contested field." In: *Transitional Justice Theories,* hrsg. von Susanne Buckley-Zistel u. a., 105–124. London: Routledge, 2014.

Harris, Sandra, Karen Grainger und Louise Mullany. „The pragmatics of political apologies." *Discourse and Society* 17, Nr. 6 (2006): 715–737.

Hatch, John. „Between Religious Visions and Secular Realities: (Dia) logology and the Rhetoric of Reconciliation." 'Coming to Terms' with Reconciliation: Critical Perspectives on the Practice, Politics, and Ethics of Reconciliation, November 10–11, 2006, University of Wisconsin-Madison. Abrufbar unter http://docplayer.net/34595598-Between-religious-visions-and-secular-realities-dia-logology-and-the-rhetoric-of-reconciliation.html (Stand: 17.08.2021).

Hayner, Priscilla B. „Fifteen Truth Commissions – 1974 to 1994: A Comparative Study." *Human Rights Quarterly* 16, Nr. 4 (1994): 597–655.

Hayner, Priscilla B. *Unspeakable Truths: Transitional Justice and the Challenge of Truth Commissions.* 2. Auflage. New York, London: Routledge Taylor & Francis Group, 2011.

Hazan, Pierre. „Measuring the impact of punishment and forgiveness: A framework for evaluating transitional justice." *International Review of the Red Cross* 88, Nr. 861 (2006): 19–47.

Heidler, Johannes. Art. Vergebung. In: *Calwer Bibellexikon* 2 (^{6}2003): 1408.

Heinrich, Axel. *Schuld und Versöhnung: Zum Umgang mit belasteter Vergangenheit in systematisch-theologischen und pastoral-praktischen Diskursen seit dem Zweiten Vatikanum.* Schriftenreihe Gerechtigkeit und Frieden der Deutschen Kommission Justitia et Pax: Arbeitspapier 95. Bonn: Justitia et Pax, 2001.

Heuschen, Joseph. Art. Sündenvergebung. In: *Bibel-Lexikon*, hrsg. von Herbert Haag, Sp. 1678–1682. 2., neu bearb. u. verm. Auflage. Zürich u. a.: Benzinger, 1968.

Hilberath, Bernd Jochen. „Gnadenlehre." In: *Handbuch der Dogmatik*, Bd. 2, *Gnadenlehre, Ekklesiologie, Mariologie, Sakramentenlehre, Eschatologie, Trinitätslehre*, hrsg. von Theodor Schneider, 3–46. 4. Auflage. Düsseldorf: Patmos, 2009.

Hillmann, Karl-Heinz. Art. Gruppe. In: *Wörterbuch der Soziologie: Mit einer Zeittafel*, hrsg. von Karl-Heinz Hillmann, 318 f. 5., vollst. überarb. und erw. Auflage. Stuttgart: Kröner, 2007.

Hillmann, Karl-Heinz, Art. Individuum. In: *Wörterbuch der Soziologie: Mit einer Zeittafel*, hrsg. von Karl-Heinz Hillmann, 365 f. 5., vollst. überarb. und erw. Auflage. Stuttgart: Kröner, 2007.

Hockerts, Hans Günter. „Wiedergutmachung in Deutschland 1945–1990: Ein Überblick." *Aus Politik und Zeitgeschichte* 63 (2013): 15–22.

Hoffmann, Klaus. „Internationale Strafgerichte und Tribunale und ihre (potenzielle) Rolle im Versöhnungsprozess." In: *Nach Krieg, Gewalt und Repression: Vom schwierigen Umgang mit der Vergangenheit*, hrsg. von Susanne Buckley-Zistel und Thomas Kater, 81–90. AFK-Friedensschriften 36. Baden-Baden: Nomos, 2011.

Holiday, Anthony. „Forgiving and forgetting: The Truth and Reconciliation Commission." In: *Negotiating the past: The making of memory in South Africa,* hrsg. von Sarah Nuttall und Carli Coetzee, 43–56. Cape Town: Oxford University Press, 1998.

Holmes, Janet. „Sex Differences and Apologies: One Aspect of Communicative Competence." *Applied Linguistics* 10, Nr. 2 (1989): 194–213.

Holmgren, Margaret R. „Forgiveness and the Intrinsic Value of Persons." *American Philosophical Quarterly* 30, Nr. 4 (1993): 341–352.

Holmgren, Margaret R. „Self-Forgiveness and Responsible Moral Agency." *The Journal of Value Inquiry* 32 (1998): 75–91.

Honecker, Martin. „Individuelle Schuld und kollektive Verantwortung: Können Kollektive sündigen?" *Zeitschrift für Theologie und Kirche* 90, Nr. 2 (1993): 213–230.

Hoppe, Thomas. „Erinnerung und die Perspektive der Opfer." *Ost-West: Europäische Perspektiven* 3 (2002): 19–27.

Horelt, Michel-André. „Performing Reconciliation: A Performance Approach to the Analysis of Political Apologies." In: *Critical Perspectives in Transitional Justice*, hrsg. von Nicola Palmer u. a., 347–368. Series on Transitional Justice 8. Cambridge: Intersentia, 2012.

Horne, Cynthia M. „The Impact of Lustration on Democratization in Postcommunist Countries." *The International Journal of Transitional Justice* 8, Nr. 3 (2014): 496–521.

Horsbrugh, Howard J. N. „Forgiveness." *Canadian Journal of Philosophy* 4, Nr. 2 (1974): 269–282.

Hoyle, Carolyn. „Can International Justice Be Restorative Justice? The Role of Reparations." In: *Critical Perspectives in Transitional Justice*, hrsg. von Nicola Palmer u. a., 189–209. Series on Transitional Justice 8. Cambridge: Intersentia, 2012.

Hughes, Martin. „Forgiveness." *Analysis* 35 (1975): 113–117.

Huntington, Samuel P. „Democracy's Third Wave." *Journal of Democracy* 2, Nr. 2 (1991): 12–34.

Huntington, Samuel P. „How Countries Democratize." *Political Science Quarterly* 106, Nr. 4 (Winter 1991/1992): 579–616.

Huntington, Samuel P. *The Third Wave: Democratization in the Late Twentieth Century.* The Julian J. Rothbaum distinguished lecture series 4. Norman u. a.: University of Oklahoma Press, 1991.

Huyse, Luc. „Offenders." In: *Reconciliation After Violent Conflict: A Handbook*, hrsg. von David Bloomfield u. a., 67–76. Stockholm: International IDEA, 2003.

Huyse, Luc. „The Process of Reconciliation." In: *Reconciliation After Violent Conflict: A Handbook*, hrsg. von David Bloomfield u. a., 19–33. Stockholm: International IDEA, 2003.

Huyse, Luc. „Victims." In: *Reconciliation After Violent Conflict: A Handbook*, hrsg. von David Bloomfield u. a., 54–66. Stockholm: International IDEA, 2003.

Inazu, John D. „No Future Without (Personal) Forgiveness: Reexamining the Role of Forgiveness in Transitional Justice." *Human Rights Review* 10, Nr. 3 (2009): 309–326.

International Center for Transitional Justice. „More Than Words: Apologies as a Form of Reparation." Dezember 2015. Abrufbar unter https://www.ictj.org/sites/default/files/ICTJ-Report-Apologies-2015.pdf (Stand: 17.08.2021).

International Center for Transitional Justice. *What is Transitional Justice?* 2009. Abrufbar unter https://www.ictj.org/sites/default/files/ICTJ-Global-Transitional-Justice-2009-English.pdf (Stand: 17.08.2021).

International Criminal Court. *Rome Statute.* The Hague: ICC, 2011. Abrufbar unter https://www.icc-cpi.int/nr/rdonlyres/ea9aeff7–5752–4f84-be94–0a655eb30e16/0/rome_statute_english.pdf (Stand: 17.08.2021).

International Law Commission. *Draft articles on Responsibility of States for Internationally Wrongful Acts, with commentaries.* A/56/10. November 2001. Abrufbar unter https://legal.un.org/ilc/texts/instruments/english/commentaries/9_6_2001.pdf (Stand: 17.08.2021).

Jankélévitch, Vladimir. *Verzeihen?* Frankfurt am Main: Suhrkamp, 2006.

Jaspers, Karl. *Die Schuldfrage.* Serie Piper 191. München: Piper, 1979.

Jelin, Elizabeth. „Public Memorialization in Perspective: Truth, Justice and Memory of Past Repression in the Southern Cone of South America." *The International Journal of Transitional Justice* 1, Nr. 1 (2007): 138–156.

Jeremias, Jörg. *Theologie des Alten Testaments.* Grundrisse zum Alten Testament 6. Göttingen: Vandenhoeck & Ruprecht, 2015.

Jetschke, Anja. „Der Kaiser hat ja gar keine Kleider an! – Strafverfolgung durch hybride Tribunale." In: *Transitional Justice 2.0,* hrsg. von Stefan Engert u. a., 101–130. Die Friedens-Warte Bd. 86, H. 1/2. Berlin: BWV, 2011.

Joest, Wilfried. „Schuld erkennen – Schuld bekennen." In: *Abschied von der Schuld? Zur Anthropologie und Theologie von Schuldbekenntnis, Opfer und Versöhnung,* hrsg. von Richard Riess, 14–25. Theologische Akzente 1. Stuttgart: Kohlhammer, 1996.

Jones, Gregory L. *Embodying Forgiveness: A Theological Analysis.* Grand Rapids, Mich.: Eerdmans, 1995.

Kador, John. *Effective apology: Mending fences, building bridges, and restoring trust.* San Francisco: Berrett-Koehler Publishers, 2009.

Kaminer, Debra u. a. „The Truth and Reconciliation Commission in South Africa: Relation to psychiatric status and forgiveness among survivors of human rights abuses." *British Journal of Psychiatry* 178, Nr. 4 (2001): 373–377.

Kattago, Siobhan. „War Memorials and the Politics of Memory: The Soviet War Memorial in Tallinn." *Constellations* 16, Nr. 1 (2009): 150–166.

Kämmerer, Annette. „Vergeben: Eine Quelle von Wohlbefinden." In: *Therapieziel Wohlbefinden: Ressourcen aktivieren in der Psychotherapie*, hrsg. von Renate Frank, 227–236. Heidelberg: Springer, 2007.

Kertelge, Karl. Art. Gerechtigkeit. III. Neues Testament. In: *LThK* 4 (^{3}1995): Sp. 501–503.

Kessler, Hans. „Christologie." In: *Handbuch der Dogmatik*, Bd. 1, *Prolegomena, Gotteslehre, Schöpfungslehre, Christologie, Pneumatologie*, hrsg. von Theodor Schneider, 241–442. 4. Auflage. Düsseldorf: Patmos 2009.

Kim, Jichan J. und Robert D. Enright. „A Theological and Psychological Defense of Self-Forgiveness: Implications for Counseling." *Journal of Psychology and Theology* 42, Nr. 3 (2014): 260–268.

Klima, Rolf. Art. Gruppe. In: *Lexikon zur Soziologie*, hrsg. von Werner Fuchs-Heinritz, 253 f. 4., grundlegend überarb. Auflage.Wiesbaden: VS, 2007.

Klima, Rolf. Art. Gruppe. Informelle. In: *Lexikon zur Soziologie*, hrsg. von Werner Fuchs-Heinritz, 254. 4., grundlegend überarb. Auflage. Wiesbaden: VS, 2007.

Klima, Rolf. Art. Sekundärgruppe. In: *Lexikon zur Soziologie*, hrsg. von Werner Fuchs-Heinritz, 582. 4., grundlegend überarb. Auflage. Wiesbaden: VS, 2007.

Kolnai, Aurel. „Forgiveness." *Proceedings of the Aristotelian Society* 74, Nr. 1 (1974): 91–106.

Köbler, Gerhard. Art. Begnadigung. In: *Juristisches Wörterbuch: Für Studium und Ausbildung*, zusammengestellt von Gerhard Köbler, 50. 16., neubearbeitete Auflage. München: Verlag Franz Vahlen, 2016.

Krapp, Peter. „Amnesty: Between an Ethics of Forgiveness and the Politics of Forgetting." *German Law Journal* 6, Nr. 1 (2005): 185–195.

Kritz, Neil J., Hrsg. *Transitional Justice: How Emerging Democracies Reckon with Former Regimes*. Bd. 1. *General Considerations*. Washington, DC: United States Institute of Peace Press, 1995.

Krog, Antjie. „'This Thing Called Reconciliation...' Forgiveness as Part of an Interconnectedness-towards-Wholeness." *South African Journal of Philosophy* 27, Nr. 4 (2008): 353–366.

Lambourne, Wendy. „Transformative justice, reconciliation and peacebuilding." In: *Transitional Justice Theories*, hrsg. von Susanne Buckley-Zistel u. a., 19–39. London: Routledge, 2014.

Lambourne, Wendy. „Transitional Justice and Peacebuilding after Mass Violence." *The International Journal of Transitional Justice* 3, Nr. 1 (2009): 28–48.

Lang, Berel. „Forgiveness." *American Philosophical Quarterly* 31, Nr. 2 (1994): 105–117.

Lange, Willi. *Aspekte der Höflichkeit: Überlegungen am Beispiel der Entschuldigungen im Deutschen.* Europäische Hochschulschriften: Reihe 1, Deutsche Sprache und Literatur 791. Frankfurt am Main, New York: Lang, 1984.

Laue, Christian. *Symbolische Wiedergutmachung.* Schriften zum Strafrecht 118. Berlin: Duncker & Humblot, 1999.

Lauth, Hans-Joachim. „Regimetypen: Totalitarismus – Autoritarismus – Demokratie." In: *Vergleichende Regierungslehre: Eine Einführung*, hrsg. von Hans-Joachim Lauth, 91–112. 3., aktualisierte und erw. Auflage. Wiesbaden: VS Verlag, 2010.

Lazare, Aaron. „Go Ahead, Say You're Sorry." *Psychology Today* 28 (1995): 40–43; 76–78.

Lazare, Aaron. *On Apology.* New York, Oxford: Oxford University Press, 2004.

Lederach, John Paul. *Building peace: Sustainable reconciliation in divided societies.* Washington, DC: United States Institute of Peace Press, 1997.

Leroy, Herbert. *Zur Vergebung der Sünden: Die Botschaft der Evangelien.* Stuttgarter Bibelstudien 73. Stuttgart: KBW-Verlag, 1974.

Linz, Juan J. „Transitions to Democracy." *The Washington Quarterly* 13, Nr. 3 (1990): 143–164.

Linz, Juan J. und Alfred Stepan. *Problems of democratic transition and consolidation: Southern Europe, South America, and Post-Communist Europe.* Baltimore, London: Johns Hopkins University Press, 1996.

Loo, Stephanie van de. *Versöhnungsarbeit: Kriterien, theologischer Rahmen, Praxisperspektiven.* Theologie und Frieden 38. Stuttgart: Kohlhammer, 2009.

Löwenheim, Nava. „A Haunted past: Requesting Forgiveness for Wrongdoing in International Relations." *Review of International Studies* 35, Nr. 3 (2009): 531–555.

Luschin, Raimund M. Art. Schuld. In: *Neues Lexikon der christlichen Moral*, hrsg. von Hans Rotter und Günter Virt, 666–671. 3., völlig neu bearb. Auflage. Innsbruck u. a.: Tyrolia-Verl., 1990.

Macaskill, Ann, John Maltby und Liza Day. „Forgiveness of Self and Others and Emotional Empathy." *The Journal of Social Psychology* 142, Nr. 5 (2002): 663–665.

MacLachlan, Alice. „Beyond the Ideal Political Apology." In: *On the Uses and Abuses of Political Apologies*, hrsg. von Mihaela Mihai und Mathias Thaler, 13–31. London: Palgrave Macmillan, 2014.

MacLachlan, Alice. „The philosophical controversy over political forgiveness." In: *Public Forgiveness in Post-Conflict Contexts*, hrsg. von Bas van Stokkom, Neelke Doorn und Paul van Tongeren, 37–64. Series on Transitional Justice 10. Cambridge: Intersentia, 2012.

Maier, Charles S. „Collective Guilt? No... But:" *Rechtshistorisches Journal* 16 (1997): 681–686.

Mallinder, Louise. „Amnesties." In: *The Pursuit of International Criminal Justice: A World Study on Conflicts, Victimization, and Post-Conflict Justice*, Bd. 1, hrsg. von M. Cherif Bassiouni, 793–922. Antwerp; Portland, Or.: Intersentia, 2010.

Mallinder, Louise. „Can Amnesties and International Justice be Reconciled?" *The International Journal of Transitional Justice* 1, Nr. 2 (2007): 208–230.

Markel, Dan. „The Justice of Amnesty? Towards a Theory of Retributivism in Recovering States." *The University of Toronto Law Journal* 49, Nr. 3 (1999): 389–445.

Matthiesen, Nora. *Wiedergutmachung für Opfer internationaler bewaffneter Konflikte: Die Rechtsposition des Individuums bei Verletzungen des humanitären Völkerrechts*. Völkerrecht und internationale Beziehungen 5. Berlin: LIT, 2012.

McCullough, Michael E. „Forgiveness: Who Does It and How Do They Do It?" *Current Directions in Psychological Science* 10, Nr. 6 (2001): 194–197.

McCullough, Michael E. u. a. „Interpersonal Forgiving in Close Relationships." *Journal of Personality and Social Psychology* 73, Nr. 2 (1997): 321–336.

McCullough, Michael E. u. a. „Interpersonal Forgiving in Close Relationships: II. Theoretical Elaboration and Measurement." *Journal of Personality and Social Psychology* 75, Nr. 6 (1998): 1586–1603.

McCullough, Michael E. u. a. „The Psychology of Forgiveness: History, Conceptual Issues, and Overview." In: *Forgiveness: Theory, Research, and Practice*, hrsg. von Michael E. McCullough, Kenneth I. Pargament und Carl E. Thoresen, 1–14. New York, London: Guilford Press, 2000.

McGary, Howard. „Forgiveness." *American Philosophical Quarterly* 26, Nr. 4 (1989): 343–351.

Meierhenrich, Jens. „The Ethics of Lustration." *Ethics & International Affairs* 20, Nr. 1 (2006): 99–120.

Mendeloff, David. „Trauma and Vengeance: Assessing the Psychological and Emotional Effects of Post-Conflict Justice." *Human Rights Quarterly* 31, Nr. 3 (2009): 592–623.

Merkel, Wolfgang. *Systemtransformation: Eine Einführung in die Theorie und Empirie der Transformationsforschung.* 2., überarb. und erw. Auflage. Wiesbaden: VS, Verl. für Sozialwiss., 2010.

Merkel, Wolfgang. „Transformation politischer Systeme." In: *Politikwissenschaft: Ein Grundkurs*, hrsg. von Herfried Münkler, 207–245. Reinbek bei Hamburg: Rowohlt-Taschenbuch-Verlag, 2003.

Meyers, Diana Tietjens. „Two Victim Paradigms and the Problem of 'Impure' Victims." *Humanity* 2, Nr. 2 (2011): 255–275.

Mieth, Dietmar. „Ethik der Gerechtigkeit: Ansätze, Prinzipien, Kriterien." In: *Vision Gerechtigkeit? Konziliarer Prozeß und Kirchliche Jugendarbeit*, hrsg. von Dietmar Mieth und Paul Magino, 12–32. Düsseldorf: Haus Altenberg, 1992.

Mieth, Dietmar. „Rechtfertigung und Gerechtigkeit." In: *La Justice: Gerechtigkeit*, hrsg. von Thomas Fleiner u. a., 64–89. Défis et dialogues 1. Freiburg, Schweiz: Éditions universitaires, 1977.

Mieth, Dietmar. „Wahrhaftigkeit als Kriterium für Wahrheit?" In: *Dimensionen der Wahrheit: Hans Küngs Anfrage im Disput*, hrsg. von Bernd Jochen Hilberath, 81–98. Tübingen, Basel: Francke, 1999.

Mieth, Dietmar. „Wahrhaftig sein – warum? Die Grundnorm der Wahrhaftigkeit, ihre ethische Begründbarkeit und ihre Universalität." In: *Wahrheit als Medienqualität*, hrsg. von Wolfgang Wunden, 85–101. Beiträge zur Medienethik 3. Frankfurt am Main: Gemeinschaftswerk der Evangelischen Publizistik, 1996.

Minkkinen, Panu. „Ressentiment as Suffering: On Transitional Justice and the Impossibility of Forgiveness." *Law and Literature* 19, Nr. 3 (2007): 513–532.

Minow, Martha. *Between Vengeance and Forgiveness: Facing History after Genocide and Mass Violence.* Boston: Beacon Press, 1998.

„Moments in Life." [Kommentierte Fotosammlung, o. Vf.]. *Life* 15, H. 6 (Juni 1992): 10–22.

Montgomery, David. *Forgiveness in the Old Testament.* Embodying Forgiveness Project 2. Belfast: Centre for Contemporary Christianity in Ireland. Abrufbar unter http://www.contemporarychristianity.net/resources/pdfs/Forgiveness_Paper_02.pdf (Stand: 17.08.2021).

Mosbah, Salah. „Verzeihen, Sühne und transitionelle Gerechtigkeit: Jenseits des juridischen Modells?" In: *Gerechtigkeit in transkultureller Perspektive*, hrsg. von Sarhan Dhouib, 233–243. Weilerswist: Velbrück Wissenschaft, 2016.

Murakami, Junichi. „Kollektivschuld und Kollektivhaftung." *Rechtshistorisches Journal* 16 (1997): 665–672.

Murphy, Jeffrie G. *Getting Even: Forgiveness and Its Limits.* Oxford: Oxford University Press, 2003.

Murphy, Jeffrie G. und Jean Hampton. *Forgiveness and mercy.* Cambridge: Cambridge University Press, 2002.

Murphy, Michael. „Apology, Recognition, and Reconciliation." *Human Rights Review* 12, Nr. 1 (2011): 47–69.

Musil, Robert. *Nachlaß zu Lebzeiten.* Ungekürzte Ausg., 91.-95. TSD. Reinbek bei Hamburg: Rowohlt, 1976.

Müller, Alois. Art. Schuld und Bekehrung. III. Die Befreiung zur Hoffnung. Wege der Metanoia. In: *Handbuch der christlichen Ethik*, Bd. 3, hrsg. von Anselm Hertz und Günter Altner, 180–194. Aktualisierte Neuausg. Basel u.a.: Herder u.a., 1993.

Müller-Fahrenholz, Geiko. „Forgiving is a way of healing: Theological approximations." *Theological Studies* 56, Nr. 4 (2000): 1009–1023.

Müller-Fahrenholz, Geiko. *The Art of Forgiveness: Theological Reflections on Healing and Reconciliation.* Geneva: World Council of Churches, 1997.

Müller-Fahrenholz, Geiko. *Vergebung macht frei: Vorschläge für eine Theologie der Versöhnung.* Frankfurt am Main: Lembeck, 1996.

Müller-Fahrenholz, Geiko. *Versöhnung statt Vergeltung: Wege aus dem Teufelskreis der Gewalt.* Neukirchen-Vluyn: Neukirchener Verl.-Haus, 2003.

Nachdenken über die Shoah: Mitschuld und Verantwortung der Katholischen Kirche; Stellungnahme des Gesprächskreises „Juden und Christen" beim Zentralkomitee der Deutschen Katholiken zur Erklärung der „Vatikanischen Kommission für die religiösen Beziehungen zu den Ju-

den" vom 16. März 1998. Bonn: Generalsekretariat des Zentralkomitees der Dt. Katholiken, 1998.

Nagy, Rosemary. „Transitional Justice as Global Project: Critical reflections." *Third World Quarterly* 29, Nr. 3 (2008): 275–289.

Naidu, Ereshnee. „Memorialization in Post-conflict Societies in Africa: Potentials and Challenges." In: *Memorials in Times of Transition*, hrsg. von Susanne Buckley-Zistel und Stefanie Schäfer, 29–45. Cambridge, Antwerp, Portland: Intersentia, 2014.

Nalepa, Monika. „Lustration." In: *The Pursuit of International Criminal Justice: A World Study on Conflicts, Victimization, and Post-Conflict Justice*, Bd. 1, hrsg. von M. Cherif Bassiouni, 735–778. Antwerp; Portland, Or.: Intersentia, 2010.

Nobles, Melissa. *The Politics of Official Apologies.* Cambridge: Cambridge University Press, 2008.

Nobles, Melissa. „The Prosecution of Human Rights Violations." *Annual Review of Political Science* 13 (2010): 165–182.

Nocke, Franz Josef. „Spezielle Sakramentenlehre." In: *Handbuch der Dogmatik*, Bd. 2, *Gnadenlehre, Ekklesiologie, Mariologie, Sakramentenlehre, Eschatologie, Trinitätslehre*, hrsg. von Theodor Schneider, 226–376. 4. Auflage. Düsseldorf: Patmos, 2009.

Nohlen, Dieter. Art. Demokratisierung. In: *Lexikon der Politikwissenschaft: Theorien - Methoden - Begriffe*, Bd. 1, hrsg. von Dieter Nohlen und Rainer-Olaf Schultze, 153 f. 4., aktualisierte und erw. Auflage. München: Beck, 2010.

Nohlen, Dieter. Art. Repräsentative Demokratie. In: *Lexikon der Politikwissenschaft: Theorien - Methoden - Begriffe*, Bd. 2, hrsg. von Dieter Nohlen und Rainer-Olaf Schultze, 921 f. 4., aktualisierte und erw. Auflage. München: Beck, 2010.

Nohlen, Dieter. Art. Transitionsforschung. In: *Lexikon der Politikwissenschaft: Theorien - Methoden - Begriffe*, Bd. 2, hrsg. von Dieter Nohlen und Rainer-Olaf Schultze, 1108 f. 4., aktualisierte und erw. Auflage. München: Beck, 2010.

North, Joanna. „The 'Ideal' of Forgiveness: A Philosopher's Exploration." In: *Exploring Forgiveness*, hrsg. von Robert Enright und Joanna North, 15–34. Madison: The University of Wisconsin Press, 1998.

North, Joanna. „Wrongdoing and Forgiveness." *Philosophy* 62, Nr. 242 (1987): 499–508.

Novitz, David. „Forgiveness and Self-Respect." *Philosophy and Phenomenological Research* 58, Nr. 2 (1998): 299–315.

Ocampo, Luis Moreno. „Building a Future on Peace and Justice: The International Criminal Court." In: *Building a Future on Peace and Justice: Studies on Transitional Justice, Peace and Development; The Nuremberg Declaration on Peace and Justice*, hrsg. von Kai Ambos, Judith Large und Marieke Wierda, 9–13. Berlin: Springer, 2009.

O'Connell, Jamie. „Gambling with the Psyche: Does Prosecuting Human Rights Violators Console Their Victims?" *Harvard International Law Journal* 46, Nr. 2 (2005): 295–345.

O'Donnell, Guillermo und Philippe C. Schmitter. *Transitions from Authoritarian Rule: Prospects for Democracy*. Bd. 4. *Tentative Conclusions about Uncertain Democracies*. 4., impr. Baltimore u. a.: Johns Hopkins University Press, 1993.

Olsen, Tricia D. u. a. „When Truth Commissions Improve Human Rights." *The International Journal of Transitional Justice* 4, Nr. 3 (2010): 457–476.

Olshtain, Elite. „Apologies Across Languages." In: *Cross-Cultural Pragmatics: Requests and Apologies*, hrsg. von Shoshana Blum-Kulka, 155–173. Norwood, NJ: Ablex Publ. Corp., 1989.

O'Shea, Andreas. *Amnesty for Crime in International Law and Practice*. The Hague, London: Kluwer Law International, 2002.

Owen, Marion. *Apologies and Remedial Interchanges: A Study of Language Use in Social Interaction*. Berlin, New York, Amsterdam: Mouton, 1983.

Petermann, Franz. *Psychologie des Vertrauens*. 4., überarb. Auflage. Göttingen u. a.: Hogrefe, 2013.

Pettigrove, Glen. „Forgiveness and Interpretation." *Journal of Religious Ethics* 35, Nr. 3 (2007): 429–452.

Pettigrove, Glen. „Hannah Arendt and Collective Forgiving." *Journal of Social Philosophy* 37, Nr. 4 (2006): 483–500.

Philpott, Daniel. „Beyond Politics as Usual: Is Reconciliation Compatible with Liberal Democracy?" In: *The politics of past evil: Religion, reconciliation, and the dilemmas of transitional justice*, hrsg. von Daniel Philpott, 11–44. Notre Dame, Ind.: University of Notre Dame Press, 2006.

Philpott, Daniel. „What Religion Brings to the Politics of Transitional Justice." *Journal of International Affairs* 61, Nr. 1 (2007): 93–110.

Pross, Christian. *Wiedergutmachung: Der Kleinkrieg gegen die Opfer*. Frankfurt am Main: Athenäum, 1988.

Pröpper, Thomas. *Theologische Anthropologie*. Bd. 1. Freiburg im Breisgau: Herder, 2011.

Puntel, Lorenz B. Art. Wahrheit. I. Begriff. In: *LThK* 10 (³2001): Sp. 926–929.

Puntel, Lorenz B. *Wahrheitstheorien in der neueren Philosophie: Eine kritisch-systematische Darstellung.* 3., um einen ausführlichen Nachtr. erw. Auflage. Erträge der Forschung 83. Darmstadt: Wissenschaftliche Buchgesellschaft, 1993.

Radl, Walter. Art. Vergebung, Vergebung der Sünden. I. Biblisch-theologisch. In: *LThK* 10 (³2001): Sp. 651 f.

Rammstedt, Otthein und Rolf Klima. Art. Sozialkategorie. In: *Lexikon zur Soziologie*, hrsg. von Werner Fuchs-Heinritz, 609. 4., grundlegend überarb. Auflage. Wiesbaden: VS, 2007.

Ranft, Florian. „Verspätete Wahrheitskommissionen in Lateinamerika und Afrika im Vergleich." In: *Transitional Justice 2.0*, hrsg. von Stefan Engert u. a., 219–243. Die Friedens-Warte Bd. 86, H. 1/2. Berlin: BWV, 2011.

Reuter, Hans-Richard. Art. Versöhnung. IV. Ethisch. In: *TRE* 35 (2003): 40–43.

Richards, Norvin. „Forgiveness." *Ethics* 99 (1988): 77–97.

Rienecker, Fritz u. a. Art. Vergeben, Vergebung. I. Sprachlicher Befund. In: *Lexikon zur Bibel: Personen, Geschichte, Archäologie, Geografie und Theologie der Bibel*, hrsg. von Fritz Rienecker u. a., 1208. Witten: Brockhaus, 2013.

Rienecker, Fritz u. a. Art. Versöhnungstag. In: *Lexikon zur Bibel: Personen, Geschichte, Archäologie, Geografie und Theologie der Bibel*, hrsg. von Fritz Rienecker u. a., 1215 f. Witten: Brockhaus, 2013.

Robins, Simon. „Towards Victim-Centred Transitional Justice: Understanding the Needs of Families of the Disappeared in Postconflict Nepal." *The International Journal of Transitional Justice* 5, Nr. 1 (2011): 75–98.

Rockenbach, Mark D. „To Forgive Is Not to Forget." *Concordia Journal* 42, Nr. 2 (2016): 130–133.

Rogers, Carl R. und Wolfgang M. Pfeiffer. *Therapeut und Klient: Grundlagen der Gesprächspsychotherapie.* Ungekürzte Ausg. Fischer-Taschenbuch 42250: Geist und Psyche. Frankfurt am Main: Fischer-Taschenbuch-Verlag, 1983.

Roht-Arriaza, Naomi. „The new landscape of transitional justice." In: *Transitional Justice in the Twenty-First Century: Beyond truth versus justice*, hrsg. von Naomi Roht-Arriaza und Javier Mariezcurrena, 1–20. Cambridge, UK; New York: Cambridge University Press, 2006.

Roniger, Luis und Mario Sznajder. *The Legacy of Human-Rights Violations in the Southern Cone: Argentina, Chile, and Uruguay.* Oxford, New York: Oxford University Press, 1999.

Rotberg, Robert. „Apology, Truth Commissions, and Intrastate Conflict." In: *Taking Wrongs Seriously: Apologies and Reconciliation*, hrsg. von Elazar Barkan und Alexander Karn, 33–49. Stanford, Calif.: Stanford University Press, 2006.

Rotberg, Robert I. „Truth Commissions and the Provision of Truth, Justice and Reconciliation." In: *Truth v. Justice: The Morality of Truth Commissions*, hrsg. von Robert I. Rotberg und Dennis F. Thompson, 3–21. Princeton, N.J.: Princeton University Press, 2000.

Rusbult, Caryl E. u. a. „Forgiveness and Relational Repair." In: *Handbook of Forgiveness*, hrsg. von Everett L. Worthington, 185–205. New York: Routledge, 2005.

Sachs, Albie u. a. „The Task for Civil Society." In: *The Healing of a Nation?*, hrsg. von Alex Boraine, Janet Levy und Kader Asmal, 94–109. Rondebosch, Cape Town: Justice in Transition, 1995.

Sader, Manfred. *Psychologie der Gruppe.* 4. Auflage. Weinheim, München: Juventa-Verlag, 1994.

Sagmeister, Raimund. Art. Reue. In: *Neues Lexikon der christlichen Moral*, hrsg. von Hans Rotter und Günter Virt, 646–651. 3., völlig neu bearb. Auflage. Innsbruck u. a.: Tyrolia-Verl., 1990.

Santer, Mark. „The Reconciliation of Memories." In: *Reconciling Memories*, hrsg. von Alan D. Falconer und Joseph Liechty, 30–36. 2. Auflage. Blackrock, Co. Dublin: Columba Press, 1998.

Sattler, Dorothea. „Schuld und Vergebung: Systematisch-theologische Überlegungen in ökumenischer Perspektive." In: *Angewiesen auf Gottes Gnade: Schuld und Vergebung im Gottesdienst*, hrsg. von Alexander Deeg, Irene Mildenberger und Wolfgang Ratzmann, 9–35. Leipzig: Evangelische Verlagsanstalt, 2012.

Sattler, Dorothea und Theodor Schneider. „Schöpfungslehre." In: *Handbuch der Dogmatik*, Bd. 1, *Prolegomena, Gotteslehre, Schöpfungslehre, Christologie, Pneumatologie*, hrsg. von Theodor Schneider, 120–238. 4. Auflage. Düsseldorf: Patmos, 2009.

Saunders, Rebecca. „Questionable Associations: The Role of Forgiveness in Transitional Justice." *The International Journal of Transitional Justice* 5, Nr. 1 (2011): 119–141.

Scharbert, Josef. Art. Gerechtigkeit. I. Altes Testament. In: *TRE* 12 (1984): 404–411.

Scharf, Michael P. „The Amnesty Exception to the Jurisdiction of the International Criminal Court." *Cornell International Law Journal* 32, Nr. 3 (1999): 507–527.

Scharf, Michael P. „The Letter of the Law: The Scope of the International Legal Obligation to Prosecute Human Rights Crimes." *Law and Contemporary Problems* 59, Nr. 4 (1996): 41–61.

Schäfers, Bernhard. „Entwicklung der Gruppensoziologie und Eigenständigkeit der Gruppe als Sozialgebilde." In: *Einführung in die Gruppensoziologie*, hrsg. von Bernhard Schäfers, 19–36. 3., korrig. Auflage. UTB 996. Wiesbaden: Quelle und Meyer, 1999.

Schäfers, Bernhard. „Primärgruppen." In: *Einführung in die Gruppensoziologie*, hrsg. von Bernhard Schäfers, 97–112. 3., korrig. Auflage. UTB 996. Wiesbaden: Quelle und Meyer, 1999.

Scheiber, Karin. „May God Forgive?" In: *Forgiveness and Truth: Explorations in Contemporary Theology,* hrsg. von Alistair I. McFadyen und Marcel Sarot, 173–180. Edinburgh: T & T Clark, 2001.

Scheiber, Karin. *Vergebung: Eine systematisch-theologische Untersuchung.* Religion in Philosophy and Theology 21. Tübingen: Mohr Siebeck, 2006.

Schenker, Adrian. Art. Vergebung der Sünden. I. Altes Testament. In: *TRE* 34 (2002): 663–665.

Scherr, Albert. Art. Individuum. In: *Grundbegriffe der Soziologie*, hrsg. von Bernhard Schäfers und Johannes Kopp, 107–112. 9., grundlegend überarb. und aktualisierte Auflage. Wiesbaden: VS, Verl. für Sozialwiss., 2006.

Schimmel, Constanze A. *Transitional Justice im Kontext: Zur Genese eines Forschungsgebietes im Spannungsfeld von Wissenschaft, Praxis und Rechtsprechung.* Berlin: Duncker & Humblot, 2016.

Schindler, Alfred. Art. Augustin/Augustinismus. I. Augustin. In: *TRE* 4 (1979): 646–698.

Schleiff, Matthias. „Paradox und Praxis der Vergebung." In: *Schuld und Vergebung: Festschrift für Michael Beintker zum 70. Geburtstag*, hrsg. von Hans-Peter Großhans u. a., 357–371. Tübingen: Mohr Siebeck, 2017.

Schmädeke, Philipp Christoph. *Politische Regimewechsel: Grundlagen der Transitionsforschung.* UTB 3751. Tübingen u. a.: Francke, 2012.

Schmidt, Manfred G. Art. Bürger. In: *Wörterbuch zur Politik*, hrsg. von Manfred G. Schmidt, 140. 3., überarb. und aktualisierte Auflage. Stuttgart: Kröner, 2010.

Schmidt, Manfred G. Art. Direkte Demokratie. In: *Wörterbuch zur Politik*, hrsg. von Manfred G. Schmidt, 188 f. 3., überarb. und aktualisierte Auflage. Stuttgart: Kröner, 2010.

Schmidt, Manfred G. Art. Repräsentation. In: *Wörterbuch zur Politik*, hrsg. von Manfred G. Schmidt, 688 f. 3., überarb. und aktualisierte Auflage. Stuttgart: Kröner, 2010.

Schmitt, Hanspeter. „Empathie – Begriff und Wirklichkeit." *Religionsunterricht an höheren Schulen* 54 (2011): 147–154.

Schmitt, Hanspeter. *Empathie und Wertkommunikation: Theorie des Einfühlungsvermögens in theologisch-ethischer Perspektive*. Studien zur theologischen Ethik 93. Freiburg, Schweiz: Univ.-Verl.; Freiburg, Wien: Herder, 2003.

Schockenhoff, Eberhard. „Das Recht der Wahrheit: Begründung und Reichweite der Wahrheitspflicht aus der Sicht der katholischen Moraltheologie." In: *Dürfen wir lügen? Beiträge zu einem aktuellen Thema*, hrsg. von Rochus Leonhardt und Martin Rösel, 211–227. Neukirchen-Vluyn: Neukirchener, 2002.

Schockenhoff, Eberhard. *Zur Lüge verdammt? Politik, Medien, Medizin, Justiz, Wissenschaft und die Ethik der Wahrheit*. Freiburg i. B. u. a.: Herder, 2000.

Scholze-Stubenrecht, Werner (Red.). Art. Entschuldigen. In: *Duden, das große Wörterbuch der deutschen Sprache*, Bd. 3, hrsg. vom Wissenschaftlichen Rat der Dudenredaktion, 1048. Mannheim u. a.: Dudenverl., 1999.

Schreiter, Robert J. „A Practical Theology of Healing, Forgiveness, and Reconciliation." In: *Peacebuilding: Catholic Theology, Ethics, and Praxis*, hrsg. von Robert J. Schreiter, R. Scott Appleby und Gerard F. Powers, 366–397. Maryknoll, N.Y.: Orbis Books, 2010.

Schreiter, Robert J. *Reconciliation: Mission and Ministry in a Changing Social Order*. Maryknoll, N.Y.: Orbis Books, 1992.

Schreiter, Robert J. *The Ministry of Reconciliation: Spirituality & Strategies*. Maryknoll, N.Y.: Orbis Books, 1998.

Schwan, Gesine. *Politik und Schuld: Die zerstörerische Macht des Schweigens*. Fischer 13404: Zeitschriften. Frankfurt am Main: Fischer-Taschenbuch-Verlag, 1997.

Schwan, Gesine. „Wo die moralische und psychische Überforderung beginnt." *Die Welt*, 9. Januar 1999. Abrufbar unter https://www.welt.de/print-welt/article564196/Wo-die-moralische-und-psychische-Ueberforderung-beginnt.html (Stand: 17.08.2021)

Searle, John R. „A Classification of Illocutionary Acts." *Language in Society* 5, Nr. 1 (1976): 1–23.

Searle, John R. *Speech Acts: An Essay in the Philosophy of Language.* Cambridge u. a.: University Press, 1980.

Searle, John R. „Was ist ein Sprechakt?" In: *Sprachwissenschaft: Ein Reader*, hrsg. von Ludger Hoffmann, 174–193. 3., aktualisierte und erw. Auflage. Berlin u. a.: de Gruyter, 2010.

Segal, Elizabeth A. „Social Empathy: A Model Built on Empathy, Contextual Understanding, and Social Responsibility That Promotes Social Justice." *Journal of Social Service Research* 37, Nr. 3 (2011): 266–277.

Segal, Elizabeth A. u. a. „A Confirmatory Factor Analysis of the Interpersonal and Social Empathy Index." *Journal of the Society for Social Work and Research* 4, Nr. 3 (2013): 131–153.

Seidler, Elisabeth. „Versöhnung: Prolegomena einer künftigen Soteriologie." *Freiburger Zeitschrift für Philosophie und Theologie* 42, H. 1/2 (1995): 5–48.

Shriver, Donald W. *An Ethic for Enemies: Forgiveness in Politics.* New York u. a.: Oxford University Press, 1995.

Shriver, Donald W. „Brücken über den Abgrund der Rache." *Der Überblick* 35 (1999): 6–11.

Shriver, Donald W. „Forgiveness: A Bridge Across Abysses of Revenge." In: *Forgiveness and Reconciliation: Religion, Public Policy, and Conflict Transformation*, hrsg. von Raymond G. Helmick und Rodney L. Petersen, 151–167. Philadelphia: Templeton Foundation Press, 2002.

Shriver, Donald W. „Schuld und Versöhnung in den amerikanisch-deutschen Beziehungen von 1945 bis 1995." In: *Schuld und Versöhnung in politischer Perspektive: Dietrich-Bonhoeffer-Vorlesungen in Berlin*, hrsg. von Wolfgang Huber und Barbara Green, 21–41. Internationales Bonhoeffer-Forum 10. Gütersloh: Kaiser, Gütersloher Verl.-Haus, 1996.

Shriver, Donald W. „The Long Road to Reconciliation: Some Moral Stepping Stones." In: *After the Peace: Resistance and Reconciliation*, hrsg. von Robert L. Rothstein, 207–222. Boulder: Lynne Rienner, 1999.

Shriver, Donald W. „Truth Commissions and Judicial Trials: Complementary or Antagonistic Servants of Public Justice." *Journal of Law and Religion* 16, Nr. 1 (2001): 1–33.

Shriver, Donald W. „Where and When in Political Life Is Justice Served by Forgiveness?" In: *Burying the Past: Making Peace and Doing Justice After Civil Conflict*, hrsg. von Nigel Biggar, 25–43. 2., expanded and updated. Washington, DC: Georgetown University Press, 2003.

Skaar, Elin. „Reconciliation in a Transitional Justice Perspective." *Transitional Justice Review* 1, Nr. 1 (2012): 54–102.

Skaar, Elin. „Truth Commissions, Trials: Or Nothing? Policy Options in Democratic Transitions." *Third World Quarterly* 20 (1999): 1109–1128.

Smith, Nick. *I Was Wrong: The Meanings of Apologies*. Cambridge: Cambridge University Press, 2008.

Smith, Nick. „Political Apologies and Categorical Apologies." In: *On the Uses and Abuses of Political Apologies*, hrsg. von Mihaela Mihai und Mathias Thaler, 32–51. London: Palgrave Macmillan, 2014.

Snow, Nancy E. „Self-forgiveness." *The Journal of Value Inquiry* 27, Nr. 1 (1993): 75–80.

Sooka, Yasmin. „Dealing with the past and transitional justice: Building peace through accountability." *International Review of the Red Cross* 88, Nr. 862 (2006): 311–325.

Spieß, Erika und Lutz von Rosenstiel. *Organisationspsychologie: Basiswissen, Konzepte und Anwendungsfelder*. München: Oldenbourg, 2010.

Stahn, Carsten. „Complementarity, Amnesties and Alternative Forms of Justice: Some Interpretative Guidelines for the International Criminal Court." *Journal of Criminal Justice* 3, Nr. 3 (2005): 695–720.

Stein, Dan J. u. a. „The impact of the Truth and Reconciliation Commission on psychological distress and forgiveness in South Africa." *Social Psychiatry and Psychiatric Epidemiology* 43, Nr. 6 (2008): 462–468.

Stimmer, Franz. Art. Gruppe. In: *Soziologie-Lexikon*, hrsg. von Gerd Reinhold und Siegfried Lamnek, 241 f. 3., überarb. und erw. Auflage. München u. a.: Oldenbourg, 1997.

Stokkom, Bas van, Neelke Dorn und Paul van Tongeren, Hrsg. *Public Forgiveness in Post-Conflict Contexts*. Series on Transitional Justice 10. Cambridge: Intersentia, 2012.

Stokkom, Bas van u. a. „Public Forgiveness: Theoretical and Practical Perspectives." In: *Public Forgiveness in Post-Conflict Contexts*, hrsg. von Bas van Stokkom, Neelke Doorn und Paul van Tongeren, 1–21. Series on Transitional Justice 10. Cambridge: Intersentia, 2012.

Stollberg, Dietrich. Art. Vergebung der Sünden. V. Praktisch-theologisch. In: *TRE* 34 (2002): 686–690.

Strübbe, Karina. „Politische Entschuldigungen: Theoretische Annäherung und Vorschlag einer Typologie." In: *Populismus, Terror und Wahlentscheidungen in Alten und Neuen Medien*, hrsg. von Jonas Echterbruch u. a., 75–94. Düsseldorfer Forum Politische Kommunikation 7. Berlin: Frank & Timme, 2017.

Stürmer, Stefan und Birte Siem. *Sozialpsychologie der Gruppe*. München u. a.: Reinhardt, 2013.

Sung, Chong-Hyon. *Vergebung der Sünden: Jesu Praxis der Sündenvergebung nach den Synoptikern und ihre Voraussetzungen im Alten Testament und frühen Judentum*. Tübingen: Mohr, 1993.

Szablowinski, Zenon. „Apology with and Without a Request for Forgiveness." *The Heythrop Journal* 53, Nr. 5 (2012): 731–741.

Szablowinski, Zenon. „Self-Forgiveness and Forgiveness." *The Heythrop Journal* 53, Nr. 4 (2012): 678–689.

Taft, Lee. „Apology Subverted: The Commodification of Apology." *The Yale Law Journal* 109, Nr. 5 (2000): 1135–1160.

Tajfel, Henri. „Social Identity and Intergroup Behaviour." *Social Science Information* 13, Nr. 2 (1974): 65–93.

Tajfel, Henri und John C. Turner. „The Social Identity Theory of Intergroup Behavior." In: *Psychology of Intergroup Relations*, hrsg. von Stephen Worchel, 7–24. 2. Auflage. Chicago, Ill.: Nelson-Hall, 1986.

Tavuchis, Nicholas. *Mea Culpa: A Sociology of Apology and Reconciliation*. Stanford, Calif.: Stanford University Press, 1991.

Teitel, Ruti. „Editorial Note – Transitional Justice Globalized." *The International Journal of Transitional Justice* 2, Nr. 1 (2008): 1–4.

Teitel, Ruti. „The Law and Politics of Contemporary Transitional Justice." *Cornell International Law Journal* 38, Nr. 3 (2005): 837–862.

Teitel, Ruti. „The Transitional Apology." In: *Taking Wrongs Seriously: Apologies and Reconciliation,* hrsg. von Elazar Barkan und Alexander Karn, 101–114. Stanford, Calif.: Stanford University Press, 2006.

Teitel, Ruti G. *Transitional Justice*. Oxford: Oxford University Press, 2000.

Teitel, Ruti G. „Transitional Justice Genealogy." *Harvard Human Rights Journal* 16 (2003): 69–94.

Thieme, Frank. Art. Individuum und Gesellschaft. In: *Soziologie-Lexikon*, hrsg. von Gerd Reinhold und Siegfried Lamnek, 286–288. 3., überarb. und erw. Auflage. München u. a.: Oldenbourg, 1997.

Thoma, Clemens. Art. Versöhnung. II. Biblisch-theologisch. In: *LThK* 10 (³2001): Sp. 720–723.

Thompson, Janna. „Apology, Justice and Respect: A Critical Defense of Political Apology." In: *The Age of Apology: Facing Up to the Past*, hrsg. von Mark Gibney u. a., 31–44. Philadelphia: University of Pennsylvania Press, 2008.

Thompson, Janna. *Taking Responsibility for the Past: Reparation and Historical Justice*. Cambridge: Polity Press, 2002.

Thucydides. *Der Peloponnesische Krieg.* Übertragen von August Horneffer. Wiesbaden: Marix, 2010.

Torrance, Alan J. „The Theological Grounds for Advocating Forgiveness and Reconciliation in the Sociopolitical Realm." In: *The politics of past evil: Religion, reconciliation, and the dilemmas of transitional justice,* hrsg. von Daniel Philpott, 65–121. Notre Dame, Ind.: University of Notre Dame Press, 2006.

Toussaint, Lorent und Jon R. Webb. „Theoretical and Empirical Connections Between Forgiveness, Mental Health, and Well-Being." In: *Handbook of Forgiveness,* hrsg. von Everett L. Worthington, 349–362. New York: Routledge, 2005.

Trenczek, Thomas. „Täter-Opfer-Ausgleich: Grundgedanken und Mindeststandards." In: *Täter-Opfer-Ausgleich und Wiedergutmachung: Neue Herausforderungen für die Justiz,* hrsg. von Wolfgang Greive und Evangelische Akademie Loccum, 7–12. Rehburg-Loccum: Evang. Akad. Loccum, 1992.

Trouillot, Michel-Rolph. „Abortive Rituals: Historical Apologies in the Global Era." *International Journal of Postcolonial Studies* 2, Nr. 2 (2000): 171–186.

Truth and Reconciliation Commission of South Africa. *Report.* Bd. 1. 1998. Abrufbar unter https://www.justice.gov.za/trc/report/finalreport/Volume%201.pdf (Stand: 17.08.2021).

Truth and Reconciliation Commission of South Africa. *Report.* Bd. 5. 1998. Abrufbar unter https://www.justice.gov.za/trc/report/finalreport/Volume5.pdf (Stand: 17.08.2021).

Tuckman, Bruce W. „Developmental sequences in small groups." *Psychological Bulletin* 63 (1965): 384–399.

Tutu, Desmond. *No Future Without Forgiveness.* New York: Doubleday, 1999.

UN General Assembly. *Resolution 60/147: Basic Principles and Guidelines on the Right to a Remedy and Reparation for Victims of Gross Violations of International Human Rights Law and Serious Violations of International Humanitarian Law.* A/RES/60/147. 21. März 2006. Abrufbar unter https://undocs.org/A/RES/60/147 (Stand: 17.08.2021).

UN Office of the High Commissioner for Human Rights (OHCHR). *Rule of Law Tools for Post-Conflict States: Truth Commissions.* HR/PUB/06/1. 2006. Abrufbar unter http://www.refworld.org/docid/46cebc3d2.html (Stand: 17.08.2021).

UN Sub-Commission on the Promotion and Protection of Human Rights. *Question of the impunity of perpetrators of human rights violations (civil and political).* E/CN.4/Sub.2/1997/20. 26. Juni 1997. Abrufbar unter http://www.refworld.org/docid/3b00f1a124.html (Stand: 17.08.2021).

United Nations Security Council. *The rule of law and transitional justice in conflict and post-conflict societies.* Report of the Secretary-General. S/2004/616. 23. August 2004. Abrufbar unter http://www.ipu.org/splz-e/unga07/law.pdf (Stand: 17.08.2021).

Urbinati, Nadia. „Representative democracy and its critics." In: *The future of representative democracy,* hrsg. von Sonia Alonso, John Keane und Wolfgang Merkel, 23–49. Cambridge, New York: Cambridge University Press, 2011.

Venema, Derk. „Transitions as States of Exception: Towards a More General Theory of Transitional Justice." In: *Critical Perspectives in Transitional Justice,* hrsg. von Nicola Palmer u. a., 73–89. Series on Transitional Justice 8. Cambridge: Intersentia, 2012.

Verdeja, Ernesto. „Official apologies in the aftermath of political violence." *Metaphilosophy* 41, Nr. 4 (2010): 563–581.

Versöhnung: Gabe Gottes und Quelle neuen Lebens; Dokumente der Zweiten Europäischen Ökumenischen Versammlung in Graz. Herausgegeben vom Rat der Europäischen Bischofskonferenzen (CCEE) und der Konferenz Europäischer Kirchen (KEK) durch Rüdiger Noll und Stefan Vesper. Graz: Styria Verlag, 1998.

Volf, Miroslav. *Exclusion and Embrace: A Theological Exploration of Identity, Otherness, and Reconciliation.* Nashville: Abingdon Press, 1996.

Volf, Miroslav. „Forgiveness, Reconciliation, and Justice: A Christian Contribution to a More Peaceful Social Environment." In: *Forgiveness and Reconciliation: Religion, Public Policy, and Conflict Transformation,* hrsg. von Raymond G. Helmick und Rodney L. Petersen, 27–49. Philadelphia: Templeton Foundation Press, 2002.

Volf, Miroslav. „God's Forgiveness and Ours: Memory of Interrogations, Interrogation of Memory." *Anglican Theological Review* 89, Nr. 2 (2007): 213–225.

Volf, Miroslav. „Letting go: The final miracle of forgiveness." *Christian Century* 123, Nr. 25 (2006): 28–31.

Volf, Miroslav. „Sjećanje, spasenje i propast." In: *Dijalogom do mira,* hrsg. von Bože Vuleta u. a., 155–169. Split: 2005.

Vollmer, Helmut J. und Elite Olshtain. „The Language of Apologies in German." In: *Cross-Cultural Pragmatics: Requests and Apologies*, hrsg. von Shoshana Blum-Kulka u.a., 197–218. Norwood, NJ: Ablex Publ. Corp., 1989.

Vosloo, Robert. „Reconciliation as the Embodiment of Memory and Hope." *Journal of Theology for Southern Africa* 109 (2001): 25–40.

Wabanhu, Emmanuel. „Forgiveness and Reconciliation: Personal, Interpersonal and Socio-political Perspectives." *African Ecclesial Review* 50 (2008): 284–301.

Wagner, Falk. Art. Buße. VI. Dogmatisch. In: *TRE* 7 (1981): 473–487.

Waldorf, Lars. „Mass Justice for Mass Atrocity: Rethinking Local Justice as Transitional Justice." *Temple Law Review* 79, Nr. 1 (2006): 1–87.

Warnke, Ingo H. „vergeben | Vergebung – Analyse eines sprachlichen Konzepts." In: *Sprachstil - Zugänge und Anwendungen: Ulla Fix zum 60. Geburtstag*, hrsg. von Irmhild Barz, Gotthard Lerchner und Marianne Schröder, 331–344. Sprache, Literatur und Geschichte 25. Heidelberg: Winter, 2003.

Weinert, Ansfried B. *Organisations- und Personalpsychologie*. 5., vollst. überarb. Auflage. Weinheim u.a.: Beltz, Psychologie Verlags Union, 2004.

Weingardt, Beate M. „... wie auch wir vergeben unseren Schuldigern": Der Prozess des Vergebens in Theorie und Empirie*. Stuttgart, Berlin, Köln: Kohlhammer, 2000.

Weisman, Norman. „A History and Discussion of Amnesty." *Columbia Human Rights Law Review* 4 (1972): 529–540.

Weisman, Richard. *Showing Remorse: Law and the Social Control of Emotion*. Farnham u.a.: Ashgate, 2014.

Weismayer, Josef. Art. Reue. III. Systematisch-theologisch. In: *LThK* 8 (³1999): Sp. 1137f.

Werbick, Jürgen. *Schulderfahrung und Bußsakrament*. Mainz: Matthias-Grünewald-Verlag, 1985.

Werbick, Jürgen. „Trinitätslehre." In: *Handbuch der Dogmatik*, Bd. 2, *Gnadenlehre, Ekklesiologie, Mariologie, Sakramentenlehre, Eschatologie, Trinitätslehre*, hrsg. von Theodor Schneider, 481–576. 4. Auflage. Düsseldorf: Patmos, 2009.

Werbick, Jürgen. Art. Versöhnung. III. Theologie- u. dogmengeschichtlich. In: *LThK* 10 (³2001): Sp. 723–726.

Wiesenthal, Simon. *The sunflower: On the possibilities and limits of forgiveness; with a symposium.* 2., Rev. and expanded ed. New York: Schocken, 1997.

Wills, Garry. *Lincoln at Gettysburg: The Words That Remade America.* New York u. a.: Simon & Schuster, 1992.

Witte, Erich H. Art. Gruppe. In: *Wörterbuch der Soziologie*, hrsg. von Günter Endruweit, Gisela Trommsdorff und Nicole Burzan, 158–163. 3., völlig überarb. Auflage. Konstanz: UVK-Verl.-Ges. u. a., 2014.

Wohlmuth, Josef, Hrsg. *Conciliorum oecumenicorum decreta.* Bd. 2. *Konzilien des Mittelalters: Vom ersten Laterankonzil (1123) bis zum fünften Laterankonzil (1512–1517).* Paderborn u. a.: Schöningh, 2000.

Worthington, Everett L. *Forgiveness and Reconciliation: Theory and Application.* New York: Routledge, 2006.

Worthington, Everett L. „Initial Questions About the Art and Science of Forgiving." In: *Handbook of Forgiveness*, hrsg. von Everett L. Worthington, 1–14. New York: Routledge, 2005.

Worthington, Everett L. „Self-Condemnation and Self-Forgiveness." *Bibliotheca Sacra* 170, Nr. 680 (2013): 387–399.

Worthington, Everett L. u. a. „Forgiveness, Health, and Well-Being: A Review of Evidence for Emotional Versus Decisional Forgiveness, Dispositional Forgivingness, and Reduced Unforgiveness." *Journal of Behavioral Medicine* 30, Nr. 4 (2007): 291–302.

Wüstenberg, Ralf K. *Die politische Dimension der Versöhnung: Eine theologische Studie zum Umgang mit Schuld nach den Systemumbrüchen in Südafrika und Deutschland.* Öffentliche Theologie 18. Gütersloh: Kaiser, Gütersloher Verl.-Haus, 2004.

Zehner, Joachim. *Das Forum der Vergebung in der Kirche: Studien zum Verhältnis von Sündenvergebung und Recht.* Öffentliche Theologie 10. Gütersloh: Kaiser, Gütersloher Verl.-Haus, 1998.

Ziegenaus, Anton. Art. Attritio, Attritionismus. In: *LThK* 1 (³1993): Sp. 1168–1170.

Zizioulas, John D. *Being as Communion: Studies in Personhood and the Church.* Crestwood, NY: St. Vladimir's Seminary Press, 1985.

Zizioulas, John D. *Communion and Otherness: Further Studies in Personhood and the Church.* Edited by Paul McPartlan. London, New York: T & T Clark, 2006.

Zizioulas, John D. *Lectures in Christian dogmatics.* Edited by Douglas Knight. London, New York: T & T Clark, 2008.

Zizioulas, John D. *The One and the Many: Studies on God, Man, the Church, and the World Today.* Edited by Gregory Edwards. Alhambra, Calif.: Sebastian Press, 2010.

Zyl, Paul van. „Justice without punishment: Guaranteeing human rights in transitional societies." In: *Looking Back Reaching Forward: Reflections on the Truth and Reconciliation Commission of South Africa,* hrsg. von Charles Villa-Vicencio und Wilhelm Verwoerd, 42–57. Cape Town: University of Cape Town Press; London: Zed Books, 2000.

Bereits erschienen:

Theologie und Frieden

Band 39

Sebastian Friese
Politik der gesellschaftlichen Versöhnung
Eine theologisch-ethische
Untersuchung am Beispiel der
Gacaca-Gerichte in Ruanda
2010, 204 Seiten
ISBN 3-17-0213159

Band 40

Heinz-Günther Stobbe
Religion, Gewalt und Krieg
Eine Einführung
2010, 418 Seiten
ISBN 3-170213722

Band 41

Marco Hofheinz
Johannes Calvins theologische Friedensethik
2012, 258 Seiten
ISBN 978-3-17-020967-1

Band 42

Volker Stümke
Matthias Gillner (Hrsg.)
Friedensethik im 20. Jahrhundert
2011, 279 Seiten
ISBN 3-17-021837-6

Band 43

Andrea Keller
Cicero und der gerechte Krieg
2012, 249 Seiten
ISBN 3-17-022340-0

Band 44

Jörg Lüer
Die katholische Kirche und die „Zeichen der Zeit"
Die Deutsche Kommission
Justitia et Pax nach 1989
2013, 340 Seiten
ISBN 3-17-023029-3

Beiträge zur Friedensethik

Band 39

Thomas Bruha
Dominik Steiger
Das Folterverbot im Völkerrecht
Stuttgart 2006, 57 Seiten
ISBN 978-3-17-019438-0

Band 40

Gerhard Beestermöller
Heinz-Gerhard Justenhoven
(Hrsg.)
Der Streit um die iranische Atompolitik
Völkerrechtliche, politische und
friedensethische Reflexionen
Stuttgart 2006, 148 Seiten
ISBN 978-3-17-019548-6

Band 41

Klaus Ebeling
Militär und Ethik
Moral- und militärkritische
Reflexionen zum Selbstver-
ständnis der Bundeswehr
Stuttgart 2006, 90 Seiten
ISBN 978-3-17-019733-6

Band 42

Hans-Georg Ehrhart
Heinz-Gerhard Justenhoven
(Hrsg.)
Intervention im Kongo
Eine kritische Analyse der
Befriedungspolitik von UN
und EU
Stuttgart 2008, 217 Seiten
ISBN 978-3-17-020781-3

Band 43

Dirk Ansorge (Hrsg.)
Der Nahostkonflikt
Politische, religiöse und
theologische Dimensionen
Stuttgart 2010, 332 Seiten
ISBN 978-3-17-021500-9

Band 44

Jochen Bohn
Thomas Bohrmann
Gottfried Küenzlen (Hrsg.)
Die Bundeswehr heute
Berufsethische Perspektiven
für eine Armee im Einsatz
Stuttgart 2011, 90 Seiten
ISBN 978-3-17-021654-9

Studien zur Friedensethik

Band 45

Heinz-Gerhard Justenhoven
Ebrahim Afsah (Hrsg.)
**Das internationale Engagement
in Afghanistan in der
Sackgasse?**
Eine politisch-ethische
Auseinandersetzung
Baden-Baden 2011
182 Seiten
ISBN 978-3-8329-6689-8

Band 46

Gerhard Beestermöller (Hrsg.)
**Friedensethik im frühen
Mittelalter**
Theologie zwischen Kritik und
Legitimation von Gewalt
Baden-Baden/Münster 2014
327 Seiten
ISBN 978-3-8487-0840-6
ISBN 978-3-402-11690-6

Band 47

Bernhard Koch (Hrsg.)
Den Gegner schützen?
Zu einer aktuellen Kontroverse
in der Ethik des bewaffneten
Konflikts
Baden-Baden/Münster 2014
293 Seiten
ISBN 978-3-8487-0784-3
ISBN 978-3-402-11691-3

Band 48

Gerhard Beestermöller (Hrsg.)
**Libyen: Missbrauch der
Responsibility to Protect?**
Baden-Baden/Münster 2014
139 Seiten
ISBN 978-3-8487-0763-8
ISBN 978-3-402-11692-0

Band 49

Matthias Gillner
Volker Stümke (Hrsg.)
Kollateralopfer
Die Tötung von Unschuldigen
als rechtliches und moralisches
Problem
Baden-Baden/Münster 2014
258 Seiten
ISBN 978-3-8487-1908-2
ISBN 978-3-402-11693-7

Band 50

Heinz-Gerhard Justenhoven
Mary Ellen O'Connell (Hrsg.)
**Peace through Law:
Reflections on Pacem in Terris
from philosophy, law, theology
and political science**
Baden-Baden/Münster/London
2016, 286 Seiten
ISBN 978-3-8487-1896-2
ISBN 978-3-402-11694-4
ISBN 978-1-4742-2513-7

Band 51

Veronika Bock
Johannes J. Frühbauer
Arnd Küppers
Cornelius Sturm (Hrsg.)
**Christliche Friedensethik vor
den Herausforderungen des
21. Jahrhunderts**
Baden-Baden/Münster 2015
266 Seiten
ISBN 978-3-8487-1968-6
ISBN 978-3-402-11695-1

Band 52

Stefan Brüne
Hans-Georg Ehrhart
Heinz-Gerhard Justenhoven
(Hrsg.)
**Frankreich, Deutschland
und die EU in Mali**
Chancen, Risiken,
Herausforderungen
Baden-Baden/Münster 2015
251 Seiten
ISBN 978-3-8487-1895-5
ISBN 978-3-402-11696-8

Band 53

Myroslava Rap
**The Public Role of the Church
in Contemporary Ukrainian
Society**
The Contribution of the
Ukrainian Greek-Catholic Church
to Peace and Reconciliation
Baden-Baden/Münster 2015
500 Seiten
ISBN 978-3-8487-2210-5
ISBN 978-3-402-11697-5

Band 54

Alexander Merkl
„Si vis pacem, para virtutes"
Ein tugendethischer Beitrag zu
einem Ethos der Friedfertigkeit
Baden-Baden/Münster 2015
480 Seiten
ISBN 978-3-8487-2704-9
ISBN 978-3-402-11698-2

Band 55

Marco Schrage
Intervention in Libyen
Eine Bewertung der multilatera-
len militärischen Intervention zu
humanitären Zwecken aus Sicht
katholischer Friedensethik
Baden-Baden/Münster 2016
451 Seiten
ISBN 978-3-8487-3316-3
ISBN 978-3-402-11701-9

Band 56

Marco Hofheinz
Frederike van Oorschot (Hrsg.)
**Christlich-theologischer
Pazifismus im 20. Jahrhundert**
Baden-Baden/Münster 2016
292 Seiten
ISBN 978-3-8487-3317-0
ISBN 978-3-402-11699-9

Band 57

Heydar Shadi (Hrsg.)
Islamic Peace Ethics
Baden-Baden/Münster 2017
250 Seiten
ISBN 978-3-8487-4050-5
ISBN 978-3-402-11704-0

Band 58

Annica Grimm
Frieden und Ruhe des Gemeinwesens bei Domingo de Soto
Baden-Baden/Münster 2017
282 Seiten
ISBN 978-3-8487-4349-0
ISBN 978-3-402-11709-5

Band 59

Alexius Chehadeh
Al-Turabi zwischen Nach-ahmung (taqlīd) und Erneuerung (taǧdīd)
Sein Verständnis von Islam, islamischem Staat, Menschen-rechten und Dschihad
Baden-Baden/Münster 2018
351 Seiten
ISBN 978-3-8487-3027-8
ISBN 978-3-402-11712-5

Band 60

Daniel Peters
Dan Krause
Southern Democracies and the Responsibility to Protect
Perspectives from India, Brazil and South Africa
Baden-Baden/Münster 2018
213 Seiten
ISBN 978-3-8487-4343-8
ISBN 978-3-402-11706-4

Band 61

Heinz-Gerhard Justenhoven (Hrsg.)
Kampf um die Ukraine
Ringen um Selbstbestimmung und geopolitische Interessen
Baden-Baden/Münster 2018
240 Seiten
ISBN 978-3-8487-4078-9
ISBN 978-3-402-11722-4

Band 62

Friederike Repnik
Gewalt, Trauma und Religion in Kolumbien
Perspektiven von Konfliktopfern und vertriebenen Menschen
Baden-Baden/Münster 2018
442 Seiten
ISBN 978-3-8487-4904-1
ISBN 978-3-402-11724-8

Band 63

Alexander Merkl
Bernhard Koch (Hrsg.)
Die EU als ethisches Projekt im Spiegel ihrer Außen- und Sicherheitspolitik
Baden-Baden/Münster 2018
386 Seiten
ISBN 978-3-8487-4861-7
ISBN 978-3-402- 11726-2

Band 64

Andrea Claaßen
Gewaltfreiheit und ihre Grenzen
Die friedensethische Debatte in Pax Christi vor dem Hintergrund des Bosnien-krieges
Baden-Baden/Münster 2019
484 Seiten
ISBN 978-3-8487-5479-3
ISBN 978-3-402-11710-1

Band 65

Bernhard Koch
Chivalrous Combatants?
The Meaning of Military Virtue Past and Present
Baden-Baden/Münster 2019
215 Seiten
ISBN 978-3-8487-3318-7
ISBN 978-3-402-11730-9

Band 66

Daniel Peters
Menschenrechtsschutz in der internationalen Gesellschaft
Extraterritoriale Staatenpflichten und Responsibility to Protect
Baden-Baden/Münster 2020
405 Seiten
ISBN 978-3-402-11732-3
ISBN 978-3-402-11733-0

Band 67

Cornelius Sturm
Verantwortung, Krieg und Menschenwürde
Die Responsibility to Protect zwischen Anspruch und Wirklichkeit
Baden-Baden/Münster 2020
297 Seiten
ISBN 978-3-8487-6222-4
ISBN 978-3-7489-0339-0

Band 68

Bernhard Rinke
Die harte Schule der neuen Gewalt
Denkwege theologischer Gewaltkritik in der Zeitenwende vor den Herausforderungen des 21. Jahrhunderts
Baden-Baden/Münster 2021
276 Seiten
ISBN 978-3-8487-8685-5
ISBN 978-3-7489-3079-2

Band 69

Markus Vogt
Arnd Küppers
Proactive Tolerance
The Key to Peace
Baden-Baden/Münster 2021
319 Seiten
ISBN 978-3-8487-6497-6
ISBN 978-3-402-11738-5